Bernhard Maier

DIE BEKEHRUNG DER WELT

Bernhard Maier

DIE BEKEHRUNG DER WELT

Eine Geschichte der christlichen Mission in der Neuzeit

C.H.Beck

Mit 25 Abbildungen

www.chbeck.de
Umschlaggestaltung: Kunst oder Reklame, München
Umschlagabbildung: Ein britischer Missionar unterweist einen Angehörigen des Volks der Cowichan auf Vancouver Island, 1886.

Satz: Janß GmbH, Pfungstadt
Druck und Bindung: Druckerei C.H.Beck, Nördlingen
Gedruckt auf säurefreiem und alterungsbeständigem Papier
Printed in Germany
ISBN 978 3 406 77443 0

myclimate

klimaneutral produziert
www.chbeck.de/nachhaltig

Inhalt

Vorwort

Über die Mission des Christentums in der Neuzeit gibt es eine kaum mehr überschaubare Fülle von Darstellungen und Untersuchungen. Einige wenige Bücher geben einen Gesamtüberblick, die meisten beschäftigen sich mit einzelnen Regionen und Zeitabschnitten oder mit bestimmten Teilaspekten wie etwa dem Zusammenhang von Mission und Kolonialismus oder der Bedeutung der Mission für die Entstehung heutiger kirchlicher Strukturen. Darüber hinaus gibt es inzwischen auch zahlreiche Bücher zu den Aktivitäten verschiedener Orden und Missionsgesellschaften sowie zum Wirken einzelner Missionare und Missionarinnen.[1]

Ein wesentlicher Grund für das in letzter Zeit stark gestiegene Interesse an der neuzeitlichen christlichen Mission liegt in ihren Auswirkungen auf den religiösen und kulturellen Wandel – nicht nur in den Missionsgebieten, sondern auch in Europa. Zwar waren christliche Missionare schon im Spätmittelalter immer wieder über die Grenzen Europas hinaus in den Vorderen Orient sowie nach Afrika und Asien vorgestoßen, doch eröffnete erst die Entdeckung Amerikas und des Seewegs nach Indien die Perspektive transkontinentaler Missionsaktivitäten, die solche Austausch- und Wandlungsprozesse in einem bis dahin unbekannten Umfang erweiterten. Durch die enge Verbindung von Missionierung und Kolonisierung entstanden weitgespannte Netzwerke, deren Auswirkungen weit über die religiöse Sphäre hinausreichten. Eine wichtige Rolle spielte dabei die Erfindung des Buchdrucks, die in Verbindung mit dem Aufschwung der Naturwissenschaften das europäische Weltbild ebenso tiefgreifend wie nachhaltig veränderte. Von zentraler Bedeutung erwies sich außerdem die Reformation, da die Vertreter unterschiedlicher Konfessionen in ihren Missionsanstrengungen miteinander in Wettstreit traten und mit wechselndem Erfolg ihr jeweils unterschiedliches Verständnis des Christentums in den Missionsgebieten zu etablieren suchten.

Lange Zeit eine Domäne der theologisch dominierten Kirchengeschichte und Missionswissenschaft, wird die Missionsgeschichte des Christentums in der Neuzeit seit einigen Jahren auch von der Universalgeschichte und Religionswissenschaft intensiv erforscht.[2] Dabei ging und geht es oftmals nicht allein um die Mission als solche, sondern um ihre Wechselwirkungen mit allen Aspekten der Kultur sowohl in den verschiedenen Missionsgebieten als auch in Europa selbst. Legten ältere, nicht selten apologetisch gefärbte Darstellungen ihren Schwerpunkt gerne auf die positiven Auswirkungen der Mission, so sind gerade in der jüngsten Vergangenheit auch deren Schattenseiten in den Blick gerückt. Betonten zeitgenössische Darstellungen und Selbstdarstellungen von christlicher Seite gerne das aktive Handeln der Missionare und die Passivität der Missionierten, so haben neuere Untersuchungen erwiesen, dass der Verlauf der Missionierung oft wesentlich von den bewussten Entscheidungen und dem aktiven Handeln der Missionierten bzw. der zu Missionierenden bestimmt wurde. Zudem hat sich gezeigt, dass die Mission eben nicht nur in den Missionsgebieten, sondern auch in Europa weitreichende Veränderungen nach sich zog. Neue Perspektiven bietet nicht zuletzt eine verstärkte Berücksichtigung der Rolle von Frauen in der Missionsarbeit, die in älteren Darstellungen oft ausschließlich unter dem Aspekt der Gattin als helfender Stütze und Gefährtin abgehandelt oder gar weitgehend ausgeblendet wurde. Charakteristisch für die heute vorherrschende Sichtweise ist zum einen ein ausgeprägter Methodenpluralismus, der unterschiedliche Zugangsweisen miteinander kombiniert und fruchtbar zu machen sucht, zum anderen eine stärkere Quellenkritik, die traditionelle Standpunkte immer wieder hinterfragt und sich zumindest darum bemüht, trotz des Ungleichgewichts unserer Quellen nicht nur die Perspektive der Missionare, sondern auch die der Missionierten und derjenigen, die sich der Missionierung verweigerten, zu ihrem Recht kommen zu lassen. Die folgende Darstellung soll die Resultate dieser neueren Forschung bündeln und damit einen neuen Blick auf die neuzeitliche Mission insgesamt ermöglichen. Im Zentrum stehen dabei die vielfältigen religiösen und kulturellen Verflechtungen, die eine bis heute nachwirkende Folge der christlichen Mission sind.

Einleitung

Die Mission des Christentums vor der Neuzeit

Seit jener Zeit, da Gottes Sohn Mensch zu werden geruhte und auf jenen beiden feurigen Rossen des göttlichen Geistes – ich meine die beiden Apostel Petrus und Paulus – [...] über das Meer der Heiden hinwegreitend viele Wasser aufrührte und seine Quadrigen um viele Tausende aus zahllosen Völkern vermehrte, da gelangte der oberste Fuhrmann jenes Wagens, welcher ist Christus, der wahre Vater, der Wagenlenker Israels, über den Lauf der Gewässer, über den Rücken der Delphine und über die schwellenden Fluten sogar bis zu uns.

Der irische Missionar Columbanus, 613[1]

Um die christliche Mission der Neuzeit in ihrer Eigenart zu verstehen, müssen zunächst die Anfänge der Ausbreitung des Christentums bis zum Ausgang des Mittelalters betrachtet werden. Denn obschon man sich von christlicher Seite immer wieder gerade auf die Frühzeit des Christentums als Vorbild und Ideal der Mission berief, hatte sich nicht nur das Christentum, sondern auch die Art und Weise seiner Verbreitung schon vor dem Anbruch der Neuzeit im Laufe der Jahrhunderte stark verändert.

Das Christentum als missionierende Religion

In der zu Beginn des zweiten Jahrtausends v. Chr. entstandenen Erzählung des Sinuhe wird geschildert, wie der ägyptische Höfling Sinuhe nach der Flucht aus seiner Heimat einem lokalen Machthaber im Raum Syrien-Palästina in leuchtenden Farben die Macht und Stärke des gottgleichen Herrschers von Ägypten ausmalte. Der aber gab ihm nur kühl zur Antwort: «Da hat Ägypten ja Glück, dass es seinem Herrscher wohl ergeht. Du aber bist hier, sollst hier bei mir bleiben, und was ich für dich tue, wird gut sein.» Sieht man von der literarischen Stilisierung und propagandistischen Tendenz der Erzählung einmal ab, bringt sie einen grundlegenden Wesenszug aller alten Religionen prägnant zum Ausdruck: Das Bekenntnis zu einer Religion ist untrennbar verbunden mit der Zugehörigkeit zu einer bestimmten politischen und sozialen Ordnung, und mit dem Wechsel von einer Gesellschaft in eine andere erfolgt zugleich ein Wechsel der Religion. Dementsprechend erklärt denn auch im biblischen *Buch Ruth* (1,16) die verwitwete Moabiterin Ruth ihrer aus Juda stammenden Schwiegermutter Naemi: «Wo du hingehst, da will auch ich hingehen, und wo du bleibst, da bleibe auch ich; dein Volk ist mein Volk, und dein Gott ist mein Gott.» Wie aus der Inschrift des Königs Mescha von Moab (heute im Pariser Louvre) hervorgeht, verehrten die Moabiter in der Tat einen nationalen Gott, Kemosch. Dieser war, wie die Formulierung der Inschrift deutlich erkennen lässt, aufgrund seiner engen und exklusiven Bindung an das Volk, das ihn verehrte, durchaus mit dem Gott Israels der ältesten biblischen Texte vergleichbar. In ähnlicher Weise verehrten die Babylonier ihren Nationalgott Marduk, die Assyrer den Gott Assur und die Perser ihren Schutzgott Ahura Mazda. Nicht von ungefähr beschwor man im Alten Orient daher bilaterale internationale Verträge stets bei den jeweiligen Landesgöttern – so etwa in dem ältesten uns bekannten Friedensvertrag zwischen Ägypten und dem Hethiterreich aus dem Jahr 1259 v. Chr., dessen Kopie im UN-Gebäude in New York zu sehen ist.

Um die Mitte des ersten Jahrtausends v. Chr. begegnen uns mit dem Buddhismus und dem Jinismus erstmals zwei Religionen, deren Anhänger ihnen nicht schon von Geburt an zugehörig waren, sondern sich in Abkehr von den überkommenen religiösen Vorstellungen ihrer Umgebung durch eine bewusste, individuelle Entscheidung dazu bekannt hatten. Den religiösen Hintergrund für die Entstehung dieser beiden neuen Religionen bildete die indische Anschauung vom leidvollen Kreislauf der Wiedergeburten und damit die Frage, wie der Mensch diesem Kreislauf entrinnen könne. Die Stifter des Buddhismus und Jinismus – Siddhartha Gautama genannt Buddha («der Erwachte») bzw. Vardhamana genannt Jina («der Sieger») – gaben darauf jeweils unterschiedliche Antworten, die kaum miteinander vereinbar waren. Entscheidend für die Zugehörigkeit zum Buddhismus oder Jinismus war daher das Bekenntnis zur neuen Lehre des Stifters, die – wenigstens in ihren Anfängen – nicht an eine bestimmte politische und soziale Ordnung gebunden war.

Mit der wechselseitigen Durchdringung griechischer und orientalischer Kulte im Hellenismus entstanden im letzten Drittel des ersten Jahrtausends v. Chr. auch im Umkreis des Mittelmeerraums Erlösungsreligionen, die den Menschen jenseits des offiziellen Götter- und Herrscherkults und in einer nur mehr losen Verbindung mit der jeweiligen politischen und sozialen Ordnung neue Möglichkeiten der Sinnstiftung und Identitätsbildung eröffneten. Dazu gehörten neben der Verehrung überregional bekannter und verehrter Heilgötter vor allem die Mysterienkulte, zu deren geheimen Riten und Mythen man erst durch eine besondere Einweihung Zutritt erlangte. Darüber hinaus boten aber auch die verschiedenen Schulen der griechischen Philosophie sowie das streng monotheistisch ausgerichtete Judentum dem Einzelnen Rückhalt bei der Bewältigung des eigenen Daseins, Teilhabe an der Identität einer selbst gewählten Gemeinschaft und damit die Einbettung der eigenen Existenz in ein größeres Ganzes und eine sinnvolle Ordnung. Erforderte das Bekenntnis zu einer philosophischen Schule wie etwa jener der Stoiker, Epikureer oder Kyniker keine besonderen Formen, so erwarteten Juden von den als *Proselyten* («Hinzugekommene») bezeichneten Neubekehrten als formalen Akt ein rituelles Tauchbad, den Vollzug des Opfers im Tempel zu Jerusalem sowie von Männern die Beschneidung. Neben den Proselyten gab es allerdings auch die sogenannten «Gottesfürchtigen», die ohne eine förmliche Konversion nur mehr oder weniger stark mit dem Judentum sympathisierten.

Im Zusammenhang mit diesem weit verbreiteten Aufschwung individuell zugänglicher Erlösungsreligionen als Wahlgemeinschaften und mit der Entstehung universeller neuer Heilslehren auf dem Boden älterer, regional begrenzter Kulte steht das Christentum, das sich in den ersten Jahrhunderten unserer Zeitrechnung von unscheinbaren Anfängen am östlichen Rand des Mittelmeerraums zunächst zur Staatsreligion des Römischen Reichs und nach dem Untergang des Weströmischen Reichs zur vorherrschenden Religion des abendländischen Mittelalters entwickelte.[2]

Biblische Bezugspunkte

Das Wort «Mission» ist von lateinisch *missio*, «Aussendung», abgeleitet und in der heutigen Bedeutung dieses Wortes erst seit der Frühen Neuzeit allgemein gebräuchlich. Der Sache nach war die Werbung für das Christentum jedoch von Anfang an ein fester Bestandteil der neuen Religion, so dass man erste Aussagen dazu bereits im Neuen Testament und in weiteren frühchristlichen Schriften findet. Besondere Bedeutung erlangten dabei jene neutestamentlichen Stellen, die den Missionsgedanken entweder auf Jesus selbst zurückführten oder aber in späterer Zeit als Beschreibungen einer idealen Frühzeit christlicher Mission verstanden werden konnten.

Wenn der Verfasser des Matthäusevangeliums Jesus bei der Aussendung der zwölf Apostel sprechen lässt: «Gehet nicht auf eine Straße der Heiden und gehet nicht in eine Stadt der Samariter, sondern gehet vielmehr zu den verlorenen Schafen des Hauses Israel!» (10,5–6), so lässt diese Stelle deutlich erkennen, dass man sich der besonderen Rolle der Juden als ursprünglicher Adressaten der Botschaft Jesu noch am Ausgang des ersten Jahrhunderts wohl bewusst war. Tatsächlich zeigte der jüdische Monotheismus jedoch schon in vorchristlicher Zeit eine klare Tendenz zum Anspruch universaler Gültigkeit, wie dies aus der Vorstellung von Israel als einem «Bundesmittler für das Menschengeschlecht» und einem «Licht der Völker» (Jesaja 42,6) hervorgeht. An diese Tendenz konnten also bereits die ersten Christen anknüpfen, wendeten sie aber gegen die Juden und legten damit einen Grundstein für den modernen Antisemitismus. «Euch zuerst musste das Wort Gottes verkündigt werden», lässt der Verfasser der Apostelgeschichte (13,46) die Missionare Paulus und Barnabas den Juden von Antiochia gegenüber erklären, «da ihr es von euch stoßt und euch des ewigen Lebens selbst nicht für würdig achtet, siehe, so wenden wir uns zu den Heiden.» In ähnlicher Weise erklärt im Lukasevangelium (24,47) der Auferstandene seinen Jüngern, «dass auf seinen Namen hin Buße zur Vergebung der Sünden gepredigt werden solle unter allen Völkern, beginnend mit Jerusalem.» Schon bei Paulus begegnet der Gedanke, dass sich nach der «Vollzahl der Heiden» auch die Juden bekehren «und auf diese Weise ganz Israel gerettet werden» würde (Römerbrief 11,25–26). Dieser Satz begründete die Vorstellung von der Verstocktheit der Juden, die sich erst am Ende der Zeiten, nach allen anderen Völkern, bekehren würden und deren Bekehrung zum Christentum wiederum ein Zeichen der Endzeit sein würde.

Eine zentrale Rolle für das spätere Verständnis von Mission spielte der heute oft als «Tauf-» oder «Missionsbefehl» bezeichnete Schlussabschnitt des Matthäusevangeliums (28,16–20). Dort stellt der Verfasser die globale Mission als göttlichen Auftrag dar, indem er den Auferstandenen zu seinen Jüngern sprechen lässt: «Mir ist alle Gewalt gegeben im Himmel und auf Erden. Darum gehet hin und machet alle Völker zu Jüngern und taufet sie auf den Namen des Vaters und des Sohnes und des heiligen Geistes, und lehret sie alles halten, was ich befohlen habe! Und siehe, ich bin bei euch alle Tage bis an das Ende der Welt.» In ähnlicher Weise spricht der Auferstandene zu seinen Jüngern im Markusevangelium (16,15–18): «Gehet hin in alle Welt und predigt das Evangelium allen, die erschaffen sind! Wer gläubig geworden und getauft worden ist, wird gerettet werden; wer aber nicht gläubig geworden ist, wird verurteilt werden. An Zeichen aber werden folgende die Gläubigen begleiten: in meinem Namen werden sie Dämonen austreiben; in neuen Zungen werden sie reden; Schlangen werden sie aufheben, und wenn sie etwas Tödliches getrunken haben, wird es ihnen nicht schaden; Kranken werden sie die Hände auflegen, und sie werden genesen.» Wie aus diesen Stellen hervorgeht, lag das Ziel der Mission also einerseits in der «Bekehrung» (*epistrophē*) im Sinne der positiven Hinwendung zur neuen Religion, andererseits in der als «Buße» oder – vielleicht treffender – «Sinnesänderung» bezeichneten «Abkehr» (*metanoia*) von der bisherigen Einstellung gegenüber der Welt und früheren religiösen Überzeugungen oder Gewohnheiten. Ein Schlüsselbegriff in diesem Zusammenhang ist der «Glaube» (*pistis*), der in den neutestamentlichen Schriften nicht nur die vertrauensvolle Hinwendung zu Jesus bezeichnet, sondern auch den Glauben daran, dass Jesus als der Messias gekreuzigt wurde und vom Tod wiederauferstanden ist.

Verschiedentlich erwähnt die Apostelgeschichte im Zusammenhang mit der Mission die Unterstützung Bedürftiger, etwa wenn die Apostel ein Komitee von sieben Helfern zur täglichen Versorgung der Witwen berufen oder die Christen in Antiochia während einer Hungersnot Nahrungsmittel nach Judäa schicken (6,1–7 und 11,27–30). Sehr viel öfter und ausführlicher ist jedoch von der Überzeugung der Heiden durch die Predigt sowie von zeichenhaften Handlungen und Wundern die Rede, etwa wenn Petrus einen von Geburt an Lahmen heilt, indem er ihn im Namen Jesu bei der Hand nimmt und aufrichtet, oder wenn ein unehrliches neubekehrtes Ehepaar zum Schrecken aller Umstehenden sogleich tot umfällt, nachdem Petrus die beiden zur Rede gestellt hat (3,6–8 und 5,1–10). Mitunter trifft solcher Zorn der Missionare auch heidnische «Zauberer», die als Werkzeuge des Teufels Bekehrungen zu verhindern suchen, in der Auseinandersetzung mit den Missionaren jedoch stets unterliegen (Apostelgeschichte 13,6–12 und 19,13–17). Sinnfälliger Ausdruck der Bekehrung zur neuen Religion ist die Taufe durch Untertauchen in fließendes Wasser, die als «Bad der Wiedergeburt und

Erneuerung kraft des heiligen Geistes» (Titusbrief 3,5) alle Sünden abwäscht (Apostelgeschichte 22,16).

Zahlreiche farbig ausgeschmückte Erzählungen variieren diese Grundanschauungen und konnten dank der Aufnahme der Apostelgeschichte in den neutestamentlichen Kanon späteren Generationen als Vorbild für missionarisches Handeln dienen. So tauft etwa der Apostel Philippus auf dem Weg nach Jerusalem einen äthiopischen Hofbeamten, nachdem er ihm auf das Geheiß eines Engels hin den Sinn der Schrift erklärt und ihm das Evangelium von Jesus verkündigt hat (8,26–40), während Petrus ebenfalls im Auftrag eines Engels in Caesarea den römischen Hauptmann Cornelius bekehrt (10,1–48) und Paulus in seiner Predigt auf dem Athener Areopag den Zuhörern die wahre Identität des von ihnen verehrten unbekannten Gottes enthüllt (17,22–31). Mindestens ebenso wirkungsvoll und einflussreich wie diese ausführlich erzählten Beispiele war indessen die Gesamtkomposition der Apostelgeschichte, deren Verfasser die Gemeinschaft der frühen Christen idealisierte und die allmähliche Ausbreitung ihrer Religion vom äußersten Rand des Römischen Reichs in dessen Zentrum als Vollzug eines machtvollen göttlichen Plans unter Mitwirkung des Heiligen Geistes darstellte. Eine wichtige Rolle spielt in diesem Zusammenhang bereits die Vorstellung von der unrechtmäßigen Verfolgung der Missionare und von ihrem Martyrium um der Ausbreitung des Glaubens willen, wie dies etwa in den Erzählungen von der Steinigung des Stephanus durch die Jerusalemer Juden (7,54–60) oder der Hinrichtung des Apostels Jakobus durch König Herodes (12,1–2) zum Ausdruck kommt.

Mission im Römischen Reich und an seinen Grenzen

Schon wenige Jahrzehnte nachdem das sogenannte Apostelkonzil kurz vor der Mitte des ersten Jahrhunderts die Heidenmission gebilligt hatte, gab es zahlreiche christliche Gemeinden in Palästina, Syrien, Kleinasien und Griechenland, bald danach auch in Ägypten, Nordafrika und in den großen Hafenstädten des westlichen Mittelmeerraums. Eine wesentliche Grundlage für die rasche Ausbreitung der neuen Religion bildete die *Pax Augusta*, der «Augusteische Friede», wie die Periode der Stabilität und inneren Sicherheit des Römischen Reichs nach dem Ende der Bürgerkriege 27 v. Chr. schon von den Zeitgenossen bezeichnet wurde. Sie erleichterte die individuelle Mobilität, den Austausch materieller und kultureller Güter und damit auch die Ausbreitung religiöser und philosophischer Ideen. Eine wichtige Rolle spielte in diesem Zusammenhang wohl auch die jüdische Diaspora, deren Netz von Synagogen die Vermittlung monotheistischen Gedankenguts in einer polytheistischen Umwelt begünstigte. Dass die Mission der frühen Christen nicht zentral gesteuert wurde und keinem festen Plan folgte, steht außer Frage. Davon abgesehen dürfte sich die neue Religion aber überhaupt in vielen Fällen weniger durch eine gezielte Werbung als vielmehr durch zwischenmenschliche Kontakte in der Familie und im persönlichen Umfeld der einzelnen Gläubigen verbreitet haben. Von erheblicher Bedeutung war dabei die christliche Ethik mit ihrer Forderung nach vorbehaltloser Unterstützung der sozial Schwachen, Kranken, Gefangenen und Sklaven.

Eine unvermeidliche Begleiterscheinung der Mission und Ausbreitung des Christentums vom östlichen Rand ins Zentrum des Römischen Reichs war die Notwendigkeit, die Inhalte der neuen Lehre nunmehr auch in lateinischer Sprache zu formulieren, nachdem man sich dafür bis dahin fast ausschließlich der griechischen Sprache bedient hatte. Im Zuge dieses kulturellen Transfers wurden viele zentrale Begriffe entweder als griechische Fremdwörter ins Lateinische übernommen, durch lateinische Wortneuschöpfungen ausgedrückt oder aber als Lehnübersetzungen dem griechischen Vorbild nachempfunden. Im Gefolge dieser Entwicklung zeichnete sich bereits in der Spätantike ein charakteristischer Unterschied zwischen der West- und der Osthälfte des Römischen Reiches ab. Während man im Westen langfristig am Lateinischen als Sprache der Heiligen Schrift und des christlichen Gottesdienstes festhielt, so dass die mittelalterlichen Volkssprachen vor allem in der Glaubensunterweisung, nicht aber in der Liturgie oder Bibelübersetzung zum Einsatz kamen, griff man im griechischsprachigen Osten neben dem Griechischen in großem Umfang auch auf andere Volkssprachen wie etwa das Koptische in Ägypten, das Armenische in Kleinasien oder das Syrische in Mesopotamien zurück. Dieser Eigenheit der griechischsprachigen Mission verdankt sich denn auch die gotische Bibelübersetzung des Bischofs Wulfila, die älteste Bibelübersetzung in eine germanische Sprache, da die Missionierung der Goten im vierten Jahrhundert aus der Osthälfte des Römischen Reichs heraus erfolgte.

Wie schon der Taufbefehl des Matthäusevangeliums und verschiedene andere Stellen im Neuen Testament nahelegen, ging der altkirchlichen Taufe in der Regel ein als Katechese bezeichneter Taufunterricht voraus, der die formelhafte Zusammenfassung zentraler Glaubensaussagen, aber auch ethische Anweisungen zum Inhalt hatte. Dieser Unterricht gewann seit dem zweiten Jahrhundert im Zuge der Ausgestaltung kirchlicher Lehren, aber auch innerkirchlicher Auseinandersetzungen zunehmend an Bedeutung. Innerhalb der Kirche entwickelte sich daher neben den Getauften ein eigener Stand der Taufbewerber oder Katechumenen. Erst seit dem späten vierten Jahrhundert wurde die – oft lange aufgeschobene – Erwachsenentaufe in zunehmendem Maße durch die Säuglings- oder Kindertaufe abgelöst, wodurch die Unterweisung in der christlichen Religion auf die Zeit nach der Taufe verschoben wurde. Diese Entwicklung stand in einem engen Zusammenhang mit den strukturellen und organisatorischen Veränderungen der Kirche seit dem Ende der Christenverfolgungen und der Gewährung der allgemeinen freien Religionsausübung im Jahr 313.

Schon seit der zweiten Hälfte des zweiten Jahrhunderts hatte die Kirche allmählich Organisationsstrukturen ausgebildet, die sie auf lange Zeit prägen sollten. Dazu gehörten eine herausgehobene, durch eine besondere Weihe zum Ausdruck gebrachte Stellung der Geistlichkeit, deren klare Abgrenzung gegenüber den Laien und eine besondere Bedeutung des Bischofsamtes. Waren die einzelnen Gemeinden ursprünglich oft von einer Gruppe gleichberechtigter Personen geleitet worden, so lag ihre Führung nunmehr immer häufiger in den Händen eines einzelnen Bischofs, der den Eucharistiefeiern vorstand und als Sprecher des Gremiums der Presbyter oder Gemeindevorsteher wirkte. Seine besondere Stellung wurde mit der Theorie der apostolischen Sukzession im Sinne einer kontinuierlichen Weitergabe der Amtsvollmacht von einem der zwölf Apostel bis zum gegenwärtigen Amtsträger begründet. In den Händen der Bischöfe lagen von da an nicht nur die Fixierung oder Modifizierung der als verbindlich anerkannten kirchlichen Lehre, sondern auch die

Weihe anderer kirchlicher Funktionsträger, die wichtigsten Funktionen innerhalb gottesdienstlicher Handlungen, die Entscheidungsgewalt über den Ausschluss aus der Kirche sowie die Verwaltung der kirchlichen Armenfürsorge. Gleichzeitig entwickelte sich aus der Funktion des Presbyters, auf den der Bischof einen Teil seiner Aufgaben übertragen konnte, das Amt des Priesters. Auf die weitere Geschichte der christlichen Mission sollten diese Strukturen weit über ihren spätantiken Ursprung hinaus einen bleibenden Einfluss ausüben.

Noch bevor Kaiser Theodosius I. das Christentum im Jahr 380 zur Staatsreligion erhob, hatte sich der Charakter der Kirche jedoch schon in wesentlichen Punkten verändert. Bereits im zweiten Jahrhundert hatte es innerhalb der Kirche erhebliche Meinungsverschiedenheiten darüber gegeben, wie hoch der Anspruch einer christlichen Lebensführung sein sollte und welche Verfehlungen man sich zuschulden kommen lassen durfte, ohne aus der Gemeinschaft der Gläubigen ausgeschlossen zu werden. Ihren vorläufigen Höhepunkt erreichte die Diskussion darüber im Anschluss an die erste allgemeine Christenverfolgung im Jahre 250, während der sich Christen in großer Zahl dem staatlichen Zwang zur Teilnahme am Kult der Staatsgötter gebeugt oder aber sich auf unlauterem Wege die erforderlichen Opferbescheinigungen verschafft hatten. Während manche Christen jede Möglichkeit zur Rückkehr in die Kirche nach einer solchen Verfehlung rundweg bestritten, beharrten andere auf dem Recht zur Buße und neuerlichen Bewährung. Im Gefolge dieser Auseinandersetzungen wurde der rigorose Anspruch vieler früher Christen zunehmend abgemildert, wodurch sich die Kirche für breite Schichten der Bevölkerung öffnete, während die Befürworter einer strenger und anspruchsvoller geregelten Lebensweise nun unter anderem im Mönchtum neue Lebensformen zur Verwirklichung ihrer Ideale fanden. Hatte also die Mission der Frühzeit noch für die Mitgliedschaft in einer kleinen Gemeinschaft von Auserwählten geworben, so zielte sie nunmehr in zunehmendem Maße auf den Übertritt zu einer Volkskirche der breiten Bevölkerungsmehrheit.

Die Christianisierung Europas

Während sich das Christentum bis zum Ausgang der Antike noch weitgehend innerhalb der Grenzen des Römischen Reichs ausbreitete, begann mit dem Niedergang des Weströmischen Reichs und seinem Ende im Jahr 476 die allmähliche Christianisierung Europas.[3] In der römischen Provinz Britannien hatte das Christentum schon im zweiten Jahrhundert Fuß gefasst. Von dort aus brachten es vermutlich kriegsgefangene Sklaven auf die Nachbarinsel Irland, deren Bewohner sich im Laufe des fünften und sechsten Jahrhunderts zur neuen Religion bekehrten. Um dieselbe Zeit vollzog sich, beginnend mit dem König und seinem Gefolge, die Christianisierung der Franken. Schon gegen Ende des sechsten Jahrhunderts erfolgte von Irland aus die Missionierung Schottlands, während gleichzeitig von Rom aus die Bekehrung der Angelsachsen in Angriff genommen wurde. Über die Missionsmethode unterrichtet uns ein Brief Papst Gregors I. an den Abt Mellitus, in dem der Papst hervorhebt,[4]

> dass die Heiligtümer der Götzen bei diesem Volk keineswegs zerstört werden sollen, dass aber die Götzenbilder, die sich darin befinden, zerstört werden sollen, dass Wasser geweiht und in diesen Heiligtümern versprengt, dass Altäre gebaut, Reliquien niedergelegt werden. Denn wenn diese Heiligtümer gut gebaut sind, müssen sie notwendigerweise vom Dämonenkult in die Verehrung des wahren Gottes verwandelt werden, damit dieses Volk, wenn es sieht, dass diese seine Heiligtümer nicht zerstört werden, den Irrglauben aus dem Herzen verbannt und, den wahren Gott erkennend und bewundernd, mit mehr Zutrauen an den Orten zusammenkommt, an die es gewöhnt ist.

Seit dem siebten und achten Jahrhundert wirkten irische und angelsächsische Missionare mit fränkischer Unterstützung auf dem europäischen Festland, unter anderem bei den noch heidnischen Friesen und Hessen. Die Bekehrung der Sachsen begann mit den Sachsenkriegen Karls des Großen 772 und endete nach wenig mehr als drei Jahrzehnten mit deren Zwangschristianisierung und Unterwerfung unter die fränkische Herrschaft.

Taufe von Heiden und Märtyrertod des Bonifatius, Buchmalerei aus dem frühen 11. Jahrhundert

Noch vor dem Ende des achten Jahrhunderts hatten die Überfälle der Wikinger auf England, Schottland, Irland und das Frankenreich die Aufmerksamkeit der christlichen Herrscher Europas auf ihre heidnischen nördlichen Nachbarn gelenkt. Dies führte zu verstärkten Missionsbemühungen, die durch die Kontakte der Wikinger mit dem Christentum außerhalb ihrer Heimatregionen und die politischen Einigungs- und Zentralisierungsprozesse in den skandinavischen Ländern selbst begünstigt wurden. Eine wichtige Rolle spielten dabei kirchliche Strukturen und Institutionen als Instrumente der Herrschaftssicherung, aber auch die mit dem Religionswechsel verbundenen Möglichkeiten eines verbesserten und erweiterten Handels- und Kulturaustauschs mit den südlichen Nachbarn. So ließ sich etwa der dänische Fürst Harald Halfdansson, seit 814 ein Lehnsmann des fränkischen Königs Ludwig der Fromme, mitsamt seinem Gefolge taufen, um dadurch die Beziehungen zum fränkischen König zu stärken und seine eigene Position im Machtkampf mit seinen dänischen Rivalen zu verbessern. 911 nahm auch Rollo, der Anführer der dänischen Wikinger in der Normandie, das Christentum an und wurde im Gegenzug vom westfränkischen König Karl III. mit Ländereien am Unterlauf der Seine belehnt. Der erste getaufte König Norwegens war Hakon I., der die neue Religion als Ziehsohn des englischen Königs Aethelstan an dessen Hof kennengelernt hatte. Intensive Bemühungen um eine umfassende Christianisierung Norwegens unternahm jedoch erst kurz vor der Jahrtausendwende König Olav I. Tryggvason, der während seiner nur fünfjährigen Herrschaft auch die Missionierung Islands vorantrieb. Dort fiel die Entscheidung für die Annahme des Christentums auf einer allgemeinen Volksversammlung im Jahr 1000, nachdem der Gesetzessprecher Thorgeir seinen Landsleuten in einer eindringlichen Rede vor Augen geführt hatte, «dass ihre Verhältnisse in eine unhaltbare Lage geraten seien, wenn sie nicht alle ein und dasselbe Gesetz hier im Lande haben sollten» und dass man daher einen Ausgleich suchen müsse, wie der Historiker Ari Thorgilsson in seinem um 1125 verfassten *Isländerbuch* berichtet. «So wurde nun dies als Gesetz verkündet, dass alle, die hierzulande noch ungetauft wären, Christen werden und die Taufe annehmen sollten; aber für die Kindesaussetzung und das Pferdefleischessen sollten noch die alten Gesetze gelten. Opfern sollte man heimlich, wenn man wollte, doch bei Strafe des Lebensringzauns [dreijährige Landesverweisung], wenn Zeugen dafür beigebracht würden.»[5] Zum Abschluss kam die Christianisierung Norwegens unter König Olav II. Haraldsson, der schon bald nach seinem Tod in der Schlacht von Stiklestad 1030 als Heiliger verehrt wurde. Das letzte skandinavische Land, das im Laufe des zwölften Jahrhunderts für die neue Religion gewonnen wurde, war Schweden.

Anders als in Skandinavien ging die Missionierung Ost- und Südosteuropas von zwei verschiedenen, miteinander konkurrierenden Reichen aus. Schon gegen Ende des achten Jahrhunderts trieb Karl der Große die Missionierung der slawisch besiedelten Gebiete zwischen Main und Regnitz sowie in Kärnten voran, um die Ostgrenze seines Reiches zu sichern. Darauf folgten im neunten Jahrhundert ausgedehnte fränkische Missionsbemühungen in Böhmen, Mähren und Slowenien. In diesen Regionen wirkten seit 863 aber auch die beiden byzantinischen Missionare Kyrill und Method, auf deren Initiative hin neben dem Griechischen und Lateinischen nunmehr auch das Altslawische für den Gottesdienst zugelassen wurde. Derlei fränkische und byzantinische Bemühungen konkurrierten ferner in Bulgarien, dessen Fürst Boris I. um 865 mit der Taufe den christlichen Namen Michael annahm und ebenfalls das Altslawische als Liturgiesprache einführte. Hier setzte sich der oströmische Einfluss letztlich durch, mit dem Ergebnis, dass 927 eine unabhängige bulgarisch-orthodoxe Kirche entstand. Historisch bedeutsam war auch, dass in der Kiewer Rus Fürst Wladimir I. der Große 988 das Christentum in seiner orthodoxen Form annahm, wohingegen Mähren im Laufe des zehnten Jahrhunderts wieder zur römischen Liturgie zurückkehrte. Vom Ostfränkischen Reich aus wurden schließlich auch die Westslawen, die ihnen benachbarten Ungarn und zuletzt die baltischen Völker christianisiert. So erfolgte im Laufe des dreizehnten und vierzehnten Jahrhunderts unter maßgeblicher Beteiligung des Deutschen Ordens die gewaltsame Missionierung der Letten, Liven, Kuren, Esten, Preußen und Litauer. Als die letzten Heiden Europas verblieben damit nur die Finnen und Samen (Lappen) im hohen Norden, die größtenteils erst nach der Reformation in einer über zweihundert Jahre währenden Missionsarbeit der evangelisch-lutherischen Kirche zum Christentum bekehrt wurden.

Während das Christentum bis zum Ausgang des Mittelalters in fast ganz Europa zur dominierenden Religion wurde, verlor es gleichzeitig in zahlreichen ursprünglich christlichen Ländern Nordafrikas und des Vorderen Orients infolge der Ausbreitung des Islams immer mehr an Boden. Außerhalb Europas gab es zu Beginn der Neuzeit daher in einer überwiegend außerchristlichen Umgebung nur wenige christliche Gemeinden, die als religiöse Minderheiten, etwa als «Schutzbefohlene» im Herrschaftsbereich des Islams oder in Indien, bestehen konnten. Nur selten gab es bis zum Ausgang des Mittelalters Versuche der Kirche, außerhalb Europas zu missionieren. Seit dem dreizehnten Jahrhundert unternahmen zwar besonders die neuen Orden der Franziskaner und Dominikaner immer wieder Missionsanstrengungen in Nordafrika, dem Vorderen Orient und Vorderasien, doch war ihnen dort kein dauerhafter Erfolg beschieden.

Religion und Herrschaft

Wie aus dieser Übersicht hervorgeht, zog sich die Christianisierung Europas über einen Zeitraum von mehr als tausend Jahren hin und war eng verknüpft mit der Ausbreitung der lateinischen Schrift und Sprache, der antiken Literatur und Bildung und anderer zivilisatorischer Errungenschaften. Ein weiterer wesentlicher Grundzug der Mission im Mittelalter war die enge Verbindung zwischen der Ausbreitung des Christentums und der politischen Integration immer neuer Völker in die Nachfolgestaaten des Römischen Reichs, so dass Unterwerfung und Missionierung mitunter wie zwei Seiten ein und derselben Medaille erscheinen konnten. Die germanischen Völker an der Ostflanke des Frankenreichs sind dafür ein anschauliches Beispiel: Nachdem ihre Christianisierung mit friedlichen Mitteln zunächst gescheitert war, entschloss sich Karl der Große zum Einsatz militärischer Gewalt. 782 wurden die von den Sachsen bewohnten Regionen mit Unterstützung eines Teils der sächsischen Oberschicht in Grafschaften eingeteilt und ins Frankenreich eingegliedert, und jegliche Angriffe gegen die fränkische Herrschaft oder die Kirche wurden ebenso wie die fortgesetzte Durchführung heidnischer Riten mit drakonischen Strafen bedroht. Dies führte zum Aufstand einer heidnischen Opposition, den der König erst über zwanzig Jahre später nach zahlreichen Kämpfen, Hinrichtungen und Deportationen widerspenstiger Bevölkerungsteile endgültig niederschlagen konnte. Ähnliches wiederholte sich rund hundertfünfzig Jahre später an der Ostgrenze des Ostfränkischen (Deutschen) Reichs, wo Otto I. nach seinem Sieg über die Ungarn in der Schlacht auf dem Lechfeld die Missionierung der an Elbe und Ostsee siedelnden Slawen und ihre Integration in die ostfränkische Herrschaft vorantrieb. Bezeichnenderweise ging das Festhalten an der althergebrachten heidnischen Religion bei Elb- und Ostseeslawen Hand in Hand mit der Fortdauer ausgeprägt kleinräumiger Herrschaftsstrukturen, wohingegen die Nachbarn im Westen und Osten mit der Zentralisierung von Herrschaft auch die Hinwendung zum Christentum und dem Aufbau kirchlicher Strukturen vollzogen hatten. Einen schweren Rückschlag erlitt die Missionierung der Slawen zwischen Elbe und Oder

983, als sich die heidnischen Liutizen und Abodriten gegen die deutsche Herrschaft erhoben und die erst kurz zuvor gegründeten Bischofssitze in Havelberg und Brandenburg zerstörten. Zu einer weiteren Rebellion kam es 1066, wie der zeitgenössische Chronist Adam von Bremen berichtet:

> Der greise Bischof Johannes und die übrigen Christen in der Burg Mecklenburg wurden als Gefangene für die Siegesfeier aufgespart. Für sein Bekenntnis zu Christus erhielt er Stockschläge und wurde dann zum Hohn in den verschiedenen Slavenorten herumgeführt; da man ihm Christi Sache nicht abspenstig machen konnte, hieb man ihm Hände und Füße ab und warf seinen Leib auf die Gasse; sein Haupt aber wurde abgeschnitten; die Heiden spießten es als Siegeszeichen auf einen Spieß und opferten es ihrem Gott Radegost; das geschah am 10. November in der slavischen Hauptburg Rethra.[6]

Die Lage änderte sich grundlegend erst wieder mit dem sogenannten Wendenkreuzzug von 1147, in dem sächsische, polnische und dänische Adlige gemeinsam die auch als Wenden bekannten Elbslawen bekämpften.

Von zentraler Bedeutung für die Theorie und Praxis der gewaltsamen Ausbreitung des Christentums im Mittelalter war die Idee vom «Gerechten Krieg» (*bellum iustum*), die auf älteren Vorstellungen aus dem Bereich des heidnischen römischen Sakralrechts fußte. Hatten die frühen Kirchenväter wie etwa Tertullian den Dienst im römischen Militär wie auch den Krieg an sich noch ohne Wenn und Aber verurteilt, so änderte sich diese Einstellung, nachdem das Christentum die Staatsreligion des Römischen Reichs geworden war. Wegweisend für die künftige Beurteilung der damit verbundenen Fragen wurden nunmehr die Schriften des Kirchenvaters Augustinus, der den Krieg zwar grundsätzlich ablehnte, unter bestimmten Bedingungen jedoch für erlaubt oder sogar geboten hielt. Die Voraussetzungen dafür bestanden ihm zufolge zum einen im unrechten Handeln oder schuldhaften Verhalten des Gegners, zum anderen in der auf Bestrafung des Unrechts und Wiederherstellung von Frieden, Ordnung und Gerechtigkeit gegründeten guten Absicht. Ihre noch in der Frühen Neuzeit gängige Formulierung fanden diese Vorstellungen durch die Vertreter der Scholastischen Theologie des drei-

Taufe von Muslimen nach der Eroberung Granadas, Altarrelief in der Kathedrale von Granada, 16. Jahrhundert

zehnten Jahrhunderts, darunter Thomas von Aquin, der neben den genannten Gesichtspunkten auch die Forderung nach einer Legitimierung des Gerechten Kriegs durch eine christliche Autorität aufstellte. Dachte man dabei zunächst in erster Linie an Kaiser oder Papst, so setzte sich am Ausgang des Mittelalters immer wieder die Auffassung durch, dass letztlich jeder christliche Herrscher zur Legitimierung eines Gerechten Krieges berechtigt sei.

Mit der Vorstellung des Gerechten Krieges verband sich seit dem ausgehenden elften Jahrhundert auch der Kreuzzugsgedanke, der den Kampf gegen die Ungläubigen an den Grenzen der christlichen Welt zugleich als Bußübung, Pilgerfahrt und verdienstvolle Unterstützung bedrohter Christen auffasste und anpries. Von Papst und Kaiser legitimiert, galten die frühen Kreuzzüge nach Palästina zwar als Unternehmungen der gesamten christlichen Welt, doch wurde der Kreuzzugsgedanke schon bald auch in den Dienst nationaler Sonderinteressen gestellt. Dies betraf in besonderem Maße den Krieg gegen die noch heidnischen Slawen an der Ostgrenze des Deutschen Reichs, aber auch den Kampf gegen die Muslime auf der Iberischen Halbinsel. Dort hatten muslimische Araber und Berber schon 711 das Reich der Westgoten erobert und ihre Herrschaft zeitweise bis fast zu den Pyrenäen ausgedehnt. Mit dem Wiedererstarken des christlichen Widerstands setzte sich dort alsbald die Auffassung durch, dass die Besetzung durch die Muslime ein Unrecht sei und die verbliebenen christlichen Königreiche im Norden der Pyrenäenhalbinsel als legitime Erben des Westgotenreiches angesehen werden müssten. Infolgedessen bemühten sich die Christen seit dem achten Jahrhundert um die «Rückeroberung» (*Reconquista*) der muslimischen Gebiete und setzten damit eine Bewegung in Gang, die nach jahrhundertelangen Kämpfen im Frühjahr 1492, nur wenige Monate vor der Entdeckung Amerikas, mit der Eroberung des letzten muslimischen Territoriums auf der Halbinsel, des Emirats von Granada, ihren Abschluss finden sollte.

Bekämpfung und Aneignung fremder Religionen

Um sich vom Verlauf der Christianisierung Europas ein Bild zu machen, kann man auf zeitgenössische oder doch zeitnahe schriftliche Quellen und auf archäologische Funde und Befunde zurückgreifen. Letztere sind indessen oft mehrdeutig, während Erstere fast ausschließlich die Perspektive der missionierenden Kirche und kaum jemals die der heidnischen Opposition bewahrt haben. Grundsätzlich hatte die Kirche kein Interesse am Heidentum um seiner selbst willen und interpretierte es – ohne den Versuch eines tiefergehenden Studiums – allein auf der Grundlage jenes spätantik-frühmittelalterlichen christlichen Weltbilds, das auf einer Verschmelzung biblischer und griechisch-römischer Vorstellungen beruhte. Schon um 300 v. Chr. hatte der Schriftsteller Euhemeros von Messene im Zeitalter des hellenistischen Herrscherkults den Gedanken verbreitet, dass die großen griechischen Götter ursprünglich nur verdiente und erst nach ihrem Tod in besonderer Weise verehrte sterbliche Menschen gewesen seien. Diese nach ihrem Urheber als Euhemerismus bekannt gewordene Theorie griffen die frühchristlichen Schriftsteller in ihrer Auseinandersetzung mit dem antiken Polytheismus dankbar auf, um mit Hilfe eines heidnischen Kronzeugen die Existenz der griechisch-römischen Götterwelt insgesamt zu bestreiten. So heißt es etwa im vierten Jahrhundert bei dem Kirchenschriftsteller Laktanz:[7]

> Die angeblichen Götter, die, wie allbekannt, nach Menschenart erzeugt wurden und nach Menschenart erzeugt haben, sind unzweifelhaft Sterbliche gewesen; aber sie sind für Götter gehalten worden, weil man sie als große und mächtige Könige wegen der Wohltaten, die sie den Menschen gespendet, nach ihrem Tode göttlicher Ehre für würdig hielt und durch Errichtung von Tempeln und Bildsäulen ihr Andenken wie das von Unsterblichen erhalten und verherrlicht hat.

Waren Griechen und Römer ebenso wie die Völker des Alten Orients und Ägyptens noch der Auffassung gewesen, hinter der Vielzahl unterschiedlicher Namen verberge sich letztlich immer dieselbe Götterwelt, so sahen die Christen in all diesen unterschiedlich benannten Göttern nur Manifestationen ein und desselben Teufels und der mit ihm verbündeten Dämonen, die den Menschen von der Verehrung des einen wahren Gottes abzuhalten suchten. «Und ich widersage allen Werken und Worten des Teufels – Donar, Wodan, Saxnot und allen Unholden, die ihre Genossen sind», heißt es dementsprechend im altsächsischen Taufgelöbnis aus der Zeit um 800.

Charakteristisch für die mittelalterliche Sicht des Heidentums war ferner der Vorwurf der Idolatrie oder des Götzendienstes, also der Verehrung der von Menschen gefertigten Kultbilder. Hier stand die christliche Polemik in der Tradition des Judentums mit seiner Betonung eines bildlosen Monotheismus. Außerdem wandten sich christliche Theologen vehement gegen jede Art von Opferkult und alle Formen einer Erkundung des göttlichen Willens durch divinatorische Riten. Beides war in den Religionen der Alten Welt allgemein verbreitet, mit dem christlichen Gottesbild jedoch letztlich unvereinbar. Im Übrigen sahen die mittelalterlichen Christen innerhalb des Heidentums keine wesentlichen Unterschiede, sondern interpretierten anfangs sogar den monotheistischen Islam mit denselben althergebrachten Kategorien. Weit verbreitet war die Gleichsetzung aller Formen von heidnischer Religion mit

Zauberei. Vom Christentum als von einer unter mehreren Religionen zu sprechen, war dagegen bis in die Frühe Neuzeit ungebräuchlich.

Über die Art und Weise, wie sich der von kirchlicher Seite geforderte Mentalitätswandel der Missionierten im Einzelnen vollzog, schweigen sich die Quellen weitgehend aus. Was man anhand der schriftlichen und archäologischen Zeugnisse zumindest ansatzweise rekonstruieren kann, sind der Aufbau kirchlicher Organisationsstrukturen, die Aufgabe oder Zerstörung heidnischer Kultstätten und Kultbilder, der Neubau christlicher Kirchen und Klöster, eine zunehmende Verwendung christlicher Symbole sowie Veränderungen im Grabbrauchtum, nicht aber die innere Einstellung der Beteiligten während dieser Umwälzungen. So bleibt denn auch weitgehend unklar, wie weit die Neubekehrten, was das Verständnis der neuen Religion betraf, mit den offiziellen Kirchenvertretern übereinstimmten. Berichte von Zwangsbekehrungen und Massentaufen ohne entsprechende kirchliche Unterweisung lassen vermuten, dass sich das Christentum der Neubekehrten mitunter erheblich von dem propagierten Ideal unterschieden haben dürfte, ohne dass die Quellen ein auch nur annähernd vollständiges Bild davon vermitteln. Seit dem Frühmittelalter diente die Institution der Beichte dazu, christliche Verhaltensmuster einzuprägen und bei Verstößen dagegen besondere Bußleistungen zu verhängen. Der Ausmerzung oder wenigstens Eindämmung außerkirchlicher Anschauungen und Praktiken diente außerdem eine umfangreiche theologische Literatur zur Bekämpfung des Aberglaubens, während eine besondere kirchliche Sendgerichtsbarkeit Zuwiderhandlungen gegen die kirchlichen Normen untersuchte und gegebenenfalls ahndete. Eine wichtige Rolle spielte seit dem frühen dreizehnten Jahrhundert die päpstliche Inquisition, die vor allem bei der Ketzerbekämpfung zum Einsatz kam.

Akkulturation und historischer Wandel

Wie sich im Verlauf der Christianisierung Europas immer wieder beobachten lässt, setzte die Mission in vielen Fällen beim Herrscher oder bei der politisch tonangebenden Oberschicht an. Nahm die Christianisierung der Franken mit dem Übertritt ihres Königs zur neuen Religion ihren Anfang, so begann die Bekehrung der Sachsen mit der Integration der sächsischen Oberschicht in die Grafschaftsverfassung des Frankenreichs. Auch im Fall der Alemannen geht man davon aus, dass sich nach fränkischem Vorbild zunächst die politisch führende Schicht der neuen Religion öffnete, auch wenn dies fast nur aus stummen archäologischen Zeugnissen zu erschließen ist. Dass die Kirche hier wie in vielen anderen, vergleichbaren Fällen die Interessen dieser Oberschicht berücksichtigen musste, liegt auf der Hand. Um die Ausbreitung der neuen Religion in einem vormals heidnischen Gebiet angesichts der beschränkten personellen und institutionellen Ressourcen der Kirche voranzubringen, erschien es jedoch auch geboten, nach Möglichkeit an Bekanntes anzuknüpfen und, wo nötig, Kompromisse zu schließen, um bereits erzielte Missionserfolge nicht zu gefährden. Wie schon Gregor I. 601 in seinem bereits zitierten Brief an den Abt Mellitus im Hinblick auf die noch heidnischen Angelsachsen erklärt hatte:[8]

> Da sie viele Rinder als Opfer für die Dämonen zu schlachten pflegen, muss für sie auch daraus eine andere Feier werden: dass sie sich am Tage der Weihe oder am Tage der heiligen Märtyrer, deren Reliquien dort niedergelegt sind, Hütten aus Baumzweigen um diejenigen Kirchen bauen, die aus den Heiligtümern entstanden sind, und den Festtag mit frommen Festmahlen begehen und nicht mehr Tiere dem Teufel opfern und zum Lobe Gottes für ihr Essen Tiere schlachten und dem Geber der Dinge für ihre Sättigung Dank sagen, damit sie, wenn ihnen äußerlich einige Freuden erhalten bleiben, den inneren Freuden leichter zustimmen können. Denn zweifellos ist es unmöglich, schwerfälligem Verstand alles auf einmal wegzunehmen, da ja auch derjenige, der den höchsten Gipfel besteigen möchte, Schritt für Schritt und nicht in Sprüngen nach oben kommt.

Ebenso wie sich das frühe Christentum im Zuge seiner Ausbreitung im Römischen Reich allmählich verändert hatte, passte es sich daher auch im Laufe der Christianisierung Europas immer wieder den jeweils vorherrschenden politischen und kulturellen Gegebenheiten an. Konnten die Autoren der neutestamentlichen Schriften noch auf die religiöse Begrifflichkeit der griechischen Übersetzung des Alten Testaments aus dem

Hebräischen zurückgreifen, so erforderte die spätantike Übersetzung der gesamten Bibel ins Lateinische bereits ein deutlich höheres Maß an sprachlicher Neuschöpfung. In noch größerem Umfang galt dies für die ungefähr gleichzeitig entstandene Übersetzung der Bibel ins Gotische, in der viele neutestamentliche Begriffe entweder als Lehnwörter übernommen oder mit den einheimischen sprachlichen Mitteln, so gut es eben ging, nachempfunden werden mussten. Entsprechend fremdartig wirkt auf den modernen Leser daher ein Werk wie der altsächsische *Heliand*, mit dem ein unbekannter geistlicher Autor nur wenige Jahre nach der Zwangsbekehrung der Sachsen den Neubekehrten das Leben Jesu mit dem Wortschatz und den stilistischen Mitteln der heidnischen heroischen Dichtung nahezubringen suchte.

Als oftmals schwierig erwies sich nicht nur die sprachliche Vermittlung der biblischen Botschaft, sondern auch die Durchsetzung vieler damit verbundener ethischer Forderungen. So war etwa im frühmittelalterlichen Irland die Polygamie zumindest in den politisch führenden Kreisen weit verbreitet, obschon die Kirche diese Praxis immer wieder durch entsprechende Verbote einzudämmen suchte. Wie schwer sich die Vertreter der Kirche wie auch die einzelnen Gläubigen damit taten, die gesellschaftliche Realität mit dem Anspruch der christlichen Lehre in Einklang zu bringen, zeigt nicht zuletzt der Wandel im Verständnis des Verhältnisses von Taufe und Buße. In der alten Kirche verstand man die «Buße» (*metanoia*) entsprechend dem ursprünglichen Wortsinn noch als «Umkehr» oder «Sinnesänderung»; die Taufe als Symbol der Aufnahme in die Gemeinschaft der Gläubigen war dementsprechend das unwiederholbare Zeichen dieser Umkehr und der damit verbundenen Sündenvergebung. Im Falle einer späteren schweren Verfehlung, die den Ausschluss aus der Gemeinschaft nach sich zog, konnte der Sünder zwar durch Reue und die Erfüllung entsprechender Bußauflagen eine Wiederaufnahme in die Gemeinschaft erreichen, doch war dies nur einmal vorgesehen und galt zunächst – ebenso wie die Taufe – als nicht wiederholbar. Dies änderte sich jedoch im Frühen Mittelalter, als man dem einzelnen Gläubigen zugestand, dem Priester immer wieder seine Sünden zu bekennen und bei Erfüllung der jeweils verhängten Bußauflagen Vergebung dafür zu erlangen. Hatte die alte Kirche in diesem Zusammenhang nur einige wenige besonders schwere Verfehlungen thematisiert, so entstanden seit dem sechsten Jahrhundert ausführliche Bußbücher im Sinne katalogähnlicher Zusammenstellungen, die eine Vielzahl kleinerer und größerer Verfehlungen auflisteten und überdies zur Ermittlung einer angemessenen Bußleistung die Motivation des Sünders sowie Alter, Geschlecht, soziale Stellung und wirtschaftliche Verhältnisse berücksichtigten. Wie sehr sich das altkirchliche Verständnis von «Umkehr» und «Sinnesänderung» im Zuge dieser Entwicklung hin zu einer «Tarifbuße» gewandelt hatte, zeigt nicht zuletzt der Umstand, dass man besonders mühevolle oder zeitaufwendige Bußleistungen auch einem Stellvertreter übertragen oder durch die Zahlung einer entsprechenden Geldsumme ersetzen konnte. Seit dem zwölften Jahrhundert setzte sich die Privatbeichte durch, in der die Sündenvergebung unmittelbar auf das nichtöffentliche Sündenbekenntnis vor einem Priester folgte und die Bußleistung eine gleichsam nachgeordnete Bedeutung erhielt.

Der augenfällige Wandel des Bußverständnisses zeigt, dass das im Zuge der Missionierung vermittelte Christentum auch im lateinischsprachigen Westen keineswegs eine über Zeit und Raum hinweg einheitliche Größe war. Dies konnte im Laufe einer mehrhundertjährigen Missionsgeschichte immer wieder auch zu Verwerfungen und Konflikten führen. So lernten etwa die germanischen Völker der Goten, Burgunden, Sueben und Vandalen das Christentum zunächst in der sogenannten «arianischen» oder besser «homöischen» Ausprägung kennen. Vor dem Glaubensbekenntnis der Konzilien von Nicaea und Konstantinopel entstanden, postulierte diese Form des Christentums nicht den später allgemein anerkannten Trinitätsglauben, sondern die Unterordnung des Sohnes unter den Vater. Nach dem Untergang des Weströmischen Reichs hatte dies zur Folge, dass es in den germanischen Nachfolgereichen immer wieder zu Spannungen zwischen der herrschenden germanischen Oberschicht und ihren romanischen Untertanen kam. Nachdem der fränkische König Chlodwig gegen Ende des fünften Jahrhunderts direkt vom Heidentum zum Katholizismus übergetreten war, ließen sich daher auch die Könige der Burgunden, Sueben und Westgoten im Laufe des sechsten Jahrhunderts trinitarisch taufen. In ähnlicher Weise kam es während des sechsten und siebten Jahrhunderts in Irland und im angelsächsischen

England zu erbitterten Streitigkeiten über die Berechnung des Ostertermins, als die Anhänger der in Irland lange Zeit üblichen Praxis auf die Befürworter einer jüngeren, nun auf dem Kontinent weit verbreiteten Berechnungsweise trafen.

Erinnerung und Geschichtsschreibung

Da der Gebrauch der Schrift im Zeitalter der Christianisierung Europas fast ausschließlich auf kirchliche Kreise beschränkt blieb, lag auch die Deutungshoheit dieses Aspekts der Geschichte weitgehend in den Händen der Kirche. Eine wichtige Rolle spielte dabei die Bibel, da alt- wie neutestamentliche Texte das Vokabular zur Beschreibung außerchristlicher Riten und Kulte bereitstellten, während die Schilderungen der frühchristlichen Mission in den paulinischen Briefen und der Apostelgeschichte späteren Generationen als Vorbild für eine erfolgreiche Verkündigung der christlichen Lehre dienten. Dementsprechend tiefgreifend war der Einfluss biblischer Erzählungen auf die mittelalterliche Hagiografie, in der das missionarische Wirken herausragender Heiliger überdies oft weniger die historische Wirklichkeit als vielmehr die späteren macht- und kirchenpolitischen Interessen im Umfeld der Verfasser dieser Texte widerspiegelt. So diente etwa die Legende, derzufolge der Apostel Thomas Südindien missionierte und in Mylapore bei Chennai den Märtyrertod fand, in erster Linie dazu, die späteren christlichen Gemeinden Indiens historisch zu legitimieren. Ähnlich verknüpfte man im Spätmittelalter die Einführung des Christentums in England mit der Legende von einer Reise des Joseph von Arimathaea, während die Entstehung des schottischen Bistums St. Andrews mit der wundersamen Entdeckung der Reliquien des Apostels Andreas an der schottischen Ostküste in Zusammenhang gebracht wurde. Auch in der umfangreichen lateinischen und irischen Literatur über das Wirken des heiligen Patrick spiegelt sich daher weniger die kaum mehr rekonstruierbare Geschichte Irlands im fünften Jahrhundert als vielmehr die spätere zentrale Stellung des Bistums Armagh, das mit Patricks Verehrung besonders verbunden war. Für das Selbstverständnis der Kirche und die allgemein vorherrschende Sicht der Christianisierung Europas blieben solche hagiografischen Texte und

Legenden gleichwohl bis weit in die Neuzeit von herausragender Bedeutung und wurden oftmals erst im Zuge des Aufschwungs der historischen und archäologischen Forschung im neunzehnten und zwanzigsten Jahrhundert kritisch hinterfragt.

Von herausragender Bedeutung war die kirchliche Perspektive auf die Christianisierung Europas aber auch für die Entwicklung der Vorstellungen, die man sich von den vor- und frühgeschichtlichen Religionen Europas machte. Da frühe Schriftzeugnisse der keltischen, germanischen und slawischen Völker weitgehend fehlten oder doch erst im Laufe der Neuzeit entdeckt und allmählich erforscht wurden, galten die nach biblischen Vorbildern stilisierten Darstellungen der Bekehrungszeit durch Hagiografen und Kirchenhistoriker oft bis in die jüngste Vergangenheit als wertvolle Quellen für unsere Kenntnis der vorchristlichen Religionen Europas. Dabei unterlag die Bewertung dieser Religionen erheblichen Schwankungen. Stand man dem alten europäischen Heidentum im Mittelalter weitgehend ablehnend gegenüber, so entdeckten bereits die französischen Humanisten des sechzehnten Jahrhunderts ihre Vorliebe für die keltische Priesterklasse der Druiden, deren vermeintliche Lehren begeisterte Altertumsforscher im England des achtzehnten Jahrhunderts mit jenen der zeitgenössischen Anglikanischen Kirche gleichsetzten. Immer wieder spielten dabei die Berichte aus der Bekehrungszeit eine wichtige Rolle, etwa wenn man eine dort erwähnte Zerstörung des sächsischen Zentralheiligtums Irminsul mit den Externsteinen zusammenbrachte und so eine phantasievolle germanische Naturreligion konstruierte. Dass die Vertreter solcher romantisierender Ideen oft nur zeitgenössische philosophische Debatten und religiöse Kontroversen in die heidnische Vergangenheit zurückspiegelten, wurde zumeist erst im Rückblick deutlich.

1

Katholische Mission am Beginn der Globalisierung

Die Karibik und Lateinamerika von der Entdeckung durch Kolumbus bis zum Niedergang des spanischen Kolonialreichs

Obwohl wir Missionspatres unter soviel Tausenden von Menschen, will sagen Indianern leben, befinden wir uns in der Thebais [d. h. Wüste]. Hier gibt es nahezu keinen religiösen Gedankenaustausch, größte Einsamkeit, immerwährendes Stillschweigen, wenige, seltene und verspätete Nachrichten über Eure Angelegenheiten. Wir sind der Welt entrückt und für sie wie tot, mit ungeheuren Mühen und dauernden Sorgen belastet.

Der Jesuit Anton Sepp, 1714[1]

Mit dem Anbruch des Zeitalters der Entdeckungen rückten in rascher Folge die Inseln der Karibik, Amerika, Indien und Ostasien in das Blickfeld der europäischen Mächte und der christlichen Kirchen. Doch während sich das Christentum auf den Inseln der Karibik und in Amerika auf Dauer als Mehrheitsreligion etablieren konnte, blieb sein Einfluss in Indien, Japan und China lange Zeit eng begrenzt. Im Osten Nordamerikas waren Missionare unterschiedlicher Konfessionen aus England, Schottland, Frankreich und verschiedenen mitteleuropäischen Ländern tätig. Sie konnten vielfach auf Erfahrungen aufbauen, die man zuvor in Mittel-, Süd- und Nordwestamerika gewonnen hatte, wo die Gründung eines weitgespannten spanischen Kolonialreichs zusammen mit einer ausgedehnten katholischen Mission unter spanischer bzw. portugiesischer Führung erfolgt war. So erscheint es zweckmäßig, eine Geschichte der christlichen Mission in der Neuzeit mit dem Blick auf die Missionierung der Karibik und Lateinamerikas zu beginnen.

Von der Eroberung bis zur Entkolonisierung

Die Geschichte des spanischen Kolonialreichs in der – schon im frühen sechzehnten Jahrhundert so genannten – Neuen Welt begann im Oktober 1492 mit der Inbesitznahme einer Insel der Bahamas durch Kolumbus. Sie endete im Dezember 1898 mit der Unterzeichnung des Pariser Friedens am Ende des Spanisch-Amerikanischen Krieges. In der Folge musste Spanien Puerto Rico, Guam und die Philippinen an die Vereinigten Staaten abtreten und Kuba in die Unabhängigkeit entlassen, nachdem sich im Anschluss an die Napoleonischen Kriege bereits viele andere Regionen der Karibik sowie Süd- und Mittelamerikas vom spanischen Mutterland losgesagt hatten. Um die Entstehung, den Verlauf und die Folgen der christlichen Mission in all diesen Ländern zu verstehen, gilt es zunächst die Geschichte ihrer Eroberung und sodann den Anteil staatlicher und kirchlicher Organe an ihrer Verwaltung und Ausbeutung ins Auge zu fassen.

Den Ausgangspunkt der spanischen Kolonisierung Lateinamerikas bildete die Karibik. Auf der nach Kuba zweitgrößten Insel Hispaniola – heute aufgeteilt zwischen Haiti im Westen und der Dominikanischen Republik im Osten – entstand bereits 1493 die erste spanische Ansiedlung. Ihr folgten bis 1530 weitere Siedlungen auf den Inseln Puerto Rico, Jamaica, Kuba und Trinidad. Danach verlagerte sich der Schwerpunkt des spanischen Interesses zunehmend auf das mittel- und südamerikanische Festland. Dies führte seit dem späten sechzehnten Jahrhundert zu einer wachsenden Einflussnahme Englands, Frankreichs und später auch der Niederlande in der Karibik, was sich einerseits in der Eroberung und Kolonisierung einzelner Inseln, andererseits in den Aktivitäten vor allem englischer und französischer Freibeuter niederschlug.

Die spanische Eroberung des mittelamerikanischen Festlands begann im April 1519 mit der Landung einer von Hernán Cortés geführten Truppe in der Nähe der heutigen Stadt Veracruz am Golf von Mexico. Indem er geschickte Bündnisse mit jenen Teilen der einheimischen Bevölkerung schloss, die den zentralmexikanischen Azteken tributpflichtig waren oder aber mit ihnen rivalisierten, konnte Cortés das Aztekenreich innerhalb von kaum mehr als zwei Jahren vollständig in Besitz nehmen. Als sehr viel langwieriger erwies sich jedoch die Unterwerfung der daran angrenzenden Gebiete. Zwischen 1522 und 1530 eroberten die Spanier das Reich der auch als Purépecha bezeichneten Tarasken mit der Hauptstadt Tzintzuntzan im Nordwesten des Aztekenreichs. Noch weiter nördlich lag eine von den Spaniern als *La Gran Chichimeca* bezeichnete Region mit reichen Silbervorkommen, deren nomadische und halbnomadische Bewohner den Eindringlingen erbitterten Widerstand leisteten. Von 1550 bis 1590 führte Spanien dort die ebenso verlustreichen wie kostspieligen Chichimekenkriege, die erst durch den spanischen Verzicht auf eine kurzfristige Unterwerfung der Bevölkerung und umfangreiche Maßnahmen zu ihrer allmählichen Assimilation beendet werden konnten. Noch länger dauerte die Eroberung der Halbinsel Yucatán südöstlich des Aztekenreichs, die erst gegen Ende des siebzehnten Jahrhunderts ihren Abschluss fand. Auch Nordamerika westlich des Mississippi wurde von den Spaniern teilweise erst im Laufe des siebzehnten und achtzehnten Jahrhunderts erschlossen und ihrem Kolonialgebiet einverleibt.

Mit der Ankunft Francisco Pizarros und seiner Truppe begann 1532 die Eroberung des Inkareichs in Peru, die 1572 mit der Hinrichtung des letzten Inka-Herrschers Túpac Amaru endete. In diesen Zeitraum fällt auch die Inbesitznahme weiterer Regionen in Südamerika, die teils vom Boden des ehemaligen Inkareichs und teils von der Ostküste Südamerikas aus durchgeführt wurde. Schon 1516 hatten spanische Seefahrer den Río de la Plata erkundet und 1527 in dieser Region einen Stützpunkt angelegt. 1536 und 1537 folgte die Gründung der Städte Buenos Aires und Asunción. In den darauffolgenden Jahren unternahmen die Spanier auch Expeditionen in den goldreichen Norden Südamerikas, das heutige Kolumbien, legten dort befestigte Stützpunkte an und unterwarfen die einheimische Bevölkerung der Musca und Chibcha.

Die Anfänge der Verwaltung des spanischen Kolonialreichs gehen auf Königin Isabella von Kastilien und ihren Hofkaplan und Berater Juan Rodríguez de Fonseca zurück. Auf ihr Betreiben hin entstand bereits 1503 in Sevilla eine *Casa de Contratación* oder «Handelshaus» genannte Behörde. In deren Händen lag die Genehmigung, Finanzierung und Überwachung des gesamten Verkehrs und Handels mit den neuerworbenen überseeischen Gebieten sowie die Eintreibung der daraus resultierenden Steuern und die Beilegung von Rechtsstreitigkeiten. 1524, im Gefolge der Eroberung des Aztekenreichs, verfügte Kaiser Karl V. dann nach dem Vorbild des Kastilischen Kronrats die Einrichtung eines nur dem Monarchen selbst verantwortlichen «Königlichen Obersten Indienrats» (*Real y Supremo Consejo de las Indias*). Besetzt mit Juristen und anderen vom Monarchen berufenen Fachleuten, diente der Indienrat unter der Leitung seines Präsidenten als oberstes Beratungs- und Verwaltungsgremium wie auch als oberstes Berufungsgericht für das gesamte spanische Kolonialgebiet in der Karibik, Amerika und auf den Philippinen. Als territoriale Verwaltungseinheiten entstanden 1535 das Vizekönigreich Neuspanien mit der Hauptstadt Mexiko-Stadt sowie 1542 das Vizekönigreich Peru mit der Hauptstadt Lima. Zum Vizekönigreich Neuspanien gehörten neben den spanischen Besitzungen in Mittelamerika und Venezuela auch die Philippinen sowie die Gebiete in der Karibik und im westlichen Nordamerika. Dagegen umfasste das Vizekönigreich Peru die spanischen Besitzungen in Südamerika (außer Venezuela). Beide Vizekönigreiche waren in Provinzen eingeteilt, deren Gouverneure dem jeweiligen Vizekönig unterstanden.

Tiefgreifende Veränderungen erfuhren die spanischen Kolonien im Laufe des achtzehnten Jahrhunderts, als nach dem Tod Karls II., des letzten spanischen Habsburgers, die Herrschaft auf den Bourbonen Philipp von Anjou, einen Enkel Ludwigs XIV., überging. Ursache dafür waren die Bourbonischen Reformen, mit denen Philipp V. und seine Nachfolger nach dem Ende des Spanischen Erbfolgekrieges dem politischen und wirtschaftlichen Niedergang ihres Reiches gegenzusteuern suchten. So entstand 1739 aus Teilen der bisherigen Vizekönigreiche Neuspanien und Peru als neue Verwaltungseinheit das Vizekönigreich Neugranada mit der Hauptstadt Bogotá, wovon sich Spanien einen wirksameren Schutz der Schifffahrtswege in der Karibik erhoffte. 1776 verkleinerte man das Vizekönigreich Peru dann ein zweites Mal, um mit der Gründung eines vierten Vizekönigreichs Río de la Plata den Einfluss der Portugiesen in Brasilien zurückzudrängen. Hand in Hand mit dieser territorialen Neuordnung ging eine Reform der regionalen Verwaltung, in der nach französischem Vorbild unmittelbar vom König ernannte Intendanten entscheidende Befugnisse erhielten. Im Einklang mit diesen Bemühungen um eine effizientere Verwaltung verlor der Indienrat etliche Befugnisse an zwei neu geschaffene Ministerien für die Marine und die Kolonien, während die *Casa de Contratación* schließlich ganz aufgelöst wurde. Ungeachtet dieser Reformen war das spanische Kolonialreich jedoch den Erschütterungen durch die Napoleonischen Kriege nicht gewachsen und musste bis 1840 die Unabhängigkeit der weitaus meisten seiner Besitzungen in Süd- und Mittelamerika anerkennen.

Voraussetzungen der Missionierung

Die Missionierung der Karibik und Lateinamerikas beruhte in mehrerer Hinsicht auf Voraussetzungen, die sich schon vor der Entdeckung der Neuen Welt aus der Expansion der iberischen Königreiche im Kampf gegen ihre muslimischen Nachbarn ergeben hatten.[2] Eine wesentliche Rolle spielten dabei Vereinbarungen, die der Papst mit den Monarchen der betreffenden Länder getroffen hatte und die bis zur Infragestellung der päpstlichen Autorität im Gefolge der Reformation weithin anerkannt wurden. Schon vor der Mitte des fünfzehnten Jahrhunderts waren portugiesische Seefahrer an der westafrikanischen Küste auf bis dahin unbekannte indigene Völker gestoßen. Als Reaktion darauf erteilte Papst Nikolaus V. dem portugiesischen König im Sommer 1452 in seiner Bulle *Dum diversas* die Erlaubnis, die betreffenden Länder zu erobern und ihre heidnische oder muslimische Bevölkerung zu versklaven. Kaum drei Jahre später bestätigte Nikolaus V. in seiner Bulle *Romanus Pontifex* dieses Privileg und verlieh dem portugiesischen König und seinen Nachfolgern das alleinige Anrecht auf neu eroberte Gebiete südlich von Kap Bojador, sofern sie sich im Gegenzug zur Missionierung der betreffenden Gebiete verpflichteten.

Nachdem Kolumbus im Frühjahr 1493 von seiner ersten Entdeckungsreise zurückgekehrt war, attestierte Papst Alexander VI. in seiner Bulle *Inter caetera* das Anrecht der Herrscher von Kastilien und León auf diese neuentdeckten Gebiete, wenn die Monarchen sich dazu verpflichteten, die dazugehörige Bevölkerung zu missionieren. Mit einem wenig später erlassenen Zusatz suchte der Papst vergeblich, den Konflikt zwischen kastilischen und portugiesischen Ansprüchen auf bereits entdeckte und vielleicht noch zu entdeckende neue Gebiete durch die Einführung einer auf die Azoren und Kapverdischen Inseln bezogenen Trennungslinie zu entschärfen. 1494 schließlich führten unterschiedliche Interpretationen des Wortlauts zum Abschluss des Vertrags von Tordesillas. Dieser verfügte die Trennung zwischen den kastilischen und portugiesischen Ansprüchen entlang einer Linie, die 370 Meilen westlich der Kapverdischen Inseln vom Nordpol bis zum Südpol verlief. Ergänzend dazu einigten sich Kastilien und Portugal im Vertrag von Saragossa 1529 darauf, ihre gegenseitigen Ansprüche auch in Ostasien durch die Einführung einer weiteren nord-südlichen Demarkationslinie knapp 300 Meilen östlich der Molukken voneinander abzugrenzen.

Von entscheidender Bedeutung für die praktische Durchführung der Mission in den neu entdeckten Gebieten war die Übertragung entsprechender Rechte und Pflichten an die Monarchen der iberischen Königreiche durch den Papst. Für die Kanarischen Inseln hatte Papst Innozenz VIII. dieses «Königliche Patronat» (spanisch *Patronato real,* portugiesisch *Padroado real*) bereits 1486 dem Königspaar Isabella von Kastilien und Ferdinand von Aragón erteilt. In den darauffolgenden Jahrzehnten erhielten die spanischen und portugiesischen Monarchen von den nachfolgenden Päpsten für die neu entdeckten Regionen eine Reihe weitgehender Privilegien, die sich unter anderem auf die Auswahl und Aussendung von Missionaren, die Einrichtung von Diözesen, die Errichtung und den Unterhalt von Kirchen und Klöstern, die Mitwirkung bei der Auswahl und Bestellung geistlicher Würdenträger sowie die Erhebung von Abgaben erstreckten. Voraussetzung für die Ausübung dieser Rechte war das sogenannte *Requerimiento*, bei dem ein Vertreter der Krone die einheimische Bevölkerung durch das Verlesen eines entsprechenden Dokuments zur Annahme der christlichen Religion und Unterwerfung unter die Autorität des spanischen Königs aufforderte. Wenn indigene Gesellschaften dieser Aufforderung nicht Folge leisteten, berechtigte dies die Krone zur Eroberung ihres Landes.

In der Praxis ergaben sich aus dem System des königlichen Patronats eine enge Verzahnung religiöser, politischer und wirtschaftlicher Interessen sowie eine bald mehr, bald weniger konfliktträchtige Überschneidung kirchlicher und staatlicher Ansprüche. Eine wichtige Rolle spielte dabei die aus der Iberischen Halbinsel in die Neue Welt verpflanzte Einrichtung der «Kommende» (*encomienda*), mit deren Hilfe die Krone weniger den Handel als vielmehr die Ausbeutung von Bodenschätzen und Abschöpfung der landwirtschaftlichen Erträge in ihren neuen Besitzungen sicherzustellen suchte. Im Kommendensystem übergab die Krone als Eigentümer der neu eroberten Gebiete ausgedehnte Ländereien mitsamt der darauf lebenden einheimischen Bevölkerung zu treuen Händen einem königlichen Beamten (*adelantado*), der als Kommendenbesitzer (*encomendero*) für den Schutz und die Missionierung der Einheimischen sorgen sollte und als Gegenleistung Anspruch auf die Nutzung ihrer Arbeitskraft hatte. Da die vom *encomendero* beherrschten indigenen Gemeinschaften bei Todesfällen selbst geeignete neue Arbeitskräfte stellen mussten, war ihre Lage oftmals schlechter als die von Sklaven, deren Arbeitskraft ja nicht ohne zusätzliche Kosten ersetzt werden konnte. Man vermutet daher, dass die rücksichtslose Ausbeutung der einheimischen Arbeitskräfte neben den aus Europa eingeschleppten Krankheiten die Hauptverantwortung für

Die vier Tlatoque (Erbherrscher) von Tlaxcala empfangen die Kommunion. Farblithografie nach der mexikanischen Bilderhandschrift *Lienzo de Tlaxcala* (um 1550)

den dramatischen Rückgang der Bevölkerung im Gefolge der Kolonisierung trug. Obendrein führte die konsequente Einbindung der Missionare in das Kommendensystem dazu, dass die Betroffenen Christianisierung und Eroberung sowie Missionierung und Zwangsarbeit als zwei Seiten ein und derselben Medaille wahrnehmen mussten.

An der Missionierung Lateinamerikas waren besonders Ordensgemeinschaften beteiligt.[3] Keine Rolle spielten dabei die kontemplativ ausgerichteten Orden der Benediktiner und Zisterzienser sowie die geistlichen Ritterorden, wohl aber die spätmittelalterlichen Bettelorden der Franziskaner, Dominikaner, Merzedarier und Augustiner. Sie alle, besonders aber die Franziskaner, vertraten das Ideal einer Rückkehr zur Urkirche und suchten in der Neuen Welt ein ideales christliches Reich zu verwirklichen.[4] Nicht von ungefähr wurden daher 1524 mit Rücksicht auf die Zwölfzahl der Apostel auch zwölf Franziskaner dazu ausersehen, mit der Missionierung des eroberten Aztekenreichs einen Anfang zu machen. Die ersten sechs Jesuiten, deren Ordensgemeinschaft erst 1534 von Ignatius von Loyola gegründet und 1540 von Papst Paul III. genehmigt worden war, kamen 1549 aus Portugal nach Brasilien. Seit 1568 waren die Jesuiten auch in den spanischen Besitzungen in Lateinamerika tätig, wo sie sich vor allem der Missionsarbeit unter den indigenen Wildbeuterkulturen widmeten.[5]

Grundsätzlich lag die Auswahl, Eignungsprüfung und Zulassung sämtlicher Missionare in den Händen des Indienrats, während die *Casa de Contratación* für ihre Ausrüstung sorgte und die Überfahrt organisierte. Entsprechend dem königlichen Patronatsrecht waren der Vizekönig, seine Gouverneure und untergeordneten Beamte gehalten, die Missionare einerseits zu unterstützen und andererseits zu beaufsichtigen. Waren die Ordensgemeinschaften in den Kolonien anfangs noch von ihren Mutterprovinzen in Spanien abhängig, so entstanden mit der Zeit immer mehr unabhängige Ordensprovinzen, deren Mitglieder vielfach Privilegien genossen, die in der Alten Welt den Bischöfen vorbehalten waren. Dies führte besonders im Gefolge des Konzils von Trient, das die Stellung der Bischöfe stärkte, zu Spannungen zwischen den Ordensgeistlichen und dem Weltklerus. Konfliktträchtig war allerdings auch immer wieder das Verhältnis der Missionare zu den Vertretern der politischen Ordnung.

Sklaverei und Völkerrecht

«Der bedeutendere Teil dieser Indios arbeitet in den Gold- und Silberbergwerken», vermerkte der Jesuit Franz Xaver Dirrhaim 1718 nach einer Besichtigung der Bergwerke im zentralbolivianischen Potosí. «Ein sehr hoher und pyramidenförmiger Berg in der Nachbarschaft der Stadt ist ihre beinahe tägliche Arbeitsstätte, in der sie schwitzen und frieren, erbärmlich fast bis zum Tod, den sich viele durch die Arbeit selbst und durch den üblen Gestank der schwefligen Ausdünstungen sehr beschleunigen.»[6] Zu jener Zeit konnte die missionarische Kritik an den menschenunwürdigen Arbeitsbedingungen der einheimischen Bevölkerung

Lateinamerikas bereits auf eine über zweihundertjährige Geschichte zurückblicken, wobei die immer wieder angemahnten Verbesserungen zumeist hinter den Forderungen zurückblieben und mitunter auch wieder zurückgenommen wurden.

Die Frage, wie mit der heidnischen Bevölkerung eines unterworfenen Landes zu verfahren sei, war schon vor dem Aufbruch der Europäer in die Neue Welt unterschiedlich beurteilt worden. Hier standen die Theologen des Spätmittelalters in der Tradition einer Naturrechtslehre, die über die Philosophie der Scholastik bis zu den Schriften des Aristoteles zurückreichte. Im Zeitalter der Entdeckungen spitzte sich die Diskussion darüber insofern zu, als das Bekanntwerden bis dahin völlig unbekannter und weder von der Bibel noch von antiken Autoren erwähnter Völker die bis dahin vorherrschende Sichtweise in Frage stellte. Waren einige Autoren der Auffassung, dass die Bevölkerung der Karibik und Lateinamerikas nicht anders zu beurteilen sei als die bereits bekannten Völker Europas, Afrikas und Asiens, so sprachen andere ihnen mit Blick auf ihre kulturelle Unterschiedlichkeit rundweg ab, vollgültige und in gleicher Weise mit Vernunft begabte Menschen mit allen vorauszusetzenden Rechtsansprüchen zu sein.

Öffentliche Kritik an der menschenunwürdigen Behandlung indigener Völker durch die Spanier äußerte als Erster der Dominikaner Antonio de Montesinos in einer berühmt gewordenen Predigt auf der Insel Hispaniola zum vierten Advent des Jahres 1511.[7] Da seine Ansprache bei den anwesenden Spaniern Anstoß erregte, wurde der Prediger zusammen mit seinen Ordensbrüdern von König Ferdinand II. nach Spanien zurückbeordert, wo der König eine Kommission zusammenstellte, um die Vorwürfe und ihre Rechtsgrundlage zu erörtern. Als Ergebnis verabschiedete er im Namen seiner Tochter Johanna von Kastilien im Dezember 1512 mehrere «Königliche Anordnungen für die gute Regierung und Behandlung der Indios», die nach dem Beratungsort der Kommission als die «Gesetze von Burgos» (*Leyes de Burgos*) bekannt werden sollten. Sie enthielten eine Reihe konkreter Bestimmungen, welche die Lebensbedingungen der einheimischen Arbeitskräfte verbessern sollten, stellten jedoch weder die weithin praktizierte Neuansiedlung der einheimischen Bevölkerung und ihre kulturelle Umerziehung im Rahmen der Missionierung noch das *encomienda*-System als solches in Frage.

Zu welchen Klagen die Situation der indigenen Völker Lateinamerikas auch in den folgenden Jahrzehnten Anlass gab, zeigen die Schriften des bekanntesten Kritikers der spanischen Kolonialherrschaft, Bartolomé de Las Casas (1484–1566).[8] In Sevilla geboren, gelangte Las Casas 1502 nach Hispaniola und nahm 1511 als Feldgeistlicher an der Eroberung Kubas teil, wo er danach eine Kommende erhielt. Tief beeindruckt von der Argumentation der Dominikaner, wandelte er sich innerhalb weniger Jahre zu einem scharfen Kritiker des *encomienda*-Systems. Nach dem Scheitern eines Missionsprojekts in Venezuela schloss er sich 1522 auf Hispaniola dem Dominikanerorden an und wirkte eine Zeitlang in Mexiko und danach in Peru. Um die Situation der einheimischen Bevölkerung nachhaltig zu verbessern, verfasste Las Casas 1542 seine polemische Schrift *Brevissima Relación de la destruycion de las Indias* (Kurzer Bericht über die Verwüstung Indiens), mit der er Kaiser Karl V. zu einer Änderung der spanischen Kolonialpolitik zu bewegen versuchte. Dieser erließ daraufhin noch im gleichen Jahr die *Leyes Nuevas* (Neuen Gesetze), die in teilweiser Abkehr von den Gesetzen von Burgos die Versklavung einheimischer Völker unter Strafe stellten und die Befugnisse der Kommendenbesitzer stark einschränkten. Ihre Umsetzung stieß vor Ort jedoch auf teilweise erbitterten Widerstand, so dass der Kaiser einen Teil der Gesetze bereits 1545 wieder zurücknahm.

Nachdem Papst Paul III. bereits 1537 in seiner Bulle *Sublimis Deus* die Versklavung unterworfener Völker verboten hatte, setzte Karl V. 1550 eine Kommission aus Theologen und Juristen ein, die das Für und Wider der unterschiedlichen Auffassungen des Naturrechts erörtern sollte. In dieser nach dem Tagungsort als «Disputation von Valladolid» bekannt gewordenen Auseinandersetzung vertrat der spanische Humanist Juan Ginés de Sepúlveda die Gegenposition zu Las Casas, ohne dass es einer der beiden Parteien gelungen wäre, die in den «Neuen Gesetzen» erlassenen Bestimmungen noch einmal wesentlich zu verändern. Für die Geschichte der Vorstellungen von Menschenwürde und Menschenrechten sind die Auseinandersetzungen des sechzehnten Jahrhunderts gleichwohl von nicht zu unterschätzender Bedeutung, da sie ein wesentliches Bindeglied zwischen der scholastischen Sichtweise des Spätmittelalters und der Entstehung des Völkerrechts im siebzehnten und achtzehnten Jahrhundert bilden. Maßgeblich beteiligt an dieser Weiterentwicklung spätmittelalterlicher Rechtsvorstellungen waren die Vertreter der sogenannten «Schule von Salamanca», darunter die beiden Dominikaner Francisco de Vitoria (1492–1546) und Domingo de Soto (1494–1560), von denen der Letztgenannte in der Disputation von Valladolid den Standpunkt seines Mitbruders Las Casas vertrat.[9]

In der neuzeitlichen Geschichte des Verhältnisses von Mission und Sklaverei bezeichnete die Disputation von Valladolid indessen keinen Abschluss, sondern nur ein frühes Zwischenresümee. Im gleichen Jahr 1510, in dem Antonio de Montesinos auf Hispaniola eingetroffen war, hatte auch erstmals ein Schiff mit fünfzig schwarzen Sklaven von Westafrika aus Haiti erreicht. In den darauffolgenden Jahrzehnten nahm der atlantische Sklavenhandel beständig an Bedeutung zu, bis er im achtzehnten Jahrhundert in der profitablen Plantagenwirtschaft der Karibikinseln und vieler Regionen des amerikanischen Festlands als unverzichtbar galt. Die zentrale Rolle afrikanischer Sklaven für den Transatlantikhandel und das gesamte Wirtschaftsgefüge im spanischen Kolonialreich trug wesentlich dazu bei, dass auch Missionare gegenüber der Sklaverei eine zwiespältige Haltung einnahmen: Hielten manche sie schon wegen des Postulats der Gottesebenbildlichkeit des Menschen für schlicht unvereinbar mit dem Christentum, so akzeptierten andere sie als ein scheinbar unvermeidliches Übel, hofften auf ihre Überwindung in einer unbestimmten Zukunft oder setzten auf eine zunehmende Humanisierung durch Missionierung.

Einer der Ersten, der sich mit den Möglichkeiten der Missionierung afrikanischer Sklaven in Lateinamerika auseinandersetzte, war der spanische Jesuit Alonso de Sandoval (1576–1652).[10] Mit einer kurzen Unterbrechung wirkte er von 1605 bis zu seinem Tod im bolivianischen Karibikhafen Cartagena de Indias, zu jener Zeit ein Hauptumschlagplatz des südamerikanischen Sklavenhandels. 1647 veröffentlichte er das Buch *De instauranda Aethiopum salute*, in dem er den Sklavenhandel seiner Zeit nicht nur eingehend beschrieb, sondern auch eine menschlichere Behandlung der afrikanischen Sklaven anmahnte und Wege zu ihrer Christianisierung aufzuzeigen suchte. Ein weiterer prominenter Kritiker der Sklaverei war sein jüngerer Zeitgenosse António Vieira (1608–1697), der als kleiner Junge mit der Familie von Portugal nach Brasilien kam, dort dem Jesuitenorden beitrat und eine Zeitlang als Missionar im Nordosten Brasiliens tätig war.[11] Ungeachtet aller internen Kritik besaß der Jesuitenorden jedoch auch selbst zahlreiche Sklaven, profitierte auf mehreren Ebenen vom Sklavenhandel und war nicht zuletzt an dessen theoretischer Rechtfertigung beteiligt.[12]

Ähnlich verhielt es sich mit den anglikanischen Missionaren der *Society for the Propagation of the Gospel in Foreign Parts*, die seit dem frühen achtzehnten Jahrhundert im Karibikraum tätig waren.[13] Sie beschränkten sich im Wesentlichen auf die Bekämpfung dessen, was sie als Auswüchse der Sklaverei betrachteten, fanden das System an sich jedoch akzeptabel und rechtfertigten es nicht selten mit theologischen Argumenten. Auch die Herrnhuter Brüdergemeine, die seit 1732 auf den Inseln der Karibik gerade unter den Sklaven missionierte, lehnte die Sklaverei nicht grundsätzlich ab und hielt selbst Sklaven in ihren Missionsstationen.[14] Letztlich waren die Missionare eben auch in dieser Hinsicht Kinder einer Zeit, in der selbst viele prominente Vertreter der Aufklärung kein böses Wort über die Sklaverei verloren. Dass sich dies erst mit dem Aufschwung des Abolitionismus in den Jahrzehnten um 1800 grundlegend änderte, hatte zwar wiederum religiöse Gründe, da viele Abolitionisten einem evangelikalen Protestantismus zuneigten, wurde aber auch wesentlich durch veränderte politische und wirtschaftliche Konstellationen mitbestimmt.

Das Experiment der Jesuitenreduktionen

Schon zu Beginn des sechzehnten Jahrhunderts hatten die Spanier auf den Inseln der Karibik damit begonnen, nach der Eroberung die einheimische Bevölkerung unter Androhung oder Anwendung von Gewalt in neu angelegten Dörfern anzusiedeln, um sie leichter überwachen, missionieren, besteuern und zu Arbeitsleistungen heranziehen zu können. Im spanischen Herrschaftsbereich bezeichnete man diese zumeist nach einheimischen iberischen Vorbildern angelegten Siedlungen als «Reduktionen» (*reducciones*). Nach der Eroberung des Aztekenreichs kam die damit verbundene Umsiedlungspraxis immer wieder auch in Mexiko zum Einsatz. In großem Maßstab wurde sie jedoch erstmals in den 1570er

Jahren im Vizekönigreich Peru auf dem Territorium des ehemaligen Inkareichs umgesetzt.[15] Stärker noch als auf dem Boden der altamerikanischen Hochkulturen mit ihrer zumeist sesshaften Bevölkerung empfand man die Notwendigkeit von Reduktionen im Hinblick auf die zumeist weit zerstreut lebenden Wildbeutervölker, die ohne eine solche Neuansiedlung kaum zu beherrschen, geschweige denn zu besteuern oder zu missionieren waren. Seit 1580 gründete daher der spanische Franziskaner Luis de Bolaños eine ganze Reihe von Reduktionen für das Volk der Guaraní auf dem Gebiet des heutigen Staates Paraguay.

Der Jesuitenorden war in den beiden Vizekönigreichen Peru und Neuspanien erst seit dem letzten Drittel des sechzehnten Jahrhunderts tätig und konzentrierte sich daher gleichsam zwangsläufig auf die Randgebiete und Grenzzonen außerhalb des Territoriums der altamerikanischen Hochkulturen. Dazu gehörten Nordwestmexiko mit der Sonora-Wüste und Niederkalifornien, die Insel Chiloé vor der Küste von Chile, aber auch weite Regionen im Grenzgebiet der heutigen Staaten Paraguay, Brasilien und Argentinien sowie die Provinzen Moxos und Chiquitos im heutigen Bolivien. Dort unterhielten sie als Alternative zum überkommenen *encomienda*-System bis zu ihrer Ausweisung 1759 und 1767 zahlreiche Reduktionen, die sich weitgehend selbst verwalteten und versorgten und unmittelbar der spanischen Krone unterstanden.[16] Die betreffenden Siedlungen wurden im Allgemeinen nach einem einheitlichen Plan angelegt und umfassten neben Wohn- und Wirtschaftsgebäuden auch Krankenhäuser, Schulen und Kirchen. Letztere waren anfänglich oft aus Holz, später aber auch aus Stein gebaut; berühmt sind die teilweise noch heute erhaltenen barocken Kirchen, die der Schweizer Jesuit Martin Schmid für die bolivianischen Chiquitos errichtete.[17] Farbige Schilderungen der Verhältnisse in den Jesuitenreduktionen verdanken wir dem Tiroler Jesuiten Anton Sepp (1655–1733).[18] Im Allgemeinen wurden die Reduktionen von einheimischen Führungskräften geleitet, die jedoch ihrerseits dem Jesuitenorden rechenschaftspflichtig waren. Ortsfremden war der Zutritt nur mit einer entsprechenden Genehmigung gestattet.

Die ersten Jesuitenreduktionen der Guaraní lagen im Westen des heutigen brasilianischen Bundesstaates Paraná, östlich des gleichnamigen Flusses. Als jedoch portugiesische Sklavenhändler aus der küsten-

Ein einheimischer Wächter hindert einen Bewaffneten am Betreten einer Jesuitenreduktion, Holzintarsie aus dem 17. Jahrhundert

nahen Region São Paulo, die sogenannten Paulistas oder Bandeirantes, 1628 zahlreiche Reduktionen überfielen und deren Bewohner teils ermordeten, teils verschleppten, verlagerten die Jesuiten den Schwerpunkt ihrer Aktivitäten weiter nach Süden ins Grenzgebiet der heutigen Staaten Paraguay, Argentinien und Brasilien. 1640 gestattete der spanische König den Guaraní unter Auflagen den Gebrauch von Feuerwaffen zu ihrer Verteidigung, und als ein Jahr später Bandeirantes erneut die Reduktionen angriffen, wurden sie von bewaffneten und teilweise berittenen Milizen der Guaraní zurückgeschlagen. In den 1750er Jahren kam es wiederum zu bewaffneten Auseinandersetzungen, als im Vertrag von Madrid die Grenze zwischen dem spanischen und portugiesischen Kolonialgebiet in Lateinamerika neu gezogen und daraufhin die Umsiedlung etlicher Reduktionsbewohner verfügt wurde. 1767 beschloss die spanische Krone im Rahmen weiterer restriktiver Maßnahmen gegen die Jesuiten in Europa, dem Orden die Leitung sämtlicher Reduktionen in den spanischen Besitzungen Lateinamerikas zu entziehen, diese der zivilen Verwaltung zu unterstellen und die Mitglieder des Ordens auszuweisen.

Im Urteil der Zeitgenossen wie auch der Nachwelt gingen und gehen die Meinungen über die Jesuitenreduktionen weit auseinander. Als verschlagene Intriganten erscheinen die Jesuiten schon in dem 1759 erschienenen satirischen Roman *Candide ou l'optimisme* von Voltaire. Dagegen schilderte sie der mit Friedrich Engels befreundete schottische Sozialist und Revolutionär Robert Cunninghame Graham in seinem 1901 veröffentlichten Buch *Vanished Arcadia* als Protagonisten einer sozialistischen Utopie. Kritisierten Zeitgenossen häufig das Macht- und Gewinnstreben der Jesuiten und beargwöhnten ihre Reduktionen als Staat im Staate, so bewunderten spätere Generationen ihren vermeintlich humaneren und fortschrittlicheren Umgang mit den indigenen Völkern Lateinamerikas und beklagten ihre Vertreibung als Ursache für den jähen und unverdienten Abbruch eines verheißungsvollen Experiments. Vor der historischen Kritik erweisen sich indessen beide Sichtweisen als fragwürdig. Tatsächlich verfolgten die Jesuiten auch in ihren Reduktionen kein antikoloniales Projekt, sondern waren auf vielen Ebenen eng und unauflösbar in das spanische Kolonialsystem integriert. Auch wenn sie sich im Hinblick auf den Schutz der Bevölkerung positiv von den Verfechtern des *encomienda*-Systems abhoben, teilten sie mit ihnen doch das Ziel einer tiefgreifenden Transformation der indigenen Kulturen und Gesellschaften nach europäischem Vorbild. Letzten Endes hatten sie für eine Ablehnung ihrer Missionsbemühungen kein Verständnis und sahen auch für die Neubekehrten nur eine unmündige und abhängige Stellung unter der Leitung des Jesuitenordens vor.[19]

Probleme der Übersetzung und Inkulturation

Eine unmittelbare Folge der engen Verschränkung staatlicher und kirchlicher Interessen im spanischen Kolonialreich war der Vorrang, den man der Schaffung allgemeiner Strukturen gegenüber der Bekehrung einzelner Individuen einräumte. Dabei folgten die Missionare allerdings keineswegs einer einheitlichen Methode, da sie weder auf etablierte Vorbilder noch auf einen größeren Schatz bewährter Erfahrungen zurückgreifen konnten und in der Regel auch gar keine besondere missionarische Ausbildung für ihre Tätigkeit in der Neuen Welt mitbrachten. Mussten sie sich bei ihren ersten Kontakten mit indigenen Völkern oft auf den Vollzug symbolischer Handlungen beschränken, so bedienten sie sich bei längeren Aufenthalten immer wieder auch einheimischer Dolmetscher, die sich das Spanische im Umfeld der Eroberer angeeignet hatten. Sehr bald stellte sich jedoch heraus, dass diese Neubekehrten der sprachlichen Vermittlung des christlichen Weltbilds und der komplexen Anforderungen einer völlig neuen Religion nur selten gewachsen waren und überdies in einer solchen Situation kaum kontrolliert werden konnten. So gingen die Missionare verstärkt dazu über, selbst die Sprachen der indigenen Völker zu erlernen, um ihre Bemühungen durch Predigten in der Muttersprache und die Abfassung entsprechender Texte zu unterstützen. Die Schwierigkeiten, die sie dabei überwinden mussten, waren erheblich, zeigten die Sprachen der Neuen Welt doch keinerlei Ähnlichkeit mit den ihnen bekannten Sprachen Europas und des Vorderen Orients. Darüber hinaus gab es im neuen Missionsgebiet etliche Dutzend unabhängiger und nicht miteinander verwandter Sprachfamilien, so dass sich die Verständigungsmöglichkeit oft auf sehr kleine Gemeinschaften beschränkte und immer wieder neue Sprachen gelernt werden mussten.

Anknüpfend an die mittelalterliche Praxis des lateinischsprachigen Christentums in Europa, sahen die Missionare für eine Übersetzung der Bibel zunächst keine Veranlassung.[20] Zusätzlich verstärkt wurde ihre Zurückhaltung in dieser Hinsicht durch die Reformation, da man von katholischer Seite die Lektüre der Bibel in den Volkssprachen nunmehr mit einem wesentlichen Anliegen des Protestantismus gleichsetzte und deswegen noch kritischer als zuvor beurteilte. Sehr viel großzügiger war die katholische Kirche dagegen bei der Verwendung indigener Sprachen in der Predigt und religiösen Unterweisung. Hier sahen sich die Missionare jedoch sogleich vor dieselben Probleme gestellt wie ihre Vorgänger während der Christianisierung Europas.[21] Insbesondere ging es um die Frage, in welchem Umfang man bereits vorhandene religiöse Begriffe aufgreifen und im christlichen Sinn umdeuten sollte, ohne bei den Neubekehrten falsche Assoziationen zu wecken und dadurch ihr Verständnis der christlichen Religion von vorneherein zu kompromittieren. Darüber hinaus standen die Missionare immer wieder vor der Herausforderung, die Neubekehrten auch mit solchen Begriffen bekannt zu machen, für die es in der Zielsprache keine Entsprechungen gab, so dass man entweder auf Fremdwörter aus dem Kastilischen bzw. Portugiesischen oder aber auf sprachliche Neubildungen zurückgreifen musste. Wie schon bei der Vermittlung der christlichen Botschaft an Griechen und Römer sowie später an Kelten, Germanen und Slawen bewegte man sich dabei auch im kolonialen Lateinamerika auf einem schmalen Grat zwischen Verunklarung und Verfälschung, ohne die Tragweite der oft intuitiv gefällten Entscheidungen immer abschätzen zu können.

Auf den Inseln der Karibik führten die gewaltsame Eroberung und der darauffolgende dramatische Bevölkerungsrückgang infolge der kolonialen Ausbeutung und der aus Europa eingeschleppten Seuchen dazu, dass viele indigene Völker und Kulturen untergingen, noch bevor sich die Missionare um ihre Transformation bemühen konnten. Die ersten prominenten Beispiele für eine großflächige Verwendung indigener Sprachen in der Mission des spanischen Kolonialreichs stammen daher aus Mexiko, wo die auch Nahuatl genannte Sprache der Azteken schon vor der Eroberung durch die Spanier eine beherrschende Stellung innehatte.[22] Bereits um 1547 veröffentlichte der aus Flandern stammende Franziskaner Pedro de Gante unter dem Titel *Doctrina Christiana en Lengua Mexicana* eine christliche Glaubenslehre in aztekischer Sprache. Die erste Grammatik des Nahuatl, die allerdings erst 1875 gedruckt wurde, verfasste um dieselbe Zeit sein Ordensbruder Andrés de Olmos. 1555 und 1571 legte Alonso de Molina, der 1522 noch als Kind nach Mexiko gelangt und 1528 dem Franziskanerorden beigetreten war, ein Wörterbuch Spanisch-Nahuatl und Nahuatl-Spanisch vor. Eine Sammlung von Gebeten und geistlichen Liedern in aztekischer Sprache veröffentlichte 1583 der Franziskaner Bernardino de Sahagún unter dem Titel *Psalmodia Christiana.* Abgesehen vom Aztekischen waren die Missionare bemüht, sich auch weitere, außerhalb des alten Aztekenreichs verbreitete Idiome anzueignen, darunter die Maya-Sprache und die Oto-Mangue-Sprachen im südlichen Mexiko.[23]

Wie im Falle des Nahuatl in Mexiko wurde nach der Eroberung des Inkareichs die Quechua-Sprache durch die Missionare gefördert.[24] Ein Pionier ihrer Erforschung war der Franziskaner Luis Jerónimo de Oré, der als Sohn eines Kommendenbesitzers in Huamanga, dem heutigen

Ayacucho, geboren wurde und später ebenso wie seine Brüder dem Franziskanerorden beitrat.[25] Als sich die Kirche im Dritten Konzil von Lima 1582–1583 auf die verstärkte Förderung der indigenen Sprachen festlegte, gehörte er zu den Übersetzern eines dreisprachigen Katechismus (auf Spanisch, Quechua und Aymara), der später auch ins Guaraní übertragen wurde. In seinen Hauptwerken *Symbolo catholico indiano* (1598) und *Rituale seu Manuale Peruanorum* (1607) verwendete Luis Jerónimo de Oré neben den indigenen Sprachen Quechua und Aymara auch das Lateinische und Spanische. Ein besonderes Anliegen war ihm die Förderung sakraler Musik unter Verwendung einheimischer und europäischer Vorbilder, wie sie in der Missionsarbeit auch sonst eine herausragende Rolle spielte. Charakteristisch ist in dieser Hinsicht eine Schilderung des Jesuiten Franz Xaver Dirrhaim, der im Sommer 1717 gleich nach seiner Ankunft in Buenos Aires über einen Gottesdienst begeistert berichtete: «Auch die Indios traten an diesem Tag hervor mit einer Geschicklichkeit und einer staunenswerten Erfahrung, zum Neid der europäischen Musiker, mit derartigem Wohlklang und solcher Harmonie, wie sie in Europa in den in höheren Ehren stehenden Gotteshäusern gebräuchlich ist, und sie erweckten in uns wohlverdiente Bewunderung.»[26] Dass dabei manches anders ablief, als er es aus Europa kannte, fand durchaus seinen Beifall, wie man aus einer anderen Stelle seines Berichts ersehen kann: «Im übrigen führten sie in dieser Zeit (denn die Feiertage der Geburt des Herrn waren noch nicht vergangen) auch Tänze in dieser Kirche auf vor dem Altar des Herrn wie einst vor seiner Bundeslade, in größter Bescheidenheit (woher auch immer) und Ehrfurcht, wie man's in allem feststellen kann.»[27] Eine umfangreiche Sammlung liturgischer Texte auf Quechua und Spanisch veröffentlichte der Franziskaner Juan Pérez Bocanegra 1631 unter dem Titel *Ritual, formulario e institución de curas*; sie enthält als das älteste mehrstimmige geistliche Lied Lateinamerikas den Quechua-Hymnus *Hanacpachap cussicuinin* zu Ehren der Jungfrau Maria. Erinnert er musikalisch an zeitgenössische europäische Werke, so knüpft er sprachlich doch auch an indigene Traditionen an.

Dass die Verwendung traditioneller einheimischer Begriffe der Vermischung vorchristlicher und christlicher Elemente Vorschub leisten konnte, war den Missionaren sehr wohl bewusst und bildete wiederholt den Gegenstand erbitterter Kontroversen, etwa zwischen Franziskanern und Jesuiten. In welchem Umfang man hier von Synkretismus sprechen kann, ist zwar umstritten, doch knüpfte das lateinamerikanische Christentum immer wieder an indigene Traditionen an und ist bis heute davon geprägt.[28] So spielt etwa der Glaube an schädliche und boshafte Geister wohl nicht zuletzt deswegen eine so bedeutende Rolle im lateinamerikanischen Volksglauben, weil die Missionare nach Art der mittelalterlichen *interpretatio Christiana* die heidnischen Gottheiten der indigenen Völker zumeist mit dem christlichen Teufel und seinen Dämonen gleichsetzten.[29] Nachweisbar ist aber auch die wechselseitige Beeinflussung der Vorstellungen von indigenen religiösen Spezialisten und katholischen Geistlichen im kolonialzeitlichen Andenraum.[30] Darüber hinaus hat man immer wieder auf vorchristliche Einflüsse in der lateinamerikanischen Heiligenverehrung mit ihren jahreszeitlich gebundenen Festen hingewiesen.[31] Weithin bekannt ist die Annahme eines Weiterlebens vorchristlicher Anschauungen im Marienkult, wie er etwa in der Verehrung der Jungfrau von Guadalupe zum Ausdruck kommt.[32]

Missionare als Gelehrte

Die Sorgfalt und Ausdauer, mit der die Missionare indigene Sprachen studierten, um ihre Botschaft wirkungsvoller verkünden zu können, machte sie in vielen Fällen zu bedeutenden Experten, deren Werke noch heute für die Sprachwissenschaft grundlegend sind. Darüber hinaus taten sich viele Missionare jedoch auch als Historiker, Geografen und Ethnografen der von ihnen missionierten Regionen hervor.[33] Zum einen ist das dadurch zu erklären, dass die systematische Sammlung von Informationen über die zu bekehrenden Völker unmittelbar der Mission dienen konnte. Zum anderen sollten entsprechende Schriften aber auch die Erfolge der Missionare dokumentieren und in ihrer europäischen Heimat für weitere Unterstützung werben.[34] Dass sich entsprechende Unternehmungen auch gleichsam verselbständigen konnten und mitunter um ihrer selbst willen betrieben wurden, zeigt der Umstand, dass viele handschriftlich niedergelegte Resultate zunächst ungedruckt blieben und oft erst lange nach ihrer Entstehung aus einem primär wissenschaftlichen Interesse heraus veröffentlicht wurden.

Die vielleicht erste ethnografische Darstellung einer indigenen Kultur der Neuen Welt stammt von dem katalanischen Hieronymitaner-Mönch Ramón Pané, über dessen Leben nur wenig bekannt ist. Er begleitete Kolumbus auf seiner zweiten Expedition nach Amerika und verfasste in dessen Auftrag eine Beschreibung des Volks der Taíno auf Hispaniola, deren Kultur und Religion schon wenige Jahrzehnte nach der Ankunft der Europäer in dieser Form nicht mehr existierte.[35] Sehr viel zahlreicher und zugleich bekannter sind allerdings die historischen sowie landes- und kulturkundlichen Schriften, die nach der Eroberung des Aztekenreichs in Mexiko entstanden. Eine der frühesten dieser Darstellungen verdanken wir dem Franziskaner Toribio de Benavente, genannt Motolinía (um 1500–1568).[36] Er gehörte zu jener Gruppe von zwölf Franziskanern, die unmittelbar nach der Eroberung des Aztekenreichs schon im Sommer 1524 nach Mexiko kamen, um die dortige Bevölkerung zu missionieren. Bekannt als streitbarer Gegner des Dominikaners Las Casas, der die Massentaufen der Franziskaner ablehnte und auch das spanische Kolonialsystem sehr viel kritischer beurteilte, verfasste Toribio de Benavente um 1540 eine «Geschichte der Indianer Neuspaniens» (*Historia de los Indios de la Nueva España*). Darin schilderte er – wenn auch unkritisch und unsystematisch – sowohl die traditionelle Religion der Azteken und ihre Lebensweise als auch den Verlauf ihrer Missionierung. Sehr viel umfangreicher und als ethnografische Leistung bedeutender war indessen die «Allgemeine Geschichte der Angelegenheiten Neuspaniens» (*Historia general de las cosas de Nueva España*) seines Ordensbruders und Zeitgenossen Bernardino de Sahagún (um 1500–1590).[37] Seit 1529 in Mexiko tätig, unterrichtete er ab 1536 am neu gegründeten franziskanischen Kolleg von Santa Cruz in Tlatelolco die Kinder der neubekehrten aztekischen Oberschicht und erwarb zugleich eine gründliche Kenntnis ihrer Sprache. Sein zwölfbändiges Geschichtswerk, das auf systematischen Befragungen einer Vielzahl von Informanten aus verschiedenen Landesteilen beruhte, konnte er zwar 1569 noch fertigstellen, doch wurde die Veröffentlichung aus Furcht vor einem Wiederaufleben der vorchristlichen aztekischen Traditionen verhindert. Lange Zeit zirkulierte Sahagúns Werk nur in verschiedenen Handschriften, von denen sich der (inzwischen vollständig digitalisierte) Codex Florentinus durch seine reiche Bebilderung auszeichnet. Erst im Laufe des neunzehnten und zwanzigsten Jahrhunderts wurde es gedruckt, übersetzt und wissenschaftlich kommentiert.

Auf intensiven Befragungen einheimischer Gewährsleute beruht auch die «Geschichte des neuspanischen Indiens und der Inseln des Festlands» (*Historia de las Indias de Nueva España e Islas de Tierra Firme*), die der Dominikaner Diego Durán 1581 vollendete. Erhalten in einer einzigen, ebenfalls reich bebilderten Handschrift in der Madrider Nationalbibliothek, blieb auch dieses Werk zunächst unveröffentlicht und wurde erst 1867–1880 gedruckt. Mit welchem Argwohn man noch Jahrzehnte nach dem Untergang des Aztekenreichs alle Versuche zur Bewahrung tatsächlich oder vermeintlich heidnischer Traditionen beobachtete, veranschaulicht das Beispiel des Franziskanerprovinzials und späteren Bischofs Diego de Landa (1524–1579), der 1562 nach Berichten über ein Wiederaufleben heidnischer Riten unter den Bewohnern der Halbinsel Yucatán ein inquisitorisches Verfahren anstrengte und sämtliche Bilderhandschriften der Maya, derer er habhaft werden konnte, verbrennen ließ. Seine um 1566 verfasste und nur in einer verkürzten Bearbeitung erhaltene Rechtfertigungsschrift, der «Bericht über die Vorgänge von Yucatán» (*Relación de las cosas de Yucatán*), ist heute gerade wegen der Vernichtung der weitaus meisten dieser Handschriften eine wichtige Quelle für diese indigene Kultur. Zu den wenigen erhaltenen Zeugnissen der alten Maya-Kultur zählt die als *Popol Vuh* («Buch des Rates») bekannte Schrift der Quiché-Maya in Guatemala, die der Dominikaner Francisco Ximénez 1702 in einem vorchristlichen Tempel fand, kopierte und aus historischem Interesse ins Spanische übersetzte. Auch diese Kopie mit Übersetzung wurde erst in der zweiten Hälfte des neunzehnten Jahrhunderts gedruckt und für die Wissenschaft erschlossen.[38]

Genauso bemühten sich die Missionare auch in Peru nach der Eroberung des Inkareichs um die Erforschung der Geschichte und Kultur des Landes. Einer der Ersten war der Jesuit Blas Valera (1545–1597), Sohn eines spanischen Vaters und einer einheimischen Mutter.[39] Seine lateinisch geschriebenen Werke sind heute zwar größtenteils verloren, doch findet man Zitate daraus in den 1608 erschienenen «Königlichen Kommentaren über den Ursprung der Inkas» (*Comentarios Reales, que tratan del origen de los Incas*) des zeitgenössischen Historikers Garcilaso de la Vega, genannt «El Inca» (1539–1616). In zwei verschiedenen Fassungen vollständig erhalten ist dagegen die «Allgemeine Geschichte von Peru» (*Historia general del Piru*), die der Missionar und Angehörige des Mercedarier-Ordens Martín de Murúa nach ausgedehnten Reisen um 1580 zusammenstellte.[40] Einer seiner Mitarbeiter war der auch sonst als Übersetzer tätige Guamán Poma de Ayala, der nach einem Zerwürfnis mit seinem Vorgesetzten unter dem Titel *Primer Nueva Corónica y Buen Gobierno* («Erste neue Chronik und gute Regierung») bald nach 1600 auf über tausend Seiten so etwas wie eine Gegendarstellung der Ereignisse vorlegte. In nur einer einzigen Handschrift mit fast vierhundert ganzseitigen Zeichnungen erhalten, wurde auch dieses Werk erst Anfang des zwanzigsten Jahrhunderts wiederentdeckt, herausgegeben und kommentiert.[41]

Die wohl berühmteste und zugleich einflussreichste Schrift, die im Vizekönigreich Peru über die Natur, Geschichte und Kultur der Neuen Welt verfasst wurde, war die 1590 veröffentlichte «Natur- und Sittengeschichte Indiens» (*Historia natural y moral de las Indias*) des Jesuiten José de Acosta (1539–1599).[42] Gegliedert in sieben Bücher, behandelt das Werk die Geografie, das Klima sowie die Tier- und Pflanzenwelt Lateinamerikas ebenso wie die Kultur und Religion seiner Bewohner. Mit Nachdruck betont der Verfasser, dass er im Unterschied zu manchen früheren Autoren keine bloße Anhäufung von Informationen geben will, sondern deren inneren Zusammenhang zu ergründen und darzustellen bestrebt ist. Das bekannteste Beispiel dafür ist seine Vermutung, dass die Völker der Neuen Welt aufgrund ihrer Ähnlichkeit mit den Tataren (Mongolen) wohl am ehesten über eine Landbrücke oder schmale Meerenge aus Nordostasien nach Amerika eingewandert sein dürften – eine Theorie, die sich erst sehr viel später allgemein durchsetzen sollte. Dass Acosta in den Religionen der Neuen Welt gleichwohl allenthalben die Machenschaften des Teufels zu erkennen glaubte, zeigt indessen auch, wie stark sich sein Verständnis von Erfahrungswissenschaft von unserem heutigen unterschied.

Mit der weiteren Ausdehnung des spanischen Kolonialreichs in Lateinamerika entstanden im siebzehnten und achtzehnten Jahrhundert noch zahlreiche weitere historische und landeskundliche Werke von Missionaren, die oft Pioniercharakter trugen. So verfasste der Tiroler Jesuit Eusebius Franz Kühn (hispanisiert Eusebio Francisco Kino) nicht nur eine der ersten wissenschaftlichen Abhandlungen über den auch als «Kirchs Komet» bekannten Großen Kometen von 1680/81, sondern erstellte während seiner Missionstätigkeit im Nordwesten Neuspaniens auch die ersten Landkarten jener Regionen, die dem heutigen Südwesten der Vereinigten Staaten entsprechen. Dabei entdeckte er, dass Niederkalifornien keine Insel, sondern eine Halbinsel ist.[43] Mit der Geografie der Gran-Chaco-Region beschäftigte sich neben dem Jesuiten Pedro Lozano (1697–1752) auch sein Ordensbruder Martin Dobrizhoffer (1717–1791), der 1784 in lateinischer Sprache ein dreibändiges Werk über das dort lebende indigene Volk der Abiponen veröffentlichte.[44] Viele Missionare waren indessen mit der praktischen Missionsarbeit vollständig ausgelastet, so dass ihre häufig profunden landeskundlichen Kenntnisse nicht in Büchern, sondern nur in ihrer oftmals ausgedehnten Korrespondenz aufscheinen. Ein gutes Beispiel dafür ist der Schweizer Jesuit Philipp Segesser (1689–1762), der fast dreißig Jahre im Gebiet von Arizona und dem heutigen mexikanischen Bundesstaat Sonora tätig war und dessen Briefe wertvolle Informationen über diese entlegene Region des Vizekönigreichs Neuspanien und ihre Bewohner enthalten.[45]

Einheimische Heilkunde und europäische Medizin

Eine besonders wichtige Sparte wissenschaftlicher Kenntnisse, die für die Missionsarbeit eine überragende praktische Bedeutung besaß, war die Heilkunde.[46] Mitunter pflegten die Missionare Kranke bereits während der Schiffsreise zu ihrem künftigen Wirkungsgebiet, wie dies etwa Anton Sepp von seiner Überfahrt von Cadiz nach Buenos Aires im Jahr 1691 berichtet: «Ich besuchte die Kranken, so im untersten Teil des Schiffs lagen, tröstete sie, teilte ihnen meine Mandelkern und Aenis-Zucker aus, so ich zu Cadiz für mich, wofern ich erkranken möchte, eingekauft.»[47] Diese Tätigkeit setzten sie dann im Missionsgebiet fort, wie einer 1725 in

Kolumbien abgefassten Schilderung des Jesuiten Ernst Steigmiller zu entnehmen ist: «Wird etwann einer aus der Zahl unserer Indianer krank, so ruft man den Missionar, damit er der Seel und dem Leib zugleich helfe, sintmal allhier weder Arzt noch Arznei anzutreffen ist.»[48] Eine wichtige Rolle spielten dabei einheimische Helfer. So hebt der süddeutsche Jesuit Dominicus Mayr 1727 in einem Brief aus einer Reduktion in Bolivien an den Vorsteher seiner Ordensprovinz lobend hervor: «Sie stellen täglich von uns verordnete Arzneien zusammen und lassen mit einem gezähnten Instrument zur Ader, so wie ich es kaum in Europa gesehen habe: Bis jetzt habe ich in der Zeit, in der ich hier lebe, die Lanzette noch nie verfehlen gesehen, selbst wenn an einem Tag, wie an den meisten, sogar 70 bis 80 Adern geschlagen werden und die Aderlässe das ganze Jahr über täglich stattfinden.»[49]

Besonders gefragt waren die medizinischen Kenntnisse der Missionare, wenn aus Europa eingeschleppte ansteckende Krankheiten ausbrachen, denen die einheimische Bevölkerung wegen ihrer fehlenden Widerstandskraft oft in großer Zahl zum Opfer fiel. «Die Pest hat vergangenes Jahr allhier bis dreihundert Meilen herum grausam gehaust und viele tausend Menschen hinweg genommen», berichtete im Frühjahr 1719 ein Augenzeuge aus dem argentinischen Córdoba nach Deutschland, um sogleich hinzuzufügen: «Die Seuche würde in dieser Stadt noch mehr Leute aufgezehrt haben, wenn nicht unsere deutschen Patres dem überhand nehmenden Übel mit Arzneimitteln gesteuert hätten.»[50] In ähnlicher Weise heißt es in einem Brief des Jesuiten Franz Xaver Dirrhaim vom September 1732: «Es hat mich heftig geschmerzt, als ich sah, wie durch die Seuche oder Pest, die in unseren Missionen in diesen verflossenen zwei Jahren um sich griff (die sich auch P. Petrus Piron seligen Angedenkens zuzog und an der er heiligmäßig starb), mir mehr als 5000 Menschen entrissen wurden.»[51]

Da die Missionare in der Regel keine medizinische Ausbildung hatten, waren sie zumeist auf Erfahrungswissen angewiesen, wobei sie auch auf die einheimische Heilkunde zurückgreifen konnten. So heißt es in dem bereits zitierten Brief Dirrhaims weiter: «Einiges habe ich in meinem Büchlein aus der Erfahrung der altgedienten Patres Missionare zusammengeschrieben, und auch aus meiner eigenen von 14 Jahren, wenn ich Heilmittel suche. Denn da ist einer, der von einem Jaguar verletzt, hier einer, der von einer Viper gebissen, dort ein mit gebrochenen Beinen oder Armen schwer Darniederliegender, der aber dennoch zu heilen ist; so wie ich verschiedene geheilt habe mit der Hilfe Gottes und dadurch, dass er in diesen Ländern Heilmittel reichlich bereithält für sehr viele, wo die Kraft des Bösen zugeschlagen hat und wo die Heilmittel, bewährte Medizinen, beizeiten angewendet wurden.»[52]

Um die medizinische Versorgung zu gewährleisten, richteten die Jesuiten auch Apotheken ein, in denen man sich einheimisches traditionelles Wissen über solche Heilkräuter zunutze machte. Dass dabei viel Neues zu lernen war, betonte der Jesuit Heinrich Peschke in einem Brief, den er im Januar 1702 an seine Eltern schrieb:[53] »Die Kräuter in Amerika haben eine ganz andere Gestalt denn in Europa, auch sogar diejenigen, welchen beiderseits von einerlei Wirkung, mithin mutmaßlich von gleicher Gattung sind; was in Deutschland breit oder kraus, das ist hier spitz und glatt, so ich ebenmäßig von anderen äußerlichen Eigenschaften will verstanden haben. Die innere Kraft hingegen anbelangend ist selbe allhier wundersam [...].» Breite Anerkennung als Apotheker erwarb sich Peschkes Landsmann Joseph Zeitler, der gleich nach seiner Ankunft in Chile 1748 die Leitung der 1613 gegründeten Apotheke des Jesuitenkollegs von San Miguel in Santiago übernahm. Er stand in engem Austausch mit dem Leiter der Apotheke des Jesuitenkollegs von San Pablo in Lima, die ebenfalls bereits im frühen siebzehnten Jahrhundert gegründet worden war und bis zur Vertreibung der Jesuiten aus Lateinamerika Bestand hatte.

Schon im frühen sechzehnten Jahrhundert hatte der italienische Geistliche Pietro d'Anghiera in seiner detaillierten Darstellung der Entdeckung Amerikas auch über ein tödliches Pfeilgift berichtet, das die Ureinwohner aus bestimmten Pflanzen und Früchten sowie dem Saft eines gewissen Baumes herstellten. Eine ausführliche Darstellung der Herstellung und Wirkung dieses seitdem als Curare bekannten Giftes verfasste der spanische Jesuit José Gumilla in seiner 1741 veröffentlichten Geografie und Naturgeschichte der Orinoco-Region.[54] Im Laufe der Zeit fand das von Missionaren gesammelte Erfahrungswissen auf dem Gebiet der Heil- und Naturkunde immer wieder Eingang in umfangreiche Handbücher und Nachschlagewerke.[55] Mit an erster Stelle steht hier der spanische Jesuit Bernabé Cobo (1580–1657), der über sechzig Jahre in verschiedenen Regionen Südamerikas verbrachte. Er hinterließ eine monumentale, wenn auch teilweise verlorengegangene Geschichte der Neuen Welt mit ausführlichen Angaben zur südamerikanischen Flora und Fauna, deren erhaltene Teile allerdings erst im späten neunzehnten Jahrhundert gedruckt wurden. Zwei umfassende medizinische Handbücher stammen aus der Feder des Spaniers Pedro Montenegro (1663–1728) und des Tirolers Sigismund Asperger (1678–1772), die beide in verschiedenen paraguayischen Jesuitenreduktionen tätig waren.

Zu den mittel- und südamerikanischen Heilpflanzen, die schon in der Frühen Neuzeit durch die Vermittlung von Missionaren in Europa bekannt wurden, zählt der Chinarindenbaum, dessen Bezeichnung nicht etwa auf seine geografische Herkunft hinweist, sondern auf einem Quechua-Wort für «Rinde» beruht. Als fiebersenkendes Mittel wurde die Chinarinde unter anderem bei Malaria angewendet und erlangte im neunzehnten Jahrhundert eine so große medizinische Bedeutung, dass Chinarindenbäume bis zur Herstellung neuer synthetischer Wirkstoffe in den 1920er Jahren auf großen Plantagen angebaut wurden. Eng mit der Jesuitenmission verbunden war auch der Matebaum, dessen europäischer Name auf die Quechua-Bezeichnung eines Trinkgefäßes zurückgeht. Aus seinen kleingeschnittenen und getrockneten Blättern gewann man ein Aufgussgetränk, das als Genuss- und Arzneimittel weit verbreitet war und auf dessen Anbau und Vertrieb die südamerikanischen Jesuiten im achtzehnten Jahrhundert fast so etwas wie ein Monopol besaßen. Zur Gewinnung eines Wundheilmittels diente der in Mittelamerika beheimatete Balsambaum, dessen Vorzüge schon von José de Acosta beschrieben wurden.

Gewaltsamer Widerstand gegen die Missionierung

Die Fürsorge für die Kranken, die das Neue Testament schon Jesus selbst und in seiner Nachfolge dann auch den frühen Christen zuschrieb, bestimmte das Idealbild des Missionars, der sich in gleicher Weise um das seelische wie um das leibliche Wohl der Menschen bemüht und ihnen nicht nur Erlösung, sondern auch Heilung zu bringen sucht. Doch wie die Annahme des Christentums in den meisten Fällen eine an sich kaum wünschenswerte kulturelle Entwurzelung nach sich zog, so war die Ankunft der Missionare als Ärzte oft genug verbunden mit dem Auftreten neuer und bis dahin unbekannter Krankheiten, welche die einheimische Bevölkerung in einem nie zuvor beobachteten Ausmaß dezimierten. Immer wieder wurde dieser Widerspruch missionarischer Tätigkeit allen Beteiligten schmerzlich bewusst und war unter den gegebenen Umständen doch nicht auflösbar. Wenn zeitgenössische europäische Quellen wiederholt die Unbeständigkeit und den kindlichen Sinn der indigenen Völker hervorheben, so wird man dies nicht zuletzt darauf zurückführen dürfen, dass Neubekehrte sich oft nur unter dem Druck der Verhältnisse zur Kooperation mit der Kolonialmacht und den Missionaren verstehen konnten und gerne jede Gelegenheit zum Abbruch dieser Kontakte wahrnahmen. Darüber hinaus kam es jedoch auch häufig zu Gewaltausbrüchen, die sich keineswegs nur gegen die Kolonisatoren, sondern auch gegen die Missionare als Teil des Kolonialsystems richteten.

Den vielleicht ersten Versuch eines organisierten Widerstands gegen die europäischen Eindringlinge unternahm zu Beginn des sechzehnten Jahrhunderts Hatuey, ein Anführer der Taíno, die zu jener Zeit verschiedene Karibische Inseln bewohnten. Er floh mit mehreren hundert Anhängern von Hispaniola nach Kuba und bekämpfte dort die Spanier, bevor diese ihn 1512 gefangen nahmen und lebendig verbrannten. Bartolomé de Las Casas zufolge versuchte ein Franziskaner, ihn vor seinem Tod mit der Aussicht auf die Freuden des Himmels zur Annahme des Christentums zu bewegen. Hatuey aber soll erklärt haben, lieber in die Hölle als zusammen mit den Spaniern in den Himmel zu kommen. In späterer Zeit zum ersten Nationalhelden Kubas verklärt, wurde Hatuey sowohl in Baraco, dem ersten Stützpunkt der Spanier auf Kuba, als auch in Yara, dem Ort seiner Ermordung, mit Denkmälern geehrt. An sein Schicksal erinnert zudem der 2010 gedrehte und mehrfach preisgekrönte spanische Film *También la lluvia* («Sogar der Regen»), der die (fiktive) Geschichte eines Films über Hatueys Aufstand mit den (realen) sozialen Unruhen im bolivianischen Cochabamba im Jahr 2000 verbindet und auf diese Weise sowohl die noch immer spürbaren Folgen der Kolonisierung als auch den heutigen medialen Umgang damit thematisiert.

Martyrium christlicher Missionare in Südamerika, Kupferstich aus Theodor de Brys *Historia americae*, Frankfurt 1602

Wie sehr die Missionare immer wieder als Repräsentanten und Vollstrecker der kolonialen Ausbeutung wahrgenommen wurden, zeigt der sogenannte Juanillo-Aufstand, der am Ausgang des sechzehnten Jahrhunderts über mehrere Monate die spanische Kolonie Florida in Atem hielt. Unter der Führung eines *mico* oder Häuptlings namens Juanillo erhoben sich im September 1597 Angehörige des Volks der Guale gegen die Spanier. Sie zerstörten Kirchen und Missionsstationen und ermordeten fünf Franziskaner, bevor die Spanier im Frühjahr 1598 nach einer planmäßigen Zerstörung der Dörfer und Vernichtung der Ernten ihrer Bewohner wieder die Oberhand gewannen und Juanillo im Kampf gegen einen mit den Spaniern verbündeten Häuptling den Tod fand.[56] Was der eigentliche Anlass für den Aufstand war, lassen die Quellen indessen nicht mit Sicherheit erkennen, und der Hinweis auf einheimische Verbündete der Spanier lässt auf eine komplexe Situation schließen. Dies gilt auch für den seit langem intensiv erforschten Pueblo-Aufstand, der 1680 die Kolonisationsbemühungen der Spanier auf dem Gebiet des heutigen US-Bundesstaats New Mexico auf mehrere Jahre hinaus zunichte machte.[57] Seit die Spanier im frühen siebzehnten Jahrhundert damit begonnen hatten, diese Region dauerhaft zu besiedeln, war es dort immer wieder zu lokal begrenzten Erhebungen gekommen. Die angespannte Situation eskalierte, als sich die Unzufriedenen unter der Führung eines indianischen Priesters namens Popé miteinander verbündeten. So entwickelte sich im August 1680 ein planmäßig organisierter großflächiger Aufstand, der Hunderte von Spaniern, darunter viele Missionare, das Leben kostete und erst mit der Flucht der spanischen Garnison von Santa Fe nach El Paso endete. Was genau gerade zu jenem Zeitpunkt den Funken zum Flächenbrand werden ließ, wird bis heute unterschiedlich beurteilt. Hungersnöte infolge von Missernten, ein zunehmender Widerstand gegen die steigenden spanischen Forderungen nach Zwangsarbeit sowie die weitgehende Schutzlosigkeit der Pueblo-Indianer gegenüber den Angriffen umherstreifender Apachen mögen ebenso dazu beigetragen haben wie die spanische Unterdrückung traditioneller Bräuche und religiöser Riten oder das Auftreten eines charismatischen Anführers. Dass Rivalitäten zwischen unterschiedlichen indigenen Völkern dabei auch sonst immer wieder eine Rolle spielten, zeigt die Zerstörung der Missionsstation Santa Cruz de San Sabá im heutigen US-Bundesstaat Texas im Jahr 1758, die erst kurz zuvor gegründet worden war, um die in ihrer Umgebung lebenden Lipan-Apachen zu missionieren.[58] Dies stieß jedoch auf den erbitterten Widerstand der mit diesen verfeindeten Comanchen, die einem befürchteten Bündnis zwischen Apachen und Spaniern zuvorzukommen suchten, indem sie mit zweitausend nach europäischer Art bewaffneten Kriegern die Missionsstation überfielen und vollständig niederbrannten. Dass die Comanchen dabei erstmals in großem Umfang Feuerwaffen einsetzen konnten, schrieben die Spanier dem Einfluss der mit ihnen rivalisierenden Kolonialmacht Frankreich im benachbarten Louisiana zu.

Den langfristig erfolgreichsten Widerstand gegen Christianisierung und Kolonisierung leisteten die früher auch als Araukaner bezeichneten Mapuche, die vor der Ankunft der Spanier in zahlreichen halbnomadischen Gruppen weite Gebiete im heutigen mittleren Chile und Argentinien bewohnten.[59] Schon um die Mitte des sechzehnten Jahrhunderts kam es zu ersten Zusammenstößen mit spanischen Truppen, in deren Folge die Mapuche die militärische Nutzung des Pferdes übernahmen und binnen weniger Jahrzehnte die erste indigene Reiterkultur der Neuen Welt etablierten. Immer wieder liefen die Eroberungsfeldzüge der Spanier ins Leere, während die Mapuche im Gegenzug spanische Siedlungen und Stützpunkte zerstörten und alle Bekehrungsversuche abwehrten. Letztlich mussten die Spanier die Unabhängigkeit der Mapuche anerkennen, die erst in der zweiten Hälfte des neunzehnten Jahrhunderts ihr Ende fand.

Die Christianisierung Lateinamerikas als Thema der Literatur

Der Widerstand der Mapuche gegen die Spanier ist auch insofern bedeutsam, als er auf spanischer Seite das erste künstlerisch gestaltete Epos über die Geschehnisse jener Zeit inspirierte. Sein Verfasser war der in Madrid geborene Adlige Alonso de Ercilla y Zúñiga, der nach ausgedehnten Reisen durch Europa als Höfling im Dienst König Philipps II. von 1557 bis 1559 an den Feldzügen in Chile teilnahm. Nach Spanien zurückgekehrt, veröffentlichte Ercilla zwischen 1569 und 1590 ein umfangreiches, in drei Teile mit siebenunddreißig Gesängen gegliedertes Versepos über diese Feldzüge, das heute zu den bedeutendsten Dichtungen des «Goldenen Zeitalters» Spaniens gezählt wird. Angelehnt an antike lateinische und humanistische italienische Vorbilder, rief *La Araucana* mit farbigen Schilderungen exotischer Schauplätze, realistischen Beschreibungen erbitterter Kämpfe, lyrischen Einschüben und einer idealisierenden Darstellung des Mapuche-Häuptlings Caupolicán zahlreiche Nachahmer auf den Plan. Zu ihnen gehörten etwa der in Chile geborene Pedro de Oña mit seinem als Gegendarstellung zu Ercilla konzipierten Gedicht *Arauco Domado* (1596) sowie der aus Sevilla gebürtige Juan de Castellanos, dessen *Elegías de varones ilustres de Indias* (1588) die Kolonisierung der Karibik, Kolumbiens und Venezuelas schildern.

Während spanische Schriftsteller die Kolonisierung Lateinamerikas nicht nur in Augenzeugenberichten und Chroniken, sondern eben auch in der Dichtung gestalteten, entstand in den Kreisen der politischen Gegner des Spanischen Weltreichs eine ausgedehnte polemische Literatur, die vor allem die Grausamkeit und Skrupellosigkeit der Eroberer in ein möglichst grelles Licht zu setzen suchte. Eine Hauptstütze fanden diese Autoren in der Kritik des Dominikaners Bartolomé de Las Casas, dessen 1551 veröffentlichte *Brevissima Relación* bereits 1583 unter dem Titel *The Spanish Colonie* in einer englischen Übersetzung erschien und in der Folge von zahlreichen Gegnern Spaniens ausgeschlachtet wurde. *The Tears of the Indians* nannte der puritanische Geistliche John Phillips seine viel benutzte Bearbeitung der Schrift, die erstmals 1656 während des Feldzugs Oliver Cromwells gegen die spanischen Besitzungen in der Karibik erschien. Als *Leyenda Negra* («Schwarze Legende») bezeichnet man seit dem frühen zwanzigsten Jahrhundert das Geschichtsbild dieser politischen Propagandaschriften, die in einseitiger Weise die Verbrechen der Spanier gegenüber jenen der anderen Europäer hervorhoben, die positiven Folgen innerspanischer Kritik bewusst verschwiegen, innerindianische Konflikte als wesentlichen Faktor der Eroberung weitgehend ausblendeten und an die Handlungsweise der Eroberer und die ihrer Gegner unterschiedliche Maßstäbe anlegten.[60] Entstanden aus der politischen Rivalität zwischen Spanien und England, fand die «Schwarze Legende» auch nach dem Niedergang des Spanischen Kolonialreichs und dem Aufstieg Großbritanniens zur führenden Seemacht infolge der konfessionellen Gegensätze und des Aufkommens neuer politischer Antagonismen immer wieder Nahrung. Eine wichtige Rolle spielte sie insbesondere in den Vereinigten Staaten, wo man im Laufe des neunzehnten Jahrhunderts die überkommenen antispanischen Klischees immer öfter auf die Bewohner Lateinamerikas übertrug, wovon das Auftreten verschlagener mexikanischer Banditen im Western und die pauschale Verunglimpfung lateinamerikanischer Immigranten durch populistische US-Politiker bis heute Zeugnis ablegen. Subtiler, doch eben darum nicht weniger bedenkenswert war der Einfluss der *Leyenda Negra* auf die seriöse Geschichtsschreibung, so etwa auf die überaus einflussreiche Darstellung der spanischen Kolonisierung Amerikas durch den Historiker William H. Prescott, dessen dreibändige *History of the Conquest of Mexico* nur drei Jahre vor dem Ausbruch des Mexikanisch-Amerikanischen Krieges von 1846–1848 erschien.[61]

Eine wichtige Quelle war das Buch Prescotts für den deutschen Schriftsteller Eduard Stucken. Zwischen 1918 und 1922 veröffentlichte dieser *Die weißen Götter*, einen breit angelegten und um eine realistische Gestaltung bemühten historischen Roman über die Vernichtung des Aztekenreichs, der kurz nach dem Ende des Ersten Weltkriegs nicht zuletzt auch die Frage nach der Notwendigkeit des Untergangs einer Kultur thematisierte. Kaum sechzehn Jahre später diente die Christianisierung Lateinamerikas als Parabel in zeitgenössischen Auseinandersetzungen um die Unverbrüchlichkeit der Menschenrechte, das Unrecht der Verfolgung schutzloser Minderheiten und die Grundlagen der europäischen Kultur. So verfasste der Mediziner und Schriftsteller Alfred Döblin zwischen 1935 und 1937 seine *Amazonas*-Trilogie, *Das Land ohne Tod*, *Der blaue Tiger* und *Der neue Urwald*, in der er die spanische Eroberung Lateinamerikas, die Mission der Jesuiten in Paraguay und die Krise der europäischen Zivilisation seiner eigenen Zeit in vielschichtiger Weise miteinander verschränkte. 1938 brachte der katholische Schriftsteller Reinhold Schneider die historische Erzählung *Las Casas vor Karl V. Szenen aus der Konquistadorenzeit* heraus, die kurz danach verboten wurde und erst nach Kriegsende wieder aufgelegt werden durfte. Im Exil schuf wenig später ein anderer Kritiker des NS-Regimes, der österreichische Dramatiker Fritz Hochwälder, sein 1943 uraufgeführtes, an klassischen Dramen orientiertes Stück *Das heilige Experiment*, dessen Handlung das Scheitern der Jesuitenmission in Paraguay anhand der Geschehnisse eines einzigen Tages im Jesuitenkolleg von Buenos Aires thematisiert.

In Lateinamerika hatte der portugiesische Dichter José Basílio da Gama bereits 1769 das epische Gedicht *O Uraguai* über den Widerstand der Jesuiten und der – vom Autor als die eigentlichen Helden gefeierten – einheimischen Indianer gegen die Auflösung der Jesuitenreduktionen veröffentlicht.[62] Auch in der lateinamerikanischen Literatur der jüngeren Vergangenheit und Gegenwart wurde und wird die Christianisierung des Kontinents immer wieder thematisiert.[63] Im mexikanischen Exil publizierte der chilenische Dichter Pablo Neruda 1950 seinen Gedichtzyklus *Canto General* («Der Große Gesang»), der in fünfzehn Teilen mit insgesamt über 15 000 Zeilen die Geschichte Lateinamerikas von der Frühzeit bis in die Gegenwart in den Blick nimmt. Die Epoche der Christianisierung behandeln vor allem die Gedichte des dritten und vierten Teils (*Los Conquistadores* «Die Eroberer» und *Los Libertadores* «Die Befreier»), doch bleiben die Folgen von Kolonisierung und Missionierung das ganze Werk hindurch bis hin zu den autobiografisch geprägten Gedichten des letzten Teils spürbar. Nur wenige Jahre nach der Veröffentlichung des *Canto General* verfasste der aus Guatemala stammende Schriftsteller und Diplomat Miguel Ángel Asturias das Drama *La Audiencia de los Confines* («Tribunal am Ende der Welt»), das 1957 herauskam und 1961 in Guatemala uraufgeführt wurde. Asturias hatte sich zuvor bereits intensiv mit der indigenen Kultur seiner Heimat beschäftigt und gestaltete in seinem Stück den Zusammenprall der Kulturen in einer nur lose an die historischen Fakten angelehnten Handlung, in der er wie schon zuvor Döblin und Schneider dem Missionar Las Casas eine zentrale Rolle zuwies. Ein weiteres Mal behandelte Asturias die Zeit der Missionierung und Kolonisierung seiner Heimat in seinem vorletzten, 1969 erschienenen Roman *Maladrón* («Der Böse Schächer»), der anhand fiktiver Ereignisse im ersten halben Jahrhundert nach der Eroberung sowohl den Untergang der alten Religion als auch die Vermischung der Kulturen – Asturias hatte indianische und spanische Vorfahren – thematisiert. Gleich zweimal an prominenter Stelle erscheint die Epoche der Christianisierung auch im Werk des kubanischen Schriftstellers Alejo Carpentier, der in seinem 1956 veröffentlichten frühen Drama *La aprendiz de bruja* («Das Zauberlehrmädchen») die Tragik der Kolonisierung am Schicksal der indianischen Dolmetscherin Malinche/Marina veranschaulichte und 1979 in seinem letzten Roman *El arpa y la sombra* («Die Harfe und der Schatten») das Leben und die Legende des Kolumbus entzauberte.

Bedenkt man, dass Kolumbusverehrer im ausgehenden neunzehnten Jahrhundert die Seligsprechung des Entdeckers betrieben und Paul Claudel ihn noch 1930 in seinem Oratorium *Le Livre de Christophe Colomb* glorifizierte, ermisst man den Abstand, der lateinamerikanische Autoren im postkolonialen Zeitalter in ihrer Bewertung von Missionierung und Christianisierung von der Darstellung und Bewertung der Ereignisse durch frühere Autoren trennt. Dieser Unterschied spiegelt sich auch in neueren Beurteilungen der untergegangenen indigenen Religionen dieser Region. «Das ist nicht zu ertragen, dass die blutgierigen Götter unverständlicher Völker als klappernde Gespenster agieren», hatte schon Reinhold Schneider 1958 nach dem Besuch einer prunkvollen Inszenierung des Stücks von Claudel geschrieben.[64] Zwischen 1970 und 1986 veröffentlichte der nicaraguanische Dichter, Theologe und Politiker Ernesto Cardenal seinen Gedichtzyklus *Homenaje a los indios americanos* («Hommage an die Indianer Amerikas»), in dem er auch die indigenen Religionen Lateinamerikas positiv würdigen wollte, um sie für eine Synthese mit dem christlichen Glauben fruchtbar zu machen. Im Einklang damit findet man seit nunmehr einem halben Jahrhundert neben einer südamerikanischen «Theologie der Befreiung» auch immer wieder Ansätze einer «Theologie der Inkulturation», die tatsächlich oder auch nur vermeintlich einheimische Traditionen in die christliche Theologie und Lebenspraxis zu integrieren sucht.[65]

2

Rivalität der Nationen und Konfessionen

Nordamerika von der Ankunft der Europäer bis zum Ende der Indianerkriege

Den 5ten [August] War ein alter Indianer bey uns über Nacht, der davor bekannt ist, dass er ein großer Zauberer soll gewesen sein, der in einer Nacht einen weiten Weg durch die Luft hin und wieder zurük hat gehen können, und ob er schon jezo in solchen elenden Umständen ist, dass er kaum zu Pferde fortkommen kann und wenn ihm andre nicht mittheilten müste er verhungern; so macht er doch den Indianern noch weiß, dass wenn er wollte, könnte er eben dasselbige noch thun. *Jeremias* bey dem er im Hause war, predigte ihm ein wenig und sagte ihm, dass alle Indianer in der Blindheit lebten und verloren gingen wenn sie den Heiland nicht kennen lernten, es war aber kein Gefühl und Leben bey ihm wahrzunehmen.

Der Herrnhuter Missionar David Zeisberger, 1772[1]

Da die Eroberung und Kolonisierung der Karibischen Inseln und Lateinamerikas weitgehend von Spanien und Portugal ausging, lag auch die Missionierung der betreffenden Länder vor allem in den Händen von Vertretern der Römisch-Katholischen Kirche. Weit weniger einheitlich waren dagegen die Verhältnisse in Nordamerika. Ganz im Südosten und westlich des Mississippi ging die Missionierung namentlich in den ersten drei Jahrhunderten von den spanischen Besitzungen in Mittelamerika aus und lag dadurch ebenfalls in den Händen katholischer Ordensgeistlicher. Entlang der gesamten Ostküste Nordamerikas nördlich von Florida waren dagegen mehrere europäische Kolonialmächte aktiv, so dass die Missionierung der einheimischen Bevölkerung nicht nur von verschiedenen Konfessionen ausging, sondern auch in den Händen ganz unterschiedlicher Träger lag. Der zeitliche Rahmen dieser Missionsbemühungen erstreckt sich von der Entdeckung der nordamerikanischen Küste durch europäische Seefahrer am Ende des fünfzehnten Jahrhunderts bis zum Ende der Indianerkriege um 1890.

Die ersten Europäer in Nordamerika

Abgesehen von einer kurzlebigen, um das Jahr 1000 gegründeten skandinavischen Siedlung an der Nordspitze Neufundlands, beginnt die Geschichte der europäischen Kolonisierung Nordamerikas mit der Landung des italienischen Seefahrers Giovanni Caboto (John Cabot), der im Auftrag König Heinrichs VII. von England auf der Suche nach einem Seeweg nach China 1497 die Ostküste Nordamerikas erreichte. Ihm folgte ein Jahr später der portugiesische Seefahrer João Fernandes Lavrador, der auf Anweisung des Königs von Portugal zu der später nach ihm benannten Halbinsel Labrador gelangte. 1524 erforschte der Italiener Giovanni da Verrazzano für den französischen König Franz I. einen Großteil der Ostküste Nordamerikas zwischen Florida und Kanada, und zwischen 1534 und 1536 erkundete der Bretone Jacques Cartier ebenfalls im Auftrag des französischen Königs die Ostküste Kanadas, wobei er auf dem Sankt-Lorenz-Strom bis in die Gegend der späteren Stadt Montreal vordrang.

Bis zum Ende des sechzehnten Jahrhunderts waren europäische Siedlungen in Nordamerika allerdings selten und zumeist kurzlebig. Eine 1541 gegründete erste französische Siedlung bei Quebec wurde nach zwei Jahren wieder aufgegeben, während eine weitere, 1562 von Hugenotten angelegte auf Parris Island im heutigen US-Bundesstaat South Carolina nach nur einem Jahr ihr Ende fand. 1565 zerstörten die Spanier Fort Caroline in Florida, eine andere Siedlung der Hugenotten, und richteten alle überlebenden Bewohner als Häretiker hin. Als der englische Freibeuter Francis Drake 1579 bei Point Reyes an der kalifornischen Pazifikküste landete, beanspruchte er zwar die von ihm *New Albion* genannte Region für die englische Krone, ließ es dann jedoch bei diesem symbolischen Akt bewenden, so dass die frühesten dauerhaft besiedelten Kolonien in diesem Gebiet erst im Laufe des siebzehnten Jahrhunderts entstanden.

Eine der kurzlebigsten europäischen Kolonien in Nordamerika war Neuschweden am Unterlauf des Delaware, das lediglich von 1638 bis 1655, als es von niederländischen Truppen erobert wurde, existierte. Die seit 1581 bestehende Republik der Vereinigten Niederlande hatte ihre eigene Kolonie Neu-Niederlande nämlich schon 1624 gegründet und beanspruchte an der Ostküste Nordamerikas ein weiträumiges Gebiet, das sich mit unterschiedlicher Ost-West-Ausdehnung von der Chesapeake-Halbinsel im Süden bis Cape Cod im Norden erstreckte. 1664 eroberte eine englische Flotte diese niederländischen Besitzungen, die 1674 im Tausch gegen Surinam endgültig an England fielen. Damit beherrschte England die gesamte Ostküste Nordamerikas von Florida im Süden bis Neufundland im Norden. Bereits 1583 hatte der englische Freibeuter Humphrey Gilbert im Namen seiner Königin Anspruch auf die Region im Südosten Neufundlands erhoben, wo dann einige Jahrzehnte später der Ort St. John's entstand. Die erste dauerhafte englische Siedlung in Nordamerika war indessen der 1607 gegründete Ort Jamestown in Virginia, gefolgt von der Kolonie Plymouth im heutigen US-Bundesstaat Massachusetts (1620) und der etwas weiter nördlich gelegenen Massachusetts Bay Colony (1630). Zusätzlichen Einfluss erlangte

England durch die 1670 gegründete Hudson's Bay Company, die einen Großteil des Pelzhandels im Norden und Westen Kanadas kontrollierte.

Zum kolonialpolitischen Hauptrivalen Englands im Nordamerika des achtzehnten Jahrhunderts wurde Frankreich, das zur Absicherung des einträglichen Pelzhandels in Kanada schon im frühen siebzehnten Jahrhundert dauerhafte Siedlungen gegründet hatte, darunter Port Royal an der Südwestküste der Halbinsel Nova Scotia (1605) und Québec am Sankt-Lorenz-Strom (1608). Zu langfristigen einheimischen Verbündeten der Franzosen wurde das von den Europäern auch als Huronen bezeichnete Volk der Wyandot oder Wendat. Diese Allianz führte allerdings zu einer erbitterten Gegnerschaft mit den Irokesen, die mit den Huronen zwar sprachlich verwandt, jedoch traditionell verfeindet waren. Dank ihrer guten Beziehungen zu den Huronen gelang es den Franzosen, ihren Einfluss im Laufe des siebzehnten Jahrhunderts bis in das Gebiet der Großen Seen auszudehnen. Nicht zuletzt als Reaktion auf die Aktivitäten der Hudson's Bay Company im Norden orientierten sich die Franzosen seit 1670 in zunehmendem Maße nach Süden. 1682 gelangte der Entdecker Robert Cavelier de la Salle auf dem Mississippi bis zum Golf von Mexiko und erhob im Namen der französischen Krone Anspruch auf ein ausgedehntes Territorium am Mississippi und Ohio, das er zu Ehren Ludwigs XIV. Louisiana nannte. Nach wiederholten militärischen Auseinandersetzungen mit England, das sich 1707 mit Schottland zum Vereinigten Königreich zusammenschloss, musste Frankreich am Ende des Spanischen Erbfolgekrieges 1713 einen Großteil seiner Besitzungen in Kanada an Großbritannien abtreten. Die noch verbliebenen kanadischen Territorien verlor Frankreich ebenso wie seine Gebiete an den Großen Seen und östlich des Mississippi nach dem Siebenjährigen Krieg im Pariser Frieden von 1763 ebenfalls an Großbritannien.

Ein neues Kapitel in der Geschichte Nordamerikas begann 1776 mit der Gründung der Vereinigten Staaten von Amerika, die sich schon wenige Jahre nach dem Ende des Unabhängigkeitskrieges 1783 durch den Beitritt weiterer Bundesstaaten wie Kentucky (1792), Tennessee (1796) und Ohio (1803) nach Westen ausdehnten. Nachdem sich das US-Territorium 1803 durch den Erwerb der ausgedehnten französischen Kolonie Louisiana westlich des Mississippi nahezu verdoppelt hatte, trat Spanien

1819 Florida an die Vereinigten Staaten ab. Im Süden und Westen ihres nunmehr stark angewachsenen Territoriums erstreckte sich seit 1823 die Republik Mexiko, Nachfolgerin des Vizekönigreichs Neuspanien. Diese lehnte den Verkauf von Texas und Kalifornien an die Vereinigten Staaten zwar zunächst ab, doch als Texas 1836 seine Unabhängigkeit erklärte und 1845 von den Vereinigten Staaten annektiert wurde, kam es darüber zum Mexikanisch-Amerikanischen Krieg von 1846–1848, an dessen Ende Mexiko ausgedehnte weitere Gebiete an die Vereinigten Staaten abtreten musste. Dazu gehörten vor allem die heutigen US-Bundesstaaten Kalifornien, Utah, Nevada und New Mexico. Eine starke Zuwanderung infolge des Kalifornischen Goldrauschs von 1848–1850, ein 1862 verabschiedetes «Heimstättengesetz» (*Homestead Act*) über die Rechtmäßigkeit der Inbesitznahme unbesiedelten Landes sowie der Bau einer Bahnstrecke von Nebraska nach Kalifornien in den Jahren von 1865 bis 1869 beschleunigten die Erschließung des Westens, die um 1890 mit dem Ende der Indianerkriege ihren Abschluss fand.

Frühe Missionare in Neuengland

Im Unterschied zu den spanischen Eroberern zeigten die ersten englischen Kolonisatoren zunächst kein besonderes Interesse an einer Missionierung der indigenen Völker. Kaum jemals berichten die ältesten Quellen daher von Bekehrungen, wobei die Häuptlingstochter Pocahontas zweifellos die bekannteste Ausnahme bildet.[2] Ihr Vater war ein bedeutender Anführer des Stammesbunds der Powhatan an der Küste von Virginia, der eigentlich Wahunsenacawh hieß, bei den Europäern aber ebenfalls unter dem Namen Powhatan bekannt wurde. Um 1596 geboren, geriet Pocahontas 1613 im Zuge kriegerischer Auseinandersetzungen zwischen den Powhatan und englischen Kolonisten in Geiselhaft. Während ihrer Gefangenschaft in dem kleinen Ort Henricus wurde sie von dem anglikanischen Geistlichen Alexander Whitaker in der christlichen Religion unterwiesen und schließlich auf den Namen Rebecca getauft. Nach dem Ende der Feindseligkeiten heiratete sie 1614 den Tabakpflanzer John Rolfe, mit dem sie einen Sohn hatte. 1616 reiste die Familie nach England, wo Pocahontas als indianische Prinzessin respektvoll behandelt und sogar bei Hofe empfangen wurde. Sie starb jedoch bereits im folgenden Jahr noch vor der geplanten Rückkehr nach Virginia an einer Krankheit. Bekannt wurde sie später vor allem durch die Behauptung des englischen Seefahrers und Abenteurers John Smith, sie habe ihn 1607 während seiner Gefangenschaft bei den Powhatan vor der unmittelbar drohenden Hinrichtung bewahrt, indem sie sich schützend über ihn geworfen habe. Erst im neunzehnten Jahrhundert entstand aus dieser Anekdote die romantische Erzählung von einer Liebesbeziehung zwischen der Häuptlingstochter Pocahontas und dem englischen Kapitän, die in mehreren Bühnenstücken und später auch Filmen immer wieder neu gestaltet wurde.

Systematische Anstrengungen zur Missionierung der Indianer Neuenglands unternahmen erst die Puritaner, die 1620 in ihrem Bemühen um eine vollständige Trennung von der anglikanischen Kirche mit der Mayflower nach Amerika gesegelt waren und in Massachusetts die Kolonie Plymouth gegründet hatten. Für sie stand die Bekehrung der Indianer im Zusammenhang mit millennialistischen Vorstellungen von einer umfassenden religiösen Erneuerung, die der Wiederkunft Christi vorausgehen würde. Die Indianer dagegen wandten sich zumeist aus materieller Not infolge von Krankheiten und Hungersnöten oder aus dem Wunsch nach einer besseren Behandlung durch die Europäer heraus der neuen Religion zu. 1641 erwarb der aus Wiltshire gebürtige Puritaner Thomas Mayhew (1593–1682) die Insel Martha's Vineyard und einige weitere Inseln vor der Küste von Massachusetts und gründete dort zusammen mit seinem Sohn Thomas Mayhew Junior (um 1618–1657) eine von ihm *Great Harbor* genannte Siedlung, die heutige Hafenstadt Edgartown. Zu jener Zeit lebten auf Martha's Vineyard, Nantucket und in den gegenüberliegenden Regionen des Festlands Angehörige des Volks der Wampanoag, das traditionell von der Jagd, dem Fischfang und dem Anbau von Mais und anderen Feldfrüchten lebte. Ihre Zahl war zwischen 1615 und 1619 durch eine Seuche stark zurückgegangen, was vermutlich sowohl die Ansiedlung der Europäer als auch deren Missionsbemühungen erleichterte.[3] Als einheimischer Vermittler der Missionsbotschaft diente der um 1610 geborene Indianer Hiacoomes, der sich 1643 von Thomas Mayhew Junior zum Christentum bekehren ließ. Da Hiacoomes in der sozialen Hierarchie seines Volkes keine herausgehobene Stellung einnahm und man dort der Religion der zahlenmäßig noch immer weit unterlegenen Europäer eher misstrauisch gegenüberstand, zeigten die Wampanoag zunächst ein eher geringes Interesse am Christentum. Dies änderte sich jedoch, als in den 1640er Jahren Seuchen die einheimische Bevölkerung stark dezimierten, während die Zahl der europäischen Kolonisten beständig zunahm. Dies ließ viele Wampanoag an der Überlegenheit ihres traditionellen Schamanismus gegenüber der Religion der Puritaner zweifeln, zumal Hiacoomes nun im Einklang mit seinem neu erworbenen biblisch-christlichen Weltbild dazu überging, die religiösen Handlungen der Schamanen als Zauberei und teuflisches Blendwerk zu brandmarken.

Als Thomas Mayhew Junior 1657 auf der Überfahrt nach England ums Leben kam, war das Christentum unter den Wampanoag bereits fest etabliert, so dass Hiacoomes seine Missionstätigkeit mit der Unterstützung des Vaters seines verstorbenen Mentors bis zu seinem Tod 1690 fortsetzen konnte. Eine wichtige Rolle spielte dabei der noch in England geborene Prediger Peter Folger, ein enger Mitarbeiter von Thomas Mayhew Junior. Er unterrichtete nicht nur Hiacoomes' Sohn Joel, sondern auch einen weiteren zum Christentum konvertierten Wampanoag-Indianer namens Caleb Cheeshahteaumuck, was den beiden 1661 den Besuch des Indian College an der 1636 gegründeten Universität Harvard ermöglichte. Während Joel Hiacoomes noch während seines Studiums 1665 bei einem Schiffbruch ums Leben kam, erhielt sein Kommilitone Caleb Cheeshahteaumuck noch im gleichen Jahr als erster Indianer das Abschlussdiplom der Universität Harvard; bereits wenige Monate später starb er jedoch an Tuberkulose. Ihr gemeinsamer Lehrer Peter Folger war bereits 1663 von Martha's Vineyard nach Nantucket übergesiedelt. Seine dort geborene Tochter Abiah heiratete 1689 den verwitweten Kerzenmacher Josiah Franklin und wurde die Mutter des Diplomaten, Politikers und Erfinders Benjamin Franklin (1706–1790). Die weitere Missionierung der Wampanoag auf Martha's Vineyard übernahm gegen Ende des siebzehnten Jahrhunderts Experience Mayhew (1673–1758), ein Enkel von Thomas Mayhew dem Jüngeren. Er veröffentlichte 1709 den *Massachusett Psalter*, eine zweisprachige Ausgabe der Psalmen und des Johannesevangeliums, und 1727 das Buch *Indian Converts*, eine aus heute zum

Teil verlorenen Quellen geschöpfte Darstellung der Christianisierung der Wampanoag.[4]

Sehr viel bekannter als die Familie Mayhew ist heute indessen ein Glaubensgenosse und Mitstreiter Thomas Mayhews des Älteren, der Puritaner John Eliot (um 1604–1690).[5] Im südenglischen Widford geboren, wanderte er 1631 aufgrund seiner religiösen Überzeugungen bald nach dem Abschluss seines Studiums in Cambridge nach Massachusetts aus und wurde Pfarrer in Roxbury bei Boston. 1640 veröffentlichte er zusammen mit Mayhew und weiteren puritanischen Geistlichen das erste in den britischen Kolonien Nordamerikas gedruckte Buch – eine metrische Übersetzung der Psalmen ins Englische, die heute nach der Massachusetts Bay Colony als *Bay Psalm Book* bekannt ist. Fünf Jahre später gründete er in Roxbury eine Lateinschule für Jungen, die älteste noch heute bestehende Schule in den Vereinigten Staaten. Bei der Missionierung der Wampanoag bediente sich Eliot eines jungen Indianers namens Cockenoe, der 1637 im Zuge kriegerischer Auseinandersetzungen zwischen Einheimischen und europäischen Kolonisten in Gefangenschaft geraten war und danach als Diener eines neuenglischen Pelzhändlers die englische Sprache erlernt hatte. Mit seiner Hilfe gelang es Eliot, die Zehn Gebote, das Vaterunser und weitere biblische Texte in die Algonkinsprache der Wampanoag zu übersetzen und in dieser auch Gebete und Predigten zu verfassen. Erste Missionserfolge erzielte er im Oktober 1646, als der Wampanoag Waban und einige Mitglieder seines Haushalts nach einer Predigt Eliots das Christentum annahmen.

Eine zusätzliche Förderung erhielten Eliots missionarische Aktivitäten, als das englische Parlament unter der Führung Oliver Cromwells 1649 die Gründung einer «Gesellschaft zur Verbreitung des Evangeliums in Neuengland» (*Society for the Propagation of the Gospel in New England* oder kurz *New England Company*) verfügte. Mit ihrer finanziellen Unterstützung und der Hilfe sprachkundiger einheimischer Übersetzer veröffentlichte Eliot 1661 nach rund fünfzehnjähriger Vorbereitung eine vollständige Übersetzung des Neuen Testaments und zwei Jahre später unter dem Titel *Mamusse Wunneetupanatamwe Up-Biblum God* eine Ausgabe der gesamten Bibel in der Sprache der Wampanoag. Als Grundlage diente ihm die erstmals 1560 erschienene sogenannte *Geneva Bible*, die auch Shakespeare benutzte. Außerdem half die Gesellschaft bei der Gründung sogenannter «Gebetsstädte» (*praying towns*), in denen Indianer nach der Annahme des Christentums auch die Lebensweise der Europäer übernehmen sollten. Zwischen 1651 und 1675 entstanden insgesamt vierzehn solcher Gebetsstädte, deren einheimische Bewohner sich zumindest in den Anfangsjahren ein gewisses Maß an Autonomie und Selbstverwaltung bewahren konnten.

Zu den Schülern und Mitarbeitern Eliots gehörte auch der Indianer John Sassamon, der schon als Jugendlicher Englisch gelernt hatte und nach der Gründung der ersten Gebetsstadt Natick 1651 dort als Lehrer angestellt wurde. Im Januar 1675 warnte er die europäischen Kolonisten vor einem Angriff der Wampanoag, nachdem ihr Anführer Metacomet, den man auch als King Philip kannte, durch immer neue Zugeständnisse an die Europäer zunehmend unter Druck geraten war. Als man John Sassamon kurz darauf tot auffand, wurden drei Untergebene Metacomets des Mordes angeklagt und hingerichtet. In der Folge kam es zu gewaltsamen Übergriffen der Indianer auf die Kolonisten, deren Milizen ihrerseits mit aller Härte zurückschlugen. Obschon Metacomet bereits im August 1676 ums Leben kam, zogen sich die erbitterten und für beide Seiten äußerst verlustreichen Kämpfe, die als «King Philip's War» in die Geschichte eingingen, noch bis zum Frühjahr 1678 hin. An ihrem Ende hatte die Vision von einer friedlichen Koexistenz von Indianern und Kolonisten, aber auch John Eliots Projekt der Gebetsstädte einen Schaden genommen, von dem sie sich nicht mehr erholen sollten.

Jesuiten in Neufrankreich

Die seit 1608 als «Neufrankreich» (*la Nouvelle-France*) zusammengefassten französischen Territorien in Nordamerika erstreckten sich zum Zeitpunkt ihrer größten Ausdehnung von Neufundland und der Hudson Bay über das Gebiet der Großen Seen und das Mississippi-Tal bis zum Golf von Mexiko. Ähnlich wie in Lateinamerika verfolgte die katholische Mission auch hier das Ziel, den einheimischen Bewohnern zusammen mit dem Christentum grundlegende Elemente der europäischen Lebensweise zu vermitteln, um sie auf ihre neue Rolle als Untertanen des französischen Königs vorzubereiten. Anders als in Neuspanien konnten die französischen Kolonisatoren in diesen Regionen jedoch nicht auf bereits vorhandene großräumige Herrschaftsstrukturen nach Art des Azteken- oder Inkareichs aufbauen, und lange Zeit sah man den wirtschaftlichen Hauptnutzen weniger in den Bodenschätzen oder landwirtschaftlichen Möglichkeiten als vielmehr im Pelzhandel.[6]

Als der Adlige Jean de Biencourt de Poutrincourt im Februar 1610 von Dieppe aus in das fünf Jahre zuvor gegründete Port Royal in der heutigen kanadischen Provinz Nova Scotia aufbrach, hatte er entgegen dem Wunsch des Königs keine Jesuiten, sondern den Weltpriester Jessé Fléché dabei, um das dort ansässige Volk der Mi'kmaq zu missionieren. Dies blieb jedoch eine Ausnahme, denn bis zum Ende des französischen Kolonialreichs in Nordamerika am Ausgang des Siebenjährigen Krieges 1763 wurden die französischen Missionsaktivitäten in Neufrankreich vor allem von Ordensgeistlichen getragen. Bereits 1615 gelangten vier Franziskaner-Rekollekten in die Region um den sieben Jahre zuvor gegründeten Handelsposten Québec. Einer von ihnen war Joseph Le Caron (um 1586–1632), der als einer der ersten Europäer den Huron-See erreichte und dort unter den Wendat (Huronen), Montagnais und Algonkin missionierte. 1623 folgte der franziskanische Laienbruder Gabriel Sagard, der nach seiner Rückkehr nach Frankreich ein Jahr später einen vielgelesenen Reisebericht (*Le grand voyage au pays des Hurons*, 1632) sowie eine Geschichte Neufrankreichs (*L'histoire du Canada*, 1636) veröffentlichte.[7] Eine wichtige Rolle spielte auch der 1535 gegründete Orden der Ursulinen, so gründete die aus Tours gebürtige Nonne und Mystikerin Marie de l'Incarnation (Marie Guyart, 1599–1672) 1641 in Québec ein Ursulinenkloster und eine Mädchenschule.[8] Am besten dokumentiert sind heute indes die Missionsaktivitäten der Jesuiten in Neufrankreich, die zwischen 1632 und 1673 vom Orden selbst alljährlich in offiziellen Berichten, den *Relations des Jésuites de la Nouvelle-France*, einer breiten Öffentlichkeit bekannt gemacht wurden. Mit ihren ausführlichen Schilderungen verschiedener indianischer Kulturen und deren Interaktion mit den Europäern bilden diese Berichte bis heute eine ethnografische und historische Quelle von unschätzbarem Wert. Bei ihrer Auswertung ist allerdings zu berücksichtigen, dass sie nicht zuletzt der Dokumentation missionarischer Erfolge und der Werbung um weitere finanzielle Unterstützung in der Heimat dienten. Dies dürfte nicht nur die Abfassung, sondern auch die spätere Auswahl und Überarbeitung der darin enthaltenen Augenzeugenberichte in einem schwer abschätzbaren Ausmaß beeinflusst haben.[9]

Die ersten Jesuitenmissionare in Neufrankreich, Pierre Biard und Énemond Massé, wurden 1611 nach Port-Royal entsandt und lösten dort den ein Jahr zuvor eingetroffenen Abbé Fléché ab, der wenig später nach Frankreich zurückkehrte. Im Unterschied zu Fléché und seinen Gönnern sahen die Jesuiten die bereits erfolgten Massentaufen der Mi'kmaq eher kritisch und bestanden auf einer gründlichen vorherigen Unterweisung der Indianer, was die Zusammenarbeit mit den Kolonisatoren vor Ort schon bald erschwerte. Wohl nicht zuletzt deswegen eröffneten Biard, Massé und weitere Jesuiten im Frühjahr 1613 sehr viel weiter südlich auf der küstennahen «Insel der kahlen Berge» (heute Mount Desert Island im US-Bundesstaat Maine) einen neuen Missionsstützpunkt. Dieser wurde jedoch bereits zwei Monate später von den Engländern, die ebenfalls Anspruch auf diese Region erhoben, vollständig zerstört. Während einer der Jesuiten dabei ums Leben kam, wurde Biard mit einigen weiteren Gefangenen nach Jamestown verschleppt und Massé zusammen mit anderen in einem offenen Boot ausgesetzt. Nur auf Umwegen und unter abenteuerlichen Umständen gelang beiden die Rückkehr nach Frankreich.

1625 erschien Massé wieder in Neufrankreich, musste jedoch bereits 1629 erneut in seine Heimat zurückkehren, nachdem der englische Freibeuter David Kirke die Franzosen in Québec von der Lebensmittelzufuhr abgeschnitten und so die Kapitulation des Stützpunkts erzwungen hatte. Als England drei Jahre später im Friedensvertrag von Saint-Germain-en-Laye Québec und andere eroberte Gebiete zurückgab, brach Massé von neuem nach Neufrankreich auf. In seiner Begleitung befand sich der Jesuit Jean de Brébeuf (1593–1649), der bereits 1625 mit ihm zusammen nach Québec gereist war und bis zu seiner Ausweisung 1629 unter den Montagnais und Huronen (Wendat) missioniert hatte. Nach Neufrankreich zurückgekehrt, galt Brébeuf schon bald als einer der besten Kenner der huronischen Sprache und Kultur. 1639 gründete er zusammen mit seinem Mitbruder Jérôme Lalemant am Südostufer des Huron-Sees den Missionsstützpunkt Sainte-Marie-au-pays-des-Hurons, der in den folgenden Jahren zu seiner Hauptwirkungsstätte wurde. Dort dichtete Brébeuf wohl 1642 nach der Melodie einer in Frankreich, Deutschland und Italien geläufigen Volksweise in der Sprache der Wendat das älteste kanadische Weihnachtslied *Iesous Ahatonhia* («Jesus, er ist geboren»).[10] Berühmt ist seine Schilderung der Art und Weise, in der die Huronen ihre Ratsversammlungen abhielten:[11]

> Wenn alle angekommen sind, nehmen sie ihre Plätze in dem ihnen zugewiesenen Teil der Hütte ein, wobei diejenigen aus ein und demselben Dorf oder Familienverband nebeneinander sitzen, um sich beraten zu können. Wenn es sich ergibt, dass einer fehlt, wird gefragt, ob die Beratung dennoch statthaft sei, und manchmal wird wegen einer oder zwei Personen, die fehlen, die ganze Versammlung aufgelöst und auf ein andermal verschoben. Doch wenn alle versammelt sind oder wenn sie meinen, dass sie gleichwohl fortfahren sollten, wird die Beratung eröffnet. […] Jeder beschließt seinen Rat mit den Worten, *Condayauendi Ierhayde cha nonhwicwahachen*, das heißt: «Das ist meine Meinung über die Angelegenheit, die wir beraten.» Dann antwortet die ganze Versammlung, indem sie tief Luft holt, *Haau*.

Der Umstand, dass Brébeuf in den religiösen Anschauungen der Wendat Anknüpfungspunkte für die Vermittlung des Christentums finden wollte, barg indessen für beide Seiten die Gefahr von Missverständnissen und Fehldeutungen. Dazu gehörte etwa die indianische Deutung der Taufe, die Jesuiten außer nach gründlicher Unterweisung vor allem Sterbenden spendeten, als eine Art todbringende Zauberhandlung. Dass die Jesuiten gegen die aus Europa eingeschleppten und immer wieder mit verheerenden Folgen grassierenden Pocken sehr viel widerstandsfähiger waren als die Einheimischen, konnte zwar einerseits ihr Ansehen steigern, sie andererseits aber auch in die Nähe von Schaden stiftenden Hexenmeistern rücken.[12] Hinzu kam das Problem, dass die handelspolitische Privilegierung der Wendat durch die Franzosen zu einer Verschärfung des Konflikts mit den Irokesen führte. Nachdem die Irokesen zwischen 1642 und 1648 bereits die Jesuiten René Goupil, Isaac Jogues, Jean de Lalande und Antoine Daniel getötet hatten, wurden ein Jahr später auch Jean de Brébeuf und drei seiner Mitbrüder von den Irokesen gefangen genommen und auf rituelle Weise zu Tode gefoltert. Als «Märtyrer Kanadas» wurden die acht Jesuiten 1930 von Papst Pius XI. heiliggesprochen.[13] Ihr Stützpunkt Sainte-Marie-au-pays-des-Hurons wurde von den Überlebenden selbst in Brand gesteckt und aufgegeben. Erst 1844 wieder entdeckt und ausgegraben, dient eine Rekonstruktion der einstigen Siedlung seit 1964 als Freilichtmuseum.

Gabriel Druillettes, ein Mitbruder Brébeufs, der ihn infolge kriegerischer Unruhen nicht nach Sainte-Marie-au-pays-des-Hurons begleiten konnte, missionierte stattdessen unter den Montagnais und Abenaki, reiste 1650/51 in diplomatischem Auftrag zu den neuenglischen Puritanern und gründete 1668 zusammen mit dem Jesuiten Jacques Marquette den Missionsstützpunkt Sault Sainte Marie an den Stromschnellen des St. Mary-Flusses zwischen dem Oberen See (Lake Superior) und dem Huron-See. Von hier aus unternahm Marquette zusammen mit dem Kartografen Louis Jolliet und weiteren Begleitern 1673 eine großangelegte Forschungsexpedition, die sie vom Michigan-See bis zum Mississippi führte. Sie folgten dessen Lauf bis zur Einmündung des Arkansas, wo sie aus Furcht vor einem Konflikt mit Vertretern der spanischen Kolonialmacht am Golf von Mexiko umkehrten und über den Illinois-Fluss wieder das Gebiet der Großen Seen erreichten. Marquettes Missionstätigkeit in dieser Region wurde nach seinem Tod von seinem Mitbruder Jacques Gravier weitergeführt, der von 1689 bis zu seinem Tod 1708 unter verschiedenen algonkinsprachigen Indianervölkern in den Tälern des Mississippi und des Illinois-Flusses wirkte. Auf den Spuren des Entdeckers Marquette wandelte 1720–1722 der Jesuit Pierre François Xavier de Charlevoix, der sieben Jahre nach dem Ende des Spanischen Erbfolgekriegs im Auftrag der französischen Krone von Québec über das Gebiet der Großen Seen den Mississippi abwärts bis zum Golf von Mexiko reiste.[14] Bereits vierzig Jahre später setzte jedoch der Verlust Neufrankreichs am Ende des Siebenjährigen Kriegs den kolonialpolitischen Ambitionen der französischen Krone ein jähes Ende, wie auch die vorübergehende Aufhebung des Jesuitenordens zwischen 1773 und 1814 für die missionarischen Aktivitäten seiner Mitglieder eine einschneidende Zäsur darstellte.

Mit die größte und nachhaltigste Wirkung unter den zahlreichen ethnografischen Schilderungen der in Kanada tätigen Jesuiten erzielte das zweibändige Werk *Moeurs des sauvages amériquains, comparées aux moeurs des premiers temps*, das 1724 in Paris und 1752/53 unter dem Titel *Die Sitten der amerikanischen Wilden im Vergleich zu den Sitten der Frühzeit* in einer deutschen Übersetzung erschien. Sein Urheber war der aus Bordeaux stammende Jesuit Joseph-François Lafitau (1681–1746), der zwischen 1711 und 1717 als Missionar unter den Irokesen am Oberlauf des Sankt-Lorenz-Stroms tätig war.[15] In seinem Buch lieferte Lafitau auf der Grundlage eigener Beobachtungen und einer umfassenden Kenntnis antiker Literatur und neuzeitlicher Ethnografie eine systematisch-vergleichende Darstellung der irokesischen Kultur, die noch heute zu den Klassikern der frühen wissenschaftlichen Ethnologie zählt. Über seine Motivation schrieb er in der Einleitung:[16]

> Ich habe mit vielem Verdrus in den mehresten Nachrichten bemerket, dass diejenigen, welche die Sitten der barbarischen Völker beschrieben, uns solche als Menschen abgebildet, bey welchen nicht die geringste Spur einer Religion, keine Kenntnis von Gott, und kein Vorwurf einiger Verehrung anzutreffen. Sie haben uns solche als Leute vorgestellet, die weder Gesetze, weder eine äußerliche bürgerliche Verfassung, noch die geringste Art einer Regierungsform hätten; mit einem Wort, als solche Geschöpfe, bey denen fast weiter nichts als die menschliche Gestalt anzutreffen wäre. Dieser Fehler ist auch selbst bei den Missionarien und vielen von solchen Männern gemein, die einestheils mit allzugroßer Übereilung von Sachen geschrieben, so ihnen noch nicht hinlänglich bekannt gewesen, und anderntheils die übeln Folgerungen nicht vorhergesehen, welche aus einem der Religion so nachtheiligen Vorgeben gemacht werden können. Denn obgleich diese Schriftsteller sich in ihren herausgegebenen Werken selbst widersprechen, und zu gleicher Zeit, da sie sagen, dass diese Barbaren weder Gottheiten noch gottesdienstliche Verehrungen haben, doch auch Dinge anfüren, die eine Gottheit und ordentliche Gottesdienste voraus setzen; wie solches [der Philosoph] Bayle selbst angemerket hat; so entstehet inzwischen hieraus doch dieses, dass mancher Leser von ihrem ersten Vortrage sogleich eingenommen wird, und sich angewönet, von den Wilden sich einen solchen Begrif zu machen, wodurch selbige von dem unvernünftigen Viehe nicht füglich zu unterscheiden sind.
>
> Was wird aber überdies den Gottesleugnern dadurch nicht vor ein starkes Argument dargeboten? Denn einer der stärksten Beweise von der

Notwendigkeit und Wirklichkeit einer Religion, welche wir ihnen entgegen setzen können, besteht in der algemeinen Übereinstimmung aller Völker, in Ansehung der Erkentnis eines höchsten Wesens und desselben Verehrung; und zwar auf solche Maaße, wodurch abzunehmen ist, dass man dessen Oberherrschaft erkenne, und dazu seine Zuflucht zu nehmen für notwendig halte.

Die Mission der Herrnhuter

Neben der Mission der Puritaner in Neuengland und der Jesuiten in Neufrankreich waren als Vertreter einer der ältesten protestantischen Missionsbewegungen auch Angehörige der Herrnhuter Brüdergemeine in den europäischen Kolonien und daran angrenzenden Regionen aktiv.[17] Die Anfänge der Herrnhuter Brüdergemeine reichen bis ins fünfzehnte Jahrhundert zurück, als sich böhmische und mährische Anhänger der Reformatoren Jan Hus und Petr Chelčický in ihrem Bemühen um eine Erneuerung der Urkirche als *Unitas Fratrum* oder Brüder-Unität von der römischen Volkskirche trennten und in der Auseinandersetzung mit Lutheranern und Calvinisten eigenständige theologische Anschauungen und Organisationsformen entwickelten. Eine neue Dynamik gewann ihre Bewegung, als einige verfolgte Angehörige der Brüder-Unität 1722 von Mähren nach Sachsen auswanderten und in der Oberlausitz auf Einladung des pietistisch geprägten Grafen Nikolaus Ludwig von Zinzendorf eine Siedlung gründeten, die sie Herrnhut nannten. Diese wurde zum Mittelpunkt einer zwar überkonfessionellen, doch stark vom Luthertum und späteren Pietismus geprägten Glaubensbewegung, die schon bald international expandierte und eine ausgedehnte Missionstätigkeit entfaltete.

Im Mittelpunkt der Herrnhuter Mission stand die Überzeugung von der Rechtfertigung und Erlösung des Menschen durch den Kreuzestod Jesu Christi und vom Wirken des Heiligen Geistes. Dementsprechend zielte ihre Verkündigung auf die Erzeugung eines persönlichen, oft tief emotionalen Glaubens an Christus, der sich vor allem im «Anschauen des Gekreuzigten» manifestierte. Demgegenüber sollte die intellektuell-rationale Auseinandersetzung mit theologischen Lehrsätzen wie auch die

Graf Zinzendorf trifft im August 1742 Häuptlinge der Irokesen. Gemälde von Anna Arndt aus dem Jahr 1899 nach einem zeitgenössischen Bild von Johann Valentin Haidt

Betonung konfessioneller Besonderheiten in den Hintergrund treten, wie Zinzendorf dies 1740 formulierte:[18]

> Es sind 2 falsche Methoden, unter den Heyden das Evangelium zu verkündigen. 1) Dass man ihnen zu viel von Gott saget und nicht vom Lamme und seiner Versöhnung, und das liegt gemeiniglich am Hertzen. 2) Dass man bei der Verkündigung des Evangelii zuerst vom Vater und denn von seinem Sohn vorsaget. Auf diese Weise müssen sie die Dreieinigkeit glauben, ehe man ihnen das Wort von den Wunden des Lammes sagt. Daher wollen wir hinführo erst den Heiden predigen, dass der Schöpffer aller Dinge, der Gott, den sie von Natur glauben, Mensch geworden und sein Bluth für uns vergossen hat. Alsdann wenn sie an seinen Tod und Wunden glauben, so sagt man ihnen, dass der Gott einen Vater habe usf.

Träger der Mission war nicht etwa eine Missionsgesellschaft, sondern stets die gesamte Gemeinde, die sich durch Briefe über den Fortgang der Mission unterrichten ließ und so auch den Zusammenhalt zwischen den weit verstreuten Anhängern der Herrnhuter Bewegung zu stärken suchte. Entsprechend der lutherischen Anschauung vom Priestertum aller Gläubigen entsandte man auch keine akademisch geschulten Theologen, sondern Laien, vorzugsweise Handwerker, die sich unabhängig von der Unterstützung durch Regierungen oder Handelsgesellschaften allein durch ihre eigene Arbeit finanzieren und ihr Christentum den zu Missionierenden beispielhaft vorleben sollten. Im Hinblick auf die Frage, wie sehr sich die Missionare den örtlichen Gegebenheiten anpassen und einheimische Gepflogenheiten tolerieren sollten, verfolgte man keine durchweg einheitliche Linie. Während Graf Zinzendorf selbst in dieser Hinsicht zu weitgehenden Zugeständnissen bereit war, befürwortete sein Nachfolger August Gottlieb Spangenberg – nicht zuletzt in Kenntnis der daraus resultierenden Probleme – eine weniger konziliante Politik.

Bereits 1732 missionierten die beiden Herrnhuter David Nitschmann und Johann Leonhard Dober unter den Sklaven der Karibik-Insel St. Thomas. Die erste Mission auf dem Boden der späteren Vereinigten Staaten etablierte acht Jahre später Christian Heinrich Rauch unter den Mohikanern (englisch *Mohican* oder *Mahican*), einem Teilvolk der Leni Lenape oder Delawaren, das am Ostufer des Hudson-Flusses im heutigen US-Bundesstaat New York siedelte. Im August 1740 begab sich Rauch auf Einladung der Mohikaner in deren Dorf Shekomeko, und im Februar 1742 wurden die ersten drei Mohikaner auf die Namen Abraham, Isaak und Jakob getauft. Im darauffolgenden Jahr erteilten die Missionare erstmals die Eucharistie in Shekomeko und erbauten eine kleine Kirche. Vielen Kolonisten waren Rauch und seine Begleiter jedoch ein Dorn im Auge, da sie die Indianer auch vor dem illegalen Verkauf von Schnaps und zweifelhaften juristischen Transaktionen zu beschützen versuchten. Auf ihr Betreiben hin verfügte der englische Gouverneur der Provinz New York bereits Ende 1744 die Schließung der Mission und die Ausweisung der Herrnhuter.

1741 kauften Angehörige der Herrnhuter Brüdergemeine von dem anglikanischen Geistlichen George Whitefield Land im Tal des Lehigh-Flusses in Pennsylvania und legten dort eine Siedlung an, die sie Nazareth nannten. Nachdem ein wohlhabender Kaufmann den Herrnhutern ein weiteres Stück Land im Lehigh-Tal übertragen hatte, gründeten

David Nitschmann und Graf Zinzendorf dort an Weihnachten 1741 eine weitere Siedlung, der sie nach dem Geburtsort Jesu den Namen Bethlehem gaben. Von dort aus organisierten sie die Missionierung der Munsee-Lenape, wobei der aus Mähren stammende David Zeisberger besonders erfolgreich war.[19] Er übersetzte geistliche Texte und Lieder in die Sprache der Lenape und gründete 1772 für konvertierte Indianer in Ohio den Ort Gnadenhütten. Mit dem Ausbruch des Amerikanischen Unabhängigkeitskrieges gerieten dessen Bewohner jedoch zwischen die Fronten. Während Zeisberger von den Engländern inhaftiert wurde, richteten amerikanische Milizionäre in Gnadenhütten ein Massaker an und brannten den Ort nieder. 1792 begab sich Zeisberger zusammen mit seinen überlebenden Schützlingen in die kanadische Provinz Ontario, wo ihre neu gegründete Siedlung Schönfeld oder Fairfield während des Britisch-Amerikanischen Kriegs von 1812 erneut schwer in Mitleidenschaft gezogen wurde. Seit 1801 missionierten die Herrnhuter auch unter den Tsalagi (Cherokee) im heutigen US-Bundesstaat Georgia, die sie in den späten 1830er Jahren bei ihrer von der US-Regierung verfügten Zwangsumsiedlung nach Oklahoma begleiteten.

Wie Zeisberger hinterließen auch viele andere Herrnhuter Missionare kulturgeschichtlich wertvolle Aufzeichnungen, da sie in enger Gemeinschaft mit den Indianern lebten und großen Wert auf das Erlernen ihrer Sprache legten. Zu den bedeutendsten dieser Autoren zählt der aus England stammende John Heckewelder (1743–1823), der viele Jahre mit David Zeisberger zusammenarbeitete und dessen Bücher James Fenimore Cooper als Quelle für seine Lederstrumpf-Romane benutzte.

Die Missionierung der Prärie-Indianer

Im Sommer 1920 beklagte sich die mennonitische Missionarin Magdalena Hergert Becker sowohl bei der Leitung des Drehteams als auch bei den zuständigen staatlichen Stellen über die Filmarbeiten, die seit vielen Wochen die jungen Männer und Frauen der Kiowa und Comanche in ihrem Missionsgebiet von produktiver Arbeit abhielten.[20] Dabei ging es um den abendfüllenden Stummfilm *The Daughter of Dawn*, der von Mai bis Juli 1920 mit ausschließlich einheimischen Darstellern in den

Ein Häuptling der Oneida, seine Schwester und ein Missionar,
Gemälde von George Catlin, 1860er Jahre

Wichita-Bergen von Oklahoma gedreht wurde. Dies war nur eines von vielen Doku-Dramen, die wenige Jahrzehnte nach dem Ende der Indianerkriege – und zum Teil unter Mitwirkung der überlebenden Kinder und Enkel ihrer einheimischen Opfer – die einstige Lebensweise der Prärie-Indianer mit ihren traditionellen Tänzen, Tipis, Kriegszügen und Bisonjagden in nostalgischer Weise verklärten.

In der Geschichte der Besiedelung Nordamerikas durch die Europäer gehören die Prärie-Indianer zu den letzten indigenen Völkern, die durch massive Gewalt, Zerstörung der Lebensgrundlagen und Zwangsumsiedlungen zur Aufgabe ihrer nur rund hundert Jahre zuvor entstandenen nomadischen Lebensweise gezwungen wurden. In der zweiten Hälfte des neunzehnten Jahrhunderts zählten sie damit auch zu den letzten Indianern, die sich in den ihnen zugewiesenen Reservaten mit dem von staatlicher Seite, von Missionsgesellschaften und von den Vertretern religiöser Orden propagierten Christentum auseinandersetzen mussten.[21] Der Verlauf dieser Begegnung ist nicht zuletzt von großer kulturgeschichtlicher Bedeutung, denn wie die Kriege der US-Amerikaner mit den reiternomadischen Völkern der Sioux, Cheyenne, Kiowa und Comanche das moderne Bild der Indianer insgesamt nachhaltig prägten, so entwickelte sich aus der Auseinandersetzung der Prärie-Indianer mit der christlichen Mission so manche noch heute populäre Vorstellung von indianischer Spiritualität.

Gut dokumentiert und erforscht ist die Missionierung der Lakota.[22] Diese sind Teil der großen Völker- und Sprachfamilie der Sioux, deren Angehörige ursprünglich im Gebiet westlich der Großen Seen lebten, jedoch seit dem frühen achtzehnten Jahrhundert von den ihrerseits westwärts expandierenden Anishinaabe (auch Ojibway oder Chippewa genannt) nach Westen und Süden abgedrängt wurden. Während einige Sioux nach wie vor in ortsfesten Dörfern lebten und Ackerbau betrieben, lernten die Lakota um die Mitte des achtzehnten Jahrhunderts von benachbarten Völkern das Pferd kennen und eröffneten sich so den Lebensraum der baumlosen Großen Ebenen (englisch *plains*, französisch *prairie*), die sich östlich der Rocky Mountains von Saskatchewan im Norden bis nach Texas im Süden erstreckten. Indem die Lakota benachbarte Völker wie die Cheyenne, Kiowa und Pawnee verdrängten, sicherten sie sich ein Gebiet, das weite Teile der heutigen US-Bundesstaaten Nord- und Süd-Dakota sowie Nebraska umfasste. Dort lebten sie als Reiternomaden, deren gesamte Lebensweise die Bisonjagd bestimmte.

Als Pionier der christlichen Mission bei den Prärie-Indianern gilt der Jesuit Pierre-Jean De Smet (1801–1873).[23] Geboren in Dendermonde in Ostflandern, trat er als junger Mann dem Jesuitenorden bei und segelte 1821 zusammen mit elf weiteren belgischen Jesuiten nach Amerika, um sich der Missionierung indigener Völker zu widmen. 1827 zum Priester geweiht, war er eine Zeitlang in Florissant bei St. Louis als Präfekt einer Schule für Indianer tätig, bevor er 1833 krankheitshalber für vier Jahre in seine Heimat zurückkehrte. 1838 nahm De Smet seine Missionsarbeit wieder auf und wirkte zunächst unter einer Gruppe algonkinsprachiger Potawatomi am Ostufer des oberen Missouri, deren Anführer Thomas «Billy» Caldwell (1782–1841), Sohn einer Potawatomi-Mutter und eines aus Irland eingewanderten Vaters, war. Dieser hatte sich als Vermittler zwischen verschiedenen Indianervölkern und der US-Regierung hohe Anerkennung erworben, konnte jedoch die beständige Verschlechterung der Lebensbedingungen unter den Potawatomi nicht aufhalten. 1839 kam eine Abordnung der auch als *Flathead* bekannten Salish, die ganz im Nordwesten der heutigen Vereinigten Staaten und Kanadas lebten, nach St. Louis. Auf ihre Einladung hin gründete De Smet 1841 zusammen mit dem italienischen Jesuiten Gregory Mengarini und weiteren Begleitern die St. Mary's Mission auf dem Boden der heutigen Stadt Stevensville ganz im Westen des späteren US-Bundesstaates Montana. Von dort aus bekehrte De Smet auch eine Gruppe benachbarter Nimíipuu oder Nez Perce zum Christentum und erkundete auf einer mehrmonatigen Forschungsexpedition die Küstenregion im Westen der Rocky Mountains. Immer wieder reiste der Missionar in den darauffolgenden Jahren nach Europa, um Spenden für seine Arbeit zu sammeln. Weithin respektiert, vermittelte er auch bei den Verhandlungen, die 1868 zum Friedensvertrag von Fort Laramie zwischen mehreren Gruppierungen der Lakota und den Vereinigten Staaten führten.

In den Auseinandersetzungen zwischen den Lakota, amerikanischen Siedlern und den Truppen der US-Regierung brachte der Friedensvertrag von 1868 mit seiner neuerlichen Festschreibung von Grenzen einer *Great Sioux Reservation* indessen nur eine vorübergehende Beruhigung. Nach Goldfunden in den Black Hills, die den Lakota heilig waren, kam es erneut zu dem Versuch, die Indianer zwangsumzusiedeln, und infolgedessen zu weiteren Kampfhandlungen. Zwar führten diese im Juni 1876 zur vernichtenden Niederlage der US-Truppen in der Schlacht am Little Bighorn River, langfristig jedoch konnte die Aufteilung und Verkleinerung des Reservatsgebiets nicht verhindert werden. Um die Missionierung der Sioux bemühte sich in den darauffolgenden Jahren vor allem der Schweizer Benediktiner Martin Marty (1834–1896), der seit 1879 als Apostolischer Vikar und später als Bischof im Gebiet der Sioux in Süd-Dakota wirkte.[24] Dort entstand 1886 mit finanzieller Unterstützung der Philanthropin und späteren Ordensgründerin Katharine Drexel die noch heute bestehende Missionsstation St. Francis, deren Leitung nach dem ausdrücklichen Wunsch der Lakota den Jesuiten übertragen wurde.

Zu einem bedeutenden Erforscher der Sprache und Kultur der Lakota wurde seit 1902 der aus Thüringen stammende Jesuit Eugene Buechel (Eugen Büchel, 1874–1954).[25] Er verfasste eine Grammatik und ein Wörterbuch sowie geistliche Lieder und Gebete in der Sprache der Lakota, zeichnete bis dahin nur mündlich überlieferte Erzählungen auf und legte mit seiner umfangreichen Sammlung von Objekten der materiellen Kultur die Grundlage für das nach ihm benannte ethnologische Museum der Missionsstation St. Francis. Zwar wird die von den Ordensgeistlichen geleitete Reservatsschule heute wegen des dort ausgeübten Assimilationszwangs zunehmend kritisch beurteilt, doch galt sie in ihrer Zeit vielfach als das kleinste mögliche Übel. Viele Amerikaner sprachen nämlich den Indianern das Recht auf Schulbildung überhaupt ab, und die staatlichen Internatsschulen (*Native American boarding schools* oder *Indian Residential Schools*), die mit drakonischen Erziehungsmaßnahmen eine möglichst radikale Amerikanisierung zu erzielen suchten, erreichten in vielen Fällen vor allem eine schwere Traumatisierung sowie die soziale und kulturelle Entwurzelung ihrer Zöglinge. Auch in wirtschaftlicher Hinsicht blieb die Lage der Reservatsbewohner prekär, wie aus dem Brief eines deutschen Jesuitenpaters vom August 1900 hervorgeht:[26]

> Seit dem 1. Juli ist unsern Brulé Indianern allein über eine Million Pfund Fleisch für's Jahr abgezogen. Als ich vor 14 Tagen mit unserm Agenten über die Gefahr redete, dass der Hunger sie wieder zu Aufständen reizen könne, fügte ich bei: «Wozu wird denn das so ersparte Geld verwandt? Ich halte es selbst für einen Segen, dass man ihnen die Rationen verkürzt, sie zur Arbeit zu zwingen; aber man sollte ihnen *lohnende* Arbeit ermöglichen, z. B. jenes ersparte Geld auswerfen für Verbesserung der Wege, Anlegung von Brücken, Bewässerung etc. Dies würde ihnen das Geld als *verdientes* zurückgeben, und zugleich ihr Land erträglicher machen für die Zukunft. Oder: Worauf ist's eigentlich abgesehen, sie zu civilisiren oder sie auszurotten?» Darauf antwortete er mir mit einem Erröthen wörtlich: «We civilize them *officially*.» «Sie haben den Nagel auf den Kopf getroffen», sagte ich. Er ist ein guter Agent, aber seine Hände sind gebunden.

Einheimische Helfer als kulturelle Vermittler

Neigen ältere missionsgeschichtliche Darstellungen dazu, die Initiative und aktive Rolle der Missionare hervorzuheben, so interessiert man sich seit einiger Zeit auch verstärkt für deren einheimische Helfer und Schüler, die als Vermittler zwischen den Kulturen oft einen wichtigen Part spielten, mitunter aber auch an den daraus resultierenden Ansprüchen scheiterten.[27] Ein frühes Beispiel dafür ist der Montagnais-Indianer Pastedechouan, der 1620 als Kind von franziskanischen Missionaren auf den Namen Pierre-Antoine getauft und anschließend nach Frankreich gebracht wurde, um dort eine europäische Bildung zu erhalten. 1626 kehrte er zusammen mit dem Franziskaner Joseph de la Roche Daillon nach Neufrankreich zurück und lebte eine Zeitlang in Québec, bevor er sich wieder seinem Volk anschloss, dessen Sprache er in der Zwischenzeit fast verlernt hatte. Dort fiel er 1629 den Engländern in die Hände, die ihn während ihres Angriffs auf die französischen Besitzungen als Dolmetscher einsetzten. Als die Franzosen 1632 die von den Engländern vorübergehend besetzten Gebiete zurückerhielten, bot Pastedechouan dem Jesuiten Paul Le Jeune an, ihn in seiner Muttersprache Montagnais zu unterrichten, doch kehrte er bereits nach wenigen Monaten erneut zu seinen Brüdern zurück. Er starb 1636 vereinsamt in der Wildnis als sozialer Außenseiter, der weder in seiner früheren Stammesgemeinschaft noch unter den europäischen Kolonisten Fuß fassen konnte.[28]

Als unfreiwillige Grenzgängerin zwischen den Kulturen erscheint auch Kateri (Katharina) Tekakwitha (um 1656–1680), die in späterer Zeit zur jungfräulichen «Lilie der Mohawk» stilisiert und 2012 von Papst Benedikt XVI. heiliggesprochen wurde.[29] Sie war die Tochter einer katholischen Algonkin und eines Häuptlings der Mohawk, der ihre Mutter bei einem Raubzug verschleppt hatte. Mit etwa vier Jahren verlor sie ihre Eltern bei einer Pockenepidemie, durch die auch sie selbst im Gesicht durch Narben entstellt wurde und nahezu erblindete. Als die Franzosen den Mohawk 1666 eine militärische Niederlage beibrachten und die Indianer sich daraufhin zur Aufnahme von Jesuitenmissionaren verpflichten mussten, entschied sich Tekakwitha gegen den Wunsch ihrer Verwandten für die Annahme des Christentums und ein eheloses Leben. Von ihren Angehörigen misshandelt und bedroht, floh sie 1677 in die ein Jahr zuvor gegründete Missionsstation von Sault-Saint-Louis in der Nähe der heutigen Stadt Montreal. Dort geriet sie aufgrund ihrer Frömmigkeit, ihrer vorbildlichen Fürsorge für Arme und Kranke und ihrer asketischen Lebensweise schon bald in den Ruf der Heiligkeit, der sich nach ihrem frühen Tod nach kurzer, schwerer Krankheit noch verstärkte und im Laufe des neunzehnten und zwanzigsten Jahrhunderts über ganz Nordamerika ausbreitete. In zahllosen erbaulichen, romanhaften und wissenschaftlichen Darstellungen wurde ihr Leben immer wieder neu behandelt. Dabei hat man gerade in der jüngeren Vergangenheit die traditionelle hagiografische Sichtweise quellenkritisch hinterfragt und vor dem jeweiligen Zeithintergrund analysiert.

Die ersten christianisierten Indianer, die in englischer Sprache eigene Schriften veröffentlichten, waren Samson Occom (1723–1792) und sein Schwiegersohn Joseph Johnson (1751–1776) aus dem algonkinsprachigen Volk der Mohegan.[30] Nach eigener Aussage wandte sich Samson Occom um 1740 im Zuge der als *Great Awakening* bekannt gewordenen Evangelikalen Erweckungsbewegung dem Christentum zu. In der Lateinschule des reformierten Geistlichen Eleazar Wheelock verbesserte er nicht nur sein Englisch, sondern lernte auch Latein, Griechisch und Hebräisch. Danach war er als Lehrer und Prediger in dem Ort Montauk auf Long Island tätig. 1759 zum Pfarrer ordiniert, begab sich Samson Occom von Dezember 1765 bis Mai 1768 auf eine Reise nach England und Schottland, wo er mit großem Erfolg um Spenden für ein Hochschulprojekt seines Mentors Eleazar Wheelock warb. Nach seiner Rückkehr verfasste er mit *A Short Narrative of My Life* die erste indianische Autobiografie in englischer Sprache, die allerdings erst 1982 gedruckt wurde. Zusammen mit seinem Schwiegersohn Joseph Johnson und seinem Schwager David Fowler gründete Samson Occom eine Gemeinschaft von christlichen Indianern unterschiedlicher Herkunft, die sich 1785 zunächst in New York niederließen. In den 1830er Jahren siedelten sie nach Wisconsin um, wo ihre als *Brothertown Indians* bekannten Nachkommen noch heute leben.

Als Schriftsteller, dessen Autobiografie noch zu seinen Lebzeiten als Buch erschien, machte sich auch der methodistische Geistliche und Bürgerrechtler William Apess (1798–1839) einen Namen.[31] Seine Mutter entstammte dem Volk der Pequot, während sein Großvater väterlicherseits europäischer Herkunft war. Nachdem sich seine Eltern getrennt hatten, wurde William von seinen Großeltern mütterlicherseits aufgenommen, von ihnen jedoch misshandelt und darum in die Obhut einer benachbarten Baptistenfamilie gegeben. Dort machte er erste Bekanntschaft mit dem Christentum und erhielt auch eine elementare Schulbildung. Nach der Teilnahme am Britisch-Amerikanischen Krieg nahm er verschiedene Gelegenheitsarbeiten in Kanada an und entwickelte schon bald eine schwere Alkoholsucht. 1818 kehrte er nach Massachusetts zurück und bekannte sich von da an mit Stolz zu seiner Herkunft und Identität als Pequot, gleichzeitig schloss er sich den örtlichen Methodisten an. 1829 veröffentlichte er, nachdem er zum Pfarrer ordiniert worden war, seine Autobiografie *A Son of the Forest* und wirkte danach als methodistischer Wanderprediger. In Ansprachen, Predigten, Flugschriften und Büchern setzte er sich für die Rechte der indigenen Völker auf dem Boden der Vereinigten Staaten ein und verglich ihr Streben nach Verbesserung ihrer Lage mit dem Unabhängigkeitskampf der europäischen Kolonisten. Er starb mit 41 Jahren in New York an einer Hirnblutung.

Für die Rechte der indigenen Völker Kanadas kämpfte George Copway (1818–1869), dessen Eltern beide dem Volk der Anishinaabe oder Ojibway (Chippewa) angehörten und 1827 zum Methodismus konvertierten.[32] Geboren am Nordufer des Ontariosees, besuchte Copway zunächst die örtliche Missionsschule. Danach arbeitete er gemeinsam mit anderen Neubekehrten im Gebiet des Oberen Sees für methodistische Missionare, in deren Auftrag er die Apostelgeschichte und das Lukasevangelium in seine Muttersprache übersetzte. Nach seiner Heirat 1840 war er selbst als Missionar zunächst in Minnesota und später in Kanada tätig. Im Jahr 1846 wurde er jedoch der Unterschlagung überführt, woraufhin die Methodisten ihm das Amt des Pfarrers entzogen und er selbst mit seiner Familie nach New York auswanderte. Ein Jahr später veröffentlichte er dort seine Lebensgeschichte *The Life, History and Travels of Kah-ge-ga-gah-Bowh*, die als erstes Buch eines kanadischen Indianers sogleich zu einem Bestseller wurde. Darauf folgte 1850 *The Traditional History and Characteristic Sketches of The Ojibway Nation*, eine Darstellung der Geschichte der Anishinaabe und ihrer traditionellen Kultur. Um diese Zeit unternahm Copway auch eine längere Europareise, um für die Rechte der indigenen Völker Nordamerikas zu werben. Die Ereignisse auf dieser Reise schilderte er in dem 1851 erschienenen Buch *Running Sketches of Men and Places in England, France, Germany, Belgium and Scotland:*[33]

> Hier [am Bahnhof von Aachen] erkannten mich die Leute erstmals als den Indianer aus Amerika. Sie kamen, standen in Gruppen ganz in der Nähe und beobachteten mich, wie ich auf dem Bahnsteig auf und ab ging.
>
> Wie wir nun nach Köln fahren, bin ich so müde und schläfrig, dass ich meinen Augen eine kurze Rast gönne – und wenige Meilen vor Köln wieder aufwache.
>
> Angekommen. Hier sind eine Menge Leute, und während ich mich um meine Sachen kümmerte, hörte ich jemand meinen Namen nennen, auch aus der Menge der Deutschen. Indem ich aufsah, erblickte ich James Buchanan Read aus Philadelphia, den Maler und Dichter. Indem er seinen langen Arm ausstreckte, zog er mich zu sich und stellte mich alsbald einem anderen Dichter vor – Charles Close, dem Altersgenossen des Dichters Frielegarth [Ferdinand Freiligrath]. Ich erhielt eine Nachricht, in der er sich entschuldigte, mich nicht empfangen zu können. Doch ich fühle mich ganz zu Hause, denn hier ist ein junger Amerikaner, hochgewachsen und gertenschlank. Mit ihnen zusammen ging ich bei Mondschein spazieren und betrachtete mit Staunen die Sehenswürdigkeiten der Stadt.

In den darauffolgenden Jahren wurde Copways Leben in zunehmendem Maße von seiner Alkoholsucht, finanziellen Problemen, Plagiatsvorwürfen und der Trennung von seiner Familie überschattet. Vier Jahre nach dem Ende des Sezessionskriegs, in dem er als Werber für die Armee der Nordstaaten tätig war, starb er.

Mit dem Ende der Indianerkriege um 1890 wuchs das Interesse vieler Amerikaner und Europäer an der traditionellen Lebensweise gerade auch der Prärie-Indianer. Zu den Ersten, die darauf mit autobiografischen Schilderungen einer nunmehr unwiederbringlich verlorenen Kultur eingingen, gehörten der Santee-Sioux Charles Alexander Eastman (1858–1939) und Luther Standing Bear (1868–1939) vom Volk der Sicangu

Lakota. In Büchern wie *Memories of an Indian Boyhood* (1902), *The Soul of the Indian* (1911), *My People the Sioux* (1928) und *My Indian Boyhood* (1931) suchten sie in einem Zeitalter zunehmender Zivilisationskritik ihren Leserinnen und Lesern die positiven Seiten etwa der Religion ihrer Vorfahren zu vermitteln. Eine wichtige Rolle spielte dabei der in vielen Algonkin-Sprachen geläufige Begriff *Manito* oder *Manitu*, der ursprünglich wohl so etwas wie eine übernatürliche Kraft bezeichnete, den jedoch schon die frühen Missionare auf den christlichen Gott bezogen. In dem Ausmaß, in dem moderne Vorstellungen vom einstigen Leben der Prärie-Indianer die Kenntnis älterer indigener Kulturen überlagerten und verdrängten, wurde «der Große Geist» zu einem zentralen Begriff des amerikanischen und europäischen Bilds indianischer Religiosität, das seine Entstehung nicht zuletzt dem Wirken der Missionare verdankte.

Langhaus-Religion und Geistertanz-Bewegung

Während sich also einerseits manche indianischen Schüler der Missionare um eine möglichst große Distanz zu ihrer früheren Religion bemühten, gab es andererseits solche, die bei den Europäern Verständnis für ihre einstige Lebensweise zu wecken suchten. Darüber hinaus aber entstanden immer wieder Bewegungen, die aus der Übernahme christlicher Vorstellungen und Praktiken in die noch lebendigen indianischen Anschauungen eine neue Synthese zu schaffen bestrebt waren. Eine der ersten indigenen Gruppen, die sich mit dem Einfluss des Christentums auseinandersetzen mussten, waren die Irokesen. Bei ihnen handelte es sich um fünf, später sechs Völkerschaften, die eng miteinander verwandte Sprachen verwendeten und weite Landstriche im Nordosten der späteren Vereinigten Staaten und im Südosten Kanadas besiedelten. Die meisten Irokesen lebten in Dörfern und betrieben Ackerbau, während Jagd und Fischfang nur eine untergeordnete Rolle spielten. Ihre Siedlungen bestanden häufig aus großen Langhäusern, in denen mehrere Familien unter einem Dach lebten. Deshalb bezeichneten sich die Irokesen selbst auch als «Leute des Langhauses» (*Haudenosaunee*), wohingegen der Name *Irokesen* (französisch und englisch *Iroquois*) auf eine Fremdbezeichnung durch benachbarte Algonkinvölker zurückgeht. Die Bewohner mehrerer Langhäuser bildeten zusammen einen Clan, und mehrere solcher Clans ergaben zusammen einen Stamm, dessen Angehörige ihre Abkunft auf einen gemeinsamen mythischen Ahnherrn zurückführten. Die Gesellschaft der Irokesen war matrilinear organisiert, das heißt, dass die Verwandtschaft nach der weiblichen Linie bestimmt wurde. Darüber hinaus gehörte den Frauen das Familieneigentum. Nachdem die Irokesen langjährige Kriege gegen die französische Kolonialmacht und die mit ihr verbündeten Stämme geführt hatten, stellten sie sich zu Beginn des Amerikanischen Unabhängigkeitskriegs auf die Seite der Briten. In den folgenden Jahren wurden sie daher zum großen Teil aus dem Gebiet der Vereinigten Staaten vertrieben und siedelten sich in Kanada am oberen Sankt-Lorenz-Strom an.

Wie generell im Falle von indigenen Religionen stand auch bei den Irokesen die Sicherung der Lebensgrundlagen im Mittelpunkt. Eine wichtige Rolle spielten daher jahreszeitlich gebundene Feste, die im Zusammenhang mit den landwirtschaftlichen Aktivitäten standen. Schaden stiftende Mächte, die das Leben des Einzelnen, seiner Familie oder des ganzen Clans bedrohten, mussten besänftigt oder abgewehrt werden. Ein wichtiges religiöses Konzept war *Orenda*, womit die Irokesen eine Art Lebenskraft bezeichneten. Diese Kraft konnte Menschen, Tieren und Geistern in geringerem oder höherem Maße innewohnen und ließ sich auch auf Gegenstände übertragen. Solche, in denen sich diese Kraft manifestierte, wurden im Hinblick auf ihre Heilwirkung auch als «Medizin» bezeichnet. Seit dem späten achtzehnten Jahrhundert fnden sich immer wieder Hinweise darauf, dass besondere «Medizinbünde» existierten, deren Angehörige nach einer Einweihung oder Initiation die Funktion von religiösen Spezialisten wahrnahmen und teils öffentliche, teils geheime Zeremonien durchführten.

In die Zeit um 1800 fällt das Wirken des religiösen Reformers Handsome Lake (1735–1815), der als Angehöriger des Irokesenvolks der Seneca unweit des heutigen Ortes Avon bei New York geboren wurde und sich in seiner eigenen Sprache Sganyodaiyo nannte. Erlebte er als Kind die Irokesen auf dem Höhepunkt ihrer Macht, so wurde er im Gefolge der Amerikanischen Revolution zum Zeugen ihres politischen Niedergangs und des Zerfalls ihrer traditionellen Gesellschaft, in der auch die überkommenen religiösen Riten vielfach ihren Sinn verloren hatten. 1799 gründete Handsome Lake nach einer Vision eine neue religiöse Lehre, die er selbst als die «Gute Nachricht» (*Gai'wiio*) bezeichnete. In englischer Sprache nannte man sie zunächst *The Code of Handsome Lake*, später auch «Langhaus-Religion» (Longhouse Religion), da die traditionellen Langhäuser der Irokesen in ihren Riten eine wichtige Rolle spielten. Dem Inhalt nach war die Langhaus-Religion synkretistisch, da darin sowohl traditionelle irokesische Elemente als auch spezifisch christliche Anschauungen und Praktiken, besonders solche der Quäker und der evangelikalen Erweckungsbewegung, zu finden waren. So vertrat Handsome Lake eine ausgeprägt christliche Ethik, identifizierte Gestalten des traditionellen Polytheismus mit christlichen Engeln und wandte sich gegen die geheimen Zeremonien der Medizinbünde, deren Aktivitäten er in christlicher Deutung mit Zauberei gleichsetzte.

Von amerikanischer Seite wurde die Langhaus-Religion weitgehend toleriert und konnte daher lange Zeit als Alternative zum Christentum überleben. Anders stand es dagegen mit einigen oft kurzlebigen Krisenkulten, die in einer Zeit tiefgreifender Verunsicherung und Perspektivlosigkeit unter Rückgriff auf einheimische Überlieferungen und Anleihen bei der Religion der Kolonialmacht die irrationale Hoffnung einer vollständigen Umkehrung der Verhältnisse zu erzeugen suchten. Charakteristisch dafür ist die Geistertanz-Bewegung, die gegen Ende der Indianerkriege gleich mehrere indigene Völker auf dem Boden der Vereinigten Staaten erfasste. An ihrem Anfang stand der von vielen indianischen Gruppen praktizierte Rundtanz, bei dem die Tänzer einen Kreis bilden und sich unter den Klängen von Trommeln und Gesängen in langsamen Tanzschritten und mit rhythmisch gebeugten Knien nach links bewegen. 1869 prophezeite der indianische Seher und Heiler Wodziwob vom Volk der Paiute im Zusammenhang mit solchen Tänzen, dass eine große Naturkatastrophe bevorstehe, bei der die Weißen vernichtet, die Ureinwohner Amerikas aber verschont würden. Seine Prophezeiung fand zwar nur wenig Anklang, wurde zwanzig Jahre später jedoch von einem anderen Seher aufgegriffen, dessen Vater mit Wodziwob bekannt gewesen war. Der Paiute Wovoka (um 1856–1932) hatte über viele Jahre hinweg für eine Familie von Einwanderern gearbeitet und war daher auch mit den Grundzügen der christlichen Religion vertraut.

1889 verkündete Wovoka, dass er zu Gott in den Himmel entrückt worden sei und dieser ihm offenbart habe, dass alle Indianer rechtschaffen, arbeitsam und gewaltfrei leben sowie in regelmäßigen Abständen fünf Tage lang den zeremoniellen Rundtanz durchführen sollten. Dies werde das Böse vernichten und dazu führen, dass die Menschen auf einer Neuen Erde friedlich und im Überfluss leben könnten. Da die Anhänger dieser Botschaft davon ausgingen, dass dieses zukünftige Paradies nicht nur den Lebenden, sondern auch den Geistern der Verstorbenen zugute kommen würde, nannte man den Rundtanz *spirit dance* oder *ghost dance*, «Geistertanz». Die Kenntnis davon verbreitete sich rasch unter den indianischen Völkern, von denen etliche Abgesandte zu Wovoka schickten, um sich über die neue Lehre zu informieren. Schon bald wurden in diesem Zusammenhang auch weitergehende Vorstellungen entwickelt wie etwa die, dass eine besondere Kleidung der Tänzer sie unverwundbar mache. Wie schon Zeitgenossen vermuteteten, mag diese Idee vielleicht daraus entstanden sein, dass auch die Mormonen ihren sogenannten Tempelgewändern eine – wenn auch spirituelle – Schutzfunktion zuschrieben.

Einer der indianischen Delegierten, die Wovoka aufsuchten, war der Schamane Mato Wartaka (Kicking Bear, 1846–1904), der vierzehn Jahre zuvor an der Schlacht am Little Big Horn teilgenommen hatte und nun die Tradition des Geistertanzes bei den Lakota einführte. Deren Lebensbedingungen hatten sich gerade zu jener Zeit dramatisch verschlechtert, da die amerikanische Regierung einen erheblichen Teil des Landes, das ihnen vertraglich zugesichert worden war, neu zugewanderten Siedlern aus dem Osten der Vereinigten Staaten zugewiesen hatte. Außerdem wurde von ihnen erwartet, ihre traditionelle Kultur aufzugeben, sesshaft zu werden und von Ackerbau und Viehzucht zu leben. Als eine Nahrungsmittelknappheit in den Reservaten 1890 die Befürchtung auslöste, die Geistertänze könnten zu einem bewaffneten Aufstand führen, entsandte die Regierung Soldaten, um einer solchen Eskalation vorzubeugen. Eines der ersten Opfer dieser Aktion war Thathangka Iyotake (Sitting Bull, 1831–1890), Anführer der Hunkpapa Lakota. Er wurde Mitte Dezember 1890 bei dem Versuch, ihn zu verhaften, erschossen. Vierzehn Tage später kam es zu dem berüchtigten Massaker am Wounded Knee Creek, bei dem über hundertfünfzig Oglala-Lakota, darunter viele Frauen und Kinder, den Schnellfeuerwaffen der US-Kavallerie zum Opfer fielen. Danach kam die Geistertanz-Bewegung aus Furcht vor weiterer Gewalt von Seiten der Regierungstruppen weitgehend zum Erliegen. Nur im Verborgenen wurden die Tänze noch eine Zeitlang weiter durchgeführt.

Zum Umfeld der Geistertanz-Bewegung von 1890 gehörte auch Hehåka Såpa, der später unter dem Namen Black Elk («Schwarzer Hirsch», eigentlich «Schwarzer Wapiti») bekannt werden sollte. 1863 als Sohn eines Heilers der Oglala Lakota geboren, hatte er sich 1886 der Wildwest-Show von William Frederick Cody (Buffalo Bill) angeschlossen, war mit ihr durch Europa gereist und erst im Herbst 1889 wieder in das Reservat der Lakota zurückgekehrt. Nach seiner Heirat 1892 ließ Black Elk seine Kinder katholisch taufen und wurde 1904 auch selbst von einem deutschen Jesuitenmissionar auf den Namen Nicholas getauft. In der Folge war Black Elk zugleich als Heilkundiger und Laienhelfer der Missionare tätig. Bekannt wurde er durch seine Autobiografie mit ausführlichen Schilderungen spiritueller Visionen, die der Schriftsteller John Gneisenau Neihardt nach seinem Diktat aufzeichnete und 1932 unter dem Titel *Black Elk Speak: being the life story of a holy man of the Oglala Sioux* als Buch veröffentlichte. Weitere Gespräche, in denen Black Elk dem Ethnologen Joseph Epes Brown das traditionelle Weltbild der Oglala Lakota darlegte, mündeten 1953 in das Buch *The Sacred Pipe: Black Elk's Account of the Seven Rites of the Oglala Sioux*. Mit dem zunehmenden Interesse an den indigenen Religionen Nordamerikas und populären Vorstellungen von einer holistischen «indianischen Spiritualität» fanden beide Werke auch in deutscher Sprache weite Verbreitung. Vor allem in den Vereinigten Staaten entspann sich darüber hinaus eine anhaltende Diskussion über die Frage, wie sich Black Elks Sicht der traditionellen indianischen Religion zum Christentum der Missionare verhielt und wie er diese beiden ihrem Ursprung nach so verschiedenen Weltbilder in seinem eigenen Leben miteinander verbinden konnte.[34]

3

Missionare, Händler und Gelehrte

Indien von der Ankunft der Portugiesen bis zum Niedergang des Mogulreichs

Da dies bei allen Frommen außer Zweifel steht, glaubten die Vorsteher und Leiter der Ostindischen Kompanie vor allem dafür Sorge tragen zu müssen, dass sie nämlich zuverlässige und fromme Prediger von Gottes Wort mit den nach Indien fahrenden Handelsflotten mitschicken sollen, damit diese sowohl die Unsrigen, die dorthin abreisen, in der Glaubenslehre unterrichteten, als ihnen auch mit ihrem Lebenswandel ein gutes Beispiel gäben, und schließlich, damit sie sich bei jeder sich bietenden Gelegenheit, soweit es irgendwie geht, um das Heil der dort wohnenden Barbaren kümmern sollten.

Der reformierte Theologe Antonius Walaeus, 1622[1]

Ungefähr zur gleichen Zeit, als die Europäer in der Neuen Welt anfingen, das Christentum zu verbreiten, begann auch die Missionierung Indiens, Chinas und Japans. Im Unterschied zu Süd- und Nordamerika blieb der christliche Einfluss jedoch – besonders in Indien und China – auf einige wenige Regionen und einen relativ kleinen Teil der dort ansässigen Bevölkerung beschränkt. Die dadurch angestoßenen kulturellen Austauschprozesse indes, die weit über den Bereich der Religion hinausgingen, waren nicht nur für die missionierten Gebiete in Ost- und Südostasien, sondern auch für Europa von weitreichender Bedeutung.

Europäische Mächte und einheimische Herrscher

Auch der indische Subkontinent zeichnete sich im Zeitalter der Entdeckungen durch eine ausgeprägte ethnische, sprachliche und kulturelle Vielfalt aus. Doch im Unterschied zu den Kulturen der Neuen Welt, deren Geschichte zu jener Zeit noch weitgehend im Dunkeln lag, konnte man in Indien aufgrund umfangreicher schriftlicher Überlieferungen schon in der Frühen Neuzeit auf eine lange Abfolge kultureller, politischer und religiöser Entwicklungen zurückblicken. Eine wichtige Rolle hatten dabei von jeher die Zuwanderung immer neuer Bevölkerungsgruppen und tiefgreifende kulturelle Austauschprozesse gespielt.

Wie die weitläufige Verwandtschaft der vor allem in Mittel- und Ostindien beheimateten Munda-Sprachen mit dem Vietnamesischen und dem Khmer in Kambodscha vermuten lässt, waren vor langer Zeit Gruppen aus Regionen nordöstlich des indischen Subkontinents eingewandert. Ähnliches gilt für einige ganz im Norden und Nordosten Indiens gesprochene tibetobirmanische Sprachen. Ausschließlich in Indien und auf Sri Lanka findet man dagegen die dravidischen Sprachen, die heute mit ihren Hauptvertretern Kannada, Malayalam, Tamil und Telugu flächendeckend in Südindien, im Norden Sri Lankas sowie in einigen Sprachinseln nördlich und nordwestlich davon anzutreffen sind. Diese waren wohl schon in Indien verbreitet, als um die Mitte des zweiten

Jahrtausends v. Chr. Sprecher indoiranischer Sprachen von Nordwesten kommend in das Industal und die Gangesebene einwanderten und ihre Idiome vor allem im Norden und in der Mitte des Subkontinents heimisch machten. Aus sehr viel späterer Zeit stammt dagegen der Einfluss des Arabischen, Persischen, Mongolischen und Tschagataischen, deren Sprecher zwischen dem achten und dem fünfzehnten Jahrhundert vor allem in der Nordhälfte des indischen Subkontinents eine Rolle spielten.

Der sprachlich-ethnischen Vielfalt im Indien der Frühen Neuzeit entsprach das Spektrum unterschiedlicher Religionen. Weit verbreitet waren die alteingesessenen, jedoch keineswegs in sich einheitlichen Religionen, für die erst später die Sammelbezeichnung Hinduismus üblich wurde. Eine wichtige Rolle spielten darin häufig, aber mit jeweils anderer Gewichtung, das Kastenwesen als eine besondere Form der gesellschaftlichen Organisation, der Rückgriff auf die von Priestern (Brahmanen) tradierten altindischen (vedischen) Texte, der Opfer- und Tempelkult einer Vielzahl nebeneinander verehrter Gottheiten, die Wiedergeburtslehre sowie ein breites Spektrum spekulativ-philosophischer und mystischer Anschauungen. Neben diesen traditionellen Religionen Indiens stand der Islam, der sich im Gefolge von Eroberungen, aber auch durch Handelskontakte ab dem siebten und verstärkt dem dreizehnten Jahrhundert besonders in Nord- und Zentralindien ausgebreitet hatte. Weit weniger zahlreich waren die Anhänger des Jainismus, und der Buddhismus war – ungeachtet seines nordindischen Ursprungs – zu Beginn der Frühen Neuzeit bereits weitgehend aus Indien verdrängt worden und spielte nur noch auf Sri Lanka eine wichtige Rolle. Bedeutende religiöse Minderheiten bildeten ferner – besonders in einigen Küstenregionen Indiens – Juden, Christen und aus Iran zugewanderte Zoroastrier (Parsen). Außerdem entwickelte sich seit dem späten fünfzehnten Jahrhundert in Nordwestindien die Religionsgemeinschaft der Sikhs.

Seit dem frühen dreizehnten Jahrhundert beherrschte das islamische Sultanat von Delhi, das seinen Einfluss zeitweise bis in den Süden ausdehnen konnte, weite Teile Nord- und Nordostindiens. Ihm folgte das 1526 gegründete Mogulreich, dessen Herrscher im Laufe des siebzehnten Jahrhunderts ausgedehnte Regionen in Zentral- und Südindien eroberten und erst seit dem frühen achtzehnten Jahrhundert zunehmend an

Macht und Einfluss verloren. Wie schon der Name andeutet, stammten die Mogul (von persisch *muġūl* «Mongole») ursprünglich aus Zentralasien und sprachen daher eine osttürkische Sprache, Tschagataisch. Die an ihrem Hof geförderte Kultur war gleichwohl stark persisch geprägt, wie denn auch das Persische als Verwaltungs- und Literatursprache genutzt wurde. Das bedeutendste hinduistische Königreich, das Reich von Vijayanagara, bestand seit der Mitte des vierzehnten Jahrhunderts. Es umfasste zur Zeit seiner größten Ausdehnung ganz Südindien, spielte jedoch nach 1565 im Anschluss an eine vernichtende Niederlage gegen mehrere miteinander verbündete islamische Reiche im Norden keine wichtige Rolle mehr.

Die ersten Schritte zur Kolonisierung Indiens unternahm Portugal, nachdem Papst Nikolaus V. dem portugiesischen König Alfons V. und seinen Nachfolgern 1455 in seiner Bulle *Romanus Pontifex* das Anrecht auf alle neu eroberten Gebiete südlich des Kap Bojador an der Nordwestküste Afrikas sowie ein Handelsmonopol in den betreffenden Ländern zugesprochen hatte, sofern sie sich im Gegenzug zur Christianisierung ihrer Bewohner verpflichteten. Nachdem Vasco da Gama Afrika umsegelt und im Frühjahr 1498 erstmals Indien erreicht hatte, entsandte Portugal schon bald alljährlich eine Handelsflotte und errichtete vor allem an der West- und Südostküste des Subkontinents zahlreiche Handelsstützpunkte. Diese bildeten zusammen den «Indischen Staat» (*Estado da Índia*), den ein vom portugiesischen Monarchen ernannter Vizekönig von Goa aus regierte.[2] Die Organisation, Durchführung und Überwachung des portugiesischen Indienhandels lag in den Händen einer als «Indienhaus» (*Casa da Índia*) bekannten Behörde in Lissabon.

Der erste ernstzunehmende Rivale Portugals im Indienhandel war die 1602 gegründete Niederländische Ostindien-Kompanie. Bereits 1608 und 1610 gründete diese in Bengalen und an der südostindischen Koromandelküste die Stützpunkte Chinsurah und Pulicat. Zwischen 1638 und 1658 nahm sie fast die gesamte Insel Sri Lanka ein und eroberte 1663 den portugiesischen Stützpunkt Cochin, um von dort aus den eigenen Asienhandel zu organisieren. Von 1616 bis 1650 und dann erneut ab 1670 war außerdem die Dänische Ostindien-Kompanie in Indien aktiv. Diese erwarb 1620 an der Koromandelküste den Ort Tranquebar, das heutige

Die dänische Kolonie Tranquebar, Gemälde eines unbekannten Künstlers, 1658

Tharangambadi im indischen Bundesstaat Tamil Nadu, der mit seiner Festung Dansborg bis 1845 als Kolonie von einem Gouverneur im Auftrag des dänischen Königs regiert wurde. 1664 gründete schließlich auch Frankreich eine Ostindien-Kompanie und baute in Surat (1668), Chandannagar (1673) und Pondichéry (1674) seine ersten Handelsniederlassungen auf.[3] Zur langfristig bedeutendsten Kolonialmacht in Indien wurde indessen schon bald das 1707 aus dem Zusammenschluss von England und Schottland hervorgegangene Vereinigte Königreich von Großbritannien.

Schon im Jahr 1600 war eine Englische Ostindien-Kompanie gegründet worden, die das Monopol auf den gesamten englischen Indienhandel hatte. Im Laufe des siebzehnten Jahrhunderts hatte diese mit Unterstützung des Mogulreichs Handelsniederlassungen in Surat, Madras, Bombay und Kalkutta geschaffen und war nach 1661 von Karl II. und seinem Nachfolger Jakob II. mit weitreichenden Privilegien ausgestattet worden. Als «Vereinigte Ostindien-Kompanie» überflügelte sie seit 1708 Portugal sowie die Niederlande und bildete in Indien gleichsam einen eigenen Staat, der in weiten Regionen im Umkreis der Handelsstützpunkte die Gerichtsbarkeit ausübte, Münzen prägte, Truppen unterhielt, Bündnisverträge abschloss und Kriege führte. In der zweiten Hälfte des achtzehnten Jahrhunderts vergrößerte die Vereinigte Ostindien-Kompanie, nachdem sie eine Reihe von militärischen Siegen über einheimische Herrscher errungen hatte, ihr Territorium und ihren Einflussbereich, während die

Macht der Mogulherrscher immer mehr schwand. Darüber hinaus gelang es Großbritannien am Ende des Siebenjährigen Krieges, seinen kolonialpolitischen Hauptrivalen Frankreich nicht nur in Nordamerika, sondern auch in Indien weitgehend zu verdrängen.[4]

Die Mission der Jesuiten

Schon wenige Jahre nachdem die Portugiesen 1510 Goa erobert und zu ihrem Hauptstützpunkt in Indien gemacht hatten, begannen die Franziskaner mit ihrer Missionstätigkeit, gefolgt von Dominikanern und Augustinern. Als 1539 der portugiesische Gesandte beim Heiligen Stuhl im Auftrag König Johanns III. von Portugal den Papst um die Entsendung von Missionaren bat, schlug jedoch die Stunde des neu gegründeten Jesuitenordens, der schon bald eine Hauptrolle spielte.[5] Zum Leiter der Mission in den portugiesischen Besitzungen in Asien wurde der spanische Adlige Franz Xaver (Francisco de Xavier, 1506–1552) bestimmt, einer der Mitbegründer des Jesuitenordens.[6] Er traf im Mai 1542 nach mehrmonatiger Seereise in Goa ein und gründete dort das St.-Pauls-Kolleg als erste jesuitische Ausbildungsstätte. Ein Großteil der Missionsanstrengungen galt dabei den als Parava bekannten Perlenfischern an der indischen Westküste, die schon in den 1530er Jahren im Gegenzug für militärische Unterstützung durch die Portugiesen das Christentum angenommen, jedoch nie eine hinreichende Unterweisung in der neuen Religion erhalten hatten. Drei Jahre blieb Franz Xaver in Goa, bevor er im Frühjahr 1545 nach Malakka aufbrach und von dort weiter nach Japan reiste.

In der Mission setzten die Portugiesen einerseits auf positive Anreize, indem sie Bedürftige mit Nahrungsmittelspenden unterstützten, Interessierten die Gelegenheit zur Arbeit für die Kolonialmacht gaben und örtlichen Machthabern als Gegenleistung für die Förderung der Mission politisch-militärischen Schutz zusagten. Andererseits wurde jedoch auch immer wieder Druck ausgeübt und Gewalt angewendet, was bis zur Zerstörung von Tempeln und Kultbildern und dem Verbot religiöser Rituale reichen konnte. Beide Methoden hatten ihre Risiken. So stellten die Missionare alsbald fest, dass viele Neubekehrte, die das Christentum nur oder vor allem um der materiellen Vorteile willen angenommen hatten, heimlich ihre frühere Religion weiter praktizierten oder in einer Krise wieder darauf zurückkamen. Um hier eine schärfere Kontrolle ausüben zu können, erbat Franz Xaver daher bereits 1546 in einem Brief an den portugiesischen König um die Entsendung von Vertretern der Inquisition. Diese nahmen zwar erst 1561 in Goa ihre Arbeit auf, wachten dann aber – mit einer kurzen Unterbrechung von 1774 bis 1778 – bis 1820 unter Androhung oftmals drakonischer Strafen über die Einhaltung der religiösen Vorschriften. Versuche, das Christentum mit äußerem Druck oder gar Gewalt einzuführen, zeitigten jedoch kaum bessere Erfolge und liefen überdies Gefahr, Gegengewalt zu provozieren. Dies zeigte sich 1583 in dem Ort Cuncolim, als die Zerstörung etlicher Tempel und das Verbot der traditionellen Feste die damit verbundenen Märkte und somit die gesamte Wirtschafts- und Gesellschaftsordnung der Region derart radikal in Frage stellten, dass die aufgebrachten Bewohner fünf Jesuiten, deren portugiesischen Begleiter und vierzehn Neubekehrte umbrachten. Die Portugiesen wiederum reagierten darauf mit einer Strafexpedition, Hinrichtungen und Enteignungen. Betrachteten die Vertreter des Jesuitenordens die Ereignisse von Cuncolim in erster Linie unter dem Aspekt des Martyriums, der sich auch propagandistisch nutzen ließ, so verklärte die spätere einheimische Geschichtsschreibung sie mitunter als Ausdruck eines frühen nationalen Widerstands gegen das Kolonialsystem.[7]

Einen alternativen Missionsansatz verfolgte mit beträchtlichem Erfolg der Jesuit Roberto de Nobili (1577–1656).[8] Als Angehöriger des Hochadels im toskanischen Montepulciano geboren, trat er 1597 dem Jesuitenorden bei und gelangte 1605 nach Goa. Ab 1606 wirkte er in der südostindischen Stadt Madurai, die von mit den Portugiesen vebündeten einheimischen Herrschern regiert wurde. Anders als viele seiner Vorgänger passte sich de Nobili bereits in der äußeren Erscheinung an seine neue Umgebung an, indem er hölzerne Sandalen sowie das *dhoṭī* genannte landesübliche Beinkleid anlegte und sich überdies nach der Art eines umherziehenden Wanderasketen (*saṃnyāsin*) den Kopf kahl schor. Wie die Angehörigen der drei oberen Kasten trug auch er über der linken Schulter und unter dem rechten Arm die aus drei Baumwollsträngen geflochtene Opferschnur (*yajñopavīta*), die sich auch als Verweis auf die christliche Dreifaltigkeit interpretieren ließ. Bereits in den klassischen Sprachen geschult, erwarb de Nobili gründliche Kenntnisse nicht nur der traditionellen indischen Gelehrtensprache Sanskrit, sondern auch der dravidischen Sprachen Tamil und Telugu, wobei er zur Vermittlung seiner Botschaft spezifisch christliche Begriffe wie «Bibel», «Gnade» oder «Priester» gerne mit einheimischen Wörtern wie *vedam*, *prasādam* und *guru* wiedergab. Besondere Rücksicht nahm er auch auf die Gepflogenheiten des Kastenwesens, indem er sich weitgehend an die landesüblichen Abstandsregeln hielt und religiöse Fragen vorzugsweise mit den Brahmanen zu diskutieren suchte.[9] Gemeinhin als «Akkommodation» bezeichnet, suchte diese Methode das Christentum in einer Form zu präsentieren, die auch außerhalb Europas Anklang finden konnte. Sie war schon bald heftig umstritten, obschon Papst Gregor XV. 1623 in seiner Bulle *Romanae Sedis Antistites* dem Vorgehen de Nobilis zunächst seine Zustimmung erteilte.

Ein älterer Zeitgenosse und Ordensbruder de Nobilis war der Engländer Thomas Stephens (um 1549–1619).[10] Als Sohn eines Kaufmanns im ländlichen Wiltshire geboren, konvertierte er nach dem Studium in Oxford zum Katholizismus und schloss sich 1575 in Rom dem Jesuitenorden an. Vier Jahre später reiste er über Lissabon nach Indien, wo er an verschiedenen Orten der Küstenregion Salcete als Priester wirkte. Sein Hauptaugenmerk galt dabei der Akkommodation des Christentums in den beiden indischen Sprachen Konkani und Marathi. So verfasste er in portugiesischer Sprache unter dem Titel *Arte da Lingoa Canarim* die erste Grammatik des Konkani, das vor allem an der Küste gesprochen wurde. Mit ihr begann die noch heute neben anderen Schriftarten gebräuchliche Schreibung des Konkani in lateinischen Buchstaben (*Romi Konknni*). In einer vom Konkani beeinflussten Form des Marathi, einer vor allem in Zentralindien verbreiteten Literatursprache, verfasste Stephens unter dem Titel *Krista Purana* nach einheimischen indischen Vorbildern ein über vierzigtausend Verse zählendes episches Gedicht über die biblische Heilsgeschichte.

In der Nachfolge Roberto de Nobilis war seit 1711 der italienische Jesuit Costanzo Giuseppe Beschi (1680–1747) in Madurai tätig. Auch er praktizierte die zu seiner Zeit noch immer tolerierte Missionsmethode der Akkommodation und eignete sich eine so umfassende Kenntnis der tamilischen Sprache und Literatur an, dass ihm der indische Bundesstaat Tamil Nadu in seiner Hauptstadt Madras (heute Chennai) ein Denkmal errichtete. Beschi veröffentlichte nicht nur das erste Tamilisch-Lateinische Wörterbuch und zwei Grammatiken der tamilischen Literatur- und Umgangssprache, sondern übersetzte auch das als *Tirukkural* oder *Kural* bekannte Hauptwerk der tamilischen Literatur ins Lateinische. Zudem verfasste er unter dem Titel *Thembavani* ein umfangreiches episches Gedicht über das Leben des heiligen Josef und seine Rolle in der Heilsgeschichte, das heute als ein Klassiker der tamilischen Literatur gilt. Ähnliches Ansehen erwarb sich um die gleiche Zeit auch der deutsche Jesuit Johann Ernst von Hanxleden (1681–1732), der für das Malayalam nicht nur die erste Grammatik und mehrere Wörterbücher zusammenstellte, sondern in dieser dravidischen Sprache auch geistliche Lieder dichtete, die bis heute in Gebrauch sind.

Nur im Zusammenhang mit der indischen Jesuitenmission jener Zeit wird auch ein Text verständlich, der in Europa unter dem Titel *Ezourvedam* bekannt geworden ist.[11] Geschrieben in französischer Sprache, ist das Werk nach der Art eines indischen *Purāṇa* in Form eines Zwiegesprächs gehalten, in dem die beiden Kontrahenten Biache (Vyāsa) und Chumontou (Sumantu) die Berechtigung unterschiedlicher Gottesvorstellungen erörtern. Wird Biache als Vertreter eines polytheistischen Götterkults mit Tempeldienst, Opferwesen und phantasievollen Mythen gezeichnet, so erscheint Chumontou als Repräsentant eines uranfänglichen und später verlorengegangenen Monotheismus, der in den Veden als den ältesten indischen Texten zu finden sei. Vom eigentlichen Inhalt der Veden ist die Argumentation des Textes indessen weit entfernt; vielmehr finden sich darin immer wieder Bezüge zu sehr viel jüngeren philosophischen Schriften, die in mancher Hinsicht an christliche Anschauungen erinnern. 1760 gelangte der Text in die Hände Voltaires, der davon begeistert war. 1778 erschien die französische Erstausgabe, deren ungenannter Herausgeber den im *Ezourvedam* skizzierten Monotheismus als die ursprüngliche Religion der Menschheit betrachtete und in den indischen Brahmanen die Erben der Weisheit Altägyptens sah. Ein Jahr später wurde in Bern eine deutsche Übersetzung unter dem Titel *Ezour-*

Vedam oder der alte Commentar über den Veda veröffentlicht. Wie man jedoch bereits im frühen neunzehnten Jahrhundert feststellte, handelt es sich bei dem Text mitnichten um eine Übersetzung aus dem Sanskrit. Vielmehr wurde der Text – ebenso wie einige andere, verwandte Texte, die seither bekannt wurden – ursprünglich auf Französisch geschrieben, um danach in eine indische Sprache übersetzt zu werden. Als Verfasser vermutet man einen mit indischer Philosophie vertrauten Jesuiten, möglicherweise den in Südindien tätigen Jean Calmette (1692–1740).

Religionsgespräche am Hof des Großmoguls

Im Norden des Indischen Subkontinents hatten seit dem frühen sechzehnten Jahrhundert die ursprünglich osttürkischen, aus Zentralasien stammenden Mogulherrscher ihr Reich, dessen Schwerpunkt in der nordindischen Indus-Ganges-Ebene lag, immer weiter ausgedehnt. Ihr Herrschaftsgebiet war durch eine ausgeprägte religiöse Vielfalt gekennzeichnet: Während die Bevölkerung im Nordwesten überwiegend muslimischen Glaubens war, praktizierte ein Großteil der Untertanen im Zentrum und im Süden die traditionellen indischen Riten und Kulte, während sich der Islam dort auf eine relativ kleine städtische Oberschicht beschränkte.

Ernsthafte Anstrengungen, einen Ausgleich zwischen den beiden Religionen zu schaffen, unternahm in der zweiten Hälfte des sechzehnten Jahrhunderts der Mogulherrscher Akbar, der 1556 mit nur dreizehn Jahren die Nachfolge seines Vaters Humayun antrat. Zu Festigung seiner Herrschaft setzte er auf den Einsatz militärischer Mittel und eine geschickte Heiratspolitik; als erster Mogulherrscher heiratete er 1562 eine Hindu-Prinzessin aus der nordwestindischen Volksgruppe der Rajputen. In den folgenden Jahren berief Akbar immer wieder Hindus in hohe Verwaltungsfunktionen, tolerierte an seinem Hof verschiedene hinduistische Riten und schaffte sowohl die Kopfsteuer für Nichtmuslime als auch die Tempelsteuer für hinduistische Heiligtümer ab. 1575 gründete er in seiner Hauptstadt Fatehpur Sikri südwestlich von Agra ein «Haus der Verehrung» (*Ibādat Khāna*), in dem sich Muslime, Hindus, katholische Christen, Zoroastrier und Jainas über ihre jeweiligen religiösen Anschauungen austauschen sollten. Drei Jahre später gelangte ein Geistlicher namens Gil Eanes Pereira an den Hof Akbars, der sich den Anforderungen eines solchen interreligiösen Austauschs jedoch nicht gewachsen fühlte. Auf Einladung des Mogulherrschers begaben sich daher 1580 die beiden Jesuiten Rodolfo Acquaviva (1550–1583) und Antonio de Montserrat (1536–1600) zusammen mit einem persischsprachigen Dolmetscher von Goa nach Fatehpur Sikri.[12] Beide Ordensleute erfreuten sich der besonderen Wertschätzung Akbars, wurden mit der Erziehung von Angehörigen des Hofes betraut und verbrachten insgesamt fast drei Jahre an seinem Hof. Da sie mit ihren Missionsbemühungen jedoch keinen Erfolg hatten, kehrten sie 1583 nach Goa zurück. Als unmittelbare Folge seiner Religionsgespräche propagierte Akbar als eine neue Religion den «Gottesglauben» (*dīn-i llāhi*), der Elemente aus Islam, Hinduismus, Christentum, Jainismus und Zoroastrismus miteinander verband, anscheinend aber nur bei einem kleinen Kreis bei Hofe Anklang fand. Eine wichtige Quelle für unsere Kenntnis von der religiösen Vielfalt im Mogulreich ist das um die Mitte des siebzehnten Jahrhunderts in persischer Sprache verfasste Werk «Die Schule der Religionen» (*Dabistān-i Mazāhib*), das neben einer Darstellung der *dīn-i llāhi* Akbars auch eine der ersten Beschreibungen des Sikhismus enthält.

Nach einer weiteren Einladung Akbars brach der Jesuit Cristóbal de la Vega (1561–1599) im Jahr 1591 mit zwei Begleitern von Goa aus zu einer weiteren Mission an den Mogulhof auf; es hatte sich nämlich das Gerücht verbreitet, der Herrscher stehe kurz davor, sich dem Christentum zuzuwenden. Sie endete jedoch bereits nach einem Jahr, nachdem sich entsprechende Vermutungen als haltlos herausgestellt hatten. Die dritte Einladung Akbars zur Entsendung von Missionaren erging 1595, woraufhin Jerónimo de Ezpeleta y Goñi, mütterlicherseits ein Großneffe Franz Xavers, Emmanuel Pinheiro und der Laienbruder Bento de Góis nach Lahore reisten. Während Letzterer bereits 1601 nach Goa zurückkehrte, blieb Jerónimo Xavier bis 1614 im Reich des Großmoguls, von wo aus er in zahlreichen Briefen über den Fortgang seiner Missionsbemühungen berichtete.

Akbars Sohn Salim, der 1605 unter dem Namen Jahangir sein Nachfolger wurde, setzte die auf Ausgleich bedachte Religionspolitik seines

Großmogul Akbar bei einem Religionsgespräch mit den Jesuiten Rodolfo Acquaviva und Francisco Henriques, Miniatur aus dem *Akbarnama* (Geschichte Akbars) von Abul Fazl, um 1605

Vaters fort. Für ihn schrieb Jerónimo Xavier mit Hilfe eines einheimischen Gelehrten namens Abdus Sattar ibn Qasim Lahauri unter dem Titel *Adab as-Saltanat* einen Fürstenspiegel, in dem sich persische und europäische Einflüsse nachweisen lassen.[13] Bereits 1632 jedoch erließ Jahangirs Sohn und Nachfolger Shah Jahan, der das Taj Mahal in Agra und das «Rote Fort» in Delhi erbauen ließ, erstmals wieder ein Gesetz gegen den Neubau hinduistischer Tempel. Die endgültige Abkehr von der auf Ausgleich bedachten Politik Akbars vollzog Shah Jahans Sohn Aurangzeb, der nach seinem Herrschaftsantritt 1658 wichtige Schaltstellen der Macht mit Muslimen besetzte, hinduistische Pilgerfeste verbieten ließ, Hindutempel durch Moscheen ersetzte und 1679 wieder die Kopfsteuer für nichtmuslimische Untertanen einführte. Zu seiner früheren Macht fand das Mogulreich gleichwohl nicht wieder zurück, so dass sich das britische Kolonialreich im weiteren Verlauf des achtzehnten Jahrhunderts auf seine Kosten immer weiter ausdehnte.

Die Dänisch-Hallesche Mission

Die Anfänge der protestantischen Mission in Indien sind mit den Aktivitäten der Dänischen Ostindien-Kompanie verbunden.[14] Ihr Hauptstützpunkt war der Ort Tranquebar an der indischen Südostküste, den der dänische Admiral Ove Gjedde 1620 im Auftrag seines Königs von dem dort regierenden Herrscher der Nayak-Dynastie erworben hatte. Konkrete Pläne zu einer Missionierung dieses Gebiets fasste erst über achtzig Jahre später König Friedrich IV., der von 1699 bis 1730 in Personalunion als König von Dänemark und Norwegen sowie Herzog von Schleswig und Holstein regierte. Er war als Sohn deutscher Eltern mit der deutschen und französischen Sprache besser vertraut als mit dem Dänischen und berief 1704 den deutschen evangelischen Theologen Franz Julius Lütkens (1650–1712) zum Hofprediger und Professor der Theologie an der Universität Kopenhagen. Lütkens war, nachdem er sein Studium an der Universität Wittenberg abgeschlossen hatte, als Superintendent von Berlin tätig gewesen und hatte sich unter dem Einfluss Philipp Jacob Speners der noch jungen protestantischen Reformbewegung des Pietismus angeschlossen. Auf seine Empfehlung hin berief der König für die geplante Mission in Südindien die deutschen Theologen Bartholomäus Ziegenbalg (1682–1719) und Heinrich Plütschau (1676–1752).[15] Beide waren Absolventen des Friedrichwerderschen Gymnasiums, das seit 1698 von dem pietistischen Theologen Joachim Lange geleitet wurde. Seit ihrem Studium an der Universität Halle standen sie in Kontakt mit dem Pietisten August Hermann Francke (1663–1727), der 1698 in dem Städtchen Glaucha bei Halle die noch heute als Franckesche Stiftungen zu Halle bekannten Glauchaschen Anstalten mit einem Waisenhaus, einer Buchdruckerei und weiteren sozialen Einrichtungen gegründet hatte.

Im Sommer 1706 gelangten die beiden Missionare nach mehrmonatiger Seereise in ihr südostindisches Missionsgebiet, wo sie schon bald in Konflikt mit den bereits ansässigen Europäern gerieten, deren Lebensweise mit den missionarischen Idealen oft schwer in Einklang zu bringen war. Darüber hinaus kam es, da die Missionare das Kastenwesen kritisierten, auch zu Auseinandersetzungen mit einigen Brahmanen sowie zu Rivalitäten mit den schon länger vor Ort etablierten katholischen Christen. Während Ziegenbalg sich auf die tamilischsprachige Bevölkerung konzentrierte, wirkte Plütschau vor allem unter den portugiesischsprachigen Christen. Aus gesundheitlichen Gründen kehrte er jedoch bereits fünf Jahre später nach Deutschland zurück, wo er nach einer vorübergehenden Lehrtätigkeit in Halle als lutherischer Pastor einer kleinen Gemeinde in Schleswig-Holstein tätig war. Unterdessen hatte Ziegenbalg in Tranquebar beträchtliche Erfolge zu verzeichnen. Nach dem Erlernen der tamilischen Sprache übertrug er das ganze Neue Testament, einen Teil des Alten Testaments sowie Martin Luthers Kleinen Katechismus ins Tamilische und verfasste auch selbst tamilische geistliche Lieder und Texte. Sein enger Mitarbeiter und späterer Nachfolger wurde 1709 der Missionar Johann Ernst Gründler (1677–1720), der zuvor in den Franckeschen Anstalten unterrichtet hatte und sich in Indien unter anderem mit der Medizin der Tamilen befasste. 1714 kehrte Ziegenbalg vorübergehend nach Deutschland zurück. Dort heiratete er ein Jahr später, bevor er 1716 zusammen mit seiner Frau wieder nach Tranquebar ging. Bereits 1707 hatte Ziegenbalg für einheimische Christen neben der schon bestehenden Zions-Kirche die Jerusalem-Kirche gegründet. Nachdem seine Gemeinde beständig angewachsen war, wurde 1717 die Neu-Jerusalem-Kirche erbaut, die – nach schweren Schäden infolge des verheerenden Tsunamis von 2004 und einer darauffolgenden umfassenden Renovierung – noch heute in ihrer ursprünglichen Funktion genutzt wird. Zeitlebens kränklich, starb Ziegenbalg nur wenige Monate nach Einweihung dieser Kirche, in der er auch beigesetzt wurde.

Im Jahr 1714 gründete Friedrich IV. in Kopenhagen ein Königliches Missions-Kollegium, das die dänischen Missionsaktivitäten auf Grönland, unter den Samen im Norden Skandinaviens sowie in Südindien organisieren und koordinieren sollte. Eine wichtige Rolle spielten weiterhin aber auch die Franckeschen Anstalten zu Halle, wo man nicht nur immer neue Indienmissionare ausbildete, sondern auch die vor Ort gesammelten Angaben der Missionare archivierte und eine Auswahl daraus seit 1720 alljährlich in einer als *Hallesche Berichte* bekannten Missions-zeitschrift – der ältesten ihrer Art – veröffentlichte.[16] Zwischen 1714 und 1717 erschienen in den *Halleschen Berichten* auch etliche Briefe, in denen Inder Fragen der Missionare beantworteten – eine für jene Zeit ungewöhnliche Quelle.[17] Auf ihre Frage, «Was für Gedanken die Malabaren von der Christen Religion und Gesetz halten», erhielten die Missionare die Auskunft:[18]

> Das Christentum wird um deswillen von uns verabscheuet, weil die Christen Kühe schlachten und essen, weil sie sich nicht reinigen wenn sie zu Stuhle gegangen sind, weil sie starke Getränke trinken, und weil sie, wenn jemand stirbt, nicht viele Werke tun, um der Seele des Verstorbenen an den Ort der Seligkeit zu verhelfen, auch weil sie im Heiraten keine Freudenwerke verrichten.

Die Frage, «Warum die Malabaren sich weigern, zu der christlichen Religion zu treten», beantworteten die Inder mit dem Hinweis auf den mangelnden Respekt der Christen vor dem Kastenwesen und den herkömmlichen Geschlechterrollen:[19]

> Es sind viele Geschlechte der Menschen, die vom Herrn erschaffen worden. Weil wir denn sehen, dass die Christen solchen Unterschied der Geschlechte nicht observieren, sondern aus allen eines machen, auch uneracht, dass in den beiden Geschlechten, dem männlichen und dem weiblichen, ein großer Differenz gefunden wird, sie dennoch alle Personen ohne Unterschied zu einer Gemeine versammeln, so gefället es uns nicht, zu solcher Religion zu treten.

Einmal mehr fanden die Missionare aber auch hier Anknüpfungspunkte für ihre Botschaft, wie aus der Antwort auf die Frage, «Was der höchste Gott oder das Wesen aller Wesen bei den Malabaren sei», hervorgeht:[20]

> Der höchste Gott oder das Wesen aller Wesen hat eine Gestalt und gleichwohl keine Gestalt. Er kann mit keinem Dinge verglichen werden. Man kann ihn nicht beschreiben, noch sagen, er ist dieses oder jenes. Er ist weder ein Mann noch ein Weib, weder Himmel noch Erde, weder Mensch noch eine andere Kreatur. Er ist alles und man kann ihn doch mit nichts vergleichen. Dieser Gott ist keinem Verderben noch Sterben unterworfen. Er hat nicht nötig, zu ruhen noch zu schlafen. Er ist all-

mächtig und allgegenwärtig. Er ist ohne Anfang und bleibet unvergänglich in Ewigkeit. Seine Gestalt kann man weder sehen noch schreiben noch aussprechen.

Ein an Bedeutung zunehmendes drittes Standbein der Tranquebarmission bildete London, wo der anglikanische Geistliche Thomas Bray zusammen mit einigen Gleichgesinnten 1698 als erste anglikanische Missionsgesellschaft die *Society for Promoting Christian Knowledge* («Gesellschaft für die Verbreitung christlicher Bildung») oder kurz SPCK ins Leben gerufen hatte. Als wichtiger Förderer der Dänisch-Halleschen Mission wirkte dort der pietistische Theologe Friedrich-Michael Ziegenhagen (1694–1776), den König Georg I. aus dem seit 1714 in Großbritannien regierenden Haus Hannover 1722 als Prediger an seinen Hof berufen hatte.[21] Mit Unterstützung der SPCK etablierte Ziegenbalg 1712 eine Druckerei in Tranquebar. Veröffentlicht wurden dort nicht nur seine Übersetzung der Bibel und andere geistliche Schriften in tamilischer Sprache, sondern auch portugiesische Texte sowie mit dem Sprachführer *A Guide to the English Tongue* von Thomas Dyche das erste in Indien gedruckte Buch in englischer Sprache.

Infolge der zunehmenden Einbindung der SPCK entstanden nun auch mehrere Missionsstationen außerhalb des dänischen Territoriums. So gründete Benjamin Schultze (1689–1760), der 1719 aus Halle nach Tranquebar kam, dort Ziegenbalgs Bibelübersetzung vollendete und später die Leitung des Franckeschen Waisenhauses in Glaucha übernahm, 1726 mit Unterstützung der SPCK eine Mission in Madras (seit 1996 Chennai). Dort wirkte seit 1742 auch der in Halle ausgebildete und in Kopenhagen ordinierte Johann Philipp Fabrizius (1711–1791), der sich als Verfasser einer tamilischen Grammatik und eines tamilisch-englischen Wörterbuchs einen Namen machte. Die zunehmende Kooperation zwischen Halle, Kopenhagen und London spiegelt sich überdies in Leben und Werk des Indienmissionars Christian Friedrich Schwartz (1726–1798). In Halle ausgebildet, begab er sich nach seiner Ordination in Kopenhagen zunächst zum Erlernen des Englischen nach London, von wo aus er 1750 nach Indien reiste. Dort angekommen, war er vor allem in dem südwestlich von Chennai gelegenen Ort Tiruchirappalli tätig, wo er mit Unterstützung des örtlichen Herrschers eine Kirche und eine Schule errichtete. 1779 reiste er im Auftrag der Ostindien-Kompanie in diplomatischer Mission an den Hof Haidar Alis, des Herrschers von Maisur (Mysore). Später siedelte er nach Thanjavur über, wo sein Grab in der Sankt-Peters-Kirche bis heute erhalten ist.

Das Ende der Tranquebarmission kam 1845 mit dem Verkauf der dänischen Besitzungen an das Vereinigte Königreich. Danach wurde die christliche Mission in der Region durch die Evangelisch-Lutherische Missionsgesellschaft zu Dresden (später Leipzig) weitergeführt. Aufbauend auf ihren Aktivitäten und jenen der Schwedischen (lutherischen) Mission entstand 1919 die Tamilische Evangelisch-Lutherische Kirche. Deren Grundlegung durch die Dänisch-Hallesche Mission wurde anlässlich des dreihundertjährigen Jubiläums 2006 in der Neu-Jerusalem-Kirche festlich begangen.

Frühe Studien zu indischen Sprachen und Religionen

Ebenso wie in der Neuen Welt setzte die christliche Mission auch in Indien eine Vielzahl kultureller, gesellschaftlicher und religiöser Veränderungen in Gang, deren Auswirkungen oft erst langfristig sichtbar wurden. Umgekehrt waren die Forschungen und Publikationen der Missionare des siebzehnten und achtzehnten Jahrhunderts aber auch für die Kenntnis indischer Sprachen, Literaturen und Kulturen in Europa von kaum zu überschätzender Bedeutung. Ein frühes Beispiel dafür ist der holländische reformierte Geistliche Abraham Rogerius (1609–1649), der nach Studien an der Universität Leiden zehn Jahre lang als Seelsorger im südostindischen Pulicat (heute Pazhaverkadu im indischen Bundesstaat Tamil Nadu) tätig war. 1502 als Stützpunkt des portugiesischen Ostindienhandels gegründet, war Pulicat 1609 von den Holländern erobert worden und diente danach bis 1690 als Hauptort ihrer Besitzungen in Indien sowie Zwischenstation für den Gewürz- und Sklavenhandel mit Batavia (der heutigen indonesischen Hauptstadt Jakarta). Sein Buch *De open-deure tot het verborgen heydendom* (1651) veröffentlichte Rogerius 1651 in Leiden. 1663 erschien eine deutsche Ausgabe unter dem Titel *Offne Thür zu dem verborgenen Heydenthum*, 1670 eine Übersetzung ins

Französische. Als Hauptquelle seiner Darstellung nennt Rogerius darin einen Brahmanen namens Padmanaba. In der deutschen Ausgabe ist das über fünfhundertseitige Werk in drei Teile gegliedert, von denen der erste «Von dem Leben und Sitten der Bramines (Brahmanen) in der Landschafft Chormandel und denen herumliegenden Oertern» handelt. In einundzwanzig Kapiteln bespricht Rogerius darin zunächst die Kastenordnung, die gesellschaftliche Stellung der Unberührbaren, die Lebensweise der Brahmanen, die Bedeutung des «Schnürlein, welches die Bramines um den Hals tragen», ferner deren philosophische Anschauungen, die Polygamie, Speise- und Fastenregeln, den Umgang mit Krankheit und Tod sowie die Witwenverbrennung. Der zweite Teil des Buches handelt in weiteren einundzwanzig Kapiteln «Von dem Glauben und Gottesdienst der Bramines». Darin geht es um das Gottesbild und die Gottesbezeichnungen der Brahmanen, den Begriff des Avatara als einer Manifestation des Göttlichen in menschlicher Gestalt, den indischen Polytheismus, die Vorstellungen von der Weltschöpfung, dem Weltende und dem Wesen des Menschen, die Tempel mit ihrer Architektur, ihren Kultbildern und ihren Festen sowie schließlich um die Seelenwanderung und Vorstellungen von Sündentilgung und Erlösung. Verbunden mit dem Bemühen um zuverlässige, präzise und ausführliche Informationen aus erster Hand ist der unmissverständlich christliche Standpunkt des Verfassers, wie er etwa in den Kapiteln XV («Wie die Heyden auch dem Teufel dienen») und XVII (über «freywillige thörichte Gottesdienste») zum Ausdruck kommt. Den abschließenden dritten Teil des Werks bildet die erste europäische Übersetzung der Sprüche des Sanskrit-Dichters Bhartrihari.

Ein jüngerer Zeit- und Glaubensgenosse von Rogerius war sein Landsmann Philippus Baldaeus (1632–1671).[22] Früh verwaist, wirkte dieser nach Studien in Groningen und Leiden zunächst als Prediger bei der Niederländischen Ostindien-Kompanie im heutigen Indonesien und danach auf Ceylon (Sri Lanka). Dort nahm er auch missionarische Aufgaben wahr, da viele Einheimische während der portugiesischen Herrschaft zunächst katholisch geworden waren und nun den Protestantismus annehmen sollten. Nach zehnjährigem Dienst kehrte Baldaeus 1665 in seine Heimat zurück und wirkte danach als Geistlicher in dem kleinen

Ort Geervliet bei Rotterdam. In dieser Zeit verfasste er, gestützt auf eigene Beobachtungen, Mitteilungen Dritter sowie schriftliche Quellen, seine *Wahrhaftige Ausführliche Beschreibung der Berühmten Ost-Indischen Kusten Malabar und Coromandel, als auch der Insel Zeylon: samt dero angräntzenden und untergehörigen Reichen ... Benebst einer Umständlichen und Gründlichen Entdeckung der Abgötterey der Ost-Indischen Heyden.* Das Buch, das in seinem Todesjahr im holländischen Original und in einer deutschen Übersetzung erschien, übte nicht zuletzt durch seine zahlreichen Kupferstiche «der vornehmsten Städte / Festungen / Trachten / Thiere / Früchte / &c» auf die europäischen Vorstellungen von Indien einen weitreichenden Einfluss aus.

Auch Bartholomäus Ziegenbalg machte sich als Erforscher der traditionellen Religion seines Missionsgebiets an der Malabarküste verdient. So verfasste er 1711 sein Werk *Malabarisches Heidentum* und zwei Jahre später eine *Genealogie der Malabarischen Götter.*[23] Ähnlich wie Rogerius sah Ziegenbalg ungeachtet ausgedehnter sorgfältiger Quellenstudien und zahlreicher treffender Beobachtungen im Einzelnen in der gelebten Religion seines Missionsgebietes allenthalben den Einfluss des Teufels, der den ursprünglichen Monotheismus der Inder verdunkelt habe. Gleichwohl blieben seine beiden Schriften zunächst ungedruckt, nachdem August Herrmann Francke ihn brieflich daran erinnert hatte, dass seine Aufgabe in der Ausrottung des Heidentums in Indien bestünde, und nicht in der Verbreitung von heidnischem Unsinn in Europa. Erst 1791 wurde die erste Hälfte der *Genealogie* unter dem Titel *Beschreibung der Religion, und heiligen Gebräuche der Malabarischen Hindous: nach Bemerkungen in Hindostan gesammelt* in Berlin ohne Angabe eines Verfassers oder Herausgebers gedruckt; eine kommentierte vollständige Ausgabe des Werks unter dem ursprünglichen Titel und mit Nennung seines Autors veröffentlichte 1867 der protestantische Missionar Wilhelm Germann in Madras. Ziegenbalgs *Malabarisches Heidentum* wurde erstmals 1926 nach der in Halle aufbewahrten Originalhandschrift von dem holländischen Indologen Willem Caland herausgegeben. Ausgiebig benutzt wurden Ziegenbalgs ungedruckte Schriften indessen bereits von dem französischen Orientalisten Maturin Veyssière de La Croze, der seit 1697 als kurfürstlicher und später königlicher Bibliothekar in Berlin tätig war und sie bei der Abfassung seiner 1724 erschienenen Geschichte des Christentums in Indien (*Histoire du Christianisme des Indes*) heranzog.

Sowohl die Erforschung der traditionellen Religionen als auch die Sprachstudien der Missionare dienten vielfach praktischen Bedürfnissen. Nicht selten vermittelten Bücher wie Benjamin Schultzes *Grammatica telugica* (1728) und *Grammatica hindostanica* (1745) europäischen Gelehrten jedoch auch die erste nähere Bekanntschaft mit diesen damals noch kaum erforschten Sprachen. Zu einem Pionier der Sanskritphilologie wurde der aus Dillingen an der Donau stammende Jesuit Heinrich Roth (1620–1668), der nach einem achtjährigen Aufenthalt in Indien um 1660 mit seiner lateinisch geschriebenen und nur handschriftlich erhaltenen *Grammatica linguae Sanscretanae* die erste europäische Grammatik der klassischen Gelehrtensprache Indiens verfasste.[24] In einer Denkschrift für die französische *Académie des inscriptions et belles-lettres* in Paris wies der Jesuit Gaston-Laurent Coeurdoux (1691–1779) bereits 1767 auf die Ähnlichkeit des Sanskrit mit dem Griechischen und Lateinischen hin und zog neben anderen denkbaren Erklärungen dafür bereits die Möglichkeit eines gemeinsamen Ursprungs dieser Sprachen in Erwägung.[25] In späterer Zeit verband man diese Beobachtung und die daraus abgeleitete Entdeckung der indogermanischen oder indo-europäischen Spracheinheit vor allem mit dem Namen des britischen Orientalisten William Jones (1746–1794), der seinen bahnbrechenden Vortrag dazu jedoch erst 1786 hielt. Unveröffentlichte Aufzeichnungen von Coeurdoux zur Religion und Kultur Südindiens benutzte der französische Priester und Missionar Jean Antoine Dubois (1766–1848) in seinem Werk *Hindu Manners, Customs and Ceremonies*, das 1816 in einer oft nachgedruckten englischen Übersetzung und 1825 in einer überarbeiteten Fassung des französischen Originals erschien. Erregte Dubois in Indien dadurch Aufsehen, dass er landesübliche Tracht trug und sich konsequent an die indische Lebensweise anpasste, so wurde er nach der Rückkehr in seine französische Heimat vor allem deswegen bekannt, weil er sich zu den Erfolgsaussichten der christlichen Mission in seiner 1823 veröffentlichten Streitschrift *Letters on the State of Christianity in India* überaus skeptisch äußerte.

Dass die Missionare ihre wissenschaftlichen Studien mitunter auch ohne den Anspruch einer unmittelbaren Nutzanwendung in der Mission verfolgten, zeigt das Beispiel des Tiroler Jesuiten Joseph Tiefenthaler (1710–1785), der nach seiner Ankunft in Indien 1740 zunächst am Jesuitenkolleg in Agra und danach in der zentralindischen Stadt Narwar tätig war. Nach ausgedehnten Reisen durch Nordindien verfasste er eine ausführliche geografische Darstellung Indiens mit zahlreichen Karten und Plänen, die nach seinem Tod zusammen mit weiteren Schriften als *Des Pater Joseph Tieffenthaler's … historisch-geographische Beschreibung von Hindustan* in drei Bänden von dem Schweizer Astronomen und Leiter der Berliner Sternwarte Johann Bernoulli herausgegeben wurde. Zahlreiche orientalistische Werke verfasste auch der aus Niederösterreich stammende Karmelitermönch Paulinus a Sancto Bartholomaeo (1748–1806), der nach vierzehnjähriger Missionstätigkeit in Indien als Privatsekretär des Kardinals Stefano Borgia in Rom tätig war und dort 1790 mit seinem Buch *Sidharubam seu Grammatica Samscrdamica* die erste in Europa gedruckte Sanskritgrammatik vorlegte.

Indien als Ausgangspunkt

Weit davon entfernt, große Landstriche in Besitz zu nehmen und zu besiedeln, konzentrierten sich die Europäer in Indien am Anfang vielmehr auf die Errichtung und Absicherung weitgespannter Handelsnetze, in denen die Stützpunkte an der indischen Küste oftmals nur Zwischenstationen bildeten. Dementsprechend bildete Indien denn auch bereits im sechzehnten Jahrhundert den Ausgangspunkt weiterreichender Missionsaktivitäten. Diese richteten sich zum einen auf die Länder des südostasiatischen Festlands südlich von China und östlich von Indien, für die sich erst später die zusammenfassende Bezeichnung «Indochina» einbürgern sollte, zum anderen auf die zwischen Indien und China gelegene Region Tibet.

1555 gelangte der portugiesische Dominikaner Gaspar da Cruz ins Reich der Khmer nach Kambodscha, das er nach dem Scheitern seiner Missionsbemühungen jedoch bereits im darauffolgenden Jahr wieder verließ. Eine neue Dynamik gewann die Missionierung Südostasiens indes nur wenige Jahrzehnte später mit der Ankunft des Jesuiten Alexandre de Rhodes (1591–1660).[26] Bereits 1615 war es den Jesuiten gelungen, in den beiden vietnamesischen Hafenstädten Hội An und Qui Nhỏn eine Missionsstation aufzubauen. Dort wirkte seit 1617 der portugiesische Jesuit Francisco de Pina, der als erster Europäer eine gründliche Kenntnis der vietnamesischen Sprache erwarb und ein System zu ihrer Aufzeichnung mit lateinischen Buchstaben ersann.[27] Alexandre de Rhodes erreichte Vietnam erstmals 1619. Zu seinen Begleitern zählte der italienische Jesuit Girolamo Maiorica, der sich in den darauffolgenden Jahren gestützt auf die Mitarbeit einheimischer Helfer als Herausgeber von Übersetzungen und Bearbeitungen europäischer theologischer Schriften sowie als Verfasser geistlicher Werke in der vietnamesischen Sprache hervortat. Dafür bediente er sich des traditionellen Schriftsystems Chữ Nôm, das auf einer Weiterentwicklung der chinesischen Schriftzeichen beruhte. Während seiner mehrfach unterbrochenen rund zehnjährigen Missionstätigkeit in Vietnam verfasste Alexandre de Rhodes nicht nur eine Meditation zur Fastenzeit und einen Katechismus in vietnamesischer Sprache, sondern auch das 1651 veröffentlichte *Dictionarium Annamiticum Lusitanum et Latinum*, ein dreisprachiges vietnamesisch-portugiesisch-lateinisches Wörterbuch mit einem Abriss der vietnamesischen Grammatik.

Im Unterschied zu Girolamo Maiorica bediente sich Alexandre de Rhodes für sein großes Wörterbuch einer Weiterentwicklung der lateinischen Schrift, wie sie schon sein Lehrer Francisco de Pina benutzt hatte. Unter der Bezeichnung Chữ Quốc ngữ blieb dieses Schriftsystem kontinuierlich in Gebrauch und verdrängte seit dem neunzehnten Jahrhundert nicht zuletzt aufgrund des kolonialen Engagements der Franzosen in dieser Region die ältere Schriftform Chữ Nôm. Gedruckt wurde das Werk in Rom im Auftrag der *Sacra congregatio de propaganda fide* («Heilige Kongregation für die Verbreitung des Glaubens»), einer 1622 gegründeten zentralen Behörde zur Koordinierung der katholischen Missionsaktivitäten, die nach der 1967 erfolgten Umbenennung unter der Bezeichnung *Congregatio pro gentium evangelizatione* («Kongregation für die Evangelisierung der Völker») noch heute besteht. Zu ihr gehörte seit 1641 auch das 1627 gegründete Pontificium Collegium Urbanum, das der Ausbildung ausländischer Geistlicher zu Missionaren in ihren Heimatländern dienen sollte.

Ein wesentlicher Grund für die Einrichtung der Kongregation waren zunehmende Aktivitäten der protestantischen Niederlande und Englands, die der kolonialen Vorherrschaft der katholischen Länder Spanien und Portugal immer mehr den Rang abzulaufen drohten. Hinzu kam die Erkenntnis, dass die Ausbildung einheimischer Kleriker dem überkommenen Patronatssystem mit seiner Bevorzugung europäischer Ordensgeistlicher in mancher Hinsicht, etwa im Falle staatlicher Repressalien, überlegen war. In den Bestrebungen, für die neubekehrten Christen Südostasiens gleichermaßen feste kirchliche Strukturen und einheimische Geistliche bereitzustellen, engagierte sich auch Alexandre de Rhodes. Mit Unterstützung von Mitgliedern der «Gesellschaft des Allerheiligsten Sakraments» (*Compagnie du Saint-Sacrement*), eines 1630 gegründeten Geheimbunds zur Verteidigung des französischen Katholizismus, entstand so zwischen 1658 und 1663 die «Gesellschaft der ausländischen Missionen zu Paris» (*Société des Missions Étrangères de Paris*) oder kurz Pariser Mission, die sich in besonderer Weise für die Missionierung Südostasiens einsetzte, jedoch auch in anderen Teilen der Welt aktiv war.

Gleich in den beiden ersten Jahren der Pariser Mission ernannte Papst Alexander VII. zwei ihrer Gründungsmitglieder zu Titularbischöfen und Apostolischen Vikaren, die als Stellvertreter des Papstes in ihrem Missionsgebiet die Aufgaben eines Diözesanbischofs wahrnehmen sollten. Dies waren für das Apostolische Vikariat von Laos, den Norden Vietnams mit einigen südlichen Provinzen Chinas François Pallu (1626–1684) und für den Süden Vietnams mit einigen südöstlichen Provinzen Chinas Pierre Lambert de La Motte (1624–1679).[28] Bereits 1665 errichteten die beiden Missionare mit Erlaubnis des Königs Narai von Siam in seiner Hauptstadt Ayutthaya eine Kathedrale und ein Priesterseminar, das nach dem Wunsch des Herrschers auch der Vermittlung europäischen Wissens dienen sollte. Umgekehrt ging es der französischen Krone nicht zuletzt darum, neben der Mission auch die macht- und handelspolitischen Interessen Frankreichs gegenüber den europäischen Rivalen zur Geltung zu bringen. Nach der Französischen Revolution und während der Napoleonischen Zeit wurde die Pariser Mission vorübergehend aufgehoben, doch 1815 von König Ludwig XVIII. wiederhergestellt. Danach spielte sie im Zuge der Ausweitung des französischen kolonialpolitischen Engagements in Südostasien und China eine wichtige Rolle.

Durch die Kontakte jesuitischer Missionare zum Hof des Großmoguls in Agra ergab sich zu Beginn des siebzehnten Jahrhunderts auch erstmals die Möglichkeit, von Nordindien aus die Regionen jenseits des Himalaya zu erkunden.[29] Von 1602 bis 1607 reiste der portugiesische Jesuit Bento de Góis mit Handelskarawanen von Agra über Afghanistan, das Pamirgebirge und die heutige autonome Region Xinjiang bis nach Suzhou in der chinesischen Provinz Gansu, wo er entkräftet starb. Durch die Kombination von eigenen Beobachtungen, schriftlichen Quellen und mündlichen Auskünften unterschiedlicher Herkunft hatte er als einer der Ersten die richtige Einsicht gewonnen, dass mit dem von Marco Polo erwähnten sagenhaften Land Cathay nichts anderes gemeint war als China. 1624 machte sich der Jesuit António de Andrade ebenfalls von Agra auf, um die Regionen nördlich des Himalaya zu erkunden. Zusammen mit seinem Mitbruder Manuel Marques schloss er sich einer Gruppe von Pilgern an, die zu einem Heiligtum in Badrinath im Norden des heutigen indischen Bundesstaats Uttarakhand unterwegs war. Von dort gelangten die beiden Jesuiten unter großen Strapazen als die ersten Europäer überhaupt in das westtibetische Königreich Guge. Mit der Erlaubnis des Herrschers erbauten sie in dessen Hauptstadt Tsaparang eine Kirche und eröffneten eine Mission, die jedoch bereits innerhalb eines Jahrzehnts, nachdem es einen Macht- und Politikwechsel gegeben hatte, wieder geschlossen werden musste. Der bereits 1626 veröffentlichte Reisebericht António de Andrades übte auf die europäischen Vorstellungen von Tibet gleichwohl einen nachhaltigen Einfluss aus.[30]

Etwa zur gleichen Zeit reisten zwei weitere Mitglieder des Ordens, Estęvão Cacella und João Cabral, von Bengalen aus als erste Europäer in das Königreich Bhutan. Nach einem mehrmonatigen Aufenthalt zogen sie weiter bis nach Xigazę (Shigatse) im Süden Tibets, wo sie nicht weit vom Sitz des Panchen Lama im Kloster Trashilünpo eine Missionsstation eröffneten. Auch diese hatte jedoch nur wenige Jahre Bestand. In dem Bericht, den Cacella über seine Reise verfasste, begegnet erstmals der Name des mythischen Königreichs Shambhala (von ihm *Xembala* genannt). Ursprünglich im tibetischen Buddhismus geprägt, wurde die Überlieferung vom Königreich Shambhala im späten neunzehnten Jahrhundert von der Theosophischen Gesellschaft in Europa und Amerika popularisiert und spielt seitdem in der Esoterik, der Fantasyliteratur und diversen Verschwörungstheorien eine wichtige Rolle.[31]

Eine deutliche Ausweitung erfuhr die europäische Kenntnis von Tibet in der zweiten Hälfte des siebzehnten Jahrhunderts durch die beiden Jesuiten Johann Grueber (1623–1680) und Albert d'Orville (1621–1662). Da sie 1662 wegen der Blockade des Hafens von Macau durch niederländische Schiffe nicht auf dem Seeweg von Peking nach Indien reisen konnten, entschlossen sie sich dazu, den Landweg einzuschlagen. Auf einer siebenmonatigen Reise erreichten sie über die heutige Stadt Xining zunächst Lhasa und gelangten von dort nach der Überquerung des Himalaya über Kathmandu und Patna nach Agra. Dort starb d'Orville, während Grueber zusammen mit dem Jesuiten Heinrich Roth auf dem Landweg über Persien und Kleinasien nach Rom weiterreiste. Ihren Höhepunkt und gleichzeitig ihren Abschluss fand die jesuitische Erforschung und Missionierung Tibets im frühen achtzehnten Jahrhundert mit dem Italiener Ippolito Desideri (1684–1733).[32] In den Jahren 1714 bis 1716 begab sich dieser von Agra über Kaschmir und Ladakh nach Lhasa, wo man ihm erlaubte, eine Missionsstation zu eröffnen. In den darauffolgenden Jahren erwarb sich Desideri als erster Europäer eine gründliche Kenntnis der tibetischen Sprache und Literatur und verfasste auch selbst einige geistliche Schriften auf Tibetisch. Gleichzeitig kam es jedoch zum Konflikt mit dem Kapuzinerorden, der unter Berufung auf eine Entscheidung der Kongregation für die Verbreitung des Glaubens das alleinige Recht zur Missionierung Tibets beanspruchte und 1721 die Ausreise Desideris erzwang. Damit endeten die Aktivitäten der Jesuiten in Tibet, die auch nach der Aufhebung und Neuzulassung des Ordens im frühen neunzehnten Jahrhundert nicht wieder aufgenommen wurden.

4

Mission und Machtpolitik

Japan von der Ankunft der Jesuiten bis zum Verbot des Christentums

Warum versucht ihr Missionare so eifrig und energisch, die Leute zu bekehren? Warum zerstört ihr Shinto-Schreine und buddhistische Tempel und verfolgt die Mönche, statt euch mit ihnen gütlich zu einigen? Warum tut ihr so unvernünftige Dinge wie etwa nützliche Tiere wie Pferde und Kühe zu essen, die doch den Menschen dienen? Warum kaufen die Portugiesen viele Japaner und schaffen sie als Sklaven in ihr Land?

Der Feldherr Toyotomi Hideyoshi, 1587[1]

Während sich der Einfluss der christlichen Mission in Indien seit dem frühen sechzehnten Jahrhundert kontinuierlich verstärkte und mit der Ankunft protestantischer Missionare seit dem achtzehnten Jahrhundert immer vielfältiger wurde, erwies sich die nur wenig später begonnene Missionierung Japans als sowohl einheitlicher wie auch kurzlebiger. Von der Mitte des sechzehnten bis fast zur Mitte des siebzehnten Jahrhunderts bemühte sich Portugal im Einlang mit seinen handelspolitischen Interessen um die Christianisierung des Landes, nach deren Scheitern sich Japan für über zwei Jahrhunderte in eine politische und religiöse Isolation zurückzog.

Politik und Religion an der Schwelle zur Neuzeit

Die Anfänge der japanischen Geschichte liegen in der sogenannten Kofun-Zeit, die nach den für sie charakteristischen Hügelgräbern benannt ist und vom dritten bis zum siebten Jahrhundert dauerte. Prägend waren in dieser Zeit die intensiven Kontakte zu Korea und China, in deren Folge auch die chinesische Schrift übernommen wurde. Im siebten und achten Jahrhundert entwickelte sich Japan zu einem zentralistisch regierten Kaiserreich, eine Periode, in der auch die frühesten Werke der japanischen Literatur entstanden. In den vier Jahrhunderten der darauffolgenden Heian-Zeit, die nach der damaligen Hauptstadt Heian (heute Kyoto) benannt ist, begann jedoch bereits der Niedergang der Zentralgewalt. Regionale Machthaber aus einigen wenigen einflussreichen Familien bestimmten auch die Politik der Kamakura-Zeit, in der der Kaiser erstmals einem seiner Heerführer den erblichen Titel eines Shogun verlieh. Rivalitäten unter örtlichen Feudalherren, den sogenannten Daimyo, kennzeichnen die knapp zweieinhalb Jahrhunderte nach dem Ende des Kamakura-Shogunats (1333), in denen die einflussreiche Familie der Ashikaga den Shogun stellte. Nach ihrem Regierungssitz Muromachi in Kyoto wird diese Epoche der japanischen Geschichte daher auch als Muromachi-Zeit bezeichnet. In der darauffolgenden «Zeit der

Streitenden Reiche» oder Sengoku-Zeit mündeten die Rivalitäten örtlicher Machthaber in bürgerkriegsähnliche Unruhen, die erst 1573 mit der Absetzung des fünfzehnten und letzten Ashikaga-Shoguns ihr Ende fanden. In den nun folgenden dreißig Jahren der Azuchi-Momoyama-Zeit gelang es dem Daimyo Oda Nobunaga und seinem Nachfolger Toyotomi Hideyoshi, ihre Macht über weite Teile Japans auszudehnen. Nutznießer dieser Einigungsbestrebungen wurde Tokugawa Ieyasu (1543–1616), der 1600 in der Schlacht von Sekigahara einen entscheidenden Sieg über seine Rivalen errang und 1603 vom Kaiser zum neuen Shogun ernannt wurde. Von 1603 bis zur Wiederherstellung der unmittelbaren Herrschaft des Kaisers in den Jahren um 1870 dauerte das Shogunat der Familie Tokugawa, das nach ihrem Herrschaftssitz Edo im Osten von Tokyo auch als Edo-Zeit bekannt ist.

Vermutlich schon im sechsten Jahrhundert war der Buddhismus teils über Korea, teils direkt aus China nach Japan gelangt. Dort entwickelten sich die aus China bekannten buddhistischen Schulen unter dem Einfluss einheimischer japanischer Vorstellungen weiter und bildeten im religiösen und gesellschaftlichen Leben des Landes fortan einen wichtigen Faktor. Charakteristisch für den japanischen Buddhismus ist die Verschmelzung der buddhistischen Lehre mit Vorstellungen und Riten der traditionellen einheimischen Religion (*Shintō*), die durch die Verehrung zahlreicher übernatürlicher Wesen (*kami*) gekennzeichnet war, wobei auch die Ahnenverehrung eine wichtige Rolle spielte. Im frühen neunten Jahrhundert begründete der Mönch Kukai die buddhistische «Schule des Wahren Wortes», die nach der japanischen Lesung des chinesischen Wortes *zhēnyán* – dies eine Übersetzung des Sanskritworts *mantra* – auch als *Shingon* bekannt ist. In ihrem Zentrum steht die Verehrung eines transzendenten oder kosmischen Buddhas als Inbegriff oder Verkörperung aller Weisheit, und sie verspricht ihren Anhängern durch meditative Techniken unter Verwendung bestimmter Silben (Mantras) und Zeichen (Mudras) die Möglichkeit der Erlösung vom Kreislauf der Wiedergeburten schon in diesem Leben. Ebenfalls im frühen neunten Jahrhundert stiftete der Mönch Saicho die rivalisierende Tendai-Schule, die eine Auswahl aus Lehren des chinesischen Tiantai-Buddhismus an japanische Verhältnisse anpasste. Zu den bedeutendsten Neuerungen, die den japanischen Buddhismus in der Kamakura-Zeit und darüber hinaus bis in die Neuzeit prägen sollten, gehört die Stiftung der «Schule des Reinen Landes» (*Jōdo-shū*), in deren Mittelpunkt das hingebungsvolle Vertrauen auf den Buddha Amitabha oder Amida steht. Ihre Anhänger hofften, allein durch die Kraft dieses Buddha zur Wiedergeburt im «Reinen Land» als Vorstufe einer endgültigen Erlösung zu gelangen, was mit einer Abwertung des traditionellen Mönchtums, aber auch mit der Kritik an dessen meditativen Techniken verbunden war. Eine wichtige Rolle spielte die Meditation dagegen von jeher im chinesischen Chan-Buddhismus, der im zwölften und dreizehnten Jahrhundert unter der Bezeichnung *Zen* nach Japan gelangte.

Wichtig für die politische Bedeutung des Buddhismus in Japan waren die als *Sōhei* bekannten Kriegermönche oder Mönchskrieger, die in großen Gemeinschaften organisiert waren und zeitweise so etwas wie stehende Heere bildeten. Erstmals erscheinen sie während der Heian-Zeit in Verbindung mit bewaffneten Konflikten, bei denen es um den politischen Einfluss rivalisierender buddhistischer Schulen, die Konkurrenz von Klöstern im Hinblick auf materielle Ressourcen oder um die Besetzung politisch einflussreicher Ämter ging. So waren an der ersten Schlacht des sogenannten Genpei-Krieges (1180–1185), in dem die Familien der Minamoto und der Taira um die Vorherrschaft stritten, Mönchskrieger des Tempels von Mii-dera beteiligt. Sie kämpften mit Pfeil und Bogen, Schwertern, Dolchen und Stangenlanzen gegen die Samurai der Taira, die nach ihrem Sieg das Kloster niederbrannten. Später, als die Ashikaga-Shogune Zen-Klöstern vor jenen der Tendai-Schule den Vorzug gaben, führte dies zu bewaffneten Auseinandersetzungen. Eine neue Art von Mönchskriegern entstand im fünfzehnten und sechzehnten Jahrhundert, als sich die an der «Schule des Reinen Landes» orientierten *Ikkō-ikki* zu bewaffneten Verbänden zusammenschlossen, die immer wieder Aufstände gegen die örtlichen Machthaber organisierten.

Mission, Handel und Technologietransfer

Am Anfang der Missionierung Japans steht die Begegnung des Jesuiten Franz Xaver mit dem Japaner Anjiro im portugiesischen Handelsstützpunkt Malakka auf der Malaiischen Halbinsel im Dezember 1547.[2] Anjiro war, nachdem er jemanden umgebracht hatte, mit Hilfe eines portugiesischen Handelsschiffs von Japan nach Malakka geflohen und bot nun an, die Jesuiten auf einer Reise in seine Heimat zu begleiten und sie bei ihren Missionsbemühungen zu unterstützen. In Goa verbesserte er seine Kenntnis der christlichen Lehre und der portugiesischen Sprache, ließ sich auf den Namen Paulo de Santa Fé taufen und reiste im Frühjahr 1549 zusammen mit Franz Xaver und den beiden Jesuiten Cosme de Torres und Juan Fernández über Malakka nach Japan. Auf einem chinesischen Schiff erreichten die Missionare am 15. August – dem katholischen Hochfest der Aufnahme Mariens in den Himmel – die Hafenstadt Kagoshima an der Südwestspitze von Kyushu, der drittgrößten und am weitesten südlich gelegenen Insel Japans. Dort hatte der Daimyo Shimazu Takahisa bereits 1543 nach dem Schiffbruch einiger Portugiesen die ersten Feuerwaffen in Japan eingeführt. Interessiert an den Handelsgütern und technischen Fertigkeiten der Europäer, erteilte er nun auch den Missionaren die Erlaubnis zur Verkündung ihres Glaubens.

Der Umstand, dass die Neuankömmlinge aus Indien als dem Heimatland des Buddhismus nach Japan gekommen waren, erleichterte die erste Kontaktaufnahme mit der Bevölkerung, machte eine spätere Ernüchterung bei genauerer Kenntnis der christlichen Lehre und ihres Absolutheitsanspruchs jedoch unvermeidlich. Hinzu kamen Verständigungsschwierigkeiten, da die Jesuiten kein Japanisch konnten und zunächst nahezu vollständig von den Übersetzungen Anjiros abhängig waren, deren Zuverlässigkeit sie kaum abzuschätzen wussten. Als gewichtiger Fehlgriff erwies sich dabei schon bald die Verwendung des japanischen Wortes *Dainichi* («große Sonne» oder «großes Licht») als Bezeichnung für den christlichen Gott, da dieser Begriff zuvor bereits als Wiedergabe des indischen Wortes *(Mahā-)Vairocana* zur Benennung des kosmischen Buddha in Japan heimisch geworden war und dadurch leicht irreführende

Assoziationen wecken konnte. Im Herbst 1550 begab sich Franz Xaver von Kagoshima nach Yamaguchi im Südwesten der japanischen Hauptinsel Honshu. Von dort aus versuchte er gegen Ende des Jahres durch die Bekehrung des Kaisers und seines Hofstaats in Kyoto die Missionierung des ganzen Landes voranzutreiben. Allerdings scheiterte dies bereits daran, dass man ihn gar nicht erst zum Kaiser vorließ. 1552 wurde Franz Xaver nach Goa zurückberufen und starb wenig später auf dem Weg nach China auf der küstennahen Insel Shangchuan Dao.

Als von entscheidender Bedeutung für den weiteren Verlauf der Missionierung Japans erwies sich der Umstand, dass es Portugal 1554 nach mehreren fehlgeschlagenen Versuchen erstmals gelang, seine Handelsaktivitäten in China durch den Abschluss eines entsprechenden Abkommens zu legalisieren, und es daraufhin 1557 in der chinesischen Hafenstadt Macau einen dauerhaften Handelsstützpunkt errichten durfte. Japan dagegen hatte der chinesische Kaiser wegen der Aktivitäten japanischer Piraten vom direkten Handel mit China ausgeschlossen. Indem sich die Portugiesen unter Berufung auf ihre vom Papst verliehenen Privilegien das Handelsmonopol mit Japan sicherten, gewannen sie gleichzeitig ein Monopol für den Zwischenhandel mit China. Mit den zu jener Zeit größten Segelschiffen, den Karacken, richteten die Portugiesen schon bald einen schwunghaften Güterverkehr ein, indem sie aus China Seide, Porzellan und andere Luxuswaren nach Japan und über Malakka weiter nach Indien transportierten. Bezahlt wurden die Waren mit japanischem Silber, das in China einen sehr viel höheren Wert hatte als in Japan selbst und dadurch beträchtliche Handelsüberschüsse ermöglichte. Zusätzlich begünstigt wurde der portugiesische Handel durch die mitunter bürgerkriegsähnlichen innerjapanischen Rivalitäten, versuchten doch einige örtliche Machthaber durch die Gewährung besonders lukrativer Bedingungen einen möglichst großen Anteil an dem Handel mit China für ihren Herrschaftsbereich zu sichern. Zum Hauptstützpunkt des portugiesischen Zwischenhandels mit China wurde 1562 Yokoseura an der Nordwestspitze der Insel Kyushu und 1571 das nicht weit davon entfernte Fischerdorf Nagasaki. Beide Orte gehörten dem Adligen Omura Sumitada, der 1563 als erster Daimyo zusammen mit seinem Gefolge das Christentum annahm und sich auf den Namen Bartolomeu taufen ließ.

Nach seiner Konversion entstand in Nagasaki eine bedeutende christliche Gemeinde mit einer Kirche, einem Krankenhaus und einem Jesuitenkolleg.[3] Die erste umfassende und systematische Beschreibung Japans für Europäer veröffentlichte 1585 der portugiesische Jesuit Luís Fróis.[4]

Wie in den anderen überseeischen Missionen verfolgten die Jesuiten auch in Japan keine einheitliche Linie bei der Frage, in welchem Umfang man das Christentum an die Kultur des Missionsgebiets anpassen dürfe, ohne es zu verfälschen. Eine eher restriktive Politik verfolgte etwa Francisco Cabral, der die dortige Jesuitenmission zwischen 1570 und 1581 leitete. Weder war er dafür, die Missionare die japanische Sprache erlernen zu lassen, noch förderte er die Ausbildung einheimischer Geistlicher. Dagegen bestand er darauf, dass die Jesuiten eine schwarze Soutane und keinesfalls das orangefarbene Gewand der buddhistischen Mönche tragen sollten. Für eine stärkere Anpassung an die Kultur des Missionsgebiets plädierte dagegen Alessandro Valignano (1539–1606), der 1573 als Visitator mit der Aufsicht über die fernöstliche Mission der Jesuiten betraut wurde.[5] Ungeachtet dieser divergierenden Strategien war die Japanmission im Hinblick auf die Zahl der Neubekehrten, die Breite ihres gesellschaftlichen Spektrums, den Bau von Kirchen und die landesweite Etablierung kirchlicher Strukturen so erfolgreich, dass man die Zeit zwischen 1550 und 1650 im Rückblick als «das christliche Jahrhundert Japans» bezeichnet hat. Dass das Christentum trotz der Opposition buddhistischer Klöster in dieser Weise Fuß fassen konnte, lag wesentlich an der Unterstützung durch regionale Feudalherren, die sich durch die Zusammenarbeit mit den Portugiesen entscheidende Vorteile im Kampf um die Vorherrschaft zu verschaffen hofften. Dabei ging es nicht nur um den Handel mit China, sondern auch um die Vermittlung von technischem Wissen. Eine wichtige Rolle spielte etwa die Einfuhr und bald auch der einheimische Nachbau europäischer Vorderlader-Gewehre, sogenannter Arkebusen oder Hakenbüchsen, denen 1575 in der Schlacht von Nagashino und dann wieder 1592 bei der japanischen Invasion Koreas entscheidende Bedeutung zukam. Aber auch im Schiffbau übernahmen die Japaner schon bald eine Vielzahl europäischer Anregungen. Europäische Maltechniken unterrichtete der Jesuit Giovanni Niccolò, aus dessen Schule vor allem Werke der religiösen Gebrauchskunst hervorgingen, während sein Mitbruder Luis de Almeida 1556 in Funai (heute Oita) das erste Krankenhaus nach europäischem Vorbild gründete.

Jesuiten als Erforscher der japanischen Sprache

1591 wurde auf Veranlassung Valignanos die erste europäische Druckpresse mit beweglichen Lettern nach Japan gebracht. In der Folge entwickelten die Jesuiten in Nagasaki eine rege Publikationstätigkeit, die auch der Beschäftigung mit der japanischen Sprache zugutekam. Zu einem ihrer besten europäischen Kenner wurde der portugiesische Jesuit João Rodrigues mit dem Beinamen Tçuzu (japanisch *Tsūji* «Übersetzer»).[6] Er kam bereits als junger Mann nach Japan und schloss sich dort dem Daimyo Otomo Yoshishige an. Dieser hatte 1551 noch Franz Xaver persönlich getroffen und zehn Jahre später bei der Belagerung der Burg von Moji die militärische Hilfe der Portugiesen in Anspruch genommen. Seine Frau Nata war zwar eine erklärte Gegnerin des Christentums, doch ließ Yoshishige sich schließlich von ihr scheiden und nahm 1578 unter seinem Taufnamen Francisco das Christentum an. Im Dezember 1580 begann João Rodrigues sein Noviziat bei den Jesuiten und eignete sich schon bald eine herausragende Kenntnis der japanischen Sprache und Literatur an, woraufhin er nicht nur für Alessandro Valignano, sondern auch für den Daimyo Toyotomi Hideyoshi als Dolmetscher tätig war. Ein Jahr nach dem Ende seines theologischen Studiums in Nagasaki wurde er 1594 in Macau zum Priester geweiht und wirkte danach noch bis 1614 als Missionar in Japan.

Von 1604 bis 1608 veröffentlichte Rodrigues in drei Bänden seine auf Portugiesisch geschriebene und in Nagasaki gedruckte *Arte da Lingua de Iapam* («Japanische Sprachkunst»). Dabei handelt es sich um die älteste uns erhaltene Grammatik der japanischen Sprache, von der heute allerdings nur noch zwei Exemplare bekannt sind. In seinem Werk behandelt Rodrigues die Sprache seiner Zeit, die heute als Spätmitteljapanisch bekannt ist. Während der erste Band die Formenlehre und die Regeln zur Wiedergabe japanischer Wörter in lateinischer Umschrift zum Thema hat, bespricht der zweite Band den Satzbau, aber auch die Aussprache, Dialektmerkmale sowie die Grundlagen japanischer Rhetorik und Poetik. Der abschließende dritte Band ist dem einheimischen Schriftsystem gewidmet und enthält außerdem Angaben zu kulturspezifischen Eigenheiten wie der japanischen Namengebung und Zeitrechnung. Eine Kurzfassung seines Werks veröffentlichte Rodrigues 1620 in Macau unter dem Titel *Arte Breue da Lingoa Iapoa*.

Pionierleistungen erbrachten die Jesuiten auch im Hinblick auf die japanische Lexikografie. Hier lag eine besondere Schwierigkeit des aus China übernommenen traditionellen japanischen Schriftsystems darin, dass die chinesischen Zeichen (*Kanji*) auf unterschiedliche Weise gelesen werden können. Bei der *on*-, Klang- oder sinojapanischen Lesung orientiert sich die Aussprache am Klang des damit bezeichneten chinesischen Wortes, die allerdings an die Gegebenheiten des japanischen Lautsystems angepasst wurde. Bei der *kun*- oder japanischen Lesung dagegen betrachtet man das chinesische Zeichen als bloßen Hinweis auf das entsprechende (alt)japanische Wort, so dass ein und dasselbe chinesische Zeichen für «Hauptstadt» in der *on*-Lesung als *kyō*, doch in der *kun*-Lesung als *miyako* gelesen werden kann. (Ein vergleichbares europäisches Beispiel ist das der lateinischen Kurzschrift entlehnte Zeichen «&», ursprünglich eine Verbindung der Buchstaben *e* und *t*, das im Deutschen gewöhnlich als «und», in der Kombination «&c.» manchmal aber auch entsprechend seinem ursprünglichen lateinischen Lautwert, also *et cetera* statt deutsch «und so weiter», gelesen wird.) Da die Mehrdeutigkeit der japanischen Schriftzeichen gerade für Europäer eine beträchtliche Schwierigkeit darstellt, veröffentlichten die Jesuiten 1598 in Nagasaki unter dem Titel *Rakuyōshū* ein Wörterbuch, das erstmals beide Lesungen getrennt voneinander verzeichnete und für seine Benutzer durch ein entsprechendes Register der Zeichen im Anhang erschloss.

Ein weiteres Wörterbuch, das Missionaren das Erlernen der japanischen Sprache erleichtern sollte, erschien 1603 wiederum in Nagasaki unter dem Titel *Vocabulario da Lingoa de Iapam com Aderclaração em Portugues*. Heute nur noch in vier vollständigen Exemplaren erhalten, enthält das in Japan auch als *Nippo Jisho* bekannte Werk etwas über 32 000 japanische Wörter in lateinischer Umschrift mit Hinweisen auf dialektale und stilistische Unterschiede sowie den portugiesischen Entsprechungen. Bei der Wiedergabe der japanischen Wörter mit lateinischen Buchstaben orientierten sich die Autoren dabei zum einen an den orthografischen Konventionen der portugiesischen Sprache ihrer Zeit, zum anderen an der Aussprache des Spätmitteljapanischen um 1600. Da viele japanische Wörter hier erstmals schriftlich bezeugt sind, ist das *Vocabulario da Lingoa de Iapam* für die Geschichte des japanischen Lautsystems und des japanischen Wortschatzes noch heute von erheblicher Bedeutung.

Die ersten Japaner in Europa

Eine Schwierigkeit, mit der die Missionare immer wieder zu kämpfen hatten, war das Missverhältnis zwischen den von ihnen verkündeten christlichen Idealen und dem oft wenig dazu passenden Verhalten der europäischen Christen in ihren Missionsgebieten. Schon 1552 fasste daher Franz Xaver den Plan, zwei neubekehrte Japaner nach Portugal und Rom als dem Mittelpunkt der katholischen Welt zu entsenden, damit diese, vom Glanz und von der Macht des Christentums beeindruckt, nach der Rückkehr in die Heimat bei ihren Landsleuten mit Erzählungen davon Aufsehen erregen könnten. Bezeichnenderweise versah der Missionar diesen Plan in einem seiner Briefe mit dem Hinweis, dass die beiden dafür ins Auge gefassten Konvertiten namens Matteo und Bernardo nicht zur Oberschicht der japanischen Gesellschaft zählten, deren Angehörige kein Interesse an einer solchen Reise hätten. Da Matteo schon wenig später in Indien verstarb, trat nur Bernardo, begleitet von dem Jesuiten Andreas Fernandes, im Mai 1552 die viermonatige Seereise von Goa nach Lissabon an. Dort angekommen, verbesserte er trotz immer wiederkehrender gesundheitlicher Probleme seine Kenntnis der portugiesischen Sprache und bereitete sich im Jesuitenkolleg von Coimbra auf den Eintritt in den Orden vor. Wie von Franz Xaver geplant, reiste Bernardo im Juli 1554 von Coimbra über Barcelona und Neapel nach Rom, wo er vom Ordensgründer Ignatius von Loyola empfangen wurde und wahrscheinlich auch die Wahl Marcello Cervinis zum neuen Papst Marcellus II. miterlebte. Im Oktober 1555 kehrte der junge Japaner über Genua nach Lissabon zurück. Er verstarb jedoch bereits anderthalb Jahre später im Jesuitenkolleg zu Coimbra, ohne seine Heimat wiedergesehen zu haben.

Um 1580, während seines ersten Aufenthalts in Japan, unternahm Alessandro Valignano noch einmal den Versuch, japanischen Konvertiten auf einer Europareise die Pracht der katholischen Kirche vor Augen zu führen und dadurch die Bereitschaft ihrer noch unentschlossenen Landsleute zur Annahme des Christentums zu erhöhen. Anders als noch dreißig Jahre zuvor erhielten die Jesuiten nunmehr die Unterstützung von drei örtlichen Machthabern der Insel Kyushu, nämlich Omura Sumitada (Dom Bartolomeu), Otomo Yoshishige (Dom Francisco) und Arima Harunobu (Dom Protasio), so dass sie gleich vier junge Adlige für dieses Projekt gewinnen konnten. Es handelte sich um Ito Mancio, Chijiwa Miguel, Nakaura Julião und Hara Martinho, die alle eine Schule der Jesuiten besucht hatten und daher bereits Portugiesisch sprachen. Im Februar 1582 verließ die Gruppe, die man heute nach der zwanzigjährigen Tensho-Ära (1573–1592) mitunter als Tensho-Gesandtschaft bezeichnet, in Begleitung des Jesuiten Diogo de Mesquita und zweier Diener auf einem portugiesischen Schiff Nagasaki. Nach zweieinhalbjähriger Reise mit Aufenthalten in Macau, Malakka, Cochin und Goa erreichte sie im August 1584 Lissabon.

Auf der Iberischen Halbinsel besuchten die Japaner unter anderem Toledo, Madrid und Murcia, wobei sie von Albrecht VII. von Habsburg als dem Regenten der Spanischen Niederlande, dem Erzbischof von Toledo und Generalinquisitor Gaspar de Quiroga y Vela, König Philipp II. von Spanien sowie dessen jüngerer Schwester Kaiserin Maria empfangen wurden. Im Januar 1585 reisten die Gesandten von Alicante über Livorno, Pisa und Florenz nach Rom, wo sie mit dem Generaloberen der Jesuiten Claudio Acquaviva zusammentrafen und Audienzen bei Papst Gregor XIII. und dessen Nachfolger Sixtus V. erhielten. Über Assisi, Venedig, Mantua, Verona und Mailand gelangten sie im August 1585 nach Genua, von wo aus sie über Barcelona nach Lissabon zurückkehrten. Im April 1586 schiffte sich die Gesandtschaft in Portugal nach Goa ein, das sie indes erst im Mai 1587 erreichte. Dort verzögerte sich die Weiterfahrt erneut, so dass die Reisenden, wiederum begleitet von Alessandro Valignano, erst im Juli 1590 in Japan eintrafen.

In Europa erregte diese erste japanische Gesandtschaft großes Aufsehen, wie aus den zahlreichen zeitgenössischen, oft mit Holzschnitten bebilderten Berichten darüber hervorgeht. Bereits 1586 veröffentlichte Guido Gualtieri in Venedig seine *Relationi della venuta degli ambasciatori giapponesi*, die nur ein Jahr später als *Newe, warhaffte, aussführliche Beschreibung, der Jüngstabgesandten Japonischen Legation gantzen Raiss* auch in deutscher Übersetzung vorlag. Eine ausführliche Darstellung der Gesandtschaftsreise in vierunddreißig Gesprächen zwischen den Beteiligten erschien auf Veranlassung ihres Initiators Valignano 1590 auf Portugiesisch in Macau.[7] Doch wenn die Jesuiten gehofft hatten, der Bericht der Heimkehrer würde ihre Missionsbestrebungen in Japan in derselben Weise fördern, wie es deren Auftreten in Europa getan hatte, wurden sie enttäuscht, denn in den vierzehn Jahren seit ihrer Abreise hatte sich auch die politische Lage in Japan erheblich verändert. Zwei der drei Daimyos, die das Projekt unterstützt hatten, waren in der Zwischenzeit verstorben. Der mächtigste Herrscher des Landes war nunmehr Toyotomi Hideyoshi, der dem wachsenden Einfluss der Europäer und damit auch dem Christentum kritisch gegenüberstand. Hinzu kamen interne Rivalitäten unter den Kolonialmächten, da nunmehr auch Spanien von den Philippinen aus seinen Einfluss geltend machte und Missionare der Dominikaner und Franziskaner nach Japan entsandte.

Wie sehr sich die Gesamtlage verändert hatte, zeigt die Geschichte der nächsten und vorerst letzten Reise japanischer Gesandter nach Europa, die nach der zwanzigjährigen Keicho-Ära (1596–1615) manchmal auch als Keicho-Gesandtschaft bezeichnet wird. 1610 entsandte der Shogun Tokugawa Hidetada den Franziskaner Alonso Muños als Botschafter nach Mexiko zum Vizekönig Neuspaniens, um den Abschluss eines Handelsvertrags zu erörtern. Im Gegenzug schickte der Vizekönig daraufhin im darauffolgenden Jahr den Seefahrer Sebastián Vizcaíno nach Japan, der dort jedoch durch seinen mangelnden Respekt vor der Kultur des Landes das Missfallen der Japaner erregte und letztlich nichts erreichte. 1613 wurde daher von einheimischen Handwerkern nach europäischen Vorbildern eine Galeone gebaut, um Vizcaíno in Begleitung einer japanischen Gesandtschaft zurück nach Mexiko zu bringen. Der Leiter dieser Delegation war der Samurai Hasekura Tsunenaga, ein Gefolgsmann des Daimyo von Sendai, der durch den Abschluss eines Handelsvertrags mit Spanien seine Stellung in Japan zu stärken hoffte. Begleitet wurde die Gesandtschaft von dem spanischen Franziskaner Luis Sotelo, der mit einem solchen Vertrag die Hoffnung auf ein eigenständiges, von der 1588 gegründeten Diözese Funai unabhängiges Bistum im Norden Japans verknüpfte. Nach dreimonatiger Fahrt erreichte das japanische Schiff den Hafen von Acapulco, von wo sich einige der Reisenden über Land weiter nach Veracruz begaben, um sich dort für die Überfahrt nach Europa einzuschiffen. Nach viermonatiger Überfahrt erreichten Hasekura Tsunenaga und seine Begleiter im Oktober 1614 Spanien und wurden drei Monate später in Madrid von König Philipp III. empfangen. Wenige Wochen später ließ sich der japanische Gesandte vom Hauskaplan des Königs auf den Namen Felipe Francisco Hasekura taufen. Im Herbst reisten die Japaner auf spanischen Schiffen über Frankreich nach Rom. Dort überreichte Hasekura dem Papst im November 1615 zwei Briefe in lateinischer und japanischer Sprache, in denen der Daimyo von Sendai für den Abschluss eines Handelsabkommens und die Entsendung weiterer Missionare nach Japan warb. Der römische Senat wiederum überreichte dem Gesandten ein reich verziertes, noch heute in Sendai erhaltenes Dokument in lateinischer Sprache, mit dem er ihm die Ehrenbürgerwürde Roms verlieh. Im April 1616 traf Hasekura noch einmal mit Philipp III. von Spanien zusammen. Da dem König jedoch klar war, dass der Gesandte nur im Auftrag eines regionalen Machthabers und nicht im Namen ganz Japans oder des Shoguns handelte, mussten Hasekura und seine Begleiter zwei Monate später ohne den begehrten Handelsvertrag von Sevilla aus die Heimreise antreten. Über Mexiko und die Philippinen erreichten sie Japan schließlich im August 1620.

Wie die erste japanische Gesandtschaft erregte auch die zweite in Europa großes Aufsehen. Bereits 1615 erschien in Italien aus der Feder des Augenzeugen Scipione Amati der Bericht *Historia del regno di Voxu del Giapone*. Zwei Jahre später wurde in deutscher Sprache das Buch *Relation Und gründtlicher Bericht von deß Königreichs Voxu im Japonischen Keyserthumb Gottseliger Bekehrung* veröffentlicht. Den erhofften Erfolg in Japan jedoch zeitigte auch die zweite japanische Gesandtschaft nicht. Vielmehr veränderten sich die dortigen Verhältnisse immer weiter zuungunsten der Missionare.

Christenverfolgung und Märtyrerkult

Obschon die ersten Missionare in Japan wohlwollend aufgenommen wurden, kam es doch immer wieder zu Spannungen mit den Vertretern des Shinto und Buddhismus. Zum einen lag dies an Missverständnissen, die aufgrund der unterschiedlichen kulturellen Prägungen entstanden, zum anderen aber auch am christlichen Absolutheitsanspruch, der letztlich auf eine Bekehrung der gesamten Bevölkerung zielte und die bestehenden Religionen Japans vollständig zu ersetzen hoffte. Hinzu kam der Argwohn vieler buddhistischer Mönche, die örtlichen Machthaber könnten die neue Religion dazu benutzen, die politische und wirtschaftliche Macht der großen Klöster zu beschneiden. Kaum überraschend ließ Kaiser Ogimachi daher schon 1565 und 1568 das Christentum verbieten, was jedoch wegen seiner eigenen politischen Ohnmacht weitgehend folgenlos blieb.

Eine erste Verschärfung der Situation brachte der Aufstieg des Daimyo Toyotomi Hideyoshi, der 1587 im Kampf gegen seine Rivalen auf der Insel Kyushu erstmals die Ausweisung der Missionare verfügte. Auch dieser Erlass wurde indes wegen der engen Verflechtung von Mission und Handel nicht konsequent umgesetzt, zumal Hideyoshis Macht zum Teil auf der militärischen Unterstützung prominenter japanischer Christen beruhte. Zu ihnen gehörte etwa Konishi Yukinaga mit dem Taufnamen Agostinho, der 1592, als Hideyoshi versuchte, Korea zu erobern, zu dessen wichtigsten Heerführern zählte. Militärische Unterstützung erhielt Hideyoshi dabei auch durch den christlichen Daimyo Arima Harunobu, der zehn Jahre zuvor an der Entsendung der ersten japanischen Gesandtschaft nach Europa beteiligt gewesen war. Vier Jahre nach der Invasion Koreas brachte indessen ein schwerwiegender Zwischenfall die dramatische Wende. Im Oktober 1596 geriet ein spanisches Handelsschiff auf dem Weg von Manila nach Acapulco vor Japan im Verlauf schwerer Stürme in Seenot und lief schließlich steuerlos an der Küste der Insel Shikoku nahe der heutigen Hafenstadt Kochi auf Grund. Weil der regionale Machthaber daraufhin unter Berufung auf geltendes japanisches Recht die gesamte Ladung beschlagnahmte, wandte sich der

Kapitän hilfesuchend an Toyotomi Hideyoshi, der zwar das Amt des Kaiserlichen Regenten sechs Jahre zuvor an seinen Neffen Toyotomi Hidetsugu abgetreten hatte, aber noch immer der mächtigste Mann in Japan war. Als dessen Ratgeber Mashita Nagamori Kontakt zu der Besatzung des gestrandeten Schiffs aufnahm, zeigte ihm der spanische Navigator auf einer Seekarte den ungeheuren Umfang des spanischen Kolonialreichs und erweckte mit ungeschickten Bemerkungen bei seinem japanischen Gesprächspartner den Eindruck, die christlichen Missionare seien stets die Vorboten einer militärischen Eroberung. Zusätzlich verstärkt wurde Nagamoris Argwohn dadurch, dass die Spanier in diesem Gespräch bekräftigten, Spanien und Portugal würden von ein und demselben König regiert. Tatsächlich waren die beiden Länder bereits seit 1580 in Personalunion miteinander verbunden (und sollten dies noch bis 1640 bleiben), doch hatte Nagamori die Rivalitäten zwischen Portugiesen und Spaniern zuvor als Ausdruck einer fundamentalen Gegnerschaft interpretiert und war nun überzeugt, man habe die wahre Lage in arglistiger Absicht verschleiert. Als Hideyoshi darüber informiert wurde, machte auch er sich diese Sicht der Dinge zu eigen und beschloss, ein Exempel zu statuieren. Dafür wählte er als Hauptziel die aus den Philippinen nach Japan gekommenen Franziskaner und deren einheimische Helfer, die im Unterschied zu den Jesuiten ihre missionarischen Aktivitäten weniger im Stillen unter der Aristokratie als vielmehr im Licht einer möglichst breiten Öffentlichkeit aus allen Bevölkerungsschichten ausübten. Unter Hinweis auf das Missionierungsverbot wurden sechs ausländische Franziskaner und siebzehn japanische Angehörige des Dritten Ordens der Franziskaner, aber auch drei japanische Jesuiten demonstrativ zu einem Gewaltmarsch von Kyoto nach Nagasaki gezwungen und dort im Februar 1597 auf einem Hügel vor der Stadt gekreuzigt.

In der katholischen Welt erregte die Hinrichtung der «Sechsundzwanzig Märtyrer von Nagasaki» sogleich großes Aufsehen.[8] Namentlich hervorgehoben wurden dabei besonders der japanische Jesuit Paulo Miki sowie der aus Mexiko stammende Franziskaner Felipe de Jesús und sein in Indien geborener Mitbruder Gonsalo Garcia. Sie wurden zusammen mit den anderen Hingerichteten bereits 1627 von Papst Urban VIII. seliggesprochen und 1862 im Zuge der neuerlichen Öffnung Japans von

Hinrichtung europäischer Missionare und japanischer Christen, zeitgenössische Darstellung aus dem 17. Jahrhundert

Papst Pius IX. heiliggesprochen. Zu ihren Ehren erbauten Missionare der Pariser Mission zwei Jahre später in Nagasaki eine Kirche, die 1879 von der noch heute bestehenden neugotischen Basilika ersetzt wurde. Im August 1945 durch den Atombombenabwurf schwer beschädigt, wurde sie danach renoviert und erhielt 2016 von Papst Franziskus den Ehrentitel einer «kleineren Basilika» (*Basilica minor*), mit dem die besondere Bedeutung eines Kirchenbaus hervorgehoben wird. Seit 1962 – dem hundertsten Jahrestag ihrer Heiligsprechung – erinnern in Nagasaki außerdem ein Museum und ein Denkmal an das Schicksal der frühen japanischen Christen.

Doch während die Verehrung der Sechsundzwanzig Märtyrer das Prestige der katholischen Kirche Japans im Ausland stärkte, wurde die Lage der Missionare vor Ort immer schwieriger. Franziskaner und Jesuiten wiesen sich gegenseitig eine Mitschuld an der Eskalation der Ereignisse von 1596/97 zu, während die weitere Entwicklung hin zu einer politischen Einigung bei der japanischen Aristokratie immer wieder auch die Frage nach den Risiken eines religiösen Pluralismus und den Gefahren einer politischen Infiltration oder militärischen Intervention von

Seiten der europäischen Kolonialmächte aufwarf. Wie konfliktträchtig die Verflechtung persönlich-familiärer, politischer und religiöser Loyalitäten sein konnte, zeigt das Schicksal der japanischen Adligen Hosokawa Tama (1563–1600).[9] Ihr Vater Akechi Mitsuhide war ein Gefolgsmann des Daimyo Oda Nobunaga, den er jedoch 1582 verriet und dadurch zum rituellen Selbstmord zwang. Verheiratet mit dem Adligen Hosokawa Tadaoki, hielt Tama sich nach dem Verrat ihres Vaters eine Zeitlang versteckt und wurde schließlich auf Befehl des Daimyo Toyotomi Hideyoshi auf der Burg von Osaka interniert. Dort wandte sie sich unter dem Einfluss ihrer christlichen Zofe dem Christentum zu und wurde 1587 auf den Namen Gracia getauft. Nach dem Tod Hideyoshis im September 1598 kam es schon bald zum Konflikt zwischen Tokugawa Ieyasu und Ishida Mitsunari, die zusammen mit drei weiteren Regenten anstelle des noch minderjährigen Sohnes des Verstorbenen die Herrschaft ausüben sollten. Als Hosokawa Tadaoki die Partei Ieyasus ergriff und Mitsunari daraufhin seine Frau als Geisel zu nehmen versuchte, wurde Gracia auf Geheiß ihres Mannes von einem Diener getötet, der danach zusammen mit den anderen Angehörigen des Haushalts Selbstmord beging. Bereits 1698 verarbeitete der österreichische Jesuit Johann Bernhard Staudt zeitgenössische Berichte über diese Ereignisse in seinem Musikdrama *Mulier fortis* («Eine starke Frau»). Darin stirbt die standhafte Christin Gratia aus dem Reich Tango in Japonien durch die Hand ihres eigenen Ehemanns, der daraufhin jedoch durch Reue geläutert wird.[10] Seit dem neunzehnten Jahrhundert inspirierte Gracias Schicksal zahlreiche Dramen, Romane und Filme, darunter auch die Figur der Mariko in James Clavells 1975 erschienenem Roman *Shogun*. In der erfolgreichen gleichnamigen Fernsehserie wurde Mariko von der japanischen Schauspielerin Yoko Shimada dargestellt, die wenige Jahre zuvor in einem japanischen TV-Historiendrama die Figur der Gracia verkörpert hatte.

Im Oktober 1600 errang Tokugawa Ieyasu in der Schlacht von Sekigahara den entscheidenden Sieg über seine Rivalen. Zu seinen unterlegenen Gegnern gehörte Toyotomi Hideyoshis früherer Feldherr Konishi Yukinaga (Agostinho), der nach seiner Gefangennahme den von ihm geforderten rituellen Selbstmord unter Hinweis auf seinen christlichen Glauben ablehnte und daher enthauptet wurde. Dagegen hatte sich ein anderer christlicher Gefolgsmann Hideyoshis, der Daimyo Arima Harunobu (Protasio), nach dessen Tod rechtzeitig auf die Seite Ieyasus gestellt und durfte daher seine Stellung und einen Großteil seiner Besitzungen behalten. 1612 wurde er jedoch zusammen mit einem anderen japanischen Christen namens Okamoto Daihachi der Beteiligung an einer Verschwörung überführt, die nicht nur beide das Leben kostete, sondern auch den Shogun in seinen Zweifeln an der politischen Zuverlässigkeit seiner christlichen Untertanen bestätigte. Im Jahr 1614 wurde das Christentum gesetzlich verboten, und alle Missionare wurden zum Verlassen des Landes aufgefordert. Japanische Christen sollten ihrem bisherigen Glauben abschwören und sich stattdessen zu einem der örtlichen buddhistischen Tempel bekennen. Von da an spielte der japanische Buddhismus eine zunehmend wichtige Rolle als Stütze der Regierung, die er bis ins neunzehnte Jahrhundert behalten sollte.

Zu den prominentesten japanischen Christinnen und Christen, die in der Folge das Land verließen und die Philippinen als Exil wählten, gehörten der Daimyo Takayama Hikogoro mit dem Taufnamen Justo und die japanische Adlige Naito Julia, die 1606 eine konventähnliche Gemeinschaft japanischer Christinnen gegründet hatte. Viele andere schworen ihrer Religion ab, indem sie in einem von den Behörden durchgeführten Verfahren den Fuß auf sogenannte «Tret-Bilder» (*fumi-e*) mit Darstellungen der Muttergottes oder des Gekreuzigten setzten, um so ihrer Missachtung des Christentums Ausdruck zu geben. Zu den Missionaren, die unter der Folter ihren Glauben verleugneten, gehörte der portugiesische Jesuit Cristóvão Ferreira, der danach zum Buddhismus übertrat, eine Japanerin heiratete und bis zu seinem Tod im Jahr 1650 noch mehrere naturwissenschaftliche Schriften veröffentlichte. 1639 begegnete Ferreira dem japanischen Jesuiten Petro Kasui Kibe, der nach seiner Ausweisung aus Japan in Macau und Rom studiert hatte, heimlich nach Japan zurückgekehrt war und nach seiner Verhaftung später unter der Folter ums Leben kam. Unter den ausländischen Missionaren, die während dieser Verfolgungen das Martyrium erlitten, war auch der Franziskaner Luis Sotelo, der 1614 die zweite japanische Gesandtschaft nach Europa begleitet hatte. Er war 1622 an Bord eines chinesischen Schiffes heimlich nach Japan zurückgekehrt und wurde nach seiner Entdeckung zusammen mit dem Dominikaner Pedro Vásquez, dem Jesuiten Miguel de Carvalho und zwei japanischen Franziskanern in Omura bei Nagasaki lebendig verbrannt.

Der Shimabara-Aufstand und seine Folgen

Hand in Hand mit der Unterdrückung des Christentums gingen Veränderungen in der Außenpolitik des Landes. Dies lag teils an der zunehmenden Zentralisierung, die auf die innenpolitische Einigung folgte, teils am Niedergang der überkommenen, ganz auf Portugal und Spanien fokussierten Aufteilung von Interessensphären, was den europäischen Handel mit Südost- und Ostasien betraf. Schon im April 1600 hatte es einige Mitglieder der Besatzung eines vor Kyushu gestrandeten niederländischen Handelsschiffs, darunter den Zweiten Offizier Jan Joosten van Lodensteijn und den englischen Navigator William Adams, nach Japan verschlagen. Unter Zuhilfenahme ihrer Vermittlung nahm Tokugawa Ieyasu bereits 1604 Kontakt zur neu gegründeten Niederländischen Ostindien-Kompanie auf, die 1609 mit seiner Erlaubnis auf der Insel Hirado an der Südwestspitze Kyushus eine Handelsniederlassung gründete. Animositäten zwischen den europäischen Kolonialmächten und deren Bemühen, sich gegenseitig zu überflügeln, trugen in der Folge wesentlich dazu bei, den Argwohn der japanischen Zentralregierung gegen die wachsende Einflussnahme der Europäer im Land zu bestärken. 1635 erließ diese daher ein Gesetz, das nicht nur die illegale Einreise von Ausländern, sondern auch ungenehmigte Auslandsreisen von Japanern unter Androhung der Todesstrafe verbot. Die schon bestehenden Sanktionen gegen die Ausübung der christlichen Religion und die weitere Missionierung des Landes wurden erneuert und die Handelsaktivitäten der Portugiesen vollständig untersagt.

Zu den Regionen, in denen das Christentum früh Fuß gefasst hatte und zu Beginn des Tokugawa-Shogunats daher besonders stark vertreten war, gehörte Shimabara in der Provinz Hizen auf der Insel Kyushu. Dort herrschte seit mehreren Generationen die Familie Arima, die jedoch 1612 in Ungnade fiel und ihr Land an die Familie Matsukura verlor. Ihre Herrscher zeichneten sich durch ein besonders rigoroses Vorgehen gegen die Christen aus, machten sich darüber hinaus aber auch dadurch verhasst, dass sie, um eine neue Burg und weitere Prestigeprojekte zu finanzieren, die Abgaben drastisch erhöhten. Im Dezember 1637 entlud sich die über Jahre immer weiter gestiegene Unzufriedenheit der Bauern, Fischer, Handwerker und Händler in einem allgemeinen Aufstand, dem sich viele der als *rōnin* bezeichneten herrenlosen Samurai der Region anschlossen. Zum Anführer der Rebellen wurde ein charismatischer Jugendlicher namens Amakusa Shiro, der aus einer christlichen Familie stammte. Nach der erfolglosen Belagerung dreier Burgen verschanzten sich die Aufständischen in der Küstenfestung Hara, wo sie von den zahlenmäßig um ein Vielfaches überlegenen Regierungstruppen eingeschlossen wurden. Nach viermonatiger Belagerung, während der auf eine Bitte der japanischen Regierung hin auch holländische Geschütze die Festung von der Küste und von See aus unter Beschuss nahmen, gelang schließlich die Erstürmung Haras, woraufhin mehrere zehntausend Aufständische, darunter auch Amakusa Shiro, hingerichtet wurden.

Als eine unmittelbare Folge des Aufstands wurden die restriktiven Maßnahmen gegen das Christentum noch einmal verschärft, rigoros umgesetzt und alle Portugiesen des Landes verwiesen. Nutznießer dieser Entwicklung war die Niederländische Ostindien-Kompanie, deren Vertreter sich konsequent auf den Handel beschränkten und keinerlei Missionsabsichten zeigten. 1640 verlegten die Holländer ihre Handelsniederlassung von Hirado auf die künstliche Insel Dejima in der Bucht von Nagasaki. Bis zur neuerlichen Öffnung Japans in der zweiten Hälfte des neunzehnten Jahrhunderts blieb diese das Haupteinfallstor, durch das europäische Waren, Kenntnisse und Fertigkeiten nach Japan gelangten. Als die Zentralregierung 1720 zumindest die Einfuhr ausländischer Bücher – mit Ausnahme solcher christlichen Inhalts – freigab, entstand in Japan daher eine besondere «Hollandkunde» (*Rangaku*), über die japanische Gelehrte ihren Landsleuten wichtige Kenntnisse besonders auf den Gebieten der europäischen Naturwissenschaften, Technik und Medizin vermittelten. Umgekehrt wurden die auf Dejima tätigen Europäer zu wichtigen Gewährsleuten, deren Schilderungen so wie zuvor die Berichte der Missionare Europas Vorstellungen von Japan nachhaltig prägten. Christliche Gemeinden überlebten die Verbote und Verfolgungen durch die japanische Regierung nur in Gestalt der «Verborgenen Christen» (*Kakure Kirishitan*), die ihre Gottesdienste insgeheim in Privathäusern abhielten, ihre Glaubenslehren aufgrund fehlender Druckschriften mündlich überlieferten und ihre Kultbilder zur Tarnung an buddhistische Statuen anglichen.[11] Zwölf Stätten, die in besonderer Weise die Geschichte der japanischen verborgenen Christen vom frühen siebzehnten bis zum späten neunzehnten Jahrhundert veranschaulichen, wurden 2018 in das UNESCO-Weltkulturerbe aufgenommen. Dazu gehören nicht nur die Ruinen der Burg Hara, verschiedene Orte heimlicher Gebete und Versammlungen sowie einige Hinrichtungsstätten und Gräber, sondern auch die Kathedrale der Sechsundzwanzig Märtyrer, bei deren Errichtung sich eine Gruppe verborgener Christen nach über zweihundert Jahren der Verfolgung erstmals wieder zu erkennen gab.

5

Kulturaustausch und Akkulturation

China von der Ankunft der Jesuiten bis zum Ende des Ritenstreits

Durch einen geradezu einzigartigen bestimmten Plan des Schicksals ist es, wie ich glaube, geschehen, dass die höchste Kultur und schönste Blüte der Menschheit sich heute gleichsam an den beiden äußersten Enden unseres Kontinents angesammelt hat: in Europa und Tschina (so nämlich sprechen sie es selbst aus), das gleichsam wie ein östliches Europa auf der entgegengesetzten Seite den Rand der Erde schmückt. Vielleicht hat die Höchste Vorsehung es so eingerichtet, dass, während die kultiviertesten und zugleich voneinander entferntesten Völker die Arme zueinander ausstrecken, allmählich alles, was dazwischen liegt, zu einer höheren Weise des Lebens geführt wird.

Gottfried Wilhelm Leibniz, 1697[1]

Eng verbunden mit der Präsenz katholischer Missionare in Indien und Japan waren Missionierungsversuche in China. Hier zielte die Mission der Jesuiten vor allem auf die Person des Kaisers, seinen Hofstaat und die Beamtenschicht. Doch obwohl intensive persönliche Kontakte einen umfangreichen kulturellen Austausch in beide Richtungen nach sich zogen, konnte die Mission über viele Jahrzehnte hinweg nur relativ wenige Bekehrungen vorweisen. Ähnlich wie in Japan wurde sie schließlich durch einen Erlass der Zentralregierung vollständig verboten.

China und seine Religionen

Als europäische Missionare erste Kontakte aufnahmen, konnte die chinesische Kultur bereits auf eine über zweitausendjährige Geschichte zurückblicken. Ihre Anfänge fallen in die Zeit zwischen dem achtzehnten und dem zwölften Jahrhundert v. Chr., als die Herrscher der Shang-Dynastie ein Reich beherrschten, das sich von der Küste des Ostchinesischen Meeres entlang des unteren und mittleren Laufs des Gelben Flusses (Huang He) und nach Süden hin bis zum mittleren Jangtsekiang erstreckte. Schon im dritten Jahrhundert v. Chr. begann mit den Herrschern der Qin- und der Han-Dynastie die Tradition des chinesischen Kaiserreichs. In diese Zeit fallen die Angliederung weiter Gebiete im heutigen Südchina und die Unterwerfung mehrerer Fürstentümer entlang der Seidenstraße, in deren Folge sich weitreichende Handelsbeziehungen und ein intensiver kultureller Austausch mit den Regionen des Vorderen Orients und dem Mittelmeerraum entwickelten. Auf die Absetzung des letzten Han-Kaisers um 220 folgten mehrere Jahrhunderte der territorialen Zersplitterung und innerchinesischen Machtkämpfe, doch von 681 bis 907 übte über ganz China die Tang-Dynastie ihre Macht aus, deren Herrscher militärische Erfolge gegen die Turkvölker im Nordwesten errangen und dadurch den Einfluss des Kaiserreichs entlang der Seidenstraße ausdehnen konnten. Diplomatische Kontakte bestanden um diese Zeit unter anderem zum Oströmischen und zum aufstrebenden Arabisch-Islamischen

Reich, doch pflegten die Tang-Kaiser auch intensive Beziehungen zu Korea und zu dessen Nachbarn Japan.

Auf das Ende der Tang-Dynastie 907 folgte ein halbes Jahrhundert der politischen Zersplitterung, doch gelang es dem Heerführer Zhao Kuangyin um 960, etliche Provinzen unter seiner Herrschaft zu vereinen und so die Song-Dynastie zu begründen. In diese Epoche fallen die Einführung des Papiergelds und die Erfindung des Schießpulvers, aber auch eine Zunahme des Buchdrucks, eine Steigerung der Wirtschaftsleistung durch verbesserte Anbaumethoden und ein beträchtliches Bevölkerungswachstum. 1215 fielen die Mongolen unter Dschingis Khan in Nordchina ein und eroberten Peking. Sein Enkel Kublai Khan machte die Stadt 1264 zum Regierungssitz seines Reichs und begründete 1271 die mongolische Yuan-Dynastie, die die Song-Dynastie 1279 ablöste und die Geschichte Chinas bis 1368 bestimmte. Da die Mongolen in China nur eine Bevölkerungsminderheit stellten, unterhielten sie intensive Kontakte zu den weiter westlich gelegenen Reichen der Goldenen Horde und der muslimischen Il-Khane, was nicht zuletzt einen Aufschwung des Fernhandels und des Kulturaustauschs zur Folge hatte. Um die Mitte des vierzehnten Jahrhunderts leiteten jedoch Hungersnöte und regionale Aufstände den Niedergang der Mongolenherrschaft in China ein. 1368 vertrieb Zhu Yuanzhang den letzten Yuan-Kaiser aus Peking und begründete unter dem Namen Hongwu die Ming-Dynastie, die erst 1644 durch die Mandschu-Dynastie der Qing abgelöst wurde.

In religionsgeschichtlicher Hinsicht spielten in China bis zum Beginn der Neuzeit der Daoismus, Konfuzianismus und Buddhismus eine besonders wichtige Rolle. Den Beginn des Daoismus verbindet die chinesische Überlieferung mit dem Wirken des Laozi (Lao-Tse), der als älterer Zeitgenosse des Konfuzius im sechsten Jahrhundert v. Chr. gelebt haben soll. Ob er tatsächlich eine historische Gestalt war, ist jedoch umstritten; vielleicht dienten der Name und die daran geknüpften Erzählungen lediglich dazu, der als *Daodejing* anonym überlieferten Schrift einen Verfasser zu geben. Im Mittelpunkt des *Daodejing* und des Daoismus überhaupt steht der Begriff des Dao (*dào*, ältere Umschrift *tao*). Er bedeutete ursprünglich soviel wie «Weg» oder «Bahn» und konnte daher im übertragenen Sinn auch den «Ablauf» oder das «Gesetz» sowie den «rechten Weg» oder die

«Methode» bezeichnen. Im Daoismus dient Dao als eine Art Chiffre für das Absolute, die höchste Wirklichkeit oder das Weltgesetz, das hinter allen Erscheinungen steht. Ein weiterer zentraler Begriff ist Qi (*qì*, ältere Umschrift *ch'i*), das eine Art Fluidum oder vitale Energie bezeichnet. Seit dem zweiten Jahrhundert entwickelte sich der Daoismus zu einer Religion mit eigenen Funktionsträgern, Tempeln, Ritualen, Festen, der Ausbildung eines Kanons heiliger Schriften, einer Vielzahl von Gottheiten und einer ihnen gewidmeten Liturgie. Eine erste Blüte erlebte der Daoismus vom siebten bis zehnten Jahrhundert unter der Tang-Dynastie, deren Herrscher sich auf Laozi als ihren mythischen Ahnherrn beriefen.

Ähnlich spärlich wie beim Daoismus ist die Quellenlage für die frühe Geschichte des Konfuzianismus. Chinesischer Überlieferung zufolge lebte der als Kongfuzi («Lehrmeister Kong») bekannte Begründer dieser Tradition von 551 bis 479 v. Chr. Als wichtigste Quelle seiner Lehre gelten die sogenannten «Analekten» oder «Gespräche» (*lún yŭ*) mit seinen Schülern, die in der uns vorliegenden Fassung allerdings erst im zweiten Jahrhundert n. Chr. nach älteren Quellen zusammengestellt wurden. In ihrem Mittelpunkt steht das Bildungsideal des edlen Menschen. Er verwirklicht in seinem Handeln Mitmenschlichkeit im Sinne der Integration des Einzelnen in die Gesellschaft (*rèn*), Gerechtigkeit (*yí*), Folgsamkeit und Fürsorge gegenüber den Eltern und Vorfahren (*xiào*) sowie Anstand und angemessene Umgangsformen (*lĭ*). Die Adaption und Weiterentwicklung dieses Bildungsideals bezeichnet man mit dem Begriff der «Schule der Gelehrten» (*rújiā*). Analog zum Begriff der «Lehre des Dao» (*Dàojiào*) gibt es in China aber auch den Begriff der «Lehre des Konfuzius» (*Kŏngjiào*). Er bezeichnet im Unterschied zur «Schule der Gelehrten» kein Bildungsideal, sondern die kultische Verehrung des Konfuzius, die bereits zur Zeit der Han-Dynastie nachweisbar ist. Gemeinsam ist beiden Ausprägungen des Konfuzianismus eine hierarchische Gesellschaftsordnung, in welcher der Einzelne je nach seiner Stellung die ihm zukommende Funktion ausüben soll. Eine staatstragende Rolle spielte die als Neukonfuzianismus bekannte Weiterentwicklung älterer konfuzianischer Lehren besonders für die Ausbildung der Beamtenschicht des chinesischen Kaiserreichs.

Schon unter der Han-Dynastie wurden fünf konfuzianische Schriften zu einem Kanon der «Fünf Klassiker» (*Wujing*) zusammengestellt. Dabei handelt es sich um das «Buch der Wandlungen» (*Yijing*), das ursprünglich aus der Orakelpraxis stammt, das «Buch der Lieder» (*Shijing*), eine Sammlung von über dreihundert Festliedern mit rituellen und kultischen Bezügen, das «Buch der Urkunden» (*Shujing* oder *Shangshu*), eine Sammlung von politischen Erklärungen, Gesetzen und Erlassen in chronologischer Anordnung, das «Buch der Riten» (*Liji*), eine umfangreiche Sammlung von Anweisungen und Regeln aus dem Bereich des Hofzeremoniells, der zwischenmenschlichen Etikette und des Ahnenkults, sowie schließlich die «Frühlings- und Herbstannalen» (*Chunqiu*), eine Chronik von Ereignissen des späten achten bis frühen fünften Jahrhunderts v. Chr. Durch die Aufnahme weiterer Schriften wurde diese Sammlung bis zur Tang-Zeit zum Kanon der «Dreizehn Klassiker» (*Shisan jing*) erweitert. Ausgehend von diesen beiden älteren Sammlungen der Fünf bzw. Dreizehn Klassiker schuf der Neukonfuzianer Zhu Xi im zwölften Jahrhundert die für spätere Zeiten maßgebliche Sammlung der «Vier Bücher» (*Si Shu*). Zu ihnen gehören erstens «Das Große Lernen» (*Da Xue*), ein Kapitel aus dem «Buch der Riten» mit Ausführungen zu zentralen Aspekten der politischen Philosophie, zweitens die noch in der Han-Zeit zusammengestellten «Gespräche des Konfuzius» (*Lun Yu*), drittens das «Buch von Mitte und Maß» (*Zhong Yong*), das ebenfalls aus dem «Buch der Riten» stammt und eine Anleitung zur Selbstvervollkommnung enthält, sowie schließlich eine Sammlung der Gespräche des Philosophen Mengzi. Die zentrale Bedeutung der neukonfuzianischen Klassiker für weite Bereiche der chinesischen Kultur beruhte vor allem darauf, dass die genaue Kenntnis und Identifikation mit der konfuzianischen Philosophie eine Hauptvoraussetzung für das Bestehen der Beamtenprüfung darstellte. Sie stand theoretisch zwar weiten Kreisen der (männlichen) Bevölkerung offen, konnte jedoch wegen des enormen Zeitaufwands, den die Bewältigung des Wissensstoffs erforderte, nur von einer relativ kleinen Schicht mit Erfolg abgelegt werden.

Der Buddhismus gelangte bereits in den ersten Jahrhunderten unserer Zeitrechnung nach China, breitete sich dort jedoch erst seit dem siebten Jahrhundert unter der Tang-Dynastie weithin aus. In der Folge entwickelten sich unterschiedliche buddhistische Schulen, die in der Überlieferung mit den Namen bedeutender Lehrer verknüpft sind. Besonders einflussreich und weit verbreitet war dabei die Jingtu-Schule, die auch als «Schule des Reinen Landes» oder «Amitabha-Buddhismus» bekannt ist. In ihrem Mittelpunkt steht die Verehrung eines transzendenten Buddha Amitabha, der über ein «Reines Land» jenseits des leidvollen Kreislaufs der Wiedergeburten herrscht. Durch das Vertrauen auf die «Kraft» des Buddha Amitabha, das sich vor allem durch die vollkommene Hingabe in der Anrufung seines Namens manifestiert, hofft der Gläubige, nach seinem Tod selbst in dieses Reine Land einzutreten. Als eine weitere einflussreiche Form des chinesischen Buddhismus etablierte sich seit dem fünften und sechsten Jahrhundert die Chan-Schule, in der man durch bestimmte Übungen und meditative Versenkung einen höheren Bewusstseinszustand (Sanskrit *dhyāna*, daraus chinesisch *chán*) zu erreichen versuchte. Viele chinesische Herrscher standen dem Buddhismus positiv gegenüber und stützten sich in ihrem Bemühen um die Festigung und Erweiterung der eigenen Macht auf den Einfluss der großen buddhistischen Klöster. Dies führte aber auch immer wieder zu Spannungen, da die Mönche von sämtlichen Abgaben befreit waren, ihre ehe- und kinderlose Lebensweise den Idealen des Konfuzius zuwiderlief und der klösterliche Einfluss auf die Politik sich auch gegen den regierenden Herrscher wenden konnte. Zu einem wichtigen Förderer der buddhistischen Lehre wurde in der zweiten Hälfte des dreizehnten Jahrhunderts Kublai Chan, der sich nach der Eroberung Chinas gegen den Konfuzianismus und Daoismus wandte, den Buddhismus aber begünstigte. Dagegen gewann unter den darauffolgenden Dynastien der Ming und Qing der Konfuzianismus wieder die Oberhand.

Die Vermittlung europäischen Wissens

Noch vor dem Anbruch der Neuzeit waren immer wieder einzelne europäische Reisende nach China gelangt, doch war es nie gelungen, dauerhafte Kontakte zu etablieren. Als Portugal daher kurz nach der Eroberung Malakkas im August 1511 Schiffe zur Erkundung der chinesischen Küste entsandte, war diese Begegnung für beide Seiten ein Neuanfang. Zunächst indes verlief sie wenig glücklich, da es schon bald zu gewaltsamen Übergriffen durch die Portugiesen kam, die von chinesischer Seite mit Vergeltungsmaßnahmen beantwortet wurden. Erst um die Mitte des sechzehnten Jahrhunderts verbesserten sich die Beziehungen allmählich, so dass Portugal 1557 die Erlaubnis zur Errichtung eines dauerhaften portugiesischen Handelsstützpunkts in Macau erhielt, der in den darauffolgenden Jahrzehnten den Ausgangspunkt der Missionierung Chinas bildete.[2]

Die frühesten Aktivitäten der Jesuiten gehen auf die Initiative Alessandro Valignanos zurück. Dieser hatte während seines ersten Besuchs in Japan die Überzeugung gewonnen, dass profunde Sprachkenntnisse eine Grundvoraussetzung seien, und bat daher nun die Ordensleitung um die Entsendung geeigneter Missionare. Der erste Jesuit, der daraufhin aus Indien geschickt wurde, um vor Ort das Chinesische zu erlernen und den Sprachunterricht für weitere Missionare zu organisieren, war der Italiener Michele Ruggieri (1543–1607). Er traf im Juli 1579 in Macau ein, drei Jahre später gefolgt von seinem jüngeren Landsmann Matteo Ricci (1552–1610).[3] 1583 erhielten Ruggieri und Ricci die Erlaubnis, von Macau in die südchinesische Provinzhauptstadt Zhaoqing überzusiedeln. Um sich die Unterstützung der chinesischen Regierung für weitergehende missionarische Aktivitäten zu sichern, kehrte Ruggieri 1588 nach Rom zurück, um beim Papst um die Entsendung einer Gesandtschaft an den Hof des chinesischen Kaisers Wanli zu werben. Als er mit diesem Projekt scheiterte, zog er sich – auch aus gesundheitlichen Gründen – nach Salerno zurück, wo er im Mai 1607 verstarb. Unterdessen war es jedoch seinem Mitbruder Ricci gelungen, 1598 in die ehemalige Hauptstadt Nanjing und 1601 sogar nach Peking vorzudringen, wo er die letzten neun Jahre seines Lebens verbrachte und auch bestattet wurde.

Wie viele seiner Ordensbrüder in Indien und Japan setzte auch Matteo Ricci im Einklang mit den Vorstellungen Alessandro Valignanos auf eine weitgehende «Akkommodation» im Sinne der Angleichung an die kulturellen Verhältnisse seines Missionsgebiets. Dementsprechend kleidete sich Ricci wie ein buddhistischer Mönch.[4] Wesentlich erleichtert wurden seine Aktivitäten durch das große Interesse, das chinesische Intellektuelle an den mathematischen, astronomischen und naturwissenschaftlichen Kenntnissen der Jesuiten zeigten, wobei ihre Fähigkeiten auf

Der Jesuit Matteo Ricci und der chinesische Mathematiker Xu Guangqi, Abbildung in Athanasius Kirchers *China Illustrata*, 1667

den Gebieten der Kartografie und des Kalenderwesens eine besondere Faszination ausübten.[5] 1603 bekehrte sich der chinesische Mathematiker, Astronom und Agronom Xu Guangqi zum Christentum und ließ sich auf den Namen Paulo taufen. Vier Jahre später begann Ricci mit ihm zusammen die ersten sechs Bücher der Elemente Euklids ins Chinesische zu übersetzen, wobei dem Jesuiten die 1574 veröffentlichte Ausgabe seines ehemaligen Lehrers Christopher Clavius als Vorlage diente.[6] Darüber hinaus beschäftigte sich Xu Guangqi in den letzten Lebensjahren Riccis und nach dessen Tod mit europäischen landwirtschaftlichen Methoden sowie mit europäischer Militärtechnologie. Ein weiterer chinesischer Beamter, dessen Studium der europäischen Wissenschaften schließlich zu seiner Annahme des Christentums führte, war Li Zhizao, der sich kurz vor Riccis Tod auf den Namen Leon taufen ließ und später die Missionare bei der Übersetzung europäischer mathematischer und naturwissenschaftlicher Werke ins Chinesische unterstützte. Ein Jahr nach Riccis Tod konvertierte der Buddhist Yang Tingyun zum Christentum, nachdem er zuvor bereits über Jahre hinweg mit den Jesuiten an dem Projekt eines chinesischen Weltatlas zusammengearbeitet hatte. Unter dem Titel *Zhifang Waiji* wurde diese bis dahin umfassendste Sammlung chinesischer Karten und Länderbeschreibungen 1623 erstmals veröffentlicht und bildete von da an eine wichtige Grundlage für die weitere Entwicklung der chinesischen Kartografie.[7]

Einen wesentlichen Beitrag zur Verstetigung der Missionsaktivitäten in China leistete das 1594 gegründete Jesuitenkolleg St. Paul in Macau, dessen barocke Kirchenfassade auf einem Hügel unterhalb der einstigen Festung noch heute zu den bekanntesten Wahrzeichen der Stadt zählt. Als erste Universität Ostasiens nach europäischem Vorbild wurden dort bis zur Vertreibung der Jesuiten im Jahr 1762 viele hundert Missionare ausgebildet, die danach in China und weiteren ostasiatischen Ländern aktiv waren. Etliche von ihnen waren in der Folge an verborgener Stelle seelsorgerlich tätig und sind uns, da entsprechende Aufzeichnungen fehlen, heute kaum mehr als dem Namen nach bekannt. Andere wiederum erwecken durch ihre ausgedehnten naturwissenschaftlichen Forschungen und reichhaltigen Veröffentlichungen auf diesem Gebiet den Eindruck, dass sie sich als Forscher letztlich sehr viel wohler fühlten denn als Seelsorger. Ein Beispiel ist der Jesuit Johannes Schreck (1576–1630), der 1619 in Macau eintraf, zwei Jahre später nach China reiste und dort in intensivem Austausch mit chinesischen Gelehrten die letzten elf Jahre seines Lebens verbrachte.[8] Geboren in Bingen bei Sigmaringen, hatte Schreck nach Studien in Freiburg unter anderem in Paris, Prag und Rom gewirkt, bevor er 1611 in den Jesuitenorden eintrat, 1616 zum Priester geweiht wurde und zwei Jahre später nach Indien reiste. Dort arbeitete er an einem umfassenden Handbuch asiatischer Pflanzen, das später jedoch verlorenging. In China verfasste er in Zusammenarbeit mit einheimischen Gelehrten unter anderem einen Abriss der Anatomie, eine Darstellung des europäischen Maschinenbaus sowie mehrere Abhandlungen über Trigonometrie und Astronomie. Als Theologe wie auch als Mathematiker wirkte dagegen der Italiener Giulio Aleni (1582–1649), der nicht nur durch seine Mitarbeit am Abschluss des Atlaswerks *Zhifang Waiji*, sondern auch als erster Biograf Matteo Riccis und Verfasser einer katholischen Glaubenslehre bekannt wurde.[9] Unter dem Titel *Kouduo richao* veröffentlichte ein chinesischer Konvertit namens Li Jiubiao die Gespräche, die Giulio Aleni und sein litauischer Mitbruder Andrius Rudamina 1629/30 in der südostchinesischen Provinz Fujian mit Anhängern des Konfuzianismus führten.[10]

Ein langjähriges Projekt der Jesuiten in Peking war die Reform des chinesischen Kalenders. Die Anfänge lassen sich bis auf den Italiener Sabatino de Ursis (1575–1620) zurückverfolgen, der während seiner Missionstätigkeit in China zusammen mit Xu Guangqi ein Lehrbuch der Hydraulik herausbrachte und gemeinsam mit seinem spanischen Mitbruder Diego de Pantoja (1571–1618) die Möglichkeiten einer Präzisierung des chinesischen Kalenders sondierte. Nach Schrecks Tod waren vor allem der aus dem Rheinland stammende Jesuit Adam Schall von Bell (1592–1666) und sein aus Mailand stammender Mitbruder Giacomo Rho (1593–1638) an der Ausarbeitung des neuen Kalenders beteiligt. Auch Schall beschränkte sich indes keineswegs nur auf die Mathematik, vielmehr veröffentlichte er 1640 nicht nur eine chinesische Übersetzung des Bergbau-Handbuchs *De re metallica* von Georg Agricola, sondern auch ein für den chinesischen Kaiser bestimmtes Leben Jesu mit Bildern.[11] Die abschließenden Arbeiten an der Kalenderreform fielen in die letzten Jahre der Herrschaft des Kaisers Chongzhen, der 1644 von den Mandschu gestürzt wurde und sich daraufhin das Leben nahm. Im Unterschied zu einigen anderen Jesuiten, die im Süden des Landes die neue Dynastie der Qing nicht sogleich anerkennen wollten, konnte Schall seine privilegierte Stellung am kaiserlichen Hof auch unter dem neuen, 1644 noch minderjährigen Kaiser Shunzi behaupten.[12] Zu seinem Mitarbeiter machte er den flämischen Jesuiten Ferdinand Verbiest (1623–1688), der unter der Herrschaft des zweiten Qing-Kaisers Kangxi zu einem der wichtigsten Berater des Hofes aufstieg. Berühmt in der Geschichte des Automobils ist Verbiests Beschreibung eines von ihm konstruierten, mit Dampfkraft angetriebenen vierrädrigen Fahrzeugs, das auf der praktischen Nutzung einer schon seit der Antike bekannten Wärmekraftmaschine beruht.[13] Verbiests Nachfolger als Hofastronom wurde der belgische Jesuit Antoine Thomas (1644–1709).[14]

Europäische Vorstellungen von China

In demselben Maße, wie den Missionaren eine Schlüsselrolle bei der Vermittlung europäischen Wissens an China zukam, prägten sie auch das Bild, das man sich in Europa vom Reich der Mitte machte.[15] Das erste in Europa gedruckte Buch über China, das heute zumeist unter dem Titel *Tratado das cousas da China* bekannt ist, veröffentlichte 1569 der portugiesische Dominikaner Gaspar da Cruz. Es fand indessen zunächst nur wenig Beachtung. 1585 verfasste der spanische Augustiner-Eremit Juan González de Mendoza (1545–1618) auf der Grundlage zeitgenössischer Reiseberichte unter dem Titel *Historia de las cosas más notables, ritos y costumbres del gran reyno de la China* eine Darstellung der chinesischen Kultur und ihrer Geschichte, die bereits 1588 ins Englische übertragen wurde und ein Jahr später auch in einer deutschen Teilübersetzung erschien.[16] Sie alle überragte allerdings das Werk, das 1615 in lateinischer Sprache unter dem Titel *De christiana expeditione apud Sinas* («Über die christliche Mission bei den Chinesen») in Augsburg herauskam und innerhalb weniger Jahre ins Französische, Deutsche, Spanische und Italienische übersetzt wurde. Es enthielt die Beobachtungen und Informationen, die Matteo Ricci während seines langjährigen Aufenthalts in China gemacht hatte und die wenige Jahre nach seinem Tod von seinem Mitbruder Nicolas Trigault (1577–1628) ins Lateinische übertragen wurden. Gegliedert in fünf Teile mit jeweils elf bis einundzwanzig Kapiteln, enthält das Werk nicht nur die bis dahin umfassendste Darstellung der missionarischen Aktivitäten der Jesuiten in China bis zum Tod Matteo Riccis, sondern auch eine ausführliche Beschreibung der geografischen Lage des Kaiserreichs sowie seiner Wirtschaft, Gesellschaft, Sprache, Religionen und Kultur.

Auch in den folgenden Jahrzehnten nahmen Jesuiten in der Chinakunde eine führende Stellung ein. Dies zeigt das Buch *Imperio de la China*, das der portugiesische Jesuit Álvaro Semedo (1585–1658) nach mehrjähriger Missionstätigkeit in Zentral- und Südchina 1641 in seiner Muttersprache und ein Jahr später auf Spanisch veröffentlichte. Gegliedert in drei Teile, behandelt der Band nur in seinem dritten Teil oder weniger als der Hälfte die christliche Mission in China. In den beiden ersten Teilen gibt der Autor nach einem geografischen Überblick über das Land und seine Provinzen zunächst eine Charakteristik seiner Bevölkerung. Darauf folgen ausführliche Informationen zu Sprache und Literatur, Bildungswesen, Wissenschaften, Sitten und Gebräuchen, religiösen Anschauungen sowie schließlich Regierung und Verwaltung. Enzyklopädischen Charakter trug auch das reich bebilderte Werk *China Illustrata*, das der jesuitische Universalgelehrte Athanasius Kircher (1602–1680) nicht auf Grundlage eigener Anschauung, sondern gestützt auf die umfangreichen Aufzeichnungen der Missionare seines Ordens erstmals 1667 herausbrachte. Angereichert mit kulturgeschichtlichen Spekulationen zur Abstammung der Chinesen von Noahs Sohn Ham und zur Abhängigkeit der chinesischen Schrift von den ägyptischen Hieroglyphen, trug das Buch maßgeblich zum Aufschwung des europäischen Interesses an China bei und wurde schon kurz nach seinem Erscheinen ins Niederländische, Englische und Französische übersetzt.[17] Ein weiterer einflussreicher Text, zwischen 1650 und 1668 verfasst von dem portugiesischen Jesuiten Gabriel de Magalhães, war das Buch *Doze excelencias da China*, das 1688 unter dem Titel *Nouvelle Relation de la Chine* in einer französischen Übersetzung sowie kurz danach auch in einer englischen Ausgabe herauskam.

Neben solchen Überblickswerken und Popularisierungen veröffentlichten die in China tätigen Missionare der Jesuiten indes auch zahlreiche grundlegende Fachbücher, so etwa auf dem Gebiet der Sprachwissenschaft. Schon in den Jahren 1583–1588 stellten Michele Ruggieri und Matteo Ricci das erste portugiesisch-chinesische Wörterbuch mit einer Wiedergabe der chinesischen Wörter in lateinischen Buchstaben zusammen. Zunächst ungedruckt, wurde dieses Werk erst 1934 wiederentdeckt und schließlich 2001 veröffentlicht.[18] Ein weiteres Wörterbuch, das heute verloren ist, entstand in Zusammenarbeit mit dem italienischen Jesuiten Lazzaro Cattaneo (1560–1640), der erstmals ein System diakritischer Zeichen zur Bezeichnung der verschiedenen Töne des Chinesischen ersann. Mit der Schreibung chinesischer Wörter in lateinischen Buchstaben beschäftigte sich auch Nicolas Trigault in seinem 1626 erschienenen Buch *Xiru Ermu Zi* («Hilfe für die Augen und Ohren westlicher Gelehrter»).[19]

Die erste chinesische Grammatik verfasste 1652/53 Martino Martini; gedruckt wurde sie erstmals von dem Orientalisten Melchisédec Thévenot in seinem umfangreichen Sammelwerk *Relations des divers voyages curieux* (1663–1672).[20] 1703 brachte der spanische Dominikaner Francisco Varo die zweite chinesische Grammatik unter dem Titel *Arte de la lengua mandarina* heraus.

Europäische Entsprechungen fanden auch die Karten, Atlanten und landeskundlichen Beschreibungen der Jesuiten in China. Als Bestandteil des elfbändigen *Atlas Maior* oder «Großen Atlas», von dem niederländischen Geografen Joan Blaeu herausgegeben, erschien 1655 unter dem Titel *Novus Atlas Sinensis* ein Einzelband über China, Japan und Korea, für den Martino Martini verantwortlich zeichnete. 1661 kam unter dem Titel *Mappa Imperii Sinarum* das zweite große Kartenwerk über China heraus. Es beruht auf den Aufzeichnungen des polnischen Jesuiten Michał Boym (1612–1659), der 1656 mit seiner *Flora Sinensis* bereits eine bahnbrechende Darstellung der chinesischen Pflanzenwelt verfasst hatte. Die erste einflussreiche Darstellung der chinesischen Philosophie erschien 1687 unter dem Titel *Confucius Sinarum Philosophus*. Ihre Autoren waren die Jesuiten Philippe Couplet, François de Rougemont, Prospero Intorcetta und Christian Herdtrich. Mit ihrem dem französischen König Ludwig XIV. gewidmeten Werk legten sie zugleich die erste Übersetzung der «Gespräche» oder gesammelten Aussprüche des Konfuzius in einer europäischen Sprache vor.[21] 1711 veröffentlichte dann der flämische Jesuit Jean-François Noël mit *Sinensis Imperii Libri Classici Sex* die erste lateinische Übersetzung aller kanonischen «Vier Bücher» des Neokonfuzianers Zhu Xi, bestehend aus den drei Büchern der Gespräche des Konfuzius, der Schrift «Das große Lernen», dem «Buch von Mitte und Maß» sowie den Gesprächen Mengzis. Zu den ersten europäischen Philosophen, die sich intensiv mit China beschäftigten und dabei in besonderem Maße auf die Darstellungen der Jesuiten zurückgriffen, zählt Gottfried Wilhelm Leibniz, der auch eine umfangreiche Korrespondenz mit den Missionaren pflegte. Fasziniert von der chinesischen Mathematik und Moralphilosophie, plädierte er in seiner 1697 erschienenen Schrift *Novissima Sinica* («Das Neueste von China») mit Nachdruck für eine Intensivierung des kulturellen Austauschs zwischen China und Europa.[22] Für die von Noël übersetzten Schriften des Konfuzius und Mencius begeisterte sich der Aufklärer Christian Wolff, dessen 1721 an der Universität Halle gehaltene Festrede über die praktische Philosophie der Chinesen zum Zerwürfnis mit den Vertretern des Halleschen Pietismus und zu seiner Ausweisung aus Preußen durch König Friedrich Wilhelm I. führte.

Eine besondere Bedeutung für die Rezeption der chinesischen Philosophie durch die Philosophen der Aufklärung erlangte eine umfangreiche Sammlung von Missionarsberichten aus verschiedenen außereuropäischen Ländern, die zwischen 1702 und 1776 in vierunddreißig Bänden unter dem Titel *Lettres édifiantes et curieuses* in Paris veröffentlicht wurde. Ihr Begründer war der französische Jesuit Jean-Baptiste Du Halde, der 1735 gestützt auf diese Berichte und weitere, teilweise unveröffentlichte Quellen auch selbst eine vierbändige Beschreibung Chinas (*Description de la Chine*) publizierte.[23] Eine deutsche Übersetzung dieser Sammlung mit zusätzlichen Erläuterungen begründete 1726 der österreichische Jesuit Joseph Stöcklein unter dem Titel *Der Neue Welt-Bott*. Sie wurde nach seinem Tod von anderen Jesuiten weitergeführt und umfasste bis 1758 insgesamt vierzig Teile.[24] Einer der letzten jesuitischen Gelehrten, die im achtzehnten Jahrhundert aus eigener Anschauung und durch eigene Forschungen das europäische Wissen über China bereicherten, war der aus Toulon stammende Joseph-Marie Amiot (1718–1793). Über vier Jahrzehnte lang in Peking ansässig, verfasste er ein mehrbändiges Wörterbuch Mandschu-Französisch und eine Grammatik der Mandschu-Sprache, übersetzte 1772 den chinesischen Klassiker *Die Kunst des Krieges* von Sunzi ins Französische und veröffentlichte 1779 die erste fundierte Abhandlung über chinesische Musik.[25]

Auf der Suche nach gemeinsamen Ursprüngen

Ein von jeher bestehendes Problem der christlichen Mission war der Umgang mit tatsächlichen oder auch nur vermeintlichen Übereinstimmungen zwischen dem Christentum und anderen Religionen. Hier bildeten sich in der Weiterentwicklung biblischer und griechisch-römischer Vorstellungen unterschiedliche Strategien heraus, auf die man in der Neuzeit immer wieder zurückgriff. Eine dieser Strategien bestand darin, solche Parallelen als teuflische Verzerrungen der christlichen Offenbarung abzutun, deren einziger Zweck darin bestünde, die Menschen von der Verehrung des einen wahren Gottes abzuhalten. In der Praxis waren diesem Verfahren jedoch relativ enge Grenzen gesetzt, da manche Aspekte der außerchristlichen Religionen so eng mit der gesamten Kultur des Missionsgebiets verwoben waren, dass man sie nicht vollständig eliminieren konnte, selbst wenn man dies gewollt hätte. Davon abgesehen stießen die Missionare auch immer wieder auf ganz unverdächtige oder gar ausgesprochen positive Züge in anderen Religionen, bei denen die Annahme eines teuflischen Ursprungs wenig plausibel erscheinen musste. Eine Möglichkeit des Umgangs damit bestand in der Annahme einer allen Menschen gemeinsamen Fähigkeit oder Anlage zur Gotteserkenntnis, aus der sich eine von der christlichen Offenbarung unabhängige «Natürliche Religion» oder «Natürliche Theologie» entwickelt habe. Daraus entstand die seit der Renaissance immer wieder propagierte Vorstellung einer *prisca theologia* oder «altehrwürdigen Theologie», die unverfälscht nur in einer fernen Vergangenheit bestanden habe und die es nach ihrer Rekonstruktion für die Gegenwart fruchtbar zu machen gelte. Eng damit verwandt ist die Vorstellung einer *philosophia perennis* oder «ewigen Philosophie», derzufolge sich einige ewige und unwandelbare Wahrheiten über die Jahrtausende hinweg erhalten hätten und immer wieder in den verschiedensten Kulturen zu finden seien. Eine weitere Strategie beruhte schließlich auf dem christlichen Verständnis der Geschichte als Heilsgeschichte, in der Verheißung und Erfüllung aufeinander folgen. Eine wichtige Rolle spielte dabei die «typologische» Auslegung der Bibel, bei der man eine Gestalt oder Erzählung der Hebräischen Bibel oder eben des «Alten Bundes» als vorausdeutendes «Urbild» oder «Typus» zu einer neutestamentlichen Entsprechung als ihrem «Antitypus» in Beziehung setzte. So wurde etwa in dem Durchzug der Israeliten durch das Schilfmeer eine Vorausdeutung der christlichen Taufe oder in der Erzählung von Jona und dem Wal ein Hinweis auf den Abstieg Christi in das Reich der Toten gesehen. Schon in der Antike weitete man dieses Verfahren auch auf die außerbiblische Geschichte aus, etwa indem der heidnische Sänger Orpheus mit dem biblischen König David oder eine Weissagung der antiken Sibylle von Tibur mit der neutestamentlichen Erzählung von der Geburt Jesu in Verbindung gebracht wurde. Eine besonders wichtige Rolle spielten alle diese Überlegungen für eine Gruppe in China tätiger Jesuiten, für die sich ausgehend von der traditionellen Wiedergabe des griechischen Begriffs *týpos* durch das lateinische Wort *figura* die Bezeichnung «Figuristen» eingebürgert hat.[26] Ihren größten Einfluss besaßen diese im späten siebzehnten und frühen achtzehnten Jahrhundert.

1685 beschloss Ludwig XIV., eine Gruppe von sechs französischen Jesuiten – Jean de Fontaney, Jean-François Gerbillon, Louis-Daniel Lecomte, Joachim Bouvet, Guy Tachard und Claude de Visdelou – nach China zu schicken, um neben der Mission zugleich den Einfluss Frankreichs zu stärken. Sie alle waren vor ihrer Abreise noch in die Französische Akademie der Wissenschaften aufgenommen worden und hatten den Auftrag, in China auch astronomische, geografische und andere naturwissenschaftliche Forschungen durchzuführen. In Macau stieß noch der Flame Jean-François Noël zu ihnen, der eigentlich auf eine Überfahrt nach Japan gehofft hatte. Während Tachard gar nicht erst nach China gelangte, sondern in diplomatischer Mission in das Königreich Siam reiste, erreichten die anderen Missionare im Februar 1688 ihr Ziel. Dort hatten sich die Verhältnisse seit dem Tod Matteo Riccis nicht zuletzt infolge des Wechsels von der Ming- zur Qing-Dynastie stark verändert. Anders als zur Zeit der Ming suchte nun der Kaiser selbst den persönlichen Umgang mit den Jesuiten, die oft wichtige Stellen bei Hof bekleideten. Nunmehr hatten die neukonfuzianischen Schriften eine größere Bedeutung, darunter die Gespräche Mengzis und das «Buch der Wandlungen», denen die ersten Jesuiten in China nur wenig Aufmerksamkeit geschenkt hatten.

Zwei Missionare, die in unmittelbarer Nähe des Kaisers Kangxi das besondere Vertrauen des Herrschers genossen, waren Jean-François Gerbillon und Joachim Bouvet. Während Gerbillon im Zuge der Verhandlungen zwischen China und Russland in diplomatischer Mission die Mandschurei und Mongolei bereisen durfte, betätigte sich Bouvet in Peking als Mathematiker und Astronom. 1697 warb er im Auftrag des Kaisers in Frankreich für die Entsendung weiterer Missionare, woraufhin auch die Jesuiten Jean-Baptiste Régis, Dominique Parrenin, Joseph Henri Marie de Prémare und Jean-François Foucquet nach China reisten.

Anders als es die Sammelbezeichnung «Figuristen» vermuten lassen könnte, bildeten diese Missionare jedoch keineswegs eine homogene Gruppe, sondern vertraten im Hinblick auf das Verhältnis zwischen dem Christentum und den Religionen Chinas unterschiedliche Ansichten. Gleichwohl teilten alle Figuristen die Überzeugung, dass die Kulturen Europas und des Vorderen Orients sowie die chinesische Kultur auf einen gemeinsamen Ursprung zurückgingen und folglich eine gemeinsame Urgeschichte miteinander teilten. Dies erklärte man unter Rückgriff auf die Völkertafel (*Genesis* 10) mit der Abstammung der Chinesen von Noah, wobei der biblische Henoch (*Genesis* 5,18–24) mit dem sagenumwobenen Weisen Hermes Trismegistos, dem Religionsstifter Zoroaster und dem chinesischen Urkaiser Fu Xi gleichgesetzt wurde. Immer wieder glaubten die Figuristen daher, biblische Gestalten, Ereignisse und religiöse Vorstellungen in den chinesischen Schriften wiederzufinden. Eine wichtige Rolle spielte dabei die im Daoismus und chinesischen Buddhismus zentrale Idealfigur des «Vollkommenen Menschen» (*Zhēnrén*), den man mit dem Messias der Bibel identifizierte.

In historischer Perspektive erweist sich das Verfahren der Figuristen bei der Auslegung biblischer und chinesischer Texte als die barocke Variation eines Themas, das man von der vorchristlichen griechischen Philosophie über die Schriften der Kirchenväter und die Spekulationen der Humanisten bis in die Esoterik der Gegenwart verfolgen kann. Es beruhte auf einer radikalen Neugewichtung und teilweise auch Fehldatierung der Quellen mit besonderer Hervorhebung des «Buchs der Wandlungen» (*Yijing*), auf einseitigen und zum Teil willkürlichen Übersetzungen chinesischer Begriffe sowie auf spekulativen Ausdeutungen relativ weitläufiger Ähnlichkeiten. Was die Werke der Figuristen schon bald in Vergessenheit geraten ließ, war jedoch nicht nur ihre methodische Unzulänglichkeit, sondern auch ein grundlegender Wandel in der katholischen Missionspraxis.

Der Ritenstreit und das Ende der Chinamission

Die Frage, wie weit sich das Christentum im Zuge seiner Ausbreitung der Kultur des jeweiligen Missionsgebiets anpassen solle, ist letztlich so alt wie die christliche Mission selbst. Mitunter bot sie Anlass zu erbitterten innerkirchlichen Auseinandersetzungen. In China ging es dabei vor allem um die Frage, ob die Verehrung der Ahnen und des Konfuzius mit dem Christentum vereinbar sei, da ihr keine religiöse Qualität zukomme, und ob man bei der Verkündung des christlichen Glaubens auf traditionelle chinesische Begriffe zurückgreifen dürfe, da weder ein Synkretismus noch tiefergehende Missverständnisse zu befürchten seien.[27] Hatte Matteo Ricci noch beide Fragen ohne Weiteres mit «ja» beantwortet, so nahm sein Nachfolger Niccolò Longobardo eine sehr viel kritischere Einstellung dazu ein. Die Debatte gewann an Schärfe, als 1633 neben den Jesuiten auch eine Gruppe von Dominikanern unter der Führung des Spaniers Juan Bautista Morales in China zu missionieren begann und die Methode Riccis in Zweifel zog. Als beide Seiten sich hilfesuchend an den Papst wandten, sprach sich Innozenz X. 1645 für die Missionsmethode der Dominikaner und Franziskaner aus, während sein Nachfolger Alexander VII. nach einer Intervention Martino Martinis 1656 zugunsten der Jesuiten entschied.

Über mehrere Jahrzehnte hinweg schwelte der Streit latent weiter, bis Charles Maigrot, ein Vertreter der Pariser Mission und Bischof der Diözese Fujian, noch einmal gegen die Methode der Jesuiten mobilmachte. 1693 erließ er ein Verbot sowohl der Konfuzius- und Ahnenverehrung als auch des Gebrauchs von Wörtern wie «Himmel» (*Tiān*) oder «oberster Herrscher» (*Shàngdì*) zur Bezeichnung des christlichen Gottes. Als etliche Missionare daraufhin dagegen protestierten, wurde eine Kommission zur Untersuchung der Frage eingesetzt, die 1704 die Position Maigrots bestätigte. In der Folge entschied Papst Clemens XI. erneut gegen die Jesuiten und erklärte den Streit damit für beendet. Im Dezember 1705 traf der päpstliche Gesandte Charles-Thomas Maillard de Tournon in Peking ein, vermittelte dem Kaiser die ablehnende Haltung des Papstes und verbot den Missionaren 1707 unter Androhung der Exkommunikation die Duldung der chinesischen Riten. 1715 bekräftigte Clemens XI. mit der Bulle *Ex illa* die päpstliche Entscheidung, und 1742 wurde die Ahnen- und Konfuziusverehrung sowie die Wiedergabe der christlichen Gottesbezeichnung durch *Tiān* oder *Shàngdì* von Benedikt XIV. mit der Bulle *Ex quo singulari* endgültig untersagt. Wer künftig in China missionieren wollte, musste sich eidlich zur Einhaltung dieser Verbote verpflichten. Mit der Bulle *Omnium solicitudinum* bestätigte Benedikt 1744 noch einmal die ablehnende Haltung der katholischen Kirche gegenüber einer Anpassung der christlichen Verkündigung an die chinesische Kultur. Zu diesem Zeitpunkt war in China jedoch nicht zuletzt infolge des Ritenstreits bereits eine Reaktion auf die christliche Missionsarbeit erfolgt. Hatte Kaiser Kangxi noch 1692 ein Gesetz zum Schutz des Christentums erlassen, so wandte er sich nach dem Verbot der chinesischen Riten durch Clemens XI. gegen die Missionare, deren Aktivitäten 1724 unter der Herrschaft seines Nachfolgers Yongzheng vollständig verboten wurden. Lediglich die unmittelbar am Kaiserhof beschäftigten Jesuiten durften im Lande bleiben, während die Missionsarbeit für mehrere Generationen stagnierte.

Missionare als Kulturvermittler

Zu den Jesuiten, die ungeachtet aller Auseinandersetzungen um die chinesischen Riten am Kaiserhof künstlerisch tätig waren, zählt der Italiener Giuseppe Castiglione (1688–1766).[28] In Mailand geboren, trat er im Alter von neunzehn Jahren dem Jesuitenorden bei und gelangte 1715 nach Peking, wo Kangxi ihn als Maler in den kaiserlichen Werkstätten beschäftigte. Charakteristisch für seine Bilder ist die Anpassung europäischer Maltechniken an die Ästhetik der traditionellen chinesischen Kunst. So sieht man auf seinen Bildern niemals scharfe Schlagschatten, und seine Porträts der Mitglieder des Kaiserhofs zeigen die Dargestellten nach chinesischem Vorbild in zeremonieller Haltung in Frontalansicht und nicht etwa im Halbprofil. Gleichwohl eröffnete Castigliones Tätigkeit in Peking eine Phase des europäischen Einflusses in der chinesischen Malerei, wie sie unter anderem in der Wiedergabe von Licht und Schatten, in der Verwendung der Perspektive und in der Darstellung bedeutender Ereignisse der Zeitgeschichte zum Ausdruck kommen sollte. So beteiligte sich Castiglione auch an der Anfertigung einer Serie von Bildern über die siegreichen Feldzüge des Kaisers Qianlong, die anschließend als Vorlage für den französischen Kupferstecher und Radierer Charles-Nicolas Cochin den Jüngeren nach Paris geschickt wurden.

1744 schuf Castiglione für den Kaiser eine Reihe von Gemälden mit Motiven der Kaiserlichen Gärten im Nordwesten der Hauptstadt Peking. Nach der Entscheidung, diese zu einem Altersruhesitz auszubauen, entwarf er in den darauffolgenden Jahren die Pläne für den als *Xiyang Lou* bekannten Teil im Norden des neu angelegten «Gartens des Ewigen Frühlings.» Dort entstand in den 1750er Jahren ein langgestreckter Bereich mit Wasserspielen, einem Irrgarten, einem Belvedere und weiteren Bauten aus Stein, die europäischen Vorbildern im Stil des Rokoko nachempfunden waren, jedoch von Dächern im chinesischen Stil bekrönt wurden. Maßgeblich daran beteiligt war neben Castiglione der aus Dijon gebürtige Jesuit Michel Benoist, der seit 1744 in Peking ansässig war. Unter seiner Anleitung wurde 1759 östlich des Belvedere als größtes Gebäude der Anlage die zweistöckige «Halle des ruhigen Meeres» errichtet mit einer Wasser-Uhr, bei der aufsteigende Fontänen in Verbindung mit zwölf Statuen als Darstellungen der chinesischen Tierkreiszeichen die Zeit anzeigten.[29]

Wie die chinesische Gartenkunst um die gleiche Zeit auf Europa wirkte, zeigt das Beispiel des Italieners Matteo Ripa (1682–1746).[30] Geboren in Eboli, wurde er 1705 zum Priester geweiht und zwei Jahre später zusammen mit anderen Missionaren von der Kongregation zur Verbreitung des Glaubens nach China entsandt. Von 1711 bis 1723 arbeitete Ripa als Maler und Kupferstecher für Kaiser Kangxi und schuf in dieser Zeit drei Dutzend Kupferstiche mit Ansichten des kaiserlichen Sommerpalasts und der umliegenden Gärten in Jehol, dem heutigen Chengde nordöstlich von Peking. Nachdem Ripa 1723 nach Europa zurückgekehrt war, um sich in Neapel dem Aufbau einer geistlichen Ausbildungsstätte für junge Chinesen zu widmen, beeinflussten Kopien dieser Bilder vor allem die Gestaltung der englischen Landschaftsgärten jener Zeit. Sie erfreuten sich als bewusster Gegenentwurf zu den französischen Barockgärten mit ihren streng geometrisch angelegten Blumenbeeten zunehmender Beliebtheit und wurden wegen ihrer Ähnlichkeit mit fernöstlichen Vorbildern mitunter auch als *jardins anglo-chinois* oder «anglo-chinesische Gärten» bezeichnet.

6

Inselwelten diesseits und jenseits des Äquators

Die Philippinen, Indonesien, Melanesien, Polynesien und Australien

Die Religion der Bewohner Melanesiens ist der Ausdruck ihrer Vorstellung vom Übernatürlichen und umfasst ein sehr breites Spektrum von Glaubensanschauungen und Praktiken, deren Grenzen man nur sehr schwer bestimmen könnte. Ebenso schwierig ist es, genau festzustellen, was diese Glaubensanschauungen sind. In vieler Hinsicht sind die Vorstellungen der Eigeborenen unklar, und untereinander sind sie es nicht gewohnt, sie in irgendeiner systematischen Weise darzulegen.

Der Missionsbischof Robert Henry Codrington, 1891[1]

Östlich von Indien und südlich von China erstrecken sich die Inseln des Malaiischen Archipels, Mikronesiens, Melanesiens und Polynesiens sowie südlich davon Australien. Teilweise schon seit der Altsteinzeit besiedelt, zeigt dieser geografische Raum von jeher eine ausgeprägte Vielfalt in Bezug auf Klima, Flora und Fauna sowie Sprachen, Kulturen und Religionen. Auch kolonial- und missionsgeschichtlich lässt er sich kaum auf einen Nenner bringen, da eine ganze Reihe europäischer Nationen und christlicher Konfessionen in aufeinander folgenden Wellen ihre Spuren hinterlassen haben.

Aspekte der Kolonialgeschichte

Ausgangspunkt der europäischen Kolonisierung der Philippinen war die Landung des portugiesischen Seefahrers Ferdinand Magellan, der 1520 im Auftrag der spanischen Krone die später nach ihm benannte Magellanstraße südlich des südamerikanischen Festlands durchfuhr, als erster Europäer den Pazifik überquerte und so im Frühjahr 1521 die philippinischen Inseln Homonhon und Cebu erreichte. Ihren noch heute üblichen Namen erhielt die Inselgruppe von dem spanischen Entdecker Ruy López de Villalobos, der 1543 von Mexiko aus im Auftrag des ersten Vizekönigs von Neuspanien zu den philippinischen Inseln Luzon, Samar und Leite gelangte. Nach 1565 entstanden die ersten dauerhaften spanischen Siedlungen, darunter die 1571 gegründete Hauptstadt Manila, von der aus die Spanier ihren Handel zwischen China und Mexiko organisierten. 1646 scheiterten die Holländer mit ihrem Versuch, die Philippinen zu erobern, die bis 1821 eine Provinz des Vizekönigreichs Neuspanien bilden sollten. Nachdem Mexiko in jenem Jahr seine Unabhängigkeit erklärt hatte, wurden die Philippinen zunächst direkt von Spanien aus verwaltet, jedoch nach dem Ende des Spanisch-Amerikanischen Krieges von 1898 und dem Scheitern der ersten Philippinischen Republik von den Vereinigten Staaten annektiert. Ihre endgültige Unabhängigkeit erlangten die Philippinen erst 1946.

Ein Augustiner-Missionar predigt dem Volk der Igorot auf der Philippineninsel Luzon, Kupferstich von Tomas Carlos Capuz, 1881

Im Süden und Südwesten der Inselgruppe errichteten seit dem frühen sechzehnten Jahrhundert zunächst die Portugiesen ihre Handelsstützpunkte. Von Indien kommend eroberten sie bereits 1511 Malakka im Süden der Malaiischen Halbinsel. Darauf folgte die Einrichtung weiterer Stützpunkte auf den Molukken und Sundainseln. 1529 trat Spanien im Vertrag von Saragossa seine Ansprüche in dieser Region an Portugal ab; die Demarkationslinie zwischen dem spanischen und dem portugiesischen Machtbereich verlief östlich der Molukken. Seit dem frühen siebzehnten Jahrhundert wurden die Portugiesen jedoch von der expandierenden Niederländischen Ostindien-Kompanie nach Osten abgedrängt. Ab 1619 beherrschte die Handelsgesellschaft von ihrem Hauptstützpunkt Batavia (heute Jakarta) aus weite Teile des Malaiischen Archipels. Diese Gebiete gingen im frühen neunzehnten Jahrhundert nach der Auflösung der Niederländischen Ostindien-Kompanie und der vorübergehenden Besetzung der Region durch die Briten als Kolonie an die niederländische Regierung über. Im Zweiten Weltkrieg von Japan erobert, erklärte Niederländisch-Indien 1945 seine Unabhängigkeit, die von den Niederlanden vier Jahre später anerkannt wurde.

Die Inseln Melanesiens, Mikronesiens und Polynesiens traten ebenso wie der Kontinent Australien erst relativ spät in den Gesichtskreis der europäischen Kolonialmächte. Dabei machten vor allem das Vereinigte Königreich, Frankreich und das Deutsche Reich Ansprüche geltend und wurden dementsprechend auch missionarisch aktiv. Die Westküste Australiens wurde seit dem frühen siebzehnten Jahrhundert immer wieder von Schiffen der Niederländischen Ostindien-Kompanie angelaufen, ohne dass man Gebietsansprüche erhoben hätte. 1770 erreichte der Entdecker James Cook auf seiner ersten Südsee-Expedition die Ostküste des Kontinents und nahm diese Region als Kolonie New South Wales für die britische Krone in Besitz. Es folgten Tasmania (1803), Western Australia (1829), South Australia (1836), Victoria (1851) und Queensland (1859). Nachdem das Vereinigte Königreich diese Besitzungen zunächst vor allem zur Deportation von Strafgefangenen genutzt hatte, kamen nach den ersten Goldfunden seit der Mitte des neunzehnten Jahrhunderts verstärkt auch Siedler aus freien Stücken ins Land. 1901 schlossen sich die sechs australischen Kolonien zum Commonwealth of Australia zusammen, das sechs Jahre später den Status eines Dominions innerhalb des Britischen Weltreichs erhielt und 1931 mit dem Statut von Westminster in die Unabhängigkeit entlassen wurde. Weitere britische Kolonien waren die Pitcairninseln im Südostpazifik (ab 1838) und die Fidschi-Inseln im Westpazifik (ab 1874) sowie Neuseeland (ab 1841) und der Südostteil Neuguineas (ab 1884).

Etwas später als Großbritannien machte Frankreich seinen Einfluss in Ozeanien geltend. 1842 wurden die beiden zwischen Fidschi und Samoa gelegenen Inselgruppen Wallis und Futuna zu französischem Schutzgebiet erklärt und 1888 in ein französisches Protektorat umgewandelt. Tahiti, das ebenfalls diesen Status bekam, wurde in den 1880er Jahren zusammen mit weiteren Inseln Polynesiens in eine Kolonie umgewandelt. 1853 nahm Frankreich außerdem die Inselgruppe Neukaledonien im Südpazifik in Besitz und nutzte sie in den darauffolgenden Jahrzehnten als Strafkolonie. Die nordöstlich davon gelegenen Neuen Hebriden gerieten 1887 unter britische und französische Herrschaft und wurden nach 1906 von Frankreich und dem Vereinigten Königreich als Kondominium gemeinsam verwaltet.

Das Deutsche Reich wurde bereits wenige Jahre nach seiner Gründung in Ozeanien diplomatisch aktiv. Ein frühes Resultat dieser Bemühungen war der 1876 geschlossene Freundschaftsvertrag zwischen Kaiser Wilhelm I. und dem König des südpazifischen Inselstaats Tonga. Seit den 1880er Jahren entstanden durch die Verleihung kaiserlicher Schutzbriefe für die Niederlassungen deutscher Handelsgesellschaften zahlreiche deutsche Schutzgebiete, die diesen Status erst mit der deutschen Niederlage im Ersten Weltkrieg wieder verloren. Dazu gehörten unter anderem der als Kaiser-Wilhelms-Land bekannte Nordostteil Neuguineas, einige Inseln des Bismarck-Archipels sowie die nördlichen Salomon-Inseln, die Karolinen und die Marshallinseln, die man alle unter der Bezeichnung Deutsch-Neuguinea zusammenfasste. Eine weitere deutsche Kolonie gab es auf Samoa, wo sich das Deutsche Reich nach jahrzehntelangen Streitigkeiten und diplomatischen Verwicklungen gegen die konkurrierenden Ansprüche Großbritanniens und der Vereinigten Staaten durchsetzen konnte. 1899 zog sich Großbritannien ganz aus Samoa zurück, woraufhin Ostsamoa an die Vereinigten Staaten und Westsamoa an das Deutsche Reich fiel. Gleich nach Ausbruch des Ersten Weltkriegs wurde Deutsch-Samoa jedoch von neuseeländischen Truppen besetzt und ging dem Deutschen Reich 1919 endgültig verloren.

Christentum und Islam auf den Philippinen und in Niederländisch-Ostindien

Vergleicht man die gegenwärtige religiöse Lage auf den Philippinen mit der in Indonesien, fällt mit als Erstes der schroffe demografische Gegensatz zwischen Islam und Christentum ins Auge. Sind die Philippinen das asiatische Land mit den meisten Christen, die über neunzig Prozent der Bevölkerung stellen, so ist Indonesien das asiatische Land mit den meisten Muslimen, die annähernd neunzig Prozent seiner Bewohner ausmachen. Die konkreten Formen, in denen das Christentum und der Islam derzeit in diesen Ländern praktiziert werden, sind nicht zuletzt durch die gesellschaftlichen und politischen Entwicklungen gegen Ende des Kolonialzeitalters und seit der Wiedererlangung ihrer Unabhängigkeit geprägt. In der Tendenz geht der Anteil der beiden großen monotheistischen Religionen in diesen Ländern jedoch bereits auf die Epoche der frühneuzeitlichen Mission zurück.[2]

Der Islam verbreitete sich in Indonesien mit seinen fünf Hauptinseln Sumatra, Java, Borneo, Sulawesi (Celebes) und Neuguinea zunächst im Zusammenhang mit Handelskontakten zwischen der Arabischen Halbinsel, Indien und China. Nachdem arabische und persische Händler bereits im siebten und achten Jahrhundert nach Sumatra gelangt waren, entstand dort im Norden der Insel gegen Ende des dreizehnten Jahrhunderts das islamische Sultanat Pasai. Ungleich bedeutender war indes das Sultanat Aceh, das im frühen sechzehnten Jahrhundert in dieser Region gegründet wurde und bis zu seiner Eroberung durch die Niederländer im späten neunzehnten Jahrhundert Bestand hatte. Seine größte Ausdehnung und Machtfülle erreichte Aceh in der ersten Hälfte des siebzehnten Jahrhunderts unter dem zwölften Sultan Iskandar Muda, der in einer Reihe von Feldzügen mehrere Städte an der Küste Sumatras einnahm. 1629 eroberte er die portugiesische Festung Malakka an der Westküste der Malaiischen Halbinsel und beherrschte von dort aus vorübergehend die für den Gewürzhandel so wichtige Straße von Malakka. Infolge der engen Beziehungen zur Arabischen Halbinsel, die teils auf dem Handel, teils auf der Wallfahrt nach Mekka beruhten, entwickelte sich das Sultanat Aceh im siebzehnten Jahrhundert zu einem bedeutenden Zentrum der Sufi-Mystik und des muslimischen Rechtswesens.

Auf Java entstanden im fünfzehnten und sechzehnten Jahrhundert mehrere Sultanate, deren Herrscher sich zum Islam bekannten und die neue Religion in ihrem Territorium verbreiteten. Eine wichtige Rolle spielten in der Folge die internatsähnlichen Pesantren-Lehrstätten, in denen die Schüler (*santri*) von einem Islamgelehrten (*kyai*) umsonst oder gegen Zahlung einer geringen Gebühr im Studium des Korans, der Hadithe und des islamischen Rechts unterwiesen wurden. Im Laufe des siebzehnten und achtzehnten Jahrhunderts gewann der Islam in ganz Indonesien an Boden. Dabei wurden – in regional unterschiedlichem Umfang – auch einheimische religiöse Vorstellungen, Riten und Kulte in das islamische Weltbild und die religiöse Praxis übernommen. Im Süden der Philippinen entstand bereits um die Mitte des fünfzehnten Jahrhunderts das muslimische Sultanat Sulu, das sich durch wechselnde Bündnisse mit den europäischen Kolonialmächten auf Dauer behaupten konnte und erst 1899 nach dem Tod des letzten Herrschers seine Unabhängigkeit verlor. Außerdem gründeten Muslime aus Malakka 1475 auf der Insel Mindanao das Sultanat von Maguinadanao, das in unterschiedlicher Ausdehnung bis 1861 bestand. Dass sich der Islam in der Folge nicht weiter ausbreitete, lag vor allem an den Missionsanstrengungen der Spanier, die fünfzig Jahre nach der Entdeckung der Inseln durch Ferdinand Magellan das Königreich von Luzon auf der gleichnamigen Philippinen-Insel eroberten und dessen Hauptstadt Maynilad unter dem Namen Manila zu einem der wichtigsten Stützpunkte des Fernhandels zwischen China und Mexiko ausbauten. Über zwei Jahrhunderte lang brachten die sogenannten Manila-Galeonen Silber von Acapulco über Manila nach China und kehrten mit Seide, Porzellan und anderen Gütern wieder nach Mexiko zurück. Zum Sitz der spanischen Kolonialverwaltung wurde die als *Intramuros* bezeichnete, vollständig ummauerte Altstadt Manilas mit ihrer nach dem spanischen Nationalheiligen Santiago benannten Festung. Ein eindrucksvolles Zeugnis der ethnischen und kulturellen Vielfalt auf den Philippinen jener Zeit ist der nach seinem früheren Besitzer benannte Kodex Boxer. Wohl im Auftrag des spanischen Gouverneurs um 1590 entstanden, handelt es sich um eine Bilderhandschrift mit Darstellungen der verschiedenen Völker Südost- und Ostasiens von der Hand eines vermutlich chinesischen Künstlers.[3]

Wie in den anderen Regionen Neuspaniens lag auch die Missionierung auf den Philippinen in den Händen einiger weniger Orden, besonders der Augustiner, Franziskaner, Jesuiten und Dominikaner. Einer der ersten Missionare war der aus Pamplona stammende Augustinermönch Martín de Rada (1533–1578), der in Mexiko bereits unter dem Volk der Otomí missioniert hatte und mit den ersten spanischen Eroberern nach Manila gelangte. 1571 wurde unweit der Festung von Santiago aus Holz die Kirche San Agustín erbaut, deren bis heute erhaltener, in Stein ausgeführter Nachfolgebau aus dem achtzehnten Jahrhundert stammt. Acht Jahre später, 1579, entstand als Suffraganbistum der Erzdiözese Mexiko die Diözese Manila, zu deren erstem Bischof der spanische Dominikaner Domingo de Salazar ernannt wurde. Bereits 1595 stieg sie in den Rang einer Erzdiözese auf, mit drei weiteren Bistümern in

Nueva Cáceres (heute Naga), Nueva Segovia (heute Lal-lo) und Cebu. Als eines der ersten christlichen Bücher der Philippinen veröffentlichte der Franziskaner Juan de Plasencia 1593 seine *Doctrina Christiana*, einen zweisprachigen Katechismus auf Spanisch und der Landessprache Tagalog, der heute nur noch in einem einzigen Exemplar erhalten ist. 1595 gründeten Jesuiten in Cebu das Kolleg San Ildefonso, den Vorläufer der heutigen, von Steyler Missionaren geleiteten Universität San Carlos. In Manila entstand 1611 das nach Thomas von Aquin benannte Priesterseminar Santo Tomás, das bereits 1645 den Rang einer Universität bekam und noch heute als eine der größten katholischen Universitäten weltweit gilt.

Wesentlich erleichtert wurde die Christianisierung der Philippinen durch die Bereitschaft der Spanier, die als *Datus* bezeichneten Anführer größerer Siedlungsverbände, sogenannter *Barangays*, unter der Bedingung, dass sie konvertierten, in ihren privilegierten Stellungen zu belassen und als *encomenderos* der spanischen Krone zu behandeln. Im Laufe der Jahrhunderte entwickelte sich daraus eine als *principalía* bezeichnete indigene Oberschicht, die ihre beherrschende Stellung bis zum Ende des spanischen Kolonialreichs zu wahren verstand. In welchem Umfang das Christentum auf den Philippinen zur Identitätsstiftung beitrug, zeigen nicht zuletzt die prachtvollen barocken Kirchengebäude, die vor allem im achtzehnten Jahrhundert überall im Land entstanden und von denen einige heute zum UNESCO-Welterbe zählen. Wie in den anderen Regionen Neuspaniens verschmolzen auch auf den Philippinen einheimische Traditionen mit dem frühneuzeitlichen Katholizismus spanischer Prägung zu einer charakteristischen Volksfrömmigkeit mit farbigen Riten und Festen. Noch aus der Zeit Magellans stammt die aus Holz gefertigte und reich geschmückte Darstellung des Jesuskinds, die der Herrscher von Cebu 1521 als Taufgeschenk erhielt und die bis heute in der «Basilika des Heiligen Kindes» (*Basilica del Santo Niño*) in der Stadt Cebu verehrt und alljährlich am dritten Sonntag im Januar mit einem großen Volksfest gefeiert wird. Ebenfalls auf das sechzehnte Jahrhundert geht eine lebensgroße Jesus-Darstellung zurück, die 1606 aus Mexiko auf die Philippinen kam und wegen ihrer dunklen Färbung auch als «der Schwarze Nazarener» (*el Nazareno Negro*) bekannt ist. Seit

1787 in der Kirche von Quiapo in Manila aufbewahrt, wird die Statue bis heute dreimal jährlich in großen Prozessionen durch die Stadt getragen. Als Schutzpatronin Manilas und der philippinischen Seefahrer gilt *La Naval de Manila*, eine knapp anderthalb Meter große Darstellung Mariens mit Zepter und Jesuskind, auf deren Kraft man 1646 die siegreiche spanische Abwehr mehrerer niederländischer Eroberungsversuche zurückführte.

Die Entstehung der Cargokulte

Da Neuguinea und viele Inseln der Südsee erst relativ spät in den Gesichtskreis der europäischen Kolonialmächte traten, verliefen auch die Missionsbemühungen dort in anderen Bahnen als auf den Philippinen. Augenfällig ist dabei der hohe Anteil protestantischer Missionsaktivitäten, die seit dem achtzehnten Jahrhundert von einer beständig wachsenden Zahl von Missionsgesellschaften getragen wurden. Deutliche Veränderungen gegenüber dem sechzehnten und siebzehnten Jahrhundert zeigt indes auch die katholische Mission, indem neue Gemeinschaften wie etwa die Steyler Missionare der «Gesellschaft des Göttlichen Wortes» (*Societas Verbi Divini*) den traditionellen Orden der Franziskaner, Dominikaner und Jesuiten zur Seite traten oder sie ablösten. Ein Beispiel für die vielfältige Missionstätigkeit ist das 1884 zwischen Großbritannien und dem Deutschen Reich aufgeteilte Neuguinea. Dort waren vor dem Ausbruch des Ersten Weltkriegs neben der Londoner Missionsgesellschaft mit dem Schotten James Chalmers auch noch die Neuendettelsauer Mission mit Johann Flierl und Stephan Lehner, die Rheinische Missionsgesellschaft mit Wilhelm Diehl und die Steyler Missionare mit Eberhard Limbrock prominent vertreten.[4]

Anders als die Zivilisationen Indiens, Japans und Chinas mit ihrer reichen und althergebrachten schriftlichen Überlieferung erschienen die Kulturen Neuguineas und der Südsee den ersten europäischen Händlern, Kolonisatoren und Missionaren oft als ausgesprochen urtümlich. Ausgehend von der antiken Vorstellung eines uranfänglichen Goldenen Zeitalters und der biblischen Erzählung von einer ursprünglichen paradiesischen Unschuld des Menschen entwickelte sich daraus seit der Mitte des achtzehnten Jahrhunderts das Bild des unverbildeten «Edlen Wilden». Die Nachwirkungen dieser Vorstellung sind noch in Paul Gauguins Südsee-Gemälden, der zivilisationskritischen Erzählung *Der Papalagi* oder der idealisierenden Darstellung der Samoaner durch die Ethnologin Margaret Mead greifbar. Diesem Bild entgegengesetzt war indessen die ebenfalls weit verbreitete Idee von einer urtümlichen Roheit der Südseevölker, wie sie besonders in den europäischen Erzählungen von Kannibalismus und Kopfjagd zum Ausdruck kam. Unverkennbar war in jedem Fall der schroffe Gegensatz zwischen den Kulturen Europas und der Südsee, wenn es um die Produktion, die Verteilung und den Verbrauch materieller Güter ging. Hier versetzte die massenhafte Einfuhr europäischer Produkte den traditionellen Wirtschafts- und Gesellschaftsformen der Südsee vielerorts einen Schock, der in Verbindung mit Elementen des erst kurz zuvor übernommenen christlichen Weltbilds wiederholt auch religiöse Reaktionen hervorrief. Ausgehend von der englischen Bezeichnung der Fracht eines Schiffs als *cargo* prägte man um die Mitte des zwanzigsten Jahrhunderts für diese synkretistischen Bewegungen den Begriff «Cargokulte».[5]

Als einer der ersten Cargokulte gilt die Mansren-Bewegung, die in der zweiten Hälfte des neunzehnten Jahrhunderts in Melanesien beobachtet wurde. Sie begann mit dem Auftreten von Propheten, die sich ihren Anhängern als Verkörperung einer Gestalt aus dem melanesischen Weltschöpfungsmythos zu erkennen gaben. Konor, so der Name der Gestalt, galt den Melanesiern als Sohn des Schöpfergottes und Urzeitherrschers Mansren, von dem man annahm, dass er sich vor langer Zeit in ein Totenreich im fernen Westen zurückgezogen habe, von wo aus er dereinst wiederkommen würde, um ein als *Koreri* bezeichnetes Goldenes Zeitalter herbeizuführen. Dieses Totenreich im fernen Westen wurde nun mit dem Herkunftsland der europäischen Händler, Kolonisatoren und Missionare gleichgesetzt. Es galt daher als Ursprungsort der Güter, die von den Europäern auf ihren Schiffen nach Melanesien gebracht worden waren. Indem ein Prophet sich mit Konor identifizierte, gab er sich zugleich als Bote des herannahenden Goldenen Zeitalters zu erkennen, in dem auf wundersame Weise Unmengen von Gütern aus dem fernen Westen eintreffen sowie Eintracht und Friede herrschen würden.

Gleichzeitig stellte er seinen Anhängern in Aussicht, durch die Befolgung seiner Gebote an der Herbeiführung des Goldenen Zeitalters mitzuwirken.

Damit in mancher Hinsicht vergleichbar ist eine Bewegung, die man im Englischen aufgrund der ekstatischen und mit Zungenreden verbundenen Erfahrungen der beteiligten Personen als *Vailala Madness* («Vailala-Wahn») bezeichnet hat. Sie wurde von dem australischen Anthropologen Francis Edgar Willliams nach dem Ende des Ersten Weltkriegs am Golf von Papua an der Südküste Neuguineas beobachtet. Auch hier ging es um die Erwartung, dass die Ahnen mit einem Geisterschiff aus dem Totenreich wiederkehren und ihren Nachfahren eine Fülle wertvoller Güter mitbringen würden. Zu den rituellen Handlungen, mit denen die Anhänger des Kults die baldige Ankunft der Vorfahren zu unterstützen oder herbeizuführen suchten, gehörten eine Art militärischer Drill und weitere Imitationen europäischer sozialer Gepflogenheiten. Man hat daher vermutet, dass auch die strengen Moralvorschriften der Bewegung von den Idealen der christlichen Mission inspiriert oder zumindest beeinflusst sein könnten.

Einer der langlebigsten Cargokulte ist die bis heute als eigenständige Religionsgemeinschaft existierende John-Frum-Bewegung, die während des Zweiten Weltkriegs auf der Pazifikinsel Tanna entstand, wo zu jener Zeit amerikanische Soldaten stationiert waren. Ihre Anhänger sahen in dem auf Tanna bis heute immer wieder aktiven Vulkan Yasur den Wohnsitz eines Sohnes Gottes namens John Frum, der den Bewohnern der Insel geboten habe, ihre traditionelle Lebensweise zu pflegen und sich von christlichen Missionaren fernzuhalten. Eine wichtige Rolle spielte auch hier die Erwartung einer bevorstehenden Wiederkehr John Frums, der für seine Anhänger ein Goldenes Zeitalter der Harmonie und des materiellen Überflusses herbeiführen würde. Ausgehend davon entwickelte sich auf Tanna um 1960 eine weitere Bewegung, deren Anhänger den britischen Prinzgemahl Philip zu einem Bruder John Frums erklärten und ihm daher beim Besuch des Königspaares 1974 ihre besondere Reverenz erwiesen. In den Jahren nach dem Zweiten Weltkrieg entstand auch die Yali-Bewegung auf Neuguinea, deren Anführer Yali Singina seine Anhänger ebenfalls zur Abkehr von der Religion der Missionare aufrief und mit Blick auf die bevorstehende Ankunft wertvoller Güter die traditionelle Verehrung der Ahnen wiederzubeleben suchte.

Wie diese Beispiele zeigen, handelt es sich bei den Cargokulten nicht um eine homogene Gruppe neureligiöser Bewegungen. Gleichwohl weisen sie – in durchaus unterschiedlichen Ausprägungen – eine Reihe gemeinsamer Merkmale auf. Dazu gehören eine ausgeprägte Endzeiterwartung, der Glaube an einen charismatischen Anführer, die Verbindung von Elementen des christlichen und des indigenen Weltbilds, die Erwartung einer materiellen Unterstützung durch die Ahnen und die Durchführung symbolischer Handlungen zur rituellen Unterstützung der Endzeiterwartung. Besonders in den 1950er und 1960er Jahren beschäftigten sich Ethnologen und Religionswissenschaftler intensiv mit dem Phänomen der Cargokulte. Erklärte man ihre Entstehung zunächst aus einer Art Missverständnis, indem man den Anhängern der verschiedenen Bewegungen Unkenntnis der realen Herkunft der europäischen Güter unterstellte, so betonen neuere Forschungen die Funktion der ersehnten materiellen Güter für die Etablierung sozialer Beziehungen und erkennen in den millenaristisch ausgerichteten Gruppen nicht zuletzt auch das Bestreben, angesichts des Traumas der Kolonisierung und kulturellen Entwurzelung neue Formen der Selbstbestimmung zu gewinnen. Im Zuge dieser Neubewertung legt man heute nicht nur größeres Augenmerk auf die konkreten historischen Umstände jedes einzelnen Kultes in all seinen Phasen, sondern verweist auch auf den Zusammenhang mit anderen indigenen Revitalisierungsbewegungen, so etwa mit dem oben erwähnten Geistertanz der Indianer Nordamerikas. Nicht zuletzt mischt sich in diese neuen Interpretationsansätze auch Selbstkritik. So weist man heute immer öfter auf die Unzulänglichkeit des Begriffs «Cargokulte» hin, da «Kult» leicht despektierlich klingt und die nähere Charakterisierung durch das Wort «Cargo» das Augenmerk in irreführender Weise auf die materiellen Aspekte dieser Zukunftshoffnung legt. In der Tat ist zu fragen, ob die einseitige Hervorhebung der erwarteten materiellen Güter nicht auf einer spezifisch europäischen, auch durch den marxistischen Begriff des «Warenfetischismus» geprägten Perspektive beruht, die dem Hauptanliegen dieser Bewegungen vielleicht gar nicht gerecht wird.

Exotische Religionen und europäische Theorien

In der neuzeitlichen Missionsgeschichte des Christentums bietet das Phänomen der Cargokulte ein vergleichsweise junges und aktuelles Beispiel dafür, wie missionarische Aktivitäten immer wieder religiöse Entwicklungen angestoßen haben, die in dieser Form gar nicht beabsichtigt waren, und wie die Interpretation dieser Phänomene dann wiederum das traditionelle europäische Verständnis von Religion im Allgemeinen beeinflusst hat. In der Frühen Neuzeit spielte diese Art von Rückkopplung noch kaum eine Rolle, da sich die europäischen Eroberer den indigenen Völkern der Neuen Welt klar überlegen fühlten und die vorherrschende biblisch-patristische Deutung aller fremden Religionen als teuflisches Blendwerk viel dazu beitrug, sie in dieser Haltung zu bestärken. Anders stand es dagegen im Zeitalter der Aufklärung, als die Missionare in China mit dem Konfuzianismus eine auch aus christlicher Perspektive durchaus anziehende Religion kennenlernten und mit dem chinesischen Kaiserreich auf einen Staat trafen, der sich mit militärischen Mitteln nicht ohne weiteres bezwingen ließ. Bezeichnenderweise trat nun das Instrument der pauschalen Verteufelung in den Hintergrund, während man sich im Anschluss an die Theorie einer natürlichen Gotteserkenntnis um eine positive Würdigung des Konfuzianismus und später auch des Daoismus bemühte. Als sich die europäischen Missionsaktivitäten im Laufe des neunzehnten Jahrhunderts auf die Inseln der Südsee und Australien ausdehnten, hatte sich die Lage indes erneut verändert. So spielten protestantische Missionsgesellschaften eine immer größere Rolle und machten den katholischen Missionsorden und -einrichtungen zunehmend Konkurrenz. Infolgedessen verbreiteten protestantische Missionare nicht nur immer öfter ihre eigene, vom Katholizismus mitunter klar abweichende Sicht des Christentums in den Missionsgebieten, sondern deuteten auch die dort beheimateten indigenen Religionen aus einer spezifisch protestantischen Perspektive. Davon abgesehen hatte sich aber auch das europäische Interesse an fremden Religionen insofern verändert, als man im neunzehnten Jahrhundert verstärkt die Geschichte und besonders die frühe Geschichte der Religionen ins Auge fasste, um auf diesem Wege den Ursprung des Phänomens «Religion» zu erfassen.

Bis ins achtzehnte Jahrhundert bestimmte in Europa die Bibel oder genauer gesagt das Alte Testament die Vorstellungen von der Geschichte der Menschheit, die – ausgehend von der biblischen Chronologie – um das Jahr 4000 v. Chr. mit der Schöpfung begonnen zu haben schien. Stark erschüttert wurde diese Sichtweise im Laufe des neunzehnten Jahrhunderts durch die Forschungen der Geologen, die ein sehr viel höheres Alter der Erde und des Lebens auf der Erde nahelegten, aber auch durch die Einsicht der Archäologen, dass die Anfänge der Menschheit weit vor dem Einsetzen der schriftlichen Überlieferung zu suchen seien. Eine besondere Faszination gewann daher die Vergleichende Sprachwissenschaft, die einige Einblicke in diese schriftlose Vorzeit zu gewähren versprach, etwa wenn aus dem Vergleich von Sanskrit *ajra-* «Trift» und lateinisch *ager* «Acker» auf einen urgeschichtlichen Übergang von der nomadischen Weidewirtschaft zum sesshaften Ackerbau geschlossen wurde. Gleichzeitig besann man sich indessen auch auf ein Verfahren, das man bereits in der vorchristlichen Antike angewendet hatte und das durch die Philosophen der Aufklärung erneut zu Ehren gekommen war. Es beruhte auf der Prämisse, dass zeitgenössische indigene Völker mit einer wenig entwickelten materiellen und technischen Kultur immer wieder auch Züge urtümlicher, noch weitgehend undifferenzierter Religions- und Gesellschaftsformen bewahrt hätten und durch ein vergleichendes Studium dieser «Primitiven» letztlich die ursprüngliche Religion der Menschheit zu ermitteln sei. Da die neuerliche Faszination dieser Sichtweise mit ausgedehnten Missionsaktivitäten in einigen besonders urtümlich anmutenden Kulturen Australiens und der Südsee zeitlich zusammenfiel, kann es nicht überraschen, dass die frühe Religionswissenschaft gerade von dort Auskunft über die undokumentierte Vorgeschichte ihres Gegenstands zu erhalten hoffte.

Schon um die Mitte des achtzehnten Jahrhunderts hatte der Jesuit Pierre François Xavier de Charlevoix beobachtet, dass verschiedene Indianervölker im Gebiet der Großen Seen sich in Familienverbände gliederten, die nach Tieren benannt waren. Wenig später bemerkte der englische Händler John Long, dass die Angehörigen des Volks der Ojibway an einen persönlichen Schutzgeist oder *Totem* in Tiergestalt glaubten, weshalb Exemplare der jeweiligen Tierart von den Betreffenden nicht getötet oder gar verzehrt werden durften. Diese Berichte las um 1840 der Gouverneur Südaustraliens George Edward Grey, der daraufhin ganz ähnliche Verhältnisse im Westen Australiens festzustellen glaubte.[6] Auch dort seien Familienverbände nach Tieren oder Pflanzen benannt, die deswegen nicht verzehrt würden, wobei die Zugehörigkeit zu einem Verband über die mütterliche Linie bestimmt würde und junge Männer nur außerhalb ihres eigenen Verbands heiraten dürften. Alle diese und etliche weitere ethnografische Angaben aus aller Welt systematisierte in den 1860er Jahren der schottische Privatgelehrte John Ferguson MacLennan, demzufolge alle menschlichen Gesellschaften ein Stadium des Totemismus durchlaufen hätten, in dem sich die Menschen als Nachfahren bestimmter Pflanzen und Tiere betrachteten. Weiter ausgebaut wurde diese Theorie nur wenig später von dem schottischen Theologen William Robertson Smith, der im Totemismus die älteste Form der Religion und in der rituellen Opferung und dem gemeinschaftlichen Verzehr des Totems so etwas wie einen Vorläufer des Abendmahls sah. Durch Smiths Freund James George Frazer wurde diese Theorie weithin bekannt und übte im ersten Drittel des zwanzigsten Jahrhunderts auf so unterschiedliche Gelehrte wie den Religionshistoriker Salomon Reinach, den Soziologen Emile Durkheim und den Psychiater Sigmund Freud einen maßgeblichen Einfluss aus.

Blickt man vom heutigen Standpunkt aus auf die Religionstheorie des Totemismus zurück, so erscheint es offensichtlich, dass ihre Urheber aus der Kombination kulturell weit auseinanderliegender, völlig unterschiedlicher und zum Teil missverstandener Erscheinungen eine Chimäre schufen, die es in dieser Form nie gab. Dass der Totemismus in den Jahren vor dem Ersten Weltkrieg gleichwohl nicht wenigen Gelehrten als Schlüssel zur gesamten Religionsgeschichte galt, zeigt nicht zuletzt, wie sehr die Plausibilität solcher Theorien vom jeweiligen Zeitgeist abhängt. Dies gilt auch für eine weitere Theorie, die sich Anfang des zwanzigsten Jahrhunderts großer Beliebtheit erfreute. Ihren Ausgangspunkt bildeten Beobachtungen des anglikanischen Geistlichen Robert Henry Codrington, der zwischen 1867 und 1887 als Missionar auf der Insel Norfolk

Island zwischen Neukaledonien und Neuseeland tätig war. In seinen Schriften über die Kulturen Melanesiens erläuterte er die zentrale Bedeutung des Begriffs *mana*, der in einigen austronesischen Sprachen so etwas wie eine besondere Kraft oder Macht bezeichne. Codringtons Ausführungen zufolga stellt *mana* letztlich eine Eigenschaft bestimmter Wesen – Menschen oder auch Geister – dar und kann keineswegs gleichsam unabhängig von einem Träger aus sich heraus wirksam werden. Gleichwohl wurde der Begriff in der Folge nicht nur zur Bezeichnung einer «unpersönlichen Macht» umgedeutet, sondern auch als südpazifische Ausprägung eines weltweit verbreiteten Phänomens missverstanden. Maßgeblich beteiligt an dieser Entwicklung war der englische Ethnologe Robert Ranulph Marett, dessen Theorie des Animatismus, Präanimismus oder Dynamismus im Glauben an eine solche «unpersönliche Macht» die älteste Form von Religion erkennen wollte. Dem wiederum setzten andere Autoren die These eines ursprünglichen Monotheismus entgegen, zu deren Unterstützung sie auf missionarische Nachrichten über einen vorgeblichen «Hochgottglauben» der Ureinwohner Australiens und anderer vermeintlich urtümlicher indigener Völker zurückgriffen.

Wie aus heutiger Sicht unschwer zu erkennen ist, ließen sich die Vertreter aller dieser Religionstheorien stets auch von den religiösen, gesellschaftlichen und weltanschaulichen Debatten innerhalb ihrer eigenen Kultur leiten. In dem Ausmaß, in dem diese zeittypischen Prämissen ihre Plausibilität einbüßten, verlor auch die jeweils vorherrschende Theorie ihre Überzeugungskraft. So betrachtet, kann man die Inseln der Südsee und Australien – ebenso wie in der Aufklärung China oder danach in der Romantik Indien – als spezifisch europäische Sehnsuchtsorte verstehen, die für alle möglichen gesellschaftlichen, politischen oder religiösen Utopien eine quasihistorische Legitimation liefern sollten. In dieser Hinsicht erscheinen gelehrte Abhandlungen von Missionaren als nur ein mögliches Genre innerhalb eines breiten Spektrums, das auch Reiseberichte und fiktionale Schilderungen dieser exotischen Kulturen umfasste.

Mission als Abenteuer in Kinder- und Jugendbüchern

Als Robert Louis Stevenson 1883 seinem Buch *Die Schatzinsel* ein Gedicht «An den zögernden Käufer» (*To the Hesitating Purchaser*) voranstellte, gedachte er darin der Autoren, für die er selbst sich als Kind und Jugendlicher begeistert hatte: «*Kingston, or Ballantyne the brave, / Or Cooper of the wood and wave*». Während James Fenimore Cooper – ebenso wie Stevenson selbst – immer noch zu den Klassikern der Jugendliteratur zählt, sind die beiden im Gedicht zuerst genannten Autoren im deutschen Sprachraum heute kaum mehr bekannt. Gleichwohl verdienen sie, gerade im Hinblick auf die Rolle der Mission und des Missionars in frühen Kinder- und Jugendbüchern, eine nähere Betrachtung.[7]

1814 in London geboren, trat William Henry Giles Kingston zunächst in die Fußstapfen seines Vaters, eines Weingroßhändlers, betätigte sich nach 1850 jedoch fast ausschließlich als Kinder- und Jugendbuchautor. In seinem 1873 veröffentlichten Buch *Mary Liddiard: the missionary's daughter* erzählt die Protagonistin selbst ihre Geschichte: Aufgewachsen in einer Missionsstation auf einer Südseeinsel, einer Oase des Friedens inmitten wilder Heiden, muss sie kurz nach dem Tod ihrer Mutter erleben, wie die Missionsstation in Abwesenheit ihres Vaters von den Eingeborenen überfallen und das dazugehörige Dorf niedergebrannt wird. Weil sie rechtzeitig gewarnt wurden, können Mary und ihre jüngere Adoptivschwester gerade noch fliehen und sich in einer Höhle verstecken. Mit Hilfe eines jungen Engländers aus guter Familie, der nach einem sündigen Leben durch einen Missionar den Weg zurück zum Christentum gefunden hat, gelingt ihnen die Flucht auf das offene Meer. Bereits dem Tode nah, werden sie schließlich von einem englischen Schiff gerettet. Marys Adoptivschwester findet ihre wahren Eltern, und Mary selbst heiratet den jungen Engländer, um sich mit ihm zusammen der Missionsarbeit zu widmen.

Kaum 130 Seiten lang, verbindet Kingstons Erzählung in zehn überschaubar kurzen Kapiteln eine spannende Handlung vor exotischer Kulisse mit dem augenfälligen Bemühen, seinen jugendlichen Lesern allerlei nützliche Kenntnisse zu vermitteln. Handeln die Gespräche zwischen Mary und den bekehrungswilligen Heiden vor allem von den Grundlagen der christlichen Ethik und Weltanschauung, so betonen die Unterhaltungen zwischen Mary und ihrem künftigen Ehemann die zentrale Rolle der Bekehrung für evangelikale Christen, und gleichsam nebenbei bekommt der Leser geografische, naturkundliche und historische Informationen über die Inselwelt der Südsee. Wie groß der Bedarf an dieser Art Literatur in viktorianischer Zeit war, zeigt der Umstand, dass Kingston bis zu seinem Tod im Jahr 1880 weit über hundert solcher Erzählungen für junge Leser veröffentlichte.

Ein weiterer Pionier der viktorianischen Kinder- und Jugendliteratur war Robert Michael Ballantyne, der fünfundzwanzig Jahre vor Stevenson ebenfalls in Edinburgh geboren wurde. Der bis heute bekannteste seiner über hundert Abenteuerromane für junge Leser erschien 1857 unter dem Titel *The Coral Island: a tale of the Pacific Ocean*. Wie Kingston in *Mary Liddiard*, erzählt auch Ballantyne seine Geschichte aus der Perspektive des Protagonisten, des fünfzehnjährigen Engländers Ralph, der nach einem Schiffbruch zusammen mit seinen beiden Freunden Jack und Peterkin auf eine unbewohnte Südseeinsel verschlagen wird. In der Auseinandersetzung mit Piraten und eingeborenen Kannibalen beweisen die drei nicht nur ihre tapfere christliche Gesinnung, sondern auch ihre angeborenen Führungsqualitäten. Schließlich gelangen sie mit dem Schiff der Piraten, die von Eingeborenen umgebracht wurden, zu einer Insel, deren Bewohner zum Teil schon dem Christentum anhängen. Bei dem Versuch, der Tochter eines noch heidnischen Häuptlings die Taufe zu ermöglichen, werden die drei Jungen gefangen genommen, nach der Bekehrung des Häuptlings aber wieder freigelassen, so dass sie nach England zurückkehren können.

Wie *Mary Liddiard* veranschaulicht auch *The Coral Island* anhand einer abenteuerlichen Handlung an exotischen Schauplätzen die Werte des viktorianischen Christentums und die segensreichen Auswirkungen der christlichen Mission. Darüber hinaus transportiert das Buch aber auch das Ideal einer nach Leistung und persönlichen Qualitäten hierarchisch gegliederten Gesellschaft: Indem Ralph und Peterkin sich dem etwas älteren und erfahreneren Jack als ihrem Anführer freiwillig unter-

Der Tod der Südsee-Missionare John Williams und James Harris, kolorierter Stahlstich von George Baxter, 1841

ordnen, erweisen die drei Jungen ihre Überlegenheit gegenüber den anarchischen Piraten, aber auch gegenüber den untereinander verfeindeten Südseebewohnern. Der seitdem oft kopierte Kunstgriff Ballantynes, in einem Buch für jugendliche Leser die Welt der Erwachsenen weitgehend auszublenden, eine Gruppe Jugendlicher in den Mittelpunkt der Geschichte zu rücken und diese Geschichte aus der Perspektive eines der Jungen zu erzählen, sicherte *The Coral Island* einen nachhaltigen Erfolg.

Eine wichtige Quelle für Ballantyne war der 1837 veröffentlichte Erfahrungsbericht *Narrative of Missionary Enterprises in the South Sea Islands* des englischen Missionars John Williams. Wer in der Südsee unterwegs war, konnte mit den Auswirkungen der Kolonisierung und Missionierung aber auch seine eigenen Erfahrungen machen. Fünf Jahre nach Veröffentlichung der *Schatzinsel* bereiste Robert Louis Stevenson aus Gesundheitsgründen zwei Jahre lang den Pazifik, um sich schließlich auf Samoa niederzulassen. Dort schrieb er zusammen mit seinem Stiefsohn Lloyd Osbourne die Erzählung *The Ebb-Tide*, deren düsterer Grundton schon im ersten Satz anklingt: «Überall in der Inselwelt des Pazifik gehen Versprengte aus vielen europäischen Völkerschaften und aus fast jeder Gesellschaftsschicht ihren Tätigkeiten nach und verbreiten Krankheiten.» Ganz im Gegensatz zu Ballantynes *Coral Island* erzählt *The Ebb-Tide* denn auch nicht von der verheißungsvollen Entwicklung dreier tatkräftiger jugendlicher Schiffbrüchiger, sondern vom sozialen Abstieg dreier auf Tahiti gestrandeter verzweifelter Existenzen, deren gesellschaftliche Isolation nur von ihrer moralischen Haltlosigkeit übertroffen wird. Nachdem ihr Versuch eines Versicherungsbetrugs gescheitert ist, treffen sie auf einer nur spärlich besiedelten Insel auf einen englischen Perlenhändler, der zwar beständig evangelikale Reden im Munde führt, sich jedoch aus Gewinnsucht und Machtgier zum Herrn über Leben und Tod der Inselbewohner aufgeschwungen hat. Als sie versuchen, ihn zu ermorden und zu berauben, scheitern die drei erneut, wobei einer von ihnen ums Leben kommt, dem zweiten die Flucht gelingt und der dritte – in der Travestie einer traditionellen Bekehrungsszene – sich dem verbrecherischen Perlenhändler willenlos unterordnet.

The Ebb-Tide erschien erstmals 1894, dem Todesjahr Ballantynes und Stevensons. Nur fünf Jahre später veröffentlichte Joseph Conrad auf der Grundlage seiner Erfahrungen als Handelskapitän auf dem Kongo mit seiner Erzählung *Heart of Darkness* eine weitere literarische Abrechnung mit dem Kolonialismus, deren unheimlicher Protagonist Kurtz nicht von ungefähr an den Perlenhändler aus *The Ebb-Tide* erinnert. Auch hier ist es – wie schon bei Stevenson – die einheimische Schiffsbesatzung, die eben jene positiven Qualitäten unter Beweis stellt, die den Europäern ungeachtet ihrer angemaßten Vorbildrolle abgehen. Achtzig Jahre später inspirierte *Heart of Darkness* Francis Ford Coppola zu seinem Film *Apocalypse Now*, doch auch *The Coral Island* hatte fünfundzwanzig Jahre zuvor noch einmal eine eigenwillige Neugestaltung des Themas hervorgebracht. 1954 veröffentlichte William Golding seinen bis heute erfolgreichsten und bekanntesten Roman *The Lord of the Flies*, der die optimistische Abenteuergeschichte Ballantynes gleichsam in ihr Gegenteil verkehrt. Denn anders als in der viktorianischen Erzählung gelingt es den auf einer unbewohnten Insel gestrandeten englischen Kindern bei Golding eben gerade nicht, sich im wechselseitigen Einvernehmen erfolgreich zu organisieren und so gegen eine feindliche Umgebung zu behaupten. Stattdessen sorgen Egoismus, Herrschsucht, Neid, Furcht und Irrationalität schon sehr bald dafür, dass die Gestrandeten alle Hemmungen der Zivilisation ablegen und sich in Gewaltausbrüchen gegeneinander wenden. War *The Coral Island* auf dem Höhepunkt des Imperialismus eine beliebte Schullektüre gewesen, fiel diese Rolle am Ausgang des Kolonialzeitalters und nach den Erfahrungen zweier Weltkriege sowie staatlich organisierter Massenmorde nunmehr Goldings Buch zu.

7

Im hohen Norden

Grönland, Lappland, Nordasien und Alaska

August: Am 4. verließen wir mit vier Schiffen den Hafen von Christianhaab, um abermals in Jesu Namen unsere Heimreise anzutreten. Auf das inständige und unablässliche Begehren von Arnarsaaq und dem kleinen Tullimak musste ich sie schließlich mit mir folgen lassen, die sich, teils aus Liebe zu mir, teils aus dem Begehren, das Land und Volk sehen zu wollen, durch dessen Vermittlung Gott ihnen seine seligmachende Kundschaft gesandt hat, nicht von mir trennen wollten. Wie ungern die übrigen Grönländer mich verlieren wollten und wie große Liebe sie zusammen mir gegenüber nährten, konnte ich wohl daran vernehmen, dass so viele von ihnen nicht zugegen sein wollten, als ich an Bord stieg, sie gingen deshalb hinter die Berge, um nicht zu sehen, wie ich sie verließ, und andere wiederum erklärten, dass sie mir gerne folgen würden, um mich in meinem Vaterland ankommen zu sehen.

Der Missionar Paul Egede, 1741[1]

Im Unterschied zur Missionierung Nord- und Südamerikas, Indiens, Japans, Chinas und der Inseln des Pazifik vollzogen sich die Aktivitäten christlicher Missionare in Grönland, Lappland, Nordasien und Alaska gleichsam im Windschatten weltpolitischer Ereignisse. Während die Christianisierung Grönlands vom Königreich Dänemark und danach von den Herrnhutern ausging, waren bei den Samen in Lappland die protestantischen Kirchen Skandinaviens, aber auch Russland aktiv. Die Ausbreitung des Christentums in Nordasien und Alaska lag aufgrund der Expansion des Zarenreichs zunächst vor allem in den Händen der russisch-orthodoxen Kirche, doch wurden im Laufe des neunzehnten Jahrhunderts auch protestantische Missionare in diesen Regionen tätig. Eng verbunden mit den Bemühungen der Missionare waren in der Regel die macht- und handelspolitischen Interessen sowie internen Rivalitäten aufstrebender Großmächte, wie eine Übersicht über die politische Geschichte dieser Regionen zeigt.

Im Zeitalter der imperialen Expansion

Geologisch wie geografisch ein Teil Nordamerikas, war Grönland seit dem Mittelalter eng mit Skandinavien verbunden. Nachdem die Insel schon im neunten Jahrhundert durch norwegische Seefahrer entdeckt worden war, erhielt sie 982 von Erik dem Roten den Namen *Grænland* «Grünland», vielleicht, um sie trotz des lebensfeindlichen Klimas für isländische Siedler attraktiv erscheinen zu lassen. Vom späten zehnten bis zum fünfzehnten Jahrhundert siedelten an der Südwestküste skandinavische *Grænlendingar*, die seit dem Spätmittelalter jedoch nur noch sporadischen Kontakt zu Norwegen hielten und spätestens im sechzehnten Jahrhundert entweder durch Krankheiten und räuberische Überfälle dahingerafft worden waren oder Grönland mit unbekanntem Ziel verlassen hatten. Von da an waren die einzigen Bewohner der Insel die seit der Jahrtausendwende aus Alaska über Kanada zugewanderten Inuit. Erst im frühen achtzehnten Jahrhundert wurde Grönland von Dänemark aus gleichsam wiederentdeckt und als Stützpunkt für den Walfang und die Fischerei genutzt. Nach Auflösung der dänisch-norwegischen Personalunion am Ende der Napoleonischen Kriege fiel die Insel 1814 an Dänemark, das seine Kolonie 1953 in drei Provinzen mit eigenen Vertretern im dänischen Parlament umwandelte und diesen Verwaltungsbezirken 1979 eine weitgehende Autonomie gewährte.

Weitaus näher als Grönland stand Dänen, Norwegern und Schweden die Nordhälfte Skandinaviens, die im Mittelalter noch größtenteils von dem früher auch als Lappen bezeichneten Volk der Samen bewohnt wurde. Diese sprachen eine dem Finnischen und Ungarischen verwandte uralische Sprache und ernährten sich teils von Landwirtschaft, teils von Jagd und Fischfang. Eine frühe Beschreibung ihrer Lebensweise verdanken wir dem norwegischen Kaufmann Ottar, der im späten neunten Jahrhundert dem englischen König Alfred berichtete, dass einige der von ihm als «Finnen» bezeichneten Samen ihm regelmäßig Tierfelle als Tribut zukommen ließen. Mit der Zunahme zentralistischer Herrschaftsformen stieg in der Folge auch der Druck auf die Samen, deren Land und natürliche Ressourcen nun gleich von mehreren Nachbarn beansprucht wurden. Vom späten vierzehnten bis zum frühen sechzehnten Jahrhundert waren dies vor allem die in der Kalmarer Union vereinigten Königreiche von Dänemark, Norwegen und Schweden, wobei Schweden und Dänemark-Norwegen nach Auflösung dieser Union zunehmend miteinander rivalisierten. Schweden musste sich außerdem der Konkurrenz durch das Großfürstentum Moskau und später durch das Russische Zarenreich erwehren. Zur gleichen Zeit nämlich, als Spanien und Portugal nach der Entdeckung der Neuen Welt ihre imperialen Machtansprüche gegeneinander abgrenzten, gelang es dem russischen Großfürsten Iwan III., das Territorium seines Reiches fast zu vervierfachen. Danach betrachteten sich die Großfürsten von Moskau immer mehr als legitime Erben des 1453 untergegangenen Oströmischen Kaiserreichs, mit dem Ergebnis, dass sich Iwan IV., der Schreckliche, 1547 erstmals zum Zaren von Russland krönte. Damit verband er nicht zuletzt den Anspruch, Moskau müsse als «Drittes Rom» die christliche Zivilisation bewahren, sei doch in anderen Ländern das Christentum von Häresien bedroht.

Zum Ziel russischer Expansionsbestrebungen wurden indessen nicht nur der auch von Schweden beanspruchte Nordosten Skandinaviens mit der Halbinsel Kola, sondern auch weitere Gebiete im Osten des Russischen Reiches. 1558 verlieh der Zar der Kaufmannsfamilie Stroganow das Handelsrecht in Sibirien und beauftragte sie, die Region für Russland zu erschließen. Daraufhin eroberten 1582 Kosaken das Khanat Sibir, das bis dahin über den Westen Sibiriens zwischen Ural und Jenissei die Herrschaft ausgeübt hatte. 1619 wurde am Ufer des Jenissei die Stadt Jenisseisk als Festung und Umschlagplatz für den Handel mit Gold und Pelzen gegründet und kurz darauf zu ihrem Schutz die Festung Krasnojarsk errichtet. Am ostsibirischen Fluss Lena, fast 5000 Kilometer von Moskau entfernt, entstand 1632 der befestigte Stützpunkt Jakutsk, und 1647 erreichten Kosaken in der Nähe des gegenüber der Halbinsel Kamtschatka gelegenen Ochotsk erstmals die Pazifikküste. Zu einer Handelsdrehscheibe entwickelte sich die 1686 gegründete Stadt Irkutsk am Südende des Baikalsees, die seit der Mitte des achtzehnten Jahrhunderts durch eine direkte Heer- und Handelsstraße mit Moskau verbunden war.

Mit der zunehmenden Ausdehnung des Russischen Reiches erstreckte sich die Herrschaft des Zaren nun auch über eine Vielzahl indigener Völker, die als Bestandteil ihrer traditionellen Lebens- und Wirtschaftsweise auch ihre eigenen Religionen praktizierten. Dazu gehörten relativ kleine Ethnien wie die Sami auf der Halbinsel Kola ganz im Westen oder die Tschuktschen auf der nach ihnen benannten Halbinsel im äußersten Osten, aber auch größere Gruppen wie die Chanten (Ostjaken), Mansen (Wogulen), Nenzen (Samojeden), Ewenken (Tungusen), Jakuten und Burjaten. Viele der von ihnen zum Teil noch immer gesprochenen Sprachen gehören teils zur uralischen, teils zur altaischen Sprachgruppe, doch findet man im äußersten Osten auch einige isolierte, mit keinem anderen Idiom erkennbar verwandte Sprachen, die man als paläoasiatisch oder paläosibirisch bezeichnet. In der Zeit der ersten Kontakte mit den russischen Kolonisatoren lebten die indigenen Völker Nordasiens teils von der Jagd und dem Fischfang, teils von der Rentierzucht. Eine wichtige Rolle für ihre Religion spielte der Schamanismus, in dem ein als Schamane bezeichneter religiöser Spezialist durch den Vollzug besonderer Riten mit Ahnen-, Tier- und anderen Geistern in Kontakt trat und auf diese Weise das Wohlergehen der Gemeinschaft gewährleistete.

Schon 1648 umsegelte der russische Entdecker Semjon Deschnjow die Tschuktschen-Halbinsel im äußersten Nordosten Sibiriens und widerlegte damit die Vermutung, dass es zwischen Asien und Amerika eine Landbrücke geben könnte. Sein Bericht darüber wurde jedoch erst 1736 in einem Archiv entdeckt, so dass über die geografischen Verhältnisse dieser Region noch längere Zeit Unklarheit herrschte. 1728 durchsegelte der in russischen Diensten stehende dänische Seefahrer Vitus Bering ein zweites Mal die später nach ihm benannte Meerenge, und vier Jahre später landeten die Mitglieder einer weiteren russischen Expedition erstmals an der Nordwestküste Alaskas. Nachdem Vitus Bering 1741 auch die Südwestküste Alaskas und einige der Aleuten-Inseln erkundet hatte, begann die russische Erschließung Alaskas unter anderem damit, dass der Kaufmann und Seefahrer Grigori Schelichow 1783 auf der Insel Kodiak die erste russische Siedlung gründete. 1799 erhielt die Russländisch-Amerikanische Kompagnie, ein Zusammenschluss dreier älterer Handelsgesellschaften, von Zar Paul I. das Monopol für den Pelzhandel mit Russisch-Amerika. Dieser erwies sich langfristig jedoch als wenig rentabel, da sich die Versorgung der Siedler infolge der enormen geografischen Entfernungen und des unwirtlichen Klimas schwierig gestaltete und zudem die Intensivierung der Pelztierjagd die Tierbestände immer weiter zurückgehen ließ. 1867 entschloss sich Zar Alexander II. daher zum Verkauf Russisch-Amerikas an die Vereinigten Staaten, die diesem Territorium 1959 unter dem Namen Alaska den Status eines eigenen Bundesstaats verliehen.

Die Mission der Dänen und Herrnhuter auf Grönland

Am Anfang der Missionierung Grönlands steht Hans Poulsen Egede (1686–1758), der als Sohn eines dänischen Beamten in Nordnorwegen geboren wurde und nach dem Studium der Theologie in Kopenhagen zunächst als lutherischer Pfarrer auf den Lofoten-Inseln tätig war. Während dieser Zeit erwirkte er von König Friedrich IV. die Erlaubnis für eine Expedition nach Grönland mit dem Ziel, dort zu missionieren und zugleich dänisch-norwegische Ansprüche geltend zu machen. Finanziell unterstützt von einigen Kaufleuten aus Bergen, dem König und dem Königlichen Missions-Kollegium, gründete Egede eine Handelsgesellschaft, die 1721 drei Schiffe nach Grönland entsandte. Auf der Insel Kangeq, die Egede Håbets ø («Hoffnungsinsel») nannte, entstand eine erste dänische Siedlung. Diese wurde sieben Jahre später auf das gegenüberliegende Festland verlegt und in Godthåb («Gute Hoffnung», Vorläufer der heutigen Hauptstadt Nuuk) umbenannt. Egedes Hoffnung, auf Grönland noch die Nachkommen der ersten norwegischen Siedler anzutreffen, erfüllte sich zwar nicht, doch gelang ihm 1724 die Bekehrung der ersten grönländischen Inuit, von denen er zwei nach Kopenhagen schickte. Nach dem Tod seiner Frau kehrte er 1736 nach Kopenhagen zurück, wo er zum Leiter des Grönländischen Missionsseminars und 1741 zum lutherischen Bischof von Grönland berufen wurde.[2]

Seine Nachfolge übernahm sein ältester Sohn Paul Egede (1708–1789). Seit seiner frühen Jugend mit der grönländischen Sprache und Kultur vertraut, verfasste er im Laufe der Jahre nicht nur eine Übersetzung des Neuen Testaments, ein grönländisch-lateinisches Wörterbuch und eine Grammatik der grönländischen Sprache, sondern auch anschauliche Schilderungen seiner Missionsarbeit, die weite Verbreitung fanden. Eine seiner einheimischen Helferinnen, die 1737 das Christentum annahm, war die Inuk Arnasaq, die für die dänischen Missionare dolmetschte und übersetzte. Zu den bedeutendsten Schülern Paul Egedes zählte Otto Fabricius (1744–1822), der von 1768 bis 1773 als Missionar an der Südwestküste Grönlands wirkte. Während dieser Zeit sammelte er eine Fülle wissenschaftlicher Erkenntnisse über die bis dahin nur wenig bekannte Tierwelt seines Missionsgebiets und ihre Bedeutung für die Kultur der Inuit, die er 1780 in lateinischer Sprache unter dem Titel *Fauna Groenlandica* veröffentlichte. Ein weiterer Schüler Paul Egedes war sein Neffe Hans Egede Saabye (1746–1817), der von 1770 bis 1779 als Missionar auf Grönland tätig war. 1816 erschien aus seiner Feder ein seinerzeit vielbeachtetes und in mehrere europäische Sprachen übersetztes Tagebuch jener Jahre.

Seit 1733 wirkten mit Unterstützung des Königlich-Dänischen Missions-Kollegiums auch Missionare der Herrnhuter Brüdergemeine auf

Grönland.[3] Den Anfang machten Christian David, Matthäus Stach und dessen Vetter Christian Stach, die 1733 in Grönland eintrafen und 1747 am Südrand der heutigen Hauptstadt Nuuk die Siedlung Neu-Herrnhut gründeten. In den folgenden Jahren kamen Lichtenfels (heute Akunnat) und Lichtenau (Alluitsoq) sowie im neunzehnten Jahrhundert Friedrichsthal (Narsarmijit), Umanak und Idlorpait hinzu. Zum Chronisten der Herrnhuter Mission auf Grönland wurde der aus Westpommern stammende David Cranz (1723–1777), der sich nach dem Studium der Theologie in Halle den Herrnhutern anschloss und 1761 von Nikolaus Graf Zinzendorf nach Grönland entsandt wurde. Nach seiner Rückkehr veröffentlichte er 1765 eine umfassende *Historie von Groenland*, in der er in vier Bänden die geografische Lage und Beschaffenheit der Insel, ihre Tierwelt, die Bevölkerung und ihre Kultur und schließlich die Geschichte behandelte. Sie wurde bereits zwei Jahre später ins Englische übersetzt und übte auf die europäischen Vorstellungen von Grönland einen weitreichenden Einfluss aus.[4]

Eng verbunden mit der Herrnhuter Mission waren die Aktivitäten der 1747 gegründeten «Allgemeinen Handelsgesellschaft», welcher der dänische König – im Unterschied zu der früheren, bereits 1728 wieder aufgelösten Bergener Handelsgesellschaft – ein Handelsmonopol verlieh und die daher von 1747 bis zu ihrer Auflösung 1774 mit der Organisation des gesamten Handels und der Verwaltung Grönlands betraut war. Zu ihrer Nachfolgerin wurde *Den Kongelige Grønlandske Handel*, deren Direktoren die wirtschaftliche und politische Entwicklung Grönlands bis um die Mitte des zwanzigsten Jahrhunderts bestimmten. Um die Handelsbeziehungen mit den indigenen Wildbeutergesellschaften nicht zu gefährden, verboten sie bereits 1782 die bis dahin weithin geübte Praxis, die Inuit sesshaft zu machen und ihnen alternative Möglichkeiten des Broterwerbs aufzuzeigen, wodurch letztlich auch die Missionsbemühungen erschwert wurden. Gleichwohl blieben die Herrnhuter bis 1900 auf Grönland aktiv. Einer ihrer Missionare war Konrad Kleinschmidt (1768–1832) aus Oberdorla in Thüringen, der 1793 in Grönland eintraf und während seiner Tätigkeit das Neue Testament in die Landessprache übersetzte. Als Begründer der grönländischen Schriftsprache gilt sein in Lichtenau auf Grönland geborener Sohn Samuel Kleinschmidt (1814–

Französische Missionare und Inuit an der Westküste der Hudson's Bay in Nordkanada, 1835

1886), der viele Jahre als Lehrer in Lichtenfels und Neu-Herrnhut tätig war. 1851 veröffentlichte er eine lange Zeit maßgebliche *Grammatik der grönländischen Sprache mit theilweisem Einschluss des Labradordialects* und zwanzig Jahre später – zusammen mit dem Dänen Vittus Steenholdt – ein umfassendes grönländisch-dänisches Wörterbuch.[5]

Hand in Hand mit den Missionsaktivitäten der Herrnhuter auf Grönland gingen ihre Bemühungen um die Christianisierung der Inuit Labradors, die sprachlich wie kulturell eng mit den Grönländern verwandt waren.[6] Die ersten Missionare erreichten Labrador bereits 1752. Dort gründeten sie unweit ihres Landeplatzes eine Siedlung, die sie Hoffnungsthal nannten. Als jedoch der Kapitän und ein Teil der Mannschaft ihres Schiffes nach einem Landgang spurlos verschwanden, wurde dieser erste Stützpunkt schnell wieder aufgegeben. Zum eigentlichen Begründer der Herrnhuter Mission auf Labrador wurde deshalb der Däne Jens Haven (1724–1796), der erstmals 1764 auf die Halbinsel gelangte. Unterstützt wurde sein Anliegen von Hugh Palliser, dem Gouverneur der britischen Kolonie Neufundland, der sich von der Präsenz der Missionare günstige Auswirkungen auf die Spannungen zwischen den Inuit und der Kolonialmacht erhoffte. 1771 gründete Haven zusammen mit einigen weiteren Missionaren an der Nordostküste Labradors eine Siedlung, die sie Nain nannten. Ihr folgten bis zum Ende des neunzehnten Jahrhunderts acht weitere Missionsstützpunkte sowohl weiter nördlich als auch südlich, die durch den Handel mit europäischen Produkten und einheimischen Erzeugnissen finanziert wurden. Seit dem späten neunzehnten Jahrhundert gaben die Herrnhuter indessen mehrere Missionsstationen auf, überließen die Handelsaktivitäten der Hudson's Bay Company und zogen sich 2005 ganz aus Labrador zurück.

Der Schamanismus der Samen und das Christentum

Wie Grönland trat auch der Norden Skandinaviens bereits vor der Wende zum zweiten Jahrtausend in den Gesichtskreis der katholischen Kirche. Dort lebten die Angehörigen einer Bevölkerung, die schon in der Antike unter dem Namen *Fenni* oder *Phinnoi* bekannt waren, von ihren germanischsprachigen Nachbarn *Lapper* oder *Lappir* genannt wurden und heute die traditionelle Eigenbezeichnung *Samen* (*Sámi*) verwenden. Sie waren in der Frühen Bronzezeit aus dem Gebiet des heutigen Russland in ihre skandinavischen Wohnsitze eingewandert, verwendeten ebenso wie die später zugewanderten Finnen und Ungarn eine finnougrische Sprache und lebten bis zum Spätmittelalter vor allem von der Rentierjagd und dem Fischfang. Seit der Frühen Neuzeit betrieben die an der Küste Nordnorwegens ansässigen Samen daneben auch Ackerbau und Viehzucht, während einige ihrer weiter landeinwärts lebenden Verwandten zur Rentierzucht übergingen und eine nomadisierende Lebensweise annahmen.[7]

Schon in der *Historia Norwegiae*, einer wohl um 1200 auf Latein entstandenen Geschichte Norwegens, findet man einen Hinweis auf religiöse Vorstellungen und Praktiken der Samen, denen in den mittelalterlichen skandinavischen Quellen immer wieder zauberische Fähigkeiten nachgesagt werden. Soweit man sie heute aus den wenigen noch vorhandenen Quellen rekonstruieren kann, war die Religion der Samen vor ihrer Missionierung polytheistisch in dem Sinne, dass man eine Reihe namentlich bekannter großer Gottheiten verehrte. Sie war zugleich animistisch in der Weise, dass die Alltagswelt der Menschen eng und unauflöslich mit einer Welt der Geister oder übernatürlichen Wesen zusammenhing, so dass manchen Tieren wie etwa dem Bären, aber auch auffälligen Felsformationen (*siedi*) eine besondere religiöse Bedeutung zukam. Ähnlich wie in der altnordischen Mythologie zeigte das Weltbild der Samen eine horizontale Dreiteilung, derzufolge sich die Welt der Menschen zwischen einer finsteren Unterwelt der Toten und einer lichten oberen Welt der Götter befindet, wobei man von einer engen Gemeinschaft der Lebenden und der verstorbenen Ahnen ausging. Als Mittler zwischen der Welt der Menschen und der Unterwelt diente der *noaidi*, was mit einem den tungusischen Sprachen Sibiriens entlehnten Ausdruck zumeist mit «Schamane» übersetzt wird. Mit Hilfe einer zeremoniellen Trommel aus Holz und ungegerbter Rentierhaut und einem besonderen rituellen Gesang (*joik*) nahm der *noaidi* Kontakt zur Geisterwelt auf und konnte dadurch Auskunft darüber geben, wie Störungen im Einklang zwischen Menschen- und Geisterwelt zu beheben seien.

Schon um 1400 heißt es in kirchlichen Quellen aus Schweden, dass eine Mystikerin namens Margareta mit Unterstützung des Erzbischofs von Lund und der schwedischen Königin im heidnischen Norden Skandinaviens missioniert habe. Intensiviert wurden diese Anstrengungen jedoch erst im sechzehnten Jahrhundert, als Dänemark-Norwegen und Schweden nach Auflösung der Kalmarer Union in Konkurrenz zueinander traten und nun auch das Russische Reich seinen Einfluss in Nordskandinavien geltend zu machen suchte. Für die russisch-orthodoxe Kirche wirkte der Mönch und Asket Tryphon von Petschenga (1495–1583), der als Sohn eines Priesters in der Stadt Torschok bei Nowgorod geboren wurde. Er gründete 1533 auf der Halbinsel Kola an der Mündung des Flusses Petschenga in die Barentssee ein Kloster, das von Zar Iwan dem Schrecklichen Ländereien und Fischereirechte erhielt, jedoch nur drei Jahre nach dem Tod seines Gründers von den Schweden zerstört wurde. Tryphons engster Mitarbeiter war der aus Rostow gebürtige Theodoret von Kola (1489–1571), der in der orthodoxen Kirche heute ebenso wie Tryphon von Petschenga als Heiliger verehrt wird.

Eine der ersten ausführlichen Schilderungen der Samen und ihrer Kultur verdanken wir dem aus Straßburg stammenden Humanisten Johannes Scheffer, der nach Studien in seiner Heimatstadt und ausgedehnten Reisen 1648 an die Universität Uppsala berufen wurde. Als Mitglied der 1666 gegründeten Altertumskundlichen Kommission (*antikvitetskollegium*) wurde er vom schwedischen Reichskanzler Magnus Gabriel de la Gardie damit beauftragt, die Informationen, die schwedische Geistliche und Beamte vor Ort zusammengetragen hatten, zu einer umfassenden Darstellung auszuarbeiten. Als Ergebnis seiner Forschungen veröffentlichte er 1673 das Buch *Lapponia*, das bereits ein Jahr später auch ins Deutsche übersetzt wurde. Angekündigt als «Neue und wahrhafftige Beschreibung von Lappland und dessen Einwohnern» werden in den ersten sechs Kapiteln zunächst die geografische Lage und das Klima, der Name sowie die körperlichen und seelischen Merkmale der Samen und ihre Herkunft behandelt. Die beiden nächsten Kapitel handeln «Von der Religion der alten Lappen» und «Von der Christlichen Religion der Lappen», wobei der Autor am synkretistischen Charakter des Christentums der Samen keinen Zweifel lässt. Drei eigenständige Kapitel handeln daher «Von etzlichen Heidnischen Gebräuchen so biß auf diese Zeit unter denen Lappen im schwange gehen», «Von den Heidnischen Göttern welche die Lappen anjetzo noch ehren» sowie «Von den Zauberkünsten der Lappen». Gerade der zuletzt genannte Gegenstand kam einem weit verbreiteten Interesse entgegen, hatten Schwedens Gegner im Dreißigjährigen Krieg doch mitunter geargwöhnt, ihre eigenen Niederlagen seien auf die zauberischen Machenschaften der mit den Schweden verbündeten Samen zurückzuführen.

Anstrengungen zur Christianisierung der Samen unternahm um die gleiche Zeit auch Schwedens Rivale Dänemark-Norwegen. Ein frühes Beispiel dafür ist der norwegische Lehrer und Katechet Isaac Olsen, der im frühen achtzehnten Jahrhundert unter den Samen in Nordnorwegen tätig war, geistliche Texte in ihre Sprache übersetzte und eine umfangreiche Sammlung von Aufzeichnungen über seine Missionstätigkeit in den Jahren von 1703 bis 1717 hinterließ.[8] Als eigentlicher Begründer der norwegischen Mission unter den Samen gilt indessen der aus Trondheim stammende Geistliche Thomas von Westen, der zwischen 1716 und 1723 drei ausgedehnte Reisen zu den Samen Nordnorwegens unternahm und in seiner Heimatstadt Trondheim ein Seminar zur Ausbildung samischer Lehrer und Katecheten gründete. Diese Einrichtung wurde nach seinem

Tod zwar geschlossen, diente jedoch als Vorbild des Seminarium Lapponicum, das von 1752 bis 1774 in Trondheim bestand. Sein Leiter war der ehemalige Missionar Knud Leem (1697–1774), der auch als Verfasser einer Grammatik der Sami-Sprache und mehrerer Wörterbücher bekannt wurde. Bei der Arbeit daran unterstützte ihn Anders Porsanger (1735–1780), der später als Missionar in Nordostnorwegen tätig war. Wichtig für die Entwicklung einer eigenen Schriftsprache der Samen wurde danach vor allem der aus Fredrikstad gebürtige Geistliche Nils Vibe Stockfleth (1787–1866), der neben einer Sami-Grammatik und einer Übersetzung des Neuen Testaments auch ein Tagebuch seiner Missionsreisen veröffentlichte.

Weitreichende Bedeutung für die weitere Entwicklung des Christentums bei den Samen gewann seit der Mitte des neunzehnten Jahrhunderts der Erweckungsprediger Lars Levi Laestadius (1800–1861). Geboren in dem kleinen Ort Jäkkvik unmittelbar südlich des Polarkreises, wirkte er nach Studien in Uppsala als lutherischer Geistlicher in Nordschweden und machte sich zugleich als ausgewiesener Botaniker einen Namen. Zu einem Wendepunkt in seinem Leben wurde 1844 die Begegnung mit der Samin Milla Clementsdotter, deren Frömmigkeit dem Herrnhuter Pietismus nahestand. Von da an predigte Laestadius eine stark gefühlsbetonte Form des Christentums mit einem besonderen Fokus auf der Vergebung der Sünden, einem wörtlichen Verständnis der Bibel und strengen moralischen Forderungen, zu denen auch der vollständige Verzicht auf Alkoholgenuss gehörte. Dank des Einsatzes volkstümlicher Laienprediger fand er gerade bei den Samen Nordskandinaviens weithin Anklang, zumal viele von ihnen – wie auch Laestadius selbst – die zerstörerische Wirkung des Alkoholismus in ihrem eigenen Umfeld selbst erfahren hatten. Mit der Zeit entwickelte sich daraus die noch heute lebendige Erweckungsbewegung des Laestadianismus, deren Anhänger außerhalb Skandinaviens vor allem in Nordamerika anzutreffen sind. Neben seinen botanischen Studien verfasste Laestadius zwischen 1838 und 1845 auch eine handschriftliche Darstellung der vorchristlichen religiösen Vorstellungen seiner Landsleute, die indessen schon kurz nach ihrer Abfassung in Vergessenheit geriet und erst 1997 erstmals gedruckt wurde.[9]

Russisch-orthodoxe und protestantische Missionare in Sibirien und Alaska

Wie die protestantischen Missionsbemühungen von Schweden und Dänemark-Norwegen sind auch diejenigen der russisch-orthodoxen Kirche im Kontext strategischer und handelspolitischer Interessen zu sehen.[10] In diesem Zusammenhang steht die Tätigkeit von Stefan von Perm (um 1340–1396), der in oder bei der nordrussischen Stadt Ustjug geboren wurde und in Rostow in ein Kloster eintrat, wo er sich als Kopist ausbilden ließ.[11] Ausgestattet mit Schutzbriefen des russischen Großfürsten Dmitri Iwanowitsch Donskoi, missionierte er seit 1379 unter dem finno-ugrischen Volk der Komi oder Syrjanen (früher Syrjänen) im Gebiet von Perm. Zu diesem Zweck übersetzte er biblische und liturgische Texte in die Sprache der Komi und schuf zu deren Aufzeichnung die sogenannte altpermische Schrift, das zweitälteste Schriftsystem einer uralischen Sprache. 1383 ernannte ihn Pimen, der Metropolit von Moskau, zum ersten Bischof von Perm, obschon der Erzbischof von Nowgorod seine Ernennung zunächst nicht anerkennen wollte. Die Konfrontation zwischen den beiden orthodoxen Kirchenführern verdeutlicht die politische Komponente der Missionsaktivitäten Stefans: Sie dienten nicht zuletzt auch der Ausdehnung des Moskauer Einflusses nach Norden und ermöglichten damit die Teilhabe Moskaus am Handel zwischen Karelien und Westsibirien, den bis dahin die Republik Nowgorod beherrscht hatte.

Die Anfänge der planmäßigen Christianisierung Sibiriens fallen in die Zeit Peters des Großen und sind verbunden mit dem Namen des Metropoliten Filofej Leschtschinskij, der von 1702 bis 1710 und von 1715 bis 1727 Eparch von Tobolsk, dem administrativen Zentrum Sibiriens, war. Zwischen 1712 und 1715 unternahm Filofej ausgedehnte Missionsreisen zu den Chanten (Ostjaken) und Mansen (Wogulen) am mittleren und unteren Ob. Im Zusammenhang damit verfasste der Kosak Grigorij Nowickij eine «Kurze Beschreibung des Volkes der Ostjaken», die als erste ethnografische Darstellung einer indigenen Völkerschaft Sibiriens gilt. Bereits 1705 hatte Filofej den Priestermönch Martinian nach Kamtschatka entsandt, der dort eine Einsiedelei gründete und damit die

Missionierung der Halbinsel begann. Ihm folgten 1743 der Archimandrit Ioasaf Chotuntschewskij und siebzehn weitere Geistliche, unter deren Leitung bereits Gemeindestrukturen entstanden. Bischof und später Erzbischof von Kamtschatka (einschließlich der Aleuten und Kurilen) wurde 1840 der aus Sibirien stammende und in Irkutsk zum Priester ausgebildete Innokentij Wenjaminow (1797–1879), der auch bei der Missionierung Alaskas eine wichtige Rolle spielen sollte.[12]

1794 wurden die Mönche Herman (German), Joasaf und Juvenal zusammen mit einigen Mitbrüdern aus dem Kloster Walaam auf der gleichnamigen Insel im Ladogasee ausgesandt, um die russischen Pelzhändler auf der Insel Kodiak zu betreuen und die einheimische Bevölkerung der Sugpiaq zu missionieren.[13] Dort gerieten die Mönche schon bald in Konflikt mit den Vertretern der russischen Handelsgesellschaft, da sie deren Lebensweise und schlechte Behandlung der indigenen Bevölkerung scharf kritisierten und den staatlichen Behörden Bericht darüber erstatteten. Während Juvenal während einer Missionsreise auf dem Festland 1796 unter ungeklärten Umständen den Tod fand, wurde Joasaf 1799 in Irkutsk zum Bischof von Kodiak geweiht, kam jedoch nur wenige Wochen später auf der Rückfahrt nach Kodiak bei einem Schiffbruch ums Leben. Um 1811 zog Herman sich als Einsiedler auf die «Fichteninsel» (heute Spruce Island) nordöstlich von Kodiak zurück, wo er 1836 starb.

Im Mai 1823 brach Innokentij Wenjaminow, der spätere Bischof und Erzbischof von Kamtschatka, zu der knapp einjährigen Reise von Irkutsk zur Aleuten-Insel Unalaska auf, um dort die bereits teilweise christianisierte Bevölkerung Unalaskas und einiger Nachbarinseln zu betreuen. Dort angekommen, erlernte er mehrere indigene Sprachen und ersann eine Modifikation des kyrillischen Alphabets, um Teile der Bibel und andere geistliche Texte in die Landessprache übersetzen zu können. 1834 wechselte er von Unalaska zur Insel Sitka, wo er unter dem dort ansässigen Wildbeutervolk der Tlingit missionierte. Nachdem die Stadt Novo-Archangelsk auf der Insel Sitka 1841 zu seinem Bischofssitz geworden war, unternahm er von dort aus ausgedehnte Missionsreisen. Als die Diözese 1852 um das Gebiet der Jakuten erweitert wurde, siedelte der Bischof im darauffolgenden Jahr dauerhaft nach Jakutsk über, bevor er nach seiner Wahl zum Metropoliten 1867 nach Moskau zurückkehrte.

Ein enger Mitarbeiter Innokentij Wenjaminows während seiner Tätigkeit in Alaska war Jakob Nezwetow, der 1802 als Sohn eines russischen Vaters und einer Mutter aus dem indigenen Volk der Unangas (Aleuten) auf der Insel Atka geboren wurde. Nach theologischen Studien wurde er 1828 als erster Angehöriger des Volks der Unangas in Irkutsk zum Priester geweiht und war danach auf den Aleuten- und Kurilen-Inseln tätig. 1845 unternahm er im Auftrag Innokentij Wenjaminows eine ausgedehnte Missionsreise, die ihn entlang der Flüsse Yukon, Innoko und Kuskokwim ins Landesinnere Alaskas führte. Er starb auf der Insel Sitka im Juli 1864, keine drei Jahre vor dem Verkauf Russisch-Amerikas an die Vereinigten Staaten.

Im Süden und Osten von Alaska lag das sogenannte Nordwestliche Territorium, das unter der Verwaltung der Hudson's Bay Company stand und erst 1870 an das 1867 gegründete Dominion Kanada angeschlossen wurde. Südlich davon erstreckte sich entlang der Pazifischen Nordwestküste die britische Kronkolonie British Columbia. Unter dem dort ansässigen Volk der Tsimshian wirkte seit 1857 der anglikanische Missionar William Duncan (1832–1918).[14] Im ländlichen Yorkshire geboren, schloss Duncan sich 1854 der *Church Missionary Society* an und ließ sich an deren College im Londoner Stadtteil Islington zum Missionar ausbilden. Von dort entsandte ihn die Missionsgesellschaft zum Handelsstützpunkt Port Simpson an der kanadischen Pazifikküste, wo er 1857 eintraf. Nur fünf Jahre später gründete er südlich von Port Simpson für die schon bekehrten Tsimshian mit der Siedlung Metlakatla eine eigene christlich-utopisch geprägte Gemeinschaft, die er nach streng protestantischen Grundsätzen leitete. Unterstützt wurde er dabei von dem irischen Geistlichen William Henry Collison, der 1915 mit seinem Buch *In the Wake of the War Canoe* eine anschauliche Schilderung seiner Missionstätigkeit und des Lebens der indigenen Völker an der Nordwestküste Kanadas vorlegte. 1881 überwarf Duncan sich jedoch mit der *Church Missionary Society*, die ihm daraufhin die Leitung der Mission entzog. Einige Jahre leitete Duncan in der Folge Metlakatla in eigener Verantwortung, doch 1887 erwirkte er von der US-amerikanischen Regierung die Erlaubnis zur Gründung einer neuen Gemeinschaft gleichen Namens auf Annette Island vor der Südostküste Alaskas, wohin er mit einigen hundert seiner

Schutzbefohlenen übersiedelte. Auf Duncans Ersuchen hin richtete der amerikanische Kongress auf Annette Island 1891 das bis heute einzige Reservat Alaskas ein.

Zu den Anhängern Duncans, die 1887 in Kanus von British Columbia nach Alaska auswanderten, gehörte der Tsimshian Peter Simpson (um 1870–1947), der später für sein Eintreten für die Rechte der indigenen Völker Alaskas bekannt wurde. Ein anderer Auswanderer war der Tsimshian Edward Marsden (1869–1932), der sich später jedoch mit Duncan überwarf und sich dem presbyterianischen Missionar Sheldon Jackson anschloss. Dieser hatte nach Studien am Princeton Theological Seminary zunächst im Westen der Vereinigten Staaten missioniert, bevor er sich 1877 nach Alaska begab. Jackson ermöglichte Marsden den Besuch der Carlisle Indian Industrial School in Pennsylvania und danach des Marietta College in Ohio, so dass er als einer der ersten indigenen Bewohner Alaskas einen höheren Bildungsabschluss erlangte. Jacksons Überzeugung, dass eine amerikanische Bildung den indigenen Bewohnern Alaskas den Weg in die Zukunft ebnen würde, hatte indessen auch seine Schattenseite: In den zahlreichen Schulen, die er in Alaska gründete, hatten Assimilierung und kulturelle Amerikanisierung eine hohe Priorität, weshalb man dort nur Englisch sprechen durfte. Dass die indigenen Sprachen Alaskas heute nahezu ausgestorben sind, ist nicht zuletzt auf diese Bildungspolitik zurückzuführen. Auf eine Einladung Jacksons hin wurden allerdings auch die Herrnhuter in Alaska tätig, die den indigenen Sprachen einen höheren Stellenwert zumaßen. 1885 gründeten John Henry Kilbuck (1861–1922) und seine Frau Edith (1865–1933) am Fluss Kuskokwim bei der heutigen Stadt Bethel die erste Herrnhuter Missionsstation in Alaska. Dort missionierten sie unter dem Volk der Yup'ik, für deren Sprache ein einheimischer Helfer namens Uyaquq eine eigene Silbenschrift, die sogenannte Alaska-Schrift, entwickelte. Seit 1896 wirkte in Bethel auch Ediths jüngerer Bruder Joseph Herman Romig, der als Missionsarzt für seine Hausbesuche mit dem Hundeschlitten bekannt wurde. Unterstützt wurde er von seiner Frau Ella Mae Romig, deren erst viel später veröffentlichte Tagebücher anschauliche Schilderungen des Lebens in Südwestalaska während der Jahre um 1900 enthalten.[15]

Neubekehrte als Zuschauer und Zur-Schau-Gestellte

Als zwei britische Schiffe 1830 von einer vierjährigen Expedition zur Vermessung der Küsten Südamerikas zurückkehrten, brachten sie von der Insel Feuerland vier junge Angehörige des indigenen Volks der Yámana mit. Großes Aufsehen erregte besonders der Jugendliche Orundellico (um 1815–1864), dem der englische Kapitän Robert Fitzroy den Namen Jemmy Button gegeben hatte und in dem das Vorbild für die bekannte Kinderbuchfigur Jim Knopf vermutet wird.[16] Charles Darwin war zugegen, als der junge Mann nur wenige Jahre später während der zweiten Expedition des Forschungsschiffs Beagle nach Feuerland zurückkehrte, sich dort schon bald wieder an die Lebensgewohnheiten seiner Landsleute anpasste und das Angebot einer Rückkehr nach England ausschlug. 1855 begegnete der inzwischen etwa vierzig Jahre alte Feuerländer auf der Insel Navarino einer Gruppe englischer Missionare, mit denen er sich noch immer auf Englisch verständigen konnte, doch fünf Jahre später musste er sich vor Gericht gegen den Vorwurf verteidigen, an der Ermordung anderer Missionare beteiligt gewesen zu sein.[17]

Das beträchtliche Aufsehen und die unvorhersehbaren Folgen, welche die gut gemeinte Verpflanzung junger Neubekehrter in eine völlig andere Umgebung nach sich ziehen konnte, zeigen auch die Schicksale der bei verschiedenen Gelegenheiten nach Europa entführten Grönländer.[18] Schon 1577 hatte der englische Seefahrer Martin Frobisher während seines zweiten Versuchs, die Nordwestpassage zu finden, drei kanadische Inuit – einen Mann und eine Frau mit ihrem Kind – gefangen genommen und nach England gebracht, wo sie als Kuriositäten bestaunt und mehrfach bildlich dargestellt wurden. 1605 brachten drei dänische Schiffe, die König Christian IV. nach Grönland entsandt hatte, fünf gewaltsam entführte grönländische Inuit nach Kopenhagen. Drei davon sollten im darauffolgenden Jahr in ihre Heimat zurückkehren, doch starben zwei von ihnen noch auf der Überfahrt, während das Schicksal des dritten unbekannt ist. 1636 äußerte Christian IV. sogar den Wunsch, dass nach Möglichkeit jedes Jahr aus Grönland einige junge Inuit nach Dänemark gebracht werden sollten, um dort eine christliche Erziehung und

Bildung zu erhalten. Entsprechende Bemühungen setzten sich auch unter Christians Nachfolger Friedrich III. fort, und so gelangten 1654 der Grönländer Ihiob sowie die drei Grönländerinnen Küneling, Kabelau und Sigoko nach Dänemark. Eine ausführliche Beschreibung ihrer Gefangennahme sowie einer Ballettdarbietung der drei Grönländerinnen vor dem dänischen König in Flensburg verdanken wir dem Diplomaten und Gelehrten Adam Olearius. Zu der Zeit, als er seine Darstellung veröffentlichte, waren die Gefangenen jedoch bereits alle verstorben.

Die fortgesetzten gewaltsamen Entführungen blieben auch in Grönland selbst nicht folgenlos, wie eine Bemerkung des isländischen Gelehrten Thormod Torfaeus in einer 1683 verfassten Denkschrift für König Christian V. zeigt. Mit dem Hinweis auf das stark angewachsene Misstrauen der Grönländer gegenüber allen Ausländern empfahl er, junge Grönländer vor einem Aufenthalt in Dänemark erst einmal an die Sprache und Lebensgewohnheiten der Dänen heranzuführen, damit sie nach der Rückkehr in die Heimat ihren Landsleuten ein positives Bild zeichnen könnten. Die Gelegenheit dazu bot sich 1724, als Hans Egede drei Jahre nach seiner Ankunft in Grönland zwei junge Inuit namens Pooq und Qiperoq dazu bewegen konnte, nach Dänemark zu reisen. Schon kurz nach ihrer Ankunft nahmen die beiden Grönländer auf Schloss Fredensborg an der Geburtstagsfeier König Friedrichs IV. teil und vollführten bei einer weiteren Feier für Friedrichs jüngeren Bruder Carl mit ihren Kajaks auf dem nahe gelegenen Esromsee allerlei Kunststücke. Nur wenig später waren sie bei einer prachtvoll ausgerichteten Schiffsregatta in Kopenhagen dabei, mit der den Bewohnern der Hauptstadt die kolonialen Leistungen Dänemarks vor Augen geführt werden sollten. Ein Doppelporträt der beiden Grönländer, das der Maler Bernhard Grodtschilling im Auftrag des Königs schuf, befindet sich heute im Dänischen Nationalmuseum. Während Qiperoq auf der Rückfahrt nach Grönland in Bergen verstarb, gelangte Pooq im Frühjahr 1725 wieder in seine Heimat. Dort gestaltete er seine Erlebnisse in mehreren Liedern, von denen eines später in Paul Egedes grönländischer Grammatik abgedruckt wurde. Bald darauf heiratete Pooq und ließ sich 1728 zusammen mit seiner Frau und seinen beiden Kindern taufen. Im Herbst desselben Jahres reisten alle Mitglieder der Familie zusammen mit Paul Egede noch einmal nach Dänemark, doch starben sie im Frühjahr 1729 innerhalb weniger Monate an den Pocken, die einige Jahre später auch Grönland heimsuchen sollten.

1747 begleitete der Herrnhuter Missionar Matthäus Stach zwei Grönländerinnen und drei Grönländer nach Herrnhut, wo einer von ihnen zusammen mit achtzehn weiteren Neubekehrten aus allen Erdteilen auf dem als «Erstlingsbild» bekannten Gemälde des Malers Johann Valentin Haidt dargestellt wurde. Darauf sieht man einen von zwei Engeln begleiteten thronenden Christus; um ihn scharen sich die individuell-realistisch dargestellten Neubekehrten, Erwachsene und Kinder, die nach dem Vorbild der christlichen Märtyrerikonografie alle einen Palmzweig als Zeichen der Überwindung des Todes in den Händen halten. Im Jahr 1700 in Danzig geboren, wanderte Johann Valentin Haidt 1754 nach Nordamerika aus, wo er bis zu seinem Tod im Januar 1780 noch zahlreiche weitere Gemälde, vor allem Porträts, für die Herrnhuter Brüdergemeine schuf.

Einen Niederschlag in der bildenden Kunst fand schließlich auch die Europareise einer Inuk aus Labrador namens Mikak, die sich 1768 eine Zeitlang in London aufhielt.[19] Mikak, um 1740 als Tochter eines Anführers der Inuit geboren, kam 1765 in Kontakt mit den Herrnhuter Missionaren Jens Haven und Christian Drachardt. Nach einem Überfall einiger Inuit auf einen Handelsposten wurde sie 1767 zusammen mit einigen ihrer Landsleute bei einer Vergeltungsaktion der britischen Marine gefangen genommen. Auf Geheiß des Gouverneurs von Neufundland brachte man sie im Jahr darauf zusammen mit ihrem Sohn Tutuac und einem weiteren Inuit-Jungen namens Karpik nach England, da man hoffte, dass sie bei entsprechend guter Behandlung das Englandbild der Inuit Labradors nach ihrer Rückkehr günstig beeinflussen würde. Wie zuvor schon die Inuit Grönlands in Dänemark, wurde nun Mikak in England als Kuriosität bestaunt, zugleich aber auch hofiert. Ein Porträt des Malers John Russell, das sich heute in der Ethnologischen Sammlung der Universität Göttingen befindet, zeigt die junge Frau in prächtiger Kleidung und mit dem Schmuck, den ihr Augusta von Sachsen-Gotha-Altenburg, die Mutter König Georgs III., geschenkt hatte. Dass die Herrnhuter Missionare in der Folge die Erlaubnis zum Aufbau einer Mission in Labrador erhielten, verdankten sie nicht zuletzt der Fürsprache Mikaks. Zusammen mit ihrem zweiten Ehemann Tuglavina half sie den Missionaren bei der Gründung ihrer ersten Siedlung und im Umgang mit den Bewohnern der Umgebung. Mikak starb kurz nach ihrer Taufe im Oktober 1795 und wurde auf dem Friedhof von Nain beigesetzt.

8

Unter Christen, Juden und Muslimen

Der Vordere Orient vom Fall Konstantinopels bis zum Ende des Kolonialzeitalters

Es ist unmöglich für jemanden, zu einem Muslim in freundliche Beziehungen zu treten, bevor er nicht in der Lage ist, den Islam von dessen Standpunkt aus zu betrachten. Wer immer dem Muslim beweisen kann, dass er seine Religion und die sie umgebenden Überlieferungen kennt, wird infolge dieses Umstands einen Einfluss ausüben, der auf keine andere Weise zu erreichen ist. Ein Missionar sollte in der Lage sein, aus dem Koran und den heiligen Schriften des Islams mit Leichtigkeit und Genauigkeit zu zitieren.

Broschüre des «Board of Missionary Preparation», 1914[1]

In den gut viereinhalb Jahrhunderten zwischen dem Fall Konstantinopels und dem Ausbruch des Ersten Weltkriegs beeinflussten die teils friedlichen, teils kriegerischen Beziehungen der europäischen Länder zum Osmanischen Reich auch die christlichen Missionsbemühungen in den vom Sultan beherrschten Gebieten maßgeblich. Eine wichtige Rolle spielten die Präsenz beträchtlicher christlicher Minderheiten in einer mehrheitlich muslimischen Bevölkerung sowie der Umstand, dass das Osmanische Reich auch das Heilige Land und damit das Ursprungs- und Kerngebiet des Christentums umfasste.[2]

Das Osmanische Reich und die Länder Europas

Im Jahr 1299 von Osman I. in Nordwestanatolien gegründet, erreichte das Osmanische Reich unter seinem zehnten Sultan Süleyman I. (1494–1566) den Höhepunkt seiner Macht. Während seiner über vierzigjährigen Regierung unterwarf dieser Herrscher in zahlreichen Feldzügen weite Gebiete Nordafrikas und des Vorderen Orients, so dass sich sein Reich schließlich von Ungarn im Norden bis zum Jemen im Süden und von Algerien im Westen bis nach Aserbaidschan im Osten erstreckte. Darüber hinaus schmiedete der Sultan 1536 ein dauerhaftes strategisches Bündnis mit dem König von Frankreich, das bis zum Ägyptenfeldzug Napoleons am Ausgang des achtzehnten Jahrhunderts Bestand haben sollte. Schon in der zweiten Hälfte des sechzehnten Jahrhunderts zeigten sich jedoch die Grenzen der osmanischen Herrschaft, als nämlich Spanien und Portugal aus dem Ausbau neuer Handelswege und der Ausbeutung von Silbervorkommen in der Neuen Welt beträchtliche wirtschaftliche Vorteile zogen, während sich im osmanischen Vielvölkerstaat immer wieder soziale und ethnische Spannungen bemerkbar machten. Zu einem Wendepunkt wurden im Jahr 1683 die erfolglose Belagerung Wiens und der Sieg des deutsch-polnischen Entsatzheers über die Armee des Sultans in der Schlacht am Kahlenberg. Die darauffolgende Gegenoffensive endete nach weiteren osmanischen Niederlagen bei Mohács und Zenta

1699 mit dem Friedensschluss von Karlowitz, durch den Österreich seine Vormachtstellung in Mitteleuropa behauptete und die Bedrohung durch das Osmanische Reich auf Dauer beseitigte.

Als der politische Einfluss des Sultans im Laufe des achtzehnten Jahrhunderts weiter zurückging, wuchs unter den Regierungen Europas die Sorge vor den Folgen des daraus resultierenden Machtvakuums, zumal das Russische Kaiserreich in einer langen Reihe von Kriegen seine beherrschende Stellung im Gebiet des Schwarzen Meeres und des Kaukasus immer weiter ausbaute. Während Österreich eine wachsende russische Einflussnahme auf dem Balkan und das Erstarken nationalistischer Strömungen unter den ethnischen Minderheiten des Habsburgerreichs befürchtete, bangte Großbritannien um den Verlust seines Einflusses im östlichen Mittelmeerraum und damit um die Sicherheit seiner Besitzungen in Indien. 1830 gewann Griechenland mit der Unterstützung Russlands, Frankreichs und Großbritanniens nach einem neunjährigen Krieg seine Unabhängigkeit vom Osmanischen Reich. Schon im darauffolgenden Jahr kam es zu einer weiteren politischen Krise, als Muhammad (Mehmed) Ali, der osmanische Vizekönig Ägyptens, entgegen den Anweisungen des Sultans Truppen nach Palästina und Syrien entsandte, wobei er von Frankreich, der Sultan dagegen von Russland unterstützt wurde. Um einem weiteren Zerfall des Osmanischen Reichs vorzubeugen, intervenierten daraufhin auch Österreich, Preußen und Großbritannien. Sie erzwangen im Bündnis mit Russland den Rückzug Muhammad Alis, der jedoch die Herrschaft über Ägypten behalten und diese nun auch erblich weitergeben durfte.

Neue Fronten bildeten sich, als es 1853 nach dem Einmarsch russischer Truppen in Moldavien und der Walachei zum neunten Russisch-Osmanischen Krieg kam. In dem darauffolgenden Konflikt, der in Europa nach dem Hauptschauplatz als Krimkrieg bekannt wurde, kämpften Frankreich und Großbritannien nunmehr an der Seite des Sultans und zwangen Russland drei Jahre später unter Beteiligung Österreichs und Preußens im Friedensschluss von London zum Zugeständnis der territorialen Unverletzlichkeit des Osmanischen Reichs. Als Russland den Londoner Frieden jedoch während des Deutsch-Französischen Krieges von 1870/71 aufkündigte und es 1875 zu Aufständen gegen die osmanische

Herrschaft auf dem Balkan kam, führten die beiden Reiche erneut einen Krieg gegeneinander, der 1878 mit der Unabhängigkeit Rumäniens, Serbiens und Montenegros und der weitgehenden Autonomie Bulgariens endete. Fast alle verbliebenen europäischen Besitzungen verlor das Osmanische Reich 1912 und 1913 am Ende zweier Kriege, die umfangreiche Vertreibungen nach sich zogen und neben den ethnischen Spannungen auf dem Balkan auch die Interessenkonflikte zwischen Österreich-Ungarn und Russland erheblich verschärften.

Nach dem Regierungsantritt Wilhelms II. und der Entlassung Bismarcks verstärkten sich seit den 1890er Jahren die internationalen Unstimmigkeiten, nicht zuletzt infolge der vermehrten Rüstungsanstrengungen und kolonialpolitischen Ambitionen des Deutschen Reichs. Während sich Großbritannien, Frankreich und Russland 1907 zur Triple Entente zusammenschlossen, verbündete sich das Deutsche Reich mit Österreich-Ungarn und zog zu Beginn des Ersten Weltkriegs auch das Osmanische Reich auf seine Seite. Nach dem Ende der Kriegshandlungen im Vorderen Orient und der Besetzung eines Großteils des Osmanischen Reichs durch die Siegermächte wurde 1922 das Sultanat abgeschafft und im darauffolgenden Jahr die Republik Türkei ausgerufen. Die außereuropäischen Provinzen wurden unter der Federführung Großbritanniens und Frankreichs und zumeist ohne Rücksicht auf die kulturellen, ethnischen und religiösen Gegebenheiten in den betreffenden Regionen aufgeteilt. Dies sollte vielerorts eine jahrzehntelange und zum Teil noch immer andauernde politische Instabilität zur Folge haben.

Französische Missionare in Algerien

In welchem Ausmaß die außenpolitischen Ambitionen der europäischen Großmächte und damit auch ihre Missionsbemühungen von innenpolitischen Entwicklungen im Osmanischen Reich beeinflusst waren, zeigt das Beispiel Algeriens.[3] In der Spätantike ein Zentrum des lateinischsprachigen Christentums, wurde die südliche Küste des Mittelmeers von Tripolitanien bis zum Atlantik seit dem siebten Jahrhundert islamisiert. Fernab der politischen Zentren in Damaskus und später Bagdad konnten sich dort Herrscherdynastien von regionaler und mitunter auch überregionaler Bedeutung etablieren, die jedoch mit dem Wiedererstarken der christlichen Königreiche auf der Iberischen Halbinsel und besonders nach der Entdeckung Amerikas und des Seewegs nach Indien immer mehr in die Defensive gerieten. Da eine starke Zentralgewalt fehlte, entwickelten sich besonders Algier, Tunis und Tripolis zu Stützpunkten von Seeräubern und Sklavenhändlern, die nicht nur die ost-westlichen Handelsrouten im Mittelmeer unsicher machten, sondern bei ihren Raubzügen auch die Küsten der nördlichen Mittelmeeranrainer heimsuchten. Um die eigene Schlagkraft zu erhöhen und die Gegenangriffe der christlichen Reiche besser parieren zu können, unterstellte sich der von Algier aus agierende Korsar Chair ad-Din 1519 der Oberhoheit des osmanischen Sultans, der ihn im Gegenzug zum Statthalter dieser Region ernannte. Bis 1830 gehörte Algerien damit zumindest nominell zum Osmanischen Reich, auch wenn die politische Macht des Sultans und seine Einflussmöglichkeiten eng begrenzt waren. Seit dem späten siebzehnten Jahrhundert war ein vom Militär auf Lebenszeit gewählter Dey der eigentliche Herrscher Algeriens.

Eine weitreichende Änderung der politischen Lage ergab sich seit den 1820er Jahren aus dem Unabhängigkeitskrieg der Griechen gegen die Osmanen und dem Aufstieg Muhammad Alis, des von Frankreich unterstützten osmanischen Statthalters von Ägypten. Nachdem die französische Regierung zunächst ohne Erfolg versucht hatte, Muhammad Ali zur Invasion Algeriens zu bewegen, entschloss sie sich dazu, selbst aktiv zu werden. Im Juni 1830 eroberte ein französisches Expeditionskorps Algier und erzwang die Abdankung des Dey. In den darauffolgenden Jahren eroberte Frankreich gegen den erbitterten Widerstand des Emirs Abd el-Kader einen Großteil des Landes, wobei man die einheimische Bevölkerung vielerorts enteignete und den Boden an französische Siedler verteilte. 1848 erklärte die französische Regierung Algerien zu einem integralen Bestandteil des französischen Mutterlands, was neuerliche Einwanderungen von Siedlern und weitere Enteignungen nach sich zog. Immer wieder kam es zu lokalen und regionalen Aufständen, die vom französischen Militär jedoch stets gewaltsam unterdrückt wurden. Eng verbunden mit dem Niedergang der traditionellen Landwirtschaft und einer zunehmenden Verelendung der einheimischen Landbevölkerung war der Aufbau einer von den Siedlern beherrschten, exportorientierten Agrarindustrie, die sich vor allem auf Getreide, Wein und einige weitere landestypische Produkte konzentrierte.

Bereits 1838 wurde zur Betreuung der französischen Kolonisten und Soldaten die Diözese Algier gegründet. Ihr erster Bischof wurde der aus Bordeaux stammende Antoine-Adolphe Dupuch, der im Unterschied zur offiziellen französischen Politik die Missionierung der einheimischen Bevölkerung anstrebte. Aufgrund der Überschuldung seines Bistums musste Dupuch jedoch schon 1845 zurücktreten und wurde durch Louis-Antoine-Augustin Pavy ersetzt. Nach Pavys Tod erhielt die Diözese Algier 1866 den Status einer Erzdiözese mit zwei weiteren Bistümern im westalgerischen Oran sowie in Constantine im Osten des Landes. Während der Amtszeit des ersten Erzbischofs von Algier, Charles Martial Allemand Lavigerie (1825–1892), wurde auf einer Steilküste über der Bucht von Algier die Basilika Unserer Lieben Frau von Afrika vollendet. Zur Förderung der Afrikamission gründete Lavigerie 1868 die Gesellschaft der Missionare von Afrika, deren Angehörige nach ihrem weißen Ordensgewand gemeinhin auch als «Weiße Väter» bekannt wurden.[4] Ein Jahr danach entstand 1869 als weibliche Entsprechung dazu die Gemeinschaft der «Weißen Schwestern». Missionierten die Weißen Väter zunächst in Algerien und Tunesien, so wurden sie später auch in Ostafrika und Französisch-Westafrika tätig. Auf ihre Initiative hin eröffnete 1926 in Tunis ein Institut für Arabistik und Islamwissenschaft, das 1956 nach Rom verlegt und wenige Jahre später in das noch heute bestehende Päpstliche Institut für Arabische und Islamische Studien umgewandelt wurde. Als eine Einrichtung der Weißen Väter entstand 1978 auch die Christlich-Islamische Begegnungs- und Dokumentationsstelle (CIBEDO) in Frankfurt am Main, die heute vor allem dem interreligiösen Dialog zwischen Christen und Muslimen gewidmet ist.

Eng verbunden mit der Vorstellung eines interkulturellen Dialogs mit dem Islam auf Augenhöhe ist heute der Name Charles de Foucaulds (1858–1916), der sich nach einer bewegten Jugend, der Ausbildung zum Offizier und einer Forschungsreise durch Marokko erneut dem Katholizismus seiner Kindheit zuwandte und die letzten fünfzehn Jahre seines Lebens als Einsiedler in Algerien zubrachte. Von ihm beeinflusst war

Französische Missionare in der algerischen Sahara, Darstellung aus dem Magazin *L'Illustration*, 1891

Louis Massignon (1883–1962), der wie Foucauld die Begegnung mit dem Islam als eine Art Bekehrung erlebte, eine klassische Studie über den islamischen Mystiker al-Halladsch verfasste und in seinen späteren Schriften die Zusammengehörigkeit von Judentum, Islam und Christentum als «abrahamitische» Religionen betonte. Weitaus prägender als der Gedanke eines gemeinsamen Ursprungs der drei monotheistischen Religionen waren für das alltägliche Leben der muslimischen Bevölkerung Algeriens indessen die von Frankreich eingeführten Gesetze, die auf eine scharfe Trennung zwischen Christen und Muslimen abzielten und die einheimische Bevölkerung massiv benachteiligten. Die Grundlage dafür bildete ein 1875 verabschiedetes Regelwerk, das als *Code de l'indigénat* bekannt wurde. Danach waren die Angehörigen der einheimischen Bevölkerung (*les indigènes*) keine Bürger (*citoyens*), sondern Untertanen (*sujets*) des französischen Staates. Bürgerliche Rechte blieben ihnen daher vorenthalten, während die Missachtung von Bestimmungen der Kolonialverwaltung drakonische Strafen bis hin zur Internierung nach sich ziehen konnte. Ausschlaggebend war dabei stets die ethnische Herkunft und nicht etwa die derzeit praktizierte Religion, so dass für sich genommen weder die Abkehr vom Islam noch die Konversion zum Christentum eine rechtliche Besserstellung mit sich brachte. Seit 1887 auf verschiedene andere französische Kolonien ausgedehnt, blieb der *Code de l'indigénat* in Algerien bis nach dem Ende des Zweiten Weltkriegs in Kraft und trug maßgeblich dazu bei, die privilegierte Stellung der ausländischen Siedler zu sichern und eine Annäherung zwischen den verschiedenen Bevölkerungsteilen zu verhindern.

Wie sehr der Übertritt zum Christentum in einer islamisch und ländlich geprägten Gesellschaft die Neubekehrten zu Außenseitern stempelte, zeigen die Lebenserinnerungen der Algerierin Fadhma Aït Mansour Amrouche (1882–1967), die ein Jahr nach ihrem Tod in französischer Sprache veröffentlicht wurden.[5] Geboren in einem kabylischen Dorf, erlebte die uneheliche Tochter einer Witwe schon früh die Ablehnung durch ihre Umgebung und wurde von ihrer Mutter im Vorschulalter in die Obhut eines Waisenhauses gegeben, das von den Weißen Schwestern geleitet wurde. Noch in hohem Alter erinnerte sich die Autorin an einige ihrer ersten frühkindlichen Eindrücke aus jener Zeit: die feierlich erleuchtete Kapelle während der Messe, aber auch das Gefühl der Ohnmacht und Erniedrigung, nachdem sie die Fingerhüte ihrer Spielkameradinnen in die Latrine geworfen hatte und daraufhin gezwungen wurde, dort hineinzuklettern, um sie wieder herauszuholen. Einen zwiespältigen Eindruck vermittelte auch das ebenfalls von den Weißen Schwestern geleitete Krankenhaus, in dem sie als Jugendliche arbeitete und ihren späteren Ehemann kennenlernte: «Jeder sprach von Gott, alles musste aus Liebe zu Gott getan werden, aber man fühlte sich heimlich beobachtet, jedes Wort wurde abgewogen und der Oberin zugetragen. […] Als ich einmal sagte, dass jede Religion ihre gute Seite hätte, betrachtete man dies als eine Gotteslästerung. […] Als die Mönche uns versicherten, dass nur die Getauften in den Himmel kämen, glaubte ich ihnen nicht. Denn ich dachte an meine Mutter, an ihre Mühen, an ihr dreimaliges Fasten im Jahr, an die morgendlichen Wasserlasten, die sie freiwillig jeden Tag trug, und ich sagte mir: ‹Ist es möglich, dass meine Mutter nicht in den Himmel kommt?›»

Englische und deutsche Missionare in Palästina

Nur wenige Jahre vor Algerien war zu Beginn des sechzehnten Jahrhunderts auch Palästina zu einem Teil des Osmanischen Reichs geworden. Doch im Gegensatz zu Algerien, das für die Staaten Europas vor allem von macht- und handelspolitischem Interesse war, hatte Palästina als Land der Bibel und Schauplatz einer universalen Heilsgeschichte nicht nur eine strategische, sondern auch eine große ideelle Bedeutung. Diese zeigte sich schon in der Spätantike im christlichen Pilgerwesen und verstärkt seit der Frühen Neuzeit, als die Reformatoren nicht nur die Bibellektüre, sondern auch die Rückkehr zum wörtlichen Verständnis der biblischen Erzählungen propagierten. Zusätzlich verstärkt wurde das dadurch hervorgerufene historische und landeskundliche Interesse an Palästina und den angrenzenden Regionen durch den Aufschwung des Evangelikalismus im späten achtzehnten und neunzehnten Jahrhundert, der diesen reformatorischen Grundsätzen auf breiter Basis Geltung verschaffte und in Verbindung mit der Gründung neuer Missionsgesellschaften vor allem die Mission der Protestanten in Palästina beflügelte.[6]

Eine der ersten Gesellschaften, die in Palästina aktiv wurden, war die 1799 gegründete *Society for Missions to Africa* and the East, die 1812 in *Church Missionary Society* umbenannt wurde und heute gemeinhin als *Church Mission Society* bekannt ist. Sie entsandte 1815 als ihren ersten Missionar im Orient William Jowett (1787–1855), der mehrere Jahre auf Malta tätig war, 1823 aber auch eine längere Reise nach Syrien und Palästina unternahm. Über seinen Aufenthalt veröffentlichte er 1825 das Buch *Christian Researches in Syria and the Holy Land*, das neben einem ausführlichen Tagebuch auch eine Übersicht über die Religionsgemeinschaften des Vorderen Orients, zahlreiche landeskundliche Beobachtungen sowie Vorschläge zum weiteren Vorgehen bei der Missionsarbeit enthielt. In enger Verbindung mit der Londoner *Church Missionary*

Society stand die 1815 gegründete Evangelische Missionsgesellschaft Basel, kurz Basler Mission, die vor dem Aufbau eigener Missionen in Übersee ihre Schüler auch an englische Missionsgesellschaften vermittelte. Zu ihnen zählte der aus Straßburg stammende Frederick Klein (1827–1903), der von 1851 bis 1855 in Nazareth und danach bis 1877 in Jerusalem tätig war. Weithin bekannt wurde er 1868 durch seine Entdeckung der Mescha-Stele, die in aufsehenerregender Weise biblische Angaben zur Geschichte Israels im neunten vorchristlichen Jahrhundert bestätigte und das Interesse einer breiten Öffentlichkeit auf die Palästina-Archäologie lenkte. Ein weiterer Schüler der Basler Mission war der Schwabe Johannes (John) Zeller (1830–1902), der im Auftrag der *Church Missionary Society* von 1857 bis 1876 in Nazareth und danach bis 1901 in Jerusalem wirkte.

Mit dem Aufschwung des Evangelikalismus und der Gründung entsprechend geprägter Missionsgesellschaften stieg im neunzehnten Jahrhundert auch das Interesse an einer christlichen Mission unter den Juden. 1839 reisten daher vier Geistliche der Kirche von Schottland – Andrew Bonar, Robert Murray McCheyne, Alexander Black und Alexander Keith – über Frankreich, Griechenland und Ägypten nach Palästina und dann über den Balkan, Österreich und Deutschland zurück nach Schottland, um in den von ihnen besuchten Ländern die Möglichkeiten zur Judenmission zu erkunden. Als Ergebnis dieser Sondierung arbeitete seit 1841 der schottische Geistliche John Duncan als Missionar unter der jüdischen Bevölkerung von Budapest, wo unter anderem die beiden Juden Adolph Saphir und Alfred Edersheim bekehrt und für die christliche Mission gewonnen wurden.[7] Während McCheyne kurz vor der Spaltung der Kirche von Schottland im Mai 1843 verstarb, schlossen sich seine Reisebegleiter ebenso wie John Duncan sogleich der neu gegründeten und evangelikal geprägten Freien Kirche von Schottland an, wo man der Mission einen besonders hohen Stellenwert beimaß. In einer 1844 veröffentlichten Beschreibung seiner Reise nach Palästina stellte Alexander Keith unter Hinweis auf den erfolgreichen Befreiungskampf der Griechen die Frage, ob man nun nicht auch den Juden ihre einstige Heimat zurückgeben solle.

Bereits 1809 hatte Joseph Samuel Frey, der zum Christentum konvertierte Sohn eines Rabbiners, nach Auseinandersetzungen mit der *Church Missionary Society* zusammen mit einigen Gleichgesinnten die «Londoner Gesellschaft zur Förderung des Christentums unter den Juden» (*London Society for Promoting Christianity Amongst the Jews*) gegründet. Ihre Mitarbeiter missionierten zunächst nur in England und dort vor allem in London, waren seit 1820 jedoch auch auf dem europäischen Festland sowie in Indien aktiv. 1822 entstand in Berlin eine preußische Tochtergesellschaft, die zunächst von Friedrich Wilhelm III. und nach 1840 von seinem Nachfolger Friedrich Wilhelm IV. gefördert wurde. In Palästina arbeitete seit 1825 der dänische Missionar Hans Nicolajsen (John Nicolayson) im Auftrag der Londoner Gesellschaft. Unter seiner Mitwirkung gründeten Großbritannien und Preußen 1841 gemeinsam das anglikanische Bistum Jerusalem. Zum ersten Bischof ernannte der Erzbischof von Canterbury den aus Posen stammenden und in England zum Christentum konvertierten ehemaligen Rabbiner Michael Salomo Alexander (1799–1845); sein Nachfolger wurde wenige Jahre später der Schweizer Samuel Gobat (1799–1879), der nach seiner Ausbildung bei der Basler Mission im Auftrag der Londoner *Church Missionary Society* als Missionar in Äthiopien tätig gewesen war. Bald nach seinem Amtsantritt wurde 1849 in der Altstadt von Jerusalem als erste protestantische Kirche des Vorderen Orients die Christuskirche eröffnet. Sie besteht bis heute als anglikanische Kirche, obschon die preußisch-britische Zusammenarbeit bei der Organisation des Bistums bereits 1886 beendet wurde.

Das große Interesse, das eine breite Öffentlichkeit dem Heiligen Land besonders im neunzehnten Jahrhundert und namentlich in den protestantisch geprägten Staaten entgegenbrachte, spiegelt sich nicht zuletzt in dem beträchtlichen Erfolg, den einige Missionare mit literarischen Schilderungen ihres Wirkens, aber auch mit landeskundlichen und kulturgeschichtlichen Darstellungen erzielten. Zu ihnen gehörte der amerikanische Missionar William McClure Thomson (1806–1894), der seit 1833 in Syrien und Palästina wirkte und 1862 den Anstoß zur Gründung der heutigen Amerikanischen Universität in Beirut gab. 1859 veröffentlichte er das mit Stichen und detaillierten Karten reich illustrierte Buch *The Land and the Book*, in dem er in der Form fiktiver Dialoge seine landeskundlichen Kenntnisse zur Erläuterung einzelner Stellen und ganzer Passagen der Bibel heranzog. Eine ähnliche Zielsetzung verfolgte der presbyterianische irische Geistliche Josias Leslie Porter (1823–1889), der von 1849 bis 1859 als Missionar in Syrien tätig war und noch während seines Aufenthalts dort den Erfahrungsbericht *Five Years in Damascus* und den Reiseführer *Handbook for Travellers in Syria and Palestine* vorlegte. Nach der Rückkehr in seine irische Heimat beteiligte er sich 1864 mit der Streitschrift *The Pentateuch and the Gospels* an der Debatte um die Berechtigung der historisch-kritischen Methode und veröffentlichte ein Jahr später den Reisebericht *The Giant Cities of Bashan and Syria's Holy Places.* Maßgeblichen Anteil an der Breitenwirkung gerade des letztgenannten, mehrfach nachgedruckten Buchs hatte nicht zuletzt die ständige Bezugnahme des Verfassers auf die biblischen Texte und die nachdrückliche Betonung des Vorteils landeskundlicher Kenntnisse für deren Verständnis: «Biblische Bilder und Gleichnisse erhalten die Leuchtkraft ihrer eigenen sonnigen Gefilde, wenn man sie zwischen den Hügeln Palästinas betrachtet, und die biblische Geschichte scheint sich gleichsam noch einmal zu entfalten, wenn man sie an ihrem einstigen Schauplatz liest.»[8]

Eines der populärsten deutschen Reisebücher über Palästina verfasste der evangelische Theologe Friedrich Adolph Strauß (1817–1888), der Sohn des Professors für Praktische Theologie und späteren preußischen Hofpredigers Gerhard Friedrich Abraham Strauß, der eng mit dem vom Judentum zum Christentum konvertierten Erweckungstheologen August Neander befreundet gewesen war und 1824 zu den Mitbegründern der «Gesellschaft zur Förderung der Evangelischen Missionen unter den Heiden» gehört hatte. Nach einer anderthalbjährigen Reise, die ihn über Griechenland, Ägypten und die Sinaihalbinsel nach Jerusalem und dann über Damaskus und Konstantinopel zurück nach Deutschland führte, brachte er 1847 den Reisebericht *Sinai und Golgatha: Reise in das Morgenland* heraus, der schon kurz nach seinem Erscheinen auch ins Dänische, Schwedische und Englische übersetzt wurde. Geschrieben in einem gefühlsbetonten, romantischen Stil, schenkte der Verfasser dem kirchlichen Leben und den missionarischen Aktivitäten in den von ihm besuchten Ländern besondere Aufmerksamkeit, da ihn nicht zuletzt die Frage umtrieb, «was von unsern Glaubens-Genossen geschehe, damit das in den Schatten zurückgetretene oder ganz verlorene Wort Gottes an den Orten wieder verkündigt werde, an welchen es einst geoffenbart worden ist».[9] Zur Förderung der Mission im Heiligen Land gründete Strauß 1852 in Berlin den Jerusalemsverein, der neben örtlichen evangelischen Gemeinden auch das Syrische Waisenhaus in Jerusalem sowie die Arbeit der Kaiserswerther Diakonissen unterstützte. Nach der britischen Eroberung Palästinas im Ersten Weltkrieg musste der Jerusalemsverein seine Aktivitäten vorübergehend einstellen, durfte sie nach dem Friedensschluss von Versailles jedoch zumindest teilweise wieder aufnehmen.[10]

Die christliche Mission und der Völkermord an den Armeniern

Bereits 1860 hatte der schwäbische Missionar Johann Ludwig Schneller (1820–1896) für die Waisen des Bürgerkriegs zwischen Drusen und Maroniten im Libanon und in Damaskus am Stadtrand von Jerusalem ein Syrisches Waisenhaus gegründet. Zunächst fanden dort nur wenige Dutzend Kinder Zuflucht, doch waren es in den 1880er Jahren bereits über zweihundert, die neben einer schulischen oder handwerklichen Ausbildung auch eine christliche Erziehung erhielten.[11] Als Hilfsprediger der deutschsprachigen Evangelischen Gemeinde in Jerusalem wirkte um die Mitte der 1880er Jahre der Theologe Johannes Lepsius (1858–1926), der jüngste Sohn des Ägyptologen Karl Richard Lepsius.[12] Durch seine Mitarbeit im Vorstand des Syrischen Waisenhauses lernte er aus nächster Nähe die bedrängte Lage der armenischen Minderheit im Osmanischen Reich kennen, die sich gegen Ende des neunzehnten Jahrhunderts und vor allem nach dem Beginn des Ersten Weltkriegs dramatisch zuspitzen sollte.

Schon im vierten Jahrhundert christianisiert, bildeten die Armenier im frühen neunzehnten Jahrhundert nach den Griechen die zweitgrößte religiöse Minderheit unter der Herrschaft des Sultans. Die meisten von ihnen lebten in Ost- und Südostanatolien, viele aber auch in großen Städten wie Konstantinopel und Smyrna (heute Izmir). Die Grundlage für den Umgang mit religiösen Minderheiten bildete das osmanische Millet-System (von türkisch *millet* bzw. arabisch *milla* «Religionsgemeinschaft»). Es sah unter Berufung auf das islamische Recht vor, dass Juden und Christen als Monotheisten und Besitzer einer schriftlichen Offenbarung eine besondere Kopfsteuer entrichten mussten, als Gegenleistung dafür jedoch den Status von «Schutzbefohlenen» erhielten und damit Rechtssicherheit sowie eine begrenzte Autonomie und Kultfreiheit beanspruchen konnten. Erwartete der Sultan von Juden und Christen einerseits Loyalität, so waren diese Minderheiten andererseits doch klar benachteiligt, da abgesehen von der Kopfsteuer für sie auch verschiedene diskriminierende Vorschriften wie etwa das Verbot, zu reiten oder Waffen zu tragen, galten und überdies bei Rechtsstreitigkeiten zwischen ihnen und den Muslimen zumeist das islamische Recht zur Anwendung kam.

Zwischen 1839 und 1876 suchten die regierenden Sultane dem sich immer mehr abzeichnenden Niedergang des Osmanischen Reichs mit einer als *Tanzimat-ı Hayriye* («Heilsame Neuordnung») oder kurz *Tanzimat* bekannt gewordenen Modernisierung gegenzusteuern. Unter zusätzlichen Druck geriet der Sultan dabei während des Krimkriegs, in dem die europäischen Großmächte als Gegenleistung für ihre Unterstützung des Osmanischen Reichs gegen Russland auch eine Verbesserung der Lage der religiösen Minderheiten verlangten. Noch vor Abschluss des Pariser Friedens verkündete der Sultan daher im Februar 1856 die rechtliche Gleichstellung aller osmanischen Untertanen und damit die Abschaffung des Millet-Systems. Für die Betroffenen sollte sich dieser radikale Umschwung jedoch als zweischneidiges Schwert erweisen. Zum einen stieß er auf den entschiedenen Widerstand von Befürwortern des traditionellen islamischen Rechts, die überdies die neuen Aufstiegschancen dieser Minderheiten im osmanischen Staat als faktische Verschlechterung ihrer eigenen Lage empfanden. Zum anderen wurden gerade die Armenier ebenso wie die slawische Bevölkerung auf dem Balkan nun immer weniger als religiöse denn vielmehr als ethnische Minderheit wahrgenommen, was nicht zuletzt dem Aufkommen nationalistischer Strömungen und deren Instrumentalisierung durch das Ausland Vorschub leistete.

Die Lage spitzte sich weiter zu, als Sultan Abdülhamid II. schon kurz nach seinem Regierungsantritt im Russisch-Osmanischen Krieg von 1877–1878 eine verheerende Niederlage erlitt und auf dem darauffolgenden Berliner Kongress erneut zu weitreichenden Zugeständnissen vor allem an Frankreich und Großbritannien gezwungen war, um sich deren Unterstützung bei den Friedensverhandlungen zu sichern. 1882 und 1888 besetzte Großbritannien Ägypten und Frankreich Tunesien, während gleichzeitig die armenische Bevölkerung Ostanatoliens unter dem Zuzug neuer muslimischer Bevölkerungsteile aus dem Kaukasus im Gefolge des verlorenen Krieges gegen Russland litt. Hinzu kam, dass Teile der armenischen Elite den bewaffneten Widerstand gegen das Osmanische Reich propagierten und der Sultan wiederum die Instrumentalisierung der Armenier durch das Russische Reich befürchtete. Um diesen Herausforderungen zu begegnen, setzte Abdülhamid II. verstärkt auf einen autokratischen Regierungsstil und stellte aus den kurdischen und turkmenischen Bevölkerungsteilen Ostanatoliens einige neue, nach ihm als *Hamidiye* benannte Kavallerie-Regimenter auf. Sie sollten einerseits mit Hilfe besonderer Privilegien zur Loyalität gegenüber dem Sultan verpflichtet werden, andererseits die armenische Bevölkerung Ostanatoliens in Schach halten und die Grenze zu Russland sichern. Als einige Armenier im Südosten Anatoliens 1894 gegen das osmanische Steuersystem rebellierten, kam es bis 1896 unter Beteiligung der Hamidiye-Regimenter zu zahlreichen gewaltsamen Übergriffen, Massakern und Plünderungen im gesamten armenischen Siedlungsgebiet, die vermutlich zwischen hundert- und dreihunderttausend Armenier das Leben kosteten und im Ausland vielfach mit Entsetzen aufgenommen wurden.

Als Reaktion auf die Massaker an den Armeniern gründete Johannes Lepsius zusammen mit dem evangelischen Geistlichen Ernst Lohmann (1860–1936) den «Deutschen Hilfsbund für christliches Liebeswerk im Orient» (seit 1996 «Christlicher Hilfsbund im Orient e. V.»). Weithin bekannt wurde sein humanitäres Engagement durch das 1896 erschienene Buch *Armenien und Europa: Eine Anklageschrift wider die christlichen Großmächte und ein Aufruf an das christliche Deutschland*, das er unmittelbar nach einer Reise durch das armenische Siedlungsgebiet verfasste. Schon kurze Zeit später kam der Text auch in französischer sowie englischer Übersetzung heraus und lenkte die Aufmerksamkeit einer breiten Öffentlichkeit auf die Notlage der Armenier. 1898/99 unternahm der evangelische Geistliche Ferdinand Brockes (1867–1927) zusammen mit Ernst Lohmann eine ausgedehnte Reise durch das armenische Siedlungsgebiet, um sich von der Arbeit des Hilfsbunds einen persönlichen Eindruck zu verschaffen. Sein 1900 publizierter Reisebericht *Quer durch Klein-Asien: Bilder von einer Winterreise durch das armenische Notstandsgebiet* gibt nicht zuletzt auch dank seiner über hundert Fotografien eine anschauliche Vorstellung vom Leben der Armenier im Osten Anatoliens zu jener Zeit.

Dass der autokratische Regierungsstil des Sultans und seine Blockade weitergehender Reformen die Probleme des Osmanischen Reichs nicht gelöst hatten, zeigte sich 1908, als die Oppositionsbewegung der Jungtürken Abdülhamid II. zur Wiedereinführung der 1878 außer Kraft gesetzten Verfassung von 1876 und ein Jahr später zur Abdankung zugunsten seines jüngeren Bruders Mehmed V. zwang. Zunächst verbanden weite Kreise damit die Hoffnung auf eine durchgreifende Modernisierung, doch bereits nach wenigen Jahren führten der Verlust Bosnien-Herzegowinas, Bulgariens, Kretas und Libyens sowie die Niederlage im Ersten Balkankrieg zu einer neuerlichen schweren Krise. Nach einem Militärputsch zogen die drei jungtürkischen Politiker Ismail Enver, Mehmed Talat und Ahmed Cemal weitgehende Machtbefugnisse an sich und verfolgten vermehrt eine Politik, die von einem teilweise extremen türkischen Nationalismus geprägt war. Dass die Armenier daraufhin Unterstützung bei ausländischen Staaten suchten, machte sie in den Augen der Regierung zusätzlich verdächtig; gleichzeitig verstärkte die zunehmende wirtschaftliche Not infolge des Zustroms muslimischer Flüchtlinge aus den verlorenen Gebieten des Osmanischen Reichs die Ressentiments der muslimischen Mehrheit gegen die christlichen Minderheiten. Die Spannungen eskalierten im Frühjahr 1915, als die osmanischen Truppen bald nach Kriegseintritt des Osmanischen Reichs an der Seite der Mittelmächte im Kaukasus eine empfindliche Niederlage erlitten und befürchtet wurde, die armenische Bevölkerung könnte sich auf die Seite des Kriegsgegners Russland schlagen. Um dieser Bedrohung zuvorzukommen, setzte die jungtürkische Regierung eine massive und systematische Verfolgung mit Verhaftungen, Deportationen und Massakern in Gang, der in den folgenden Jahren vor allem im Osten des Osmanischen Reichs Hunderttausende Armenier zum Opfer fielen.

In Berlin hatte Johannes Lepsius noch vor Kriegsausbruch zusammen

Der Missionar Ernest Alfred Yarrow teilt armenischen Waisen Unterstützung zu. Foto um 1919

mit Gleichgesinnten eine Deutsch-Armenische Gesellschaft gegründet, die nicht zuletzt die armenischen Forderungen nach weitergehenden Reformen und mehr Autonomie unterstützen sollte. Mit dem wachsenden militärischen Druck der Alliierten auf Deutschland, Österreich-Ungarn und das Osmanische Reich nahm jedoch nicht nur die Bereitschaft der Jungtürken zur Gewaltanwendung gegen die Armenier zu, sondern auch das Zögern deutscher Politiker und Militärs, ihren Einfluss in dieser Sache geltend zu machen. Während Lepsius' 1916 veröffentlichter *Bericht über die Lage des Armenischen Volkes in der Türkei* im Deutschen Reich von der Zensur verboten wurde, nahmen die Ereignisse in Ostanatolien ihren Lauf. Die Anfänge des Genozids in der Region um Van erlebte das amerikanische Missionarsehepaar Clarence und Elizabeth Ussher, das 1900 in Van geheiratet hatte und seitdem dort tätig war. Elizabeth Ussher starb im Juli 1915 in Van an Typhus; ihre Aufzeichnungen über die Leiden der Armenier in den Monaten zuvor wurden ein Jahr später von ihrem Vater John Otis Barrows unter dem Titel *In the land of Ararat* als Buch herausgegeben. 1917 veröffentlichte Clarence Ussher eine Darstellung seiner Erlebnisse in dem Band *An American physician in Turkey*. Ein weiterer Augenzeuge war der ebenfalls in Van tätige amerikanische Missionar Ernest Alfred Yarrow (1876–1939), der nach Kriegsende als Leiter der Hilfsorganisation *Near East Foundation* die Hilfsmaßnahmen für die Überlebenden organisierte.

Eine Augenzeugin des Völkermords in der ostanatolischen Provinz Muş wurde die norwegische Missionarin Bodil Biørn (1871–1960), die seit 1905 in Anatolien tätig war, die Vorgänge des Jahres 1915 in Fotografien und Tagebuchaufzeichnungen festhielt und sich nach dem Ende des Weltkriegs der armenischen Waisen in Syrien, im Libanon und in der Sowjetunion annahm. Die Verfolgungen in der südanatolischen Provinz Kahramanmaraç erlebte die estnische Missionarin Anna Hedwig Bühl (seit 1921 Büll, 1887–1981), die dort seit 1911 in einem Waisenhaus des Hilfsbunds tätig war. Nach Kriegsende betreute sie im Dienst der von dem Elsässer Pfarrer Paul Berron gegründeten Hilfsorganisation *Action chrétienne en Orient* die Überlebenden des Völkermords in Syrien. Als Mitarbeiterin eines Krankenhauses in der ostanatolischen Stadt Harput wurde die dänische Missionarin Maria Jacobsen (1882–1960) Zeugin der Massaker und Deportationen, deren Verlauf sie in ihren Tagebüchern festhielt.[13] 2015 setzte das Dokudrama *Map of Salvation* des armenischen Regisseurs Aram Shahbazyan dem humanitären Engagement der drei Missionarinnen und ihrer Mitstreiterinnen Karen Jeppe (1876–1935) und Alma Johansson (1880–1974) ein Denkmal.

Amerikanische Missionare in Syrien und im Libanon

Zu den Hilfsorganisationen, die sich in den 1920er Jahren in besonderer Weise für die Armenier einsetzten, gehörte das im September 1915 in New York gegründete *American Committee for Armenian and Syrian Relief*, das 1919 in *Near East Relief* und 1930 schließlich in *Near East Foundation* umbenannt wurde. Zu jener Zeit konnte das Engagement US-amerikanischer Missionare in jener Region bereits auf eine über hundertjährige Geschichte zurückblicken, die 1810 mit der Einrichtung des *American Board of Commissioners for Foreign Missions* ihren Anfang genommen hatte.[14] Die Gründung dieser ersten US-amerikanischen Missionsgesellschaft durch einige Absolventen des Williams College in Massachusetts steht im Zusammenhang mit jener protestantischen Erweckungsbewegung der Jahrzehnte zwischen 1790 und 1840, die gemeinhin als «das Zweite Große Erwachen» (*the Second Great Awakening*) bekannt ist. Ähnlich wie bei den annähernd gleichzeitigen Bewegungen des Methodismus in England und des Pietismus in Deutschland, stand auch im *Second Great Awakening* die Vorstellung von der Sündhaftigkeit des Menschen und von seiner Erlösung durch den Kreuzestod Jesu im Mittelpunkt. Damit verbunden waren zumeist die Forderung nach einer persönlichen Bekehrung und einer am wörtlichen Verständnis der Bibel ausgerichteten Lebensweise, die Bevorzugung dezentral organisierter religiöser Gemeinschaften, die Ablehnung dogmatischer Systeme zugunsten einer gefühlsbetonten Innerlichkeit sowie ein ausgeprägtes soziales Engagement, das sich im Eintreten für gesellschaftliche Reformen etwa im Strafvollzug oder im Wahlrecht, im Engagement für die Abstinenzbewegung, im Kampf gegen die Sklaverei oder eben auch in der inneren und äußeren Mission manifestieren konnte. 1812 entsandte das *American Board of Commissioners for Foreign Missions* die ersten Missionare nach Britisch-Indien. Darauf folgten in den nächsten vier Jahrzehnten Missionen zu den indigenen Völkern westlich des Mississippi, zu einigen Inseln des Pazifik, nach Afrika, Ost- und Südostasien sowie in das Osmanische Reich.

Einer der ersten US-amerikanischen Missionare im Vorderen Orient war der aus Connecticut stammende Eli Smith (1801–1857). Zunächst von 1826 bis 1829 auf Malta tätig, unternahm er 1830/31 zusammen mit seinem Landsmann Harrison Gray Otis Dwight eine sechzehnmonatige Erkundungsreise durch Kleinasien, Armenien und Georgien bis nach Persien. 1833 ließ er sich zusammen mit seiner Frau Sarah Lanman Smith in Beirut nieder, wo er mit Hilfe einer qualitativ hochwertigen Druckerpresse mit arabischen Lettern geistliche Schriften und Lehrbücher in arabischer Sprache herausgab und damit begann, die Bibel ins Arabische zu übersetzen.[15] Wie viele evangelikale Missionare war auch Smith von der Natur und Kultur des benachbarten Heiligen Landes fasziniert. 1837/38 und 1852 machte er sich gemeinsam mit seinem Landsmann Edward Robinson zu zwei ausgedehnten Forschungsreisen durch Palästina auf, die Letzteren zum wissenschaftlichen Begründer der Topografie des

Landes werden ließ. Smiths Übersetzung der Bibel ins Arabische vollendete der amerikanische Missionar Cornelius Van Alen Van Dyck (1818–1895), der seit 1840 im Vorderen Orient tätig war, in enger Zusammenarbeit mit einheimischen Gelehrten naturwissenschaftliche Lehrbücher in arabischer Sprache veröffentlichte und außerdem als Arzt praktizierte.

In der osmanischen Hauptstadt Konstantinopel wirkte seit 1839 Cyrus Hamlin (1811–1900), der schon ein Jahr nach seiner Ankunft im Stadtteil Bebek das *Bebek Seminary* gründete. Dies war der Vorläufer des Robert College, das Hamlin 1863 mit Unterstützung des amerikanischen Philanthropen Christopher Robert ins Leben rief und aus dem später die heutige Bosporus-Universität (Boğaziçi Üniversitesi) hervorgehen sollte. Als Bildungsstätte für Frauen gründete die amerikanische Missionarin Mary Mills Patrick (1850–1940), die seit 1875 in Konstantinopel tätig war, 1890 das *American College for Girls*, das sie bis 1924 leitete und das später mit dem Robert College zusammengelegt wurde.[16] Innerhalb des *American Board of Commissioners for Foreign Missions* waren solche weitreichenden Bildungsaktivitäten indessen keineswegs unumstritten. So sah besonders Rufus Anderson, der die Missionsaktivitäten der Gesellschaft von 1832 bis 1866 als Generalsekretär koordinierte, die vornehmste Aufgabe der Missionarinnen und Missionare in der Predigt des Evangeliums und dem möglichst zügigen Aufbau autonomer einheimischer Kirchen mit einheimischen Geistlichen. Doch während Andersons Konzentration auf eine rein religiöse Unterweisung und seine Forderung nach dem Auf- und Ausbau selbständiger einheimischer Kirchen namentlich nach dem Ende des Kolonialzeitalters viel Anklang fand, wollte man zu seinen Lebzeiten von einer Trennung zwischen missionarischen und anderen, auch macht- und handelspolitisch motivierten Aktivitäten oftmals nichts wissen.

Mit welchem Erfolg amerikanische Geistliche im Osmanischen Reich gerade auch im Bildungsbereich arbeiteten, zeigt das Beispiel des Missionars Daniel Bliss (1823–1916), der nach seiner Ankunft im Libanon im Frühjahr 1856 zunächst als Schulleiter in den Städten Aley und Suq al-Gharb tätig war. Als William McClure Thomson 1862 dem *American Board* die Gründung einer syrischen Hochschule auch zur Ausbildung einheimischer Mediziner vorschlug, entstand 1866 das *Syrian Protestant*

College, das bis 1902 von Daniel Bliss und danach achtzehn Jahre lang von seinem Sohn Howard S. Bliss geleitet wurde.[17] War die Unterrichtssprache zunächst Arabisch, so ging man später dazu über, auch auf Englisch zu unterrichten. 1920 wurde das College in die noch heute bestehende Amerikanische Universität Beirut umgewandelt. Einen missionarischen Ursprung hat auch die benachbarte Libanesisch-Amerikanische Universität, die 1835 als *American School for Girls* ins Leben gerufen wurde, 1973 als *Beirut University College* erstmals auch männliche Studierende zuließ und ihren gegenwärtigen Namen 1994 erhielt.

Christliche Mission und islamischer Reformismus

Aus muslimischer Sicht fielen die Aktivitäten europäischer und US-amerikanischer Missionare im Osmanischen Reich des neunzehnten und frühen zwanzigsten Jahrhunderts in eine Zeit des politischen, gesellschaftlichen, kulturellen und religiösen Umbruchs. Politisch wurden Macht und Einfluss des Sultans auf internationaler Ebene durch eine Reihe aufeinanderfolgender Gebietsverluste immer weiter beschnitten. Gesellschaftlich bewirkten die Tanzimat-Reformen tiefgreifende Veränderungen der sozialen Ordnung und weckten gleichzeitig Begehrlichkeiten nach weitergehenden Neuerungen. Kulturell resultierte die Erfahrung der europäisch-amerikanischen Überlegenheit auf dem Gebiet der Naturwissenschaften und Technik nicht selten in einem Gefühl der eigenen Ohnmacht, während gleichzeitig die Ideen der Aufklärung, säkulare Gesellschaftsentwürfe und politische Utopien mit den überkommenen religiösen Traditionen konkurrierten.

Einer der ersten muslimischen Gelehrten, die sich im frühen neunzehnten Jahrhundert intensiv mit der europäischen Kultur ihrer Zeit auseinandersetzten, war der aus dem oberägyptischen Ort Tahta gebürtige Rifa'a al-Tahtawi (1801–1873). Er war ein Schüler des vielseitigen ägyptischen Gelehrten Hasan al-Attar (1776–1835), der als junger Mann noch die Besetzung Ägyptens durch die Truppen Napoleons miterlebt und danach in Konstantinopel, Smyrna und Damaskus studiert hatte, bevor er 1815 nach Ägypten zurückkehrte. 1826 empfahl al-Attar seinen Schüler als geistlichen Begleiter einer Gruppe von Studenten, die im

Auftrag des osmanischen Vizekönigs Muhammad Ali von Ägypten nach Paris entsandt wurden, um sich dort in den europäischen Wissenschaften ausbilden zu lassen. Über seinen fünfjährigen Aufenthalt in der französischen Hauptstadt verfasste al-Tahtawi später eine Schilderung in arabischer Sprache, die wie kein zweites Werk die Sicht eines gelehrten Muslims auf die mitteleuropäische Kultur jener Zeit lebendig werden lässt. 1835 gründete al-Tahtawi in Kairo eine Sprachen- und Übersetzerschule, in der eine Vielzahl europäischer historischer, geografischer und anderer wissenschaftlicher Werke erstmals ins Arabische übertragen wurde. Aus der Feder von al-Tahtawi selbst stammen neben einer postum veröffentlichten Biografie des Propheten Muhammad auch Schriften zur arabischen Grammatik und Literatur sowie eine Geschichte Ägyptens von den Anfängen bis zur Eroberung durch die Muslime.

Einer der bedeutendsten Vermittler zwischen der arabischen Welt und Europa, der libanesische maronitische Christ Butrus al-Bustani (1819–1883), trat eine Generation später auf den Plan. Geboren in einem Dorf südlich von Beirut, kam er 1840 in Kontakt mit US-amerikanischen Missionaren, konvertierte unter ihrem Einfluss zum Protestantismus und arbeitete von da an bis zu seinem Tod eng mit ihnen zusammen. So half er Eli Smith und Cornelius Van Dyck bei ihrer Übersetzung der Bibel ins Arabische und verfasste mit dem Werk *Muhit al-Muhit* die erste moderne Enzyklopädie in arabischer Sprache. Als Begründer der literarischen Zeitschrift *Al-Dschinan*, Herausgeber der Zeitung *Nafir al-Suriya* sowie Leiter einer «nationalen» Schule in Beirut (*al-madrasa al-wataniya*) war al-Bustani eine zentrale Gestalt der oft als *Nahda* bezeichneten arabischen literarischen Renaissance. Zugleich gilt er als Mitbegründer eines modernen arabischen Nationalismus, der sich weniger auf die Religion des Islams als vielmehr auf die gemeinsame Grundlage der klassischen arabischen Sprache und der islamisch geprägten arabischen Kultur des Mittelalters berief.

Dagegen ging es Dschamal ad-Din al-Afghani (1839–1897) in den politischen und kulturellen Auseinandersetzungen mit Europa vor allem darum, den Islam als Religion in einer neuen Weise zur Geltung zu bringen. Geboren unweit der westiranischen Stadt Hamadan, war er nach Studien in Qazvin und Teheran sowie einem Aufenthalt in Britisch-

Indien vorübergehend für den Emir von Afghanistan tätig, bevor er sich über Istanbul nach Kairo begab. Sein Ziel bestand darin, die Ideen verschiedener europäischer Wissenschaftler und Denker in den Islam zu integrieren und diesen dadurch zu modernisieren. Aus heutiger Sicht gilt al-Afghani daher als ein früher Vertreter des Panislamismus, der die religiös-politische Einheit der Muslime und ihre internationale Solidarität miteinander auch als Instrument zur Abwehr des europäischen Kolonialismus und Imperialismus und damit als Voraussetzung der kulturellen und politischen Unabhängigkeit verstand. Doch sowohl in Konstantinopel als auch in Kairo und später in Teheran stießen seine Ideen immer wieder auf Ablehnung, und zwar der Herrschenden genauso wie der konservativen Religionsgelehrten. 1892 begab sich al-Afghani auf Einladung Abdülhamids II., der das Prestige des islamischen Reformers für seinen eigenen religiös-politischen Führungsanspruch zu nutzen suchte, noch einmal nach Konstantinopel. Dort verstarb er fünf Jahre später an einer Krebserkrankung.

Zum bedeutendsten Schüler und Mitarbeiter al-Afghanis wurde der Ägypter Muhammad Abduh (1849–1905), der sich dem iranischen Gelehrten um 1870 während seines ersten Aufenthalts in Kairo anschloss. Wie sein Lehrer propagierte auch Muhammad Abduh eine Modernisierung des Islams als Mittel, der kolonialen Expansion der europäischen Mächte etwas entgegenzusetzen, weshalb er 1882 Ägypten vorübergehend verlassen musste. Zwei Jahre später begründete er zusammen mit al-Afghani in Paris die Zeitschrift *al-Urwa al-Wuthqa* («Der stärkste Halt» oder «Das festeste Band»), in der er zum einen für die Vereinbarkeit des Islams mit bestimmten Elementen der säkularen europäischen Kultur eintrat, zum anderen aber auch die Rückkehr der Muslime zum Islam der Frühzeit und dessen Reinigung von einigen späteren Traditionen anmahnte. Da er sich auf die ersten drei Generationen von Muslimen als «die ehrwürdigen Vorfahren» (*as-salaf as-salih*) berief, gilt Muhammad Abduh manchmal als Mitbegründer oder Wegbereiter der Reformbewegung des Salafismus. Dessen spätere Vertreter verwarfen indessen viele seiner liberalen Positionen und knüpften stattdessen an das radikale Gedankengut des Reformers Muhammad ibn Abd al-Wahhab an.

Weite Verbreitung und eine teilweise neue Stoßrichtung gewannen die Ideen Muhammad Abduhs durch seinen Schüler Raschid Rida (1865–1935). Geboren in einem libanesischen Dorf, begeisterte er sich unter dem Eindruck der arabischen Renaissance für das Projekt einer Modernisierung des Islams durch die Integration westlicher Bildungsinhalte. Aufgrund der restriktiven Zensurpolitik Abdülhamids II. siedelte er 1897 in das von Großbritannien besetzte Ägypten über. Dort schloss er sich Muhammad Abduh an und rief ein Jahr später die Zeitschrift *al-Manar* («Der Leuchtturm») ins Leben, in der er eigene Beiträge, aber auch solche seines Lehrers und seines Mitstreiters Muhammad Taufiq Sidqi (1881–1920) veröffentlichte. Eine wichtige Rolle spielte dabei die Forderung nach der Einheit aller Muslime und einer umfassenden Synthese aus Vernunft und Offenbarung, aber auch die Polemik gegen die überkommenen Rechtsschulen des Islams. Gegenüber dem traditionellen Entscheidungsprinzip des *taqlid* im Sinne einer unkritischen Orientierung an den Autoritäten der Vergangenheit forderte Raschid Rida eine größere Geltung des *idschtihad* im Sinne der selbständigen Urteilsbildung, die auf der individuellen Auseinandersetzung des einzelnen Gläubigen mit dem Koran und der Sunna als den ältesten verfügbaren Quellen des islamischen Rechts beruhen sollte. Als Reaktion auf die Aktivitäten der christlichen Missionare gründete er 1911 in Kairo ein «Haus der Mission und der geistlichen Anleitung» (*dar ad-da'wa wa-l-irschad*), in dem sich die Schüler alle notwendigen Kenntnisse für die Vermittlung und Ausbreitung des Islams aneignen sollten. Diese Idee findet sich auch im Denken des Ägypters Hasan al-Banna (1906–1949). Er begründete 1928 mit der Gemeinschaft der Muslimbrüder eine der international erfolgreichsten Reformbewegungen des sunnitischen Islams, die mit ihrer Forderung nach einer Rückkehr zu den religiösen Quellen und den Idealen der Frühzeit sowie ihrer Verbindung von Bildungsangeboten und sozialer Fürsorge auch als Antwort auf das Wirken britischer Missionare im Ägypten jener Zeit zu verstehen ist.

9

Zwischen kolonialer Ausbeutung und einheimischem Widerstand

Afrika im Zeitalter der imperialen Expansion

Japhet, Sem, Ham – das schien die bisherige Reihenfolge bei der Erwählung der Völker zu sein: sie wird voraussichtlich dieselbe bleiben. Oder dass wir es nach den Erdtheilen aussprechen: Zuerst Europa, dann Asien, endlich Afrika! [...] Im Herzen Afrikas, an diesen Enden der Erde, wird die letzte Kirche gebaut werden, und wenn ihre Glocken die Lebenden rufen, die Todten beklagen und die Blitze brechen werden, wenn auf ihren Zinnen das Kreuz aufgerichtet sein und in der Gluthsonne funkeln wird, dann wird das Zeichen des Menschensohnes in den Wolken erscheinen, und mit den engelischen Posaunen wird er es verkünden: Hie bin ich, hie bin ich – das wird das Ende sein!

Der Missionstheologe Carl Heinrich Christian Plath, 1867[1]

Afrika bestand in der Wahrnehmung der Europäer lange aus zwei unterschiedlichen Teilen: Nördlich der Sahara lagen Regionen, die zwar erst christlich und sodann muslimisch geworden waren, deren Bewohner jedoch gleichwohl von jeher in einem engen kulturellen Austausch mit den anderen Mittelmeeranrainern gestanden hatten. Südlich der Sahara dagegen erstreckte sich jener Teil des Kontinents, dessen Inneres teilweise bis ins neunzehnte Jahrhundert weitgehend unbekannt blieb. Schon im fünfzehnten und sechzehnten Jahrhundert hatten portugiesische Seefahrer zumindest einige der küstennahen Regionen erkundet. Die weitergehende Erforschung, koloniale Erschließung und damit auch Missionierung weiter Gebiete des subsaharischen Afrika erfolgte jedoch vielfach erst im Laufe des neunzehnten und frühen zwanzigsten Jahrhunderts.

Europäische Kolonien in Afrika

Ausgehend von Ceuta an der Straße von Gibraltar, das bereits 1415 von Portugal in Besitz genommen wurde, entstanden in der Folge zur Absicherung des Seewegs nach Indien an der West- und Ostküste Afrikas eine Vielzahl befestigter Stützpunkte und Handelsstationen von Tanger und Asilah im Nordwesten Marokkos (1471) über São Jorge da Mina an der Goldküste im heutigen Ghana (1482) und Malindi im heutigen Kenia (1500) bis hin zur Stadt Hormus an der Nordspitze der gleichnamigen Insel im Persischen Golf (1515). Allerdings gelang es den anderen europäischen Kolonialmächten bereits im Laufe des sechzehnten und siebzehnten Jahrhunderts, Portugal aus etlichen seiner flächenmäßig oft kleinen afrikanischen Besitzungen zu verdrängen. Die letzten noch verbliebenen portugiesischen Kolonien in Afrika (Kapverdische Inseln, Guinea-Bissau, Angola und Mosambik) wurden nach dem Zweiten Weltkrieg zunächst in «Überseeprovinzen» umgewandelt und nach jahrelangen Kolonialkriegen 1974/75 in die Unabhängigkeit entlassen.

Auch die Niederlande beschränkten ihr koloniales Engagement in

Afrika weitgehend auf die Anlage von befestigten Stützpunkten und Handelsposten zur Absicherung des Seewegs nach Niederländisch-Ostindien, und ebenso wie Portugal gingen auch den Holländern die meisten afrikanischen Besitzungen im Laufe des achtzehnten Jahrhunderts wieder verloren. Über ein größeres Territorium erstreckte sich indessen die Kapkolonie, deren Geschichte 1652 mit der Gründung Kapstadts als Stützpunkt für die Schiffe der Niederländischen Ostindien-Kompanie ihren Anfang nahm und die zum Zeitpunkt ihrer größten Ausdehnung die gesamte Südspitze des Kontinents vom Kap der Guten Hoffnung bis zum Fluss Oranje umfasste. Ihre Bevölkerung setzte sich aus den einheimischen Khoisan, niederländischen Calvinisten, französischen Hugenotten, Arbeitskräften aus Ostafrika und Madagaskar sowie malaiischen Sklaven und Sklavinnen zusammen. Im Zuge der Auseinandersetzungen zwischen dem revolutionären Frankreich auf der einen und Großbritannien und den Niederlanden auf der anderen Seite wurde die Kapkolonie 1795 erstmals von britischen Truppen besetzt. Nach einigem Hin und Her traten die Holländer sie nach den Napoleonischen Kriegen 1814 endgültig an Großbritannien ab. In der Folge zogen zahlreiche niederländisch-calvinistisch geprägte Siedler, die sogenannten Buren, weiter ins Landesinnere. Dort gründeten sie den Oranje-Freistaat und die Südafrikanische Republik, die bis zu ihrer Annexion durch Großbritannien während des Zweiten Burenkriegs (1899–1902) Bestand hatten.

Das kolonialpolitische Engagement der Vereinigten Staaten in Afrika fällt zusammen mit dem neuen Blick auf das wirtschaftliche Potential des Kontinents an der Wende vom achtzehnten zum neunzehnten Jahrhundert. Vom sechzehnten bis zum späten achtzehnten Jahrhundert hatte der transatlantische Handel mit afrikanischen Sklaven zwar immer größere Ausmaße angenommen, doch schon vor 1800 fand das bis dahin praktizierte System immer weniger Akzeptanz. Auf der einen Seite mehrten sich die von christlich-evangelikalen oder aufklärerischen Erwägungen bestimmten Forderungen der Abolitionisten nach Abschaffung der Sklaverei als einer zutiefst unmoralischen Einrichtung, auf der anderen Seite sank besonders auf britischer Seite die Bereitschaft zur Aufrechterhaltung eines Wirtschaftssystems, von dem nicht zuletzt die ausländische Konkurrenz in hohem Maße profitierte und dessen Beseitigung daher

Vorteile für die eigene Wirtschaft zu versprechen schien. Zugleich wuchs mit dem Ausbau der Industrialisierung die Überzeugung der Kolonialmächte, dass die Vorteile des afrikanischen Kontinents für die eigenen Volkswirtschaften künftig vor allem in seiner Rolle als Lieferant kostengünstiger Rohstoffe und als bereitwilliger Abnehmer fertiger Produkte liegen würden. In den Vereinigten Staaten verstärkten die Aktivitäten der Abolitionisten zwar die bereits vorhandenen religiösen Vorbehalte gegenüber der Sklaverei, doch wuchs mit der steigenden Zahl befreiter ehemaliger Sklaven auch die Einsicht, dass ihre gesellschaftliche Integration angesichts des entschiedenen Widerstands der weißen Mehrheit gegen eine vollständige Gleichberechtigung keine leichte Aufgabe war. 1816 entstand daher eine «Amerikanische Kolonisierungsgesellschaft» (*American Colonization Society*), die sich die Rückführung ehemaliger Sklaven nach Afrika zum Ziel setzte. Zu diesem Zweck erwarb die Gesellschaft 1822 ein größeres Gebiet an der westafrikanischen Küste, das unter der Bezeichnung *Liberia* solche zur Rückkehr bereiten Afroamerikaner aufnehmen sollte. Bereits 1847 erklärte Liberia seine Unabhängigkeit, doch blieben Gesellschaft und Wirtschaft des jungen Staates noch auf lange Zeit dadurch belastet, dass die deutlich besser gestellten Neuansiedler auf einer scharfen Abgrenzung zur alteingesessenen Bevölkerung des Landes beharrten.

Frankreich hatte seine kolonialpolitischen Bemühungen zunächst vor allem auf Nordamerika und Indien konzentriert, wo es die meisten seiner Besitzungen jedoch noch vor dem Ende des achtzehnten Jahrhunderts an Großbritannien abtreten musste. Abgesehen von der vorübergehenden Besetzung Ägyptens unter Napoleon, gewann Afrika erst 1830 mit der Eroberung Algeriens an Bedeutung. Bis zum Ende des neunzehnten Jahrhunderts nahm Frankreich weite Teile der Sahara, West- und Zentralafrikas sowie Madagaskar in Besitz. Die Briten wiederum, die bedeutendsten kolonialpolitischen Rivalen der Franzosen, brachten vom frühen neunzehnten bis zum frühen zwanzigsten Jahrhundert nacheinander Südafrika, einen Teil Westafrikas sowie schließlich Ägypten, den Sudan, Kenia, Uganda, Rhodesien und Betschuanaland als Kolonie, Protektorat oder Schutzgebiet unter ihre Kontrolle. Sowohl die französischen als auch die britischen Kolonien in Afrika wurden vielfach erst in den 1950er und

«Der Missionar zeigt den Masai das bildgeschmückte Neue Testament (Ostafrika)»: Postkarte aus den 1920er Jahren

1960er Jahren in die vollständige Unabhängigkeit entlassen, so dass die betreffenden Staaten kulturell und sprachlich teilweise bis heute stark von der ehemaligen Kolonialmacht geprägt sind.

Etwas später wurden jene europäischen Staaten in Afrika kolonialpolitisch aktiv, die selbst erst im Laufe des neunzehnten Jahrhunderts zu staatlicher Einheit gefunden hatten. Das 1830 durch die Abspaltung von den Niederlanden entstandene Belgien unternahm bereits unter seinem ersten König Leopold I. Anstrengungen zum Erwerb von Kolonien, blieb dabei jedoch weitgehend erfolglos. Erst Leopold II. gelang es zwischen 1879 und 1884, weite Teile des Kongo als eine Art Privatkolonie zu übernehmen, die 1908 in den Besitz des belgischen Staats überging und darin bis 1960 verblieb. In Deutschland entstand 1882, elf Jahre nach der Gründung des Deutschen Reichs, ein «Deutscher Kolonialverein», der fünf Jahre später mit der 1884 gegründeten «Gesellschaft für deutsche Kolonisation» zur «Deutschen Kolonialgesellschaft» verschmolz. Zwischen 1884 und 1885 beanspruchte das Deutsche Reich in rascher Folge die Kolonien Deutsch-Südwestafrika (auf dem Gebiet des heutigen Staates

Namibia), Togo, Kamerun und Deutsch-Ostafrika (auf dem Gebiet der heutigen Staaten Tansania, Burundi und Ruanda) sowie das Schutzgebiet Wituland im Norden des heutigen Staates Kenia. Während das zuletzt genannte Territorium bereits 1890 an Großbritannien abgetreten wurde, verlor das Deutsche Reich seine anderen afrikanischen Kolonien erst im Verlauf oder nach dem Ende des Ersten Weltkriegs. Als letzte europäische Kolonialmacht wurde gegen Ende des neunzehnten Jahrhunderts schließlich das seit 1861 geeinte Italien in Afrika aktiv. Zwischen 1889 und 1892 entstanden die italienischen Kolonien Eritrea und Somaliland, die 1936 nach der Besetzung Äthiopiens zu einem Teil von Italienisch-Ostafrika wurden. Nachdem Italien bereits 1911 die ihm gegenüberliegenden Provinzen des Osmanischen Reichs in Nordafrika angegriffen hatte, erklärte die Regierung in Rom 1934 auch Libyen zu einer Kolonie. Diese ging jedoch ebenso wie die übrigen italienischen Besitzungen in Afrika im Verlauf des Zweiten Weltkriegs wieder verloren. Insgesamt dauerte die koloniale Epoche in Afrika damit über ein halbes Jahrtausend. Gingen die Missionsversuche in den ersten beiden Jahrhunderten vom katholischen Portugal aus, so spielten in den letzten zweieinhalb Jahrhunderten verschiedene protestantische Missionsgesellschaften die Hauptrolle. Wie sehr Missionierung und Kolonisierung gerade im Deutschen Kaiserreich als zwei Seiten ein und derselben Medaille galten, zeigt die 1879 veröffentlichte Schrift *Bedarf Deutschland der Colonien?* aus der Feder des evangelischen Theologen Friedrich Fabri:[2]

> Unsere Missions-Gesellschaften leisten [...] seit Jahrzehnten für England, auch für Holland, ebenso unwillkührlich, wie uneigennützig ihre culturellen Pionier-Dienste. Will nun aber unser deutscher Handels-Stand an der Erschließung und Ausbeutung Central-Afrikas sich betheiligen, so wäre von nicht zu unterschätzender Bedeutung, dass an geeigneten Stellen, an der West- und an der Ostküste, deutsche Missions-Niederlassungen zunächst zu Stande kämen [...] Wir zweifeln daran um so weniger, je überzeugter wir sind, dass die Colonial-Frage heute bereits eine Lebens-Frage für die Entwicklung Deutschlands geworden ist [...] Es ist im neuen Reiche Vieles bereits so verbittert, von unfruchtbarem Parteihader versäuert und vergiftet, dass die Eröffnung einer neuen, verheißungsvollen Bahn nationaler Entwicklung wohl auf Vieles wie befreiend, weil den

> Volksgeist nach neuen Seiten mächtig anregend, zu wirken vermöchte [...] Gewichtiger freilich ist die Erwägung, dass ein Volk, das auf die Höhe politischer Macht-Entwicklung geführt ist, nur so lange seine geschichtliche Stellung mit Erfolg behaupten kann, als es sich als Träger einer Cultur-Mission erkennt und beweist.

Die Anfänge des Christentums im Kongo

Eines der ersten Ziele portugiesischer Missionsanstrengungen südlich der Sahara war das Königreich Kongo, das aus dem Zusammenschluss zweier älterer Reiche am Ausgang des vierzehnten Jahrhunderts entstanden war.[3] Zur Zeit seiner größten Ausdehnung erstreckte es sich in nord-südlicher Richtung zwischen den beiden Flüssen Kongo und Kwanza und von der Atlantikküste im Westen bis zum Fluss Kwango im Osten. In der zweiten Hälfte des fünfzehnten Jahrhunderts war das Königreich ein straff zentralisierter Staat, den der als Manikongo bezeichnete Herrscher von seiner Hauptstadt Mbanza-Kongo im Norden des heutigen Staates Angola aus regierte und dessen wirtschaftliche Stärke vor allem auf dem Handel mit Elfenbein, dem Abbau und der Verarbeitung von Kupfer und der Herstellung von Textilien aus den Fasern der Raffia-Palme beruhte. 1482 erreichte der portugiesische Seefahrer Diogo Cão als erster Europäer das Mündungsgebiet des Kongo-Flusses, entsandte vier Männer als Gesandte an den Hof des Manikongo und nahm seinerseits vier Abgesandte des Herrschers mit zurück nach Portugal. Dort wurden sie getauft und kehrten in Begleitung von portugiesischen Soldaten, Handwerkern und Priestern in ihre Heimat zurück, wo 1491 auch König Nzinga-a-Nkuwu, die Königin Nzinga-a-Nlaza sowie ihr Sohn Mvemba-a-Nzinga das Christentum annahmen und sich die Namen der portugiesischen Königsfamilie gaben. Motiviert war dieser Glaubenswechsel nicht zuletzt durch den Wunsch des Herrschers, aufgrund der Anerkennung des portugiesischen Königshauses die eigene Position zu stärken, die Handelsaktivitäten seines Reichs zu steigern und bei bewaffneten Konflikten mit äußeren Feinden von der Unterstützung durch die portugiesischen Soldaten und deren Feuerwaffen zu profitieren. In kultureller Hinsicht bildete das Christentum gleichwohl einen Fremdkörper, denn es blieb zunächst auf einen kleinen Personenkreis beschränkt und wurde vom König selbst in seinen letzten Lebensjahren nicht mehr unterstützt.

Aus den Thronstreitigkeiten nach dem Tod des Herrschers ging 1509 sein Sohn Afonso I. als Sieger hervor. Zeitgenössischen Quellen zufolge waren ihm im Kampf gegen seinen Halbbruder der heilige Santiago mit fünf himmlischen Streitern zu Hilfe gekommen, was nicht zuletzt als Hinweis auf die entschiedene Hinwendung des neuen Königs zum Katholizismus und zu einem engen Bündnis mit dem portugiesischen Königshaus zu verstehen ist. Charakteristisch dafür erscheint das neue Wappen des Königs, das neben fünf gepanzerten Armen mit erhobenen Schwertern auch zwei zerbrochene indigene Kultbilder zeigt. In der Folge bemühte sich Afonso I. durch den Bau von Kirchen und Schulen intensiv um die Christianisierung seines Reiches. In Anlehnung an die religiösen Verhältnisse in Portugal beging man nunmehr auch im Kongo christliche Feste zu Ehren der Heiligen, und unter dem Einfluss europäischer Vorbilder entstand eine spezifisch kongolesische christliche Kunst.[4] Immer wieder erhielten Kinder aus der königlichen Familie und der Oberschicht des Landes auch eine Ausbildung in Portugal, darunter Afonsos Sohn Henrique, der drei Jahre vor der Rückkehr in seine Heimat 1518 in Rom zum Bischof geweiht wurde. Als problematisch erwies sich indessen schon bald die Beteiligung der Portugiesen am transatlantischen Sklavenhandel, dessen wirtschaftliche Bedeutung infolge der Kolonisierung Amerikas beständig zunahm. Konnte der Manikongo die wachsende Nachfrage anfänglich noch durch den Verkauf von Kriegsgefangenen und verurteilten Straftätern befriedigen, so musste er schon bald beim portugiesischen König schriftlichen Protest dagegen einlegen, dass seine Untertanen im Austausch gegen europäische Güter auch ihre Landsleute in die Sklaverei verkauften und dadurch der einheimischen Wirtschaft schweren Schaden zufügten.

Nach dem Tod Afonsos I. bemühten sich auch seine Nachfolger weiter um die Christianisierung des Landes. Eine wichtige Rolle spielte dabei der Aufbau eines einheimischen Bildungswesens nach europäischem Vorbild, so dass den Herrschern neben geweihten Priestern auch eine größere Anzahl von Laien zur Bewältigung dieser Aufgabe zur Verfügung stand. Von 1548 bis 1555 und dann wieder ab 1619 waren Mitglieder des Jesuitenordens im Königreich Kongo tätig. Zu ihnen gehörte der Portugiese Mateus Cardoso, der 1624 eine Übersetzung der Glaubenslehre *Doutrina Cristã* seines Landsmanns Marco Jorge in der Sprache Kikongo vorlegte. Bedeutender war indessen die Rolle italienischer Kapuziner, die infolge kirchenpolitischer Spannungen zwischen der portugiesischen Krone und den Herrschern des Kongo ab 1645 in größerer Zahl ins Land kamen. Viele Kapuziner hinterließen umfangreiche Aufzeichnungen, die sowohl für die Geschichte der Christianisierung Westafrikas als auch für unser Verständnis des Verhältnisses von Christentum und einheimischer Religion von hohem Wert sind. Zu ihnen gehört der aus Norditalien stammende Giovanni Cavazzi da Montecuccolo (1621–1678), der von 1654 bis 1667 und dann noch einmal von 1673 bis 1677 in Afrika tätig war. Seine von der päpstlichen Kongregation für die Verbreitung des Glaubens in Auftrag gegebene «Historische Beschreibung der drei Reiche von Kongo, Matamba und Angola» (*Istorica Descrizione de' tre regni Congo, Matamba ed Angola*) erschien fünf Jahre nach seinem Tod im italienischen Original und wurde bereits 1694 ins Deutsche übertragen.

Ein Wort, das im Zusammenhang mit der Christianisierung des Kongo aus dem Portugiesischen in viele europäische Sprachen einging, ist «Fetisch».[5] Es geht letztlich zurück auf den portugiesischen Ausdruck *feitiēo*, der so viel wie «künstlich (hergestellt)» bedeutet und seinerseits aus lateinisch *factitius* (zu *facere* «machen») abgeleitet ist. In Portugal diente *feitiēo* seit dem Spätmittelalter als Bezeichnung für Zaubermittel oder Gegenstände mit vermeintlich magischer Wirkung, deren Herstellung oder Verwendung von der katholischen Kirche als Aberglaube streng verfolgt wurde. In den frühen portugiesischen Beschreibungen der indigenen Kulturen Westafrikas wurde *feitiço* dann auf jene Gegenstände übertragen, die im Kult der westafrikanischen Völker eine besondere Rolle spielten. Ausschlaggebend für die Wahl des Begriffs war dabei die aus biblischer und patristischer Polemik übernommene Anschauung, das Heidentum bestehe in erster Linie aus der widervernünftigen Verehrung lebloser Bilder, deren vermeintliche Wirksamkeit allein aus den Machenschaften des Teufels und seiner Dämonen zu erklären sei. Nicht von ungefähr erscheinen daher «Fetisch», «Idol» und «Götze» in diesen frühen Darstellungen als weitgehend gleichbedeutende und folglich austauschbare Begriffe. Im Gefolge der Reformation zeigte sich indessen schon bald ein augenfälliger Unterschied der konfessionellen Perspektive, wenn nämlich katholische Autoren in ungebrochener Kontinuität die spätantik-mittelalterliche Polemik fortsetzten, während protestantische Autoren – in Westafrika waren dies vor allem Holländer, Dänen und Deutsche – die Verehrung von Fetischen gerne in die Nähe des katholischen Heiligenkults rückten.

Weite Verbreitung fand das portugiesische Wort *feitiço* allerdings erst durch den französischen Sprach- und Altertumswissenschaftler Charles de Brosses (1709–1777). Er veröffentlichte 1760 das Buch *Du culte des dieux fétiches*, das fünfundzwanzig Jahre später unter dem Titel *Über den Dienst der Fetischengötter oder Vergleichung der alten Religion Egyptens mit der heutigen Religion Nigritiens* auch in einer deutschen Übersetzung erschien. Darin zog der Verfasser einen Vergleich zwischen dem neuzeitlichen Heidentum in Westafrika und der Religion Altägyptens und postulierte die Verehrung von Tieren oder leblosen Gegenständen als älteste Form von Religion. Gleichsam als Metapher übernahm rund hundert Jahre später Karl Marx den Ausdruck in seine Wirtschaftstheorie, der zufolge man im Kapitalismus sowohl den produzierten Waren als auch dem Geld eine Qualität zuschreibe, die sie von Natur aus nicht besäßen. Wenig später führte der französische Psychologe Alfred Binet den Ausdruck *fétiche* in das Studium der menschlichen Sexualität ein, wo er besonders infolge seiner Verwendung in der Psychoanalyse Sigmund Freuds zur Bezeichnung einer krankhaften Störung weithin bekannt wurde. In Ausdrücken wie «Ordnungsfetischismus» ist das Wort inzwischen ein Bestandteil der Alltagssprache geworden, dessen ursprünglicher Hintergrund oft kaum mehr bekannt ist. Wie jedoch neuere ethnologische und begriffsgeschichtliche Forschungen gezeigt haben, ist nicht nur der «Fetischismus» als vermeintlich älteste Form von Religion ein Konstrukt des Zeitalters der Aufklärung: Tatsächlich dürfte auch die so bezeichnete Verwendung von Kultbildern im frühneuzeitlichen Westafrika überhaupt erst durch den Kontakt der indigenen Völker mit dem zeitgenössischen Christentum – besonders mit seinem Heiligen- und Reliquienkult und seiner Dämonenfurcht – jene Formen angenommen haben, die europäische Beobachter dort konstatierten.

Portugiesische Missionare in Äthiopien

Im Unterschied zu Westafrika, wo das Christentum erst im Gefolge der portugiesischen Entdeckungsfahrten Eingang fand, hatte Äthiopien bereits im vierten Jahrhundert das Christentum angenommen.[6] Ausschlaggebend dafür war die Bekehrung des Königs von Aksum im Norden des Landes, der die Einführung kirchlicher Strukturen und bald auch des christlichen Mönchtums folgte. Als erster Bischof von Aksum gilt der aus Tyrus in Syrien gebürtige Frumentius, der vom Patriarchen Athanasius von Alexandria 343 geweiht worden sein soll. Ein im fünften oder sechsten Jahrhundert entstandenes Evangeliar aus dem äthiopischen Abba-Garima-Kloster ist die vielleicht älteste illuminierte christliche Handschrift. Seit der Mitte des fünften Jahrhunderts von der römischen Reichskirche getrennt, pflegte die Äthiopisch-Orthodoxe Kirche besonders zur Koptischen Kirche Ägyptens enge Beziehungen, war jedoch nach der Islamisierung des Vorderen Orients und Nordafrikas von den übrigen christlichen Kirchen weitgehend isoliert. Von 1270 bis 1974 wurde Äthiopien in einem engen Bündnis mit der Kirche von den Herrschern der Salomonischen Dynastie regiert, die ihre Abkunft auf Menelik I., einen Sohn des Königs Salomon und der Königin von Saba, zurückführten. Eine entsprechende Darstellung enthält bereits das im frühen vierzehnten Jahrhundert entstandene Geschichtswerk *Kebra Nagast* («Herrlichkeit der Könige»). Die darin postulierte uralte Verbindung Äthiopiens mit Israel findet ihre Entsprechung in einigen Besonderheiten der Äthiopisch-Orthodoxen Kirche wie etwa der Beschneidung von Jungen und der Einhaltung des Sabbats; zudem enthält der äthiopisch-orthodoxe Kanon der Heiligen Schrift einige Bücher, die in den übrigen Kirchen als apokryph gelten.

Seit dem zwölften Jahrhundert kursierte in Europa die Legende von einem mächtigen christlichen Reich im fernen Osten, das von einem Priesterkönig namens Johannes regiert würde und von dem Unterstützung im Kampf gegen die Muslime zu erwarten sei. Nachrichten über christliche Gemeinden in Indien und Zentralasien sowie Berichte über den Aufstieg der Mongolen unter Dschingis Khan bildeten vermutlich den realen Hintergrund dieser Legende, die durch ein vermeintliches, in Wahrheit jedoch von einem Unbekannten gefälschtes Schreiben des Priesterkönigs an den Kaiser von Byzanz eine zusätzliche Faszination gewann. Vermuteten die Europäer das Reich des Priesterkönigs Johannes während des zwölften und dreizehnten Jahrhunderts ganz allgemein in Indien, Zentralasien oder China, so zogen sie nach dem Aufstieg der Salomonischen Dynastie und der darauffolgenden Expansion des Reichs immer öfter auch die Möglichkeit in Erwägung, dass damit in Wahrheit das christliche Äthiopien gemeint sein könnte. Einer der ersten Autoren, die diese Auffassung vertraten, war der Dominikanermissionar Jordanus Catalanus in einer um 1330 verfassten Darstellung seiner Missionsreisen in Persien und Indien. Zusätzlich beflügelt wurden europäische Hoffnungen auf ein antimuslimisches Bündnis mit dem christlichen Äthiopien, als Gesandte des äthiopischen Herrschers Zara Jaqob 1439 auf eine Einladung des Papstes hin das Konzil von Florenz besuchten.

1487 unternahm König Johann II. von Portugal einen weiteren Versuch, mit dem vermeintlichen Priesterkönig Johannes Kontakt aufzunehmen.[7] Dazu beauftragte er den Edelmann Pêro da Covilhã, sich mit einem Begleiter auf dem Landweg nach Äthiopien zu begeben. Über Neapel, Rhodos und Alexandria gelangten die Reisenden bis nach Aden. Von dort reiste Covilhã zunächst nach Indien, kehrte dann jedoch nach Arabien zurück und erreichte schließlich nach der Überquerung des Roten Meeres nahe dem Golf von Aden auf dem Landweg sein Ziel Äthiopien. Dort wurde er freundlich aufgenommen, zugleich jedoch mit einem lebenslangen Ausreiseverbot belegt. Dieses Schicksal teilte er mit dem venezianischen Maler Nicolò Brancaleon, der sich seit 1480 in Äthiopien aufhielt und dort einige Jahrzehnte später verstarb. Als 1507 ein portugiesischer Priester auf der Suche nach Pêro da Covilhã von der Insel Sokotra aus nach Äthiopien kam, regierte dort für den noch minderjährigen Herrscher Lebna Dengel die Witwe des 1468 verstorbenen Zara Jaqob. Diese nutzte die Gelegenheit dazu, nun ihrerseits den armenischen Geistlichen Mateus als Gesandten nach Portugal zu schicken, um König Manuel I. ein Bündnis gegen den gemeinsamen muslimischen Gegner anzutragen. Über Indien gelangte Mateus im Februar 1514 nach Lissabon, wo der portugiesische König im Gegenzug eine Gesandtschaft nach Äthiopien ausrüstete. Zu ihr gehörte der Geistliche Francisco Álvares, der 1520 am Hof des Herrschers eintraf, mit den dort lebenden Europäern zusammenkam und insgesamt sechs Jahre in Äthiopien zubrachte. Nach seiner Rückkehr verfasste er einen «Wahrhaftigen Bericht über die Länder des indischen Priesterkönigs Johannes» (*Verdadeira Informação das Terras do Preste João das Indias*), der 1540 als Buch gedruckt wurde.

Als eine unmittelbare Folge dieser Intensivierung der Beziehungen entsandte Portugal 1541 eine Militärexpedition, um den äthiopischen Kaiser Claudius gegen Ahmad ibn Ibrahim al-Ghazi, den muslimischen Herrscher des benachbarten Sultanats Adal, zu unterstützen. Nachdem der Sultan in den Jahren zuvor bereits einen Großteil Äthiopiens erobert hatte, gelang dem portugiesischen Expeditionskorps nach wechselvollen Kämpfen im Februar 1543 ein entscheidender Sieg in der Schlacht bei Waina Daga östlich des Tanasees, in deren Verlauf der Sultan fiel und sein Sohn in Gefangenschaft geriet. Dies stärkte den portugiesischen Einfluss in Äthiopien, so dass in der Folge neben portugiesischen Handwerkern und Technikern auch Missionare ins Land kamen. 1556 reiste der spanische Jesuit Andrés de Oviedo nach Äthiopien, um das Projekt einer Kirchenunion voranzutreiben. Ihm folgten zu Beginn des siebzehnten Jahrhunderts sein Landsmann und Mitbruder Pedro Páez sowie der portugiesische Jesuit António Fernandes. Unter ihrem Einfluss bekehrte sich der äthiopische Kaiser Susenyos 1622 zum Katholizismus, was wohl nicht zuletzt der Hoffnung auf weitergehende Unterstützung von Seiten der Europäer gegen die Expansionsbestrebungen des Osmanischen Reichs geschuldet war. Sogar der von Rom angestrebten Kirchenunion stimmte Susenyos zu, musste dies jedoch noch vor seiner Abdankung 1632 angesichts des Widerstands seiner innenpolitischen Gegner wieder zurücknehmen. Unter seinem Sohn und Nachfolger Fasilides wurde die traditionelle Stellung der Äthiopisch-Orthodoxen Kirche wiederhergestellt. Die Jesuiten mussten sich zunächst in ihren Stützpunkt Fremona im Norden Äthiopiens zurückziehen und wurden schließlich auf Dauer des Landes verwiesen.

Südafrika als Ziel englischer und deutscher Missionsgesellschaften

Die allmähliche Ausweitung des kolonialpolitischen Engagements der europäischen Mächte in Afrika seit dem späten achtzehnten Jahrhundert fällt zusammen mit dem Aufschwung der protestantischen Missionsgesellschaften. Schon 1664 hatte der aus Österreich stammende Jurist und lutherische Theologe Justinian von Welz auf dem Reichstag in Regensburg für die Gründung einer «Jesus-liebenden Gesellschaft» zur Förderung der Inneren und Äußeren Mission geworben, doch weder bei den protestantischen Fürsten noch bei den lutherischen Theologen viel Unterstützung gefunden.[8] Mit dem zunehmenden Einfluss des Pietismus und Evangelikalismus wuchs jedoch das Interesse breiter Kreise an einer weltumspannenden protestantischen Mission, das zumeist mit der Forderung nach einem tätigen Christentum jenseits der konfessionellen Grenzen und manchmal auch mit eschatologischen Vorstellungen von einer Bekehrung der Völker am Ende der Zeiten verbunden war.[9] Auskunft über das Missionsverständnis und die Ziele dieser protestantischen Bewegung geben die Publikationen, die von den in rascher Folge gegründeten Missionsgesellschaften nicht zuletzt zum Zweck der Werbung und Selbstdarstellung herausgegeben wurden.[10]

Eine der ersten Missionsgesellschaften, die in Südafrika aktiv wurden, war die 1795 gegründete «Londoner Missionsgesellschaft» (*London Missionary Society*).[11] Ursprünglich von Anglikanern, Presbyterianern, Methodisten und Baptisten gemeinsam getragen, wollte sie es den Neubekehrten selbst überlassen, sich für eine bestimmte Form der Kirchenverfassung zu entscheiden. Im Gefolge des Aufbaus eigener Missionsstrukturen innerhalb der Englischen und Schottischen Kirche wurde die Londoner Missionsgesellschaft jedoch schon wenige Jahrzehnte nach ihrer Gründung verstärkt von den kongregationalistischen Kirchen geprägt. Einer der ersten Missionare der Gesellschaft in Südafrika war William Anderson, der im September 1800 nach Kapstadt kam und sich im darauffolgenden Jahr jenseits der Koloniegrenze bei den Griqua, einer indigenen ethnischen Gruppe nördlich des Oranje-Flusses, niederließ. Dort geriet er wiederholt in Auseinandersetzungen zwischen der lokalen Bevölkerung und den Behörden der Kapkolonie, deren Autorität sich zwar nicht auf das Land der Griqua erstreckte, für die Versorgung und den Schutz seiner Bewohner jedoch kaum verzichtbar war. Nach zwanzigjähriger Missionstätigkeit in der von ihm gegründeten Siedlung Griquatown (heute Griekwastad) kehrte Anderson 1820 in die Kapkolonie zurück, wo er weitere dreißig Jahre in der Missionsstation Pascaltsdorp tätig war.

Nur wenige Jahre nach William Anderson entsandte die Londoner Missionsgesellschaft die Brüder Christian und Abraham Albrecht nach Südafrika, die sich ebenfalls an der Grenze der Kapkolonie, jedoch sehr viel weiter westlich in der Nähe des späteren Ortes Warmbad niederließen. Ihnen folgte der aus Kassebruch bei Bremen stammende Johann Heinrich Schmelen, der 1814 nach der Zerstörung dieser ersten Missionsstation im Süden des heutigen Staates Namibia das Dorf Bethanien gründete. Das von ihm erbaute Wohnhaus gehört seit 1952 ebenso wie die 1859 errichtete Steinkirche zum Nationalen Kulturerbe Namibias. In Bethanien heiratete Schmelen Zara Hendriks vom indigenen Volk der Nama, mit der er vier Kinder hatte und die ihn bei seiner Übersetzung der Evangelien in die Sprache der Nama unterstützte.[12] Ein weiterer prominenter Bibelübersetzer der Londoner Missionsgesellschaft in Südafrika war der Schotte Robert Moffat (1795–1883). Er lebte mit seiner Familie von 1820 bis 1870 in der Missionsstation Kuruman und übertrug dort nach und nach die gesamte Bibel sowie die *Pilgerreise* von John Bunyan in die regionale afrikanische Sprache Setswana.[13] 1845 heiratete Moffats Tochter Mary den ebenfalls aus Schottland stammenden Missionar David Livingstone (1813–1873), der bereits 1840 im Auftrag der Londoner Missionsgesellschaft nach Südafrika gekommen war und sich in den 1850er und 1860er Jahren als Forschungsreisender und Entdecker einen Namen machen sollte. Seit 1858 war auch der schottische Missionar John Mackenzie in Kuruman tätig. Er setzte sich für eine stärkere Einflussnahme Großbritanniens in der Region ein und beteiligte sich 1885 an der Einrichtung des britischen Protektorats Bechuanaland, das erst 1966 als Republik Botswana in die Unabhängigkeit entlassen wurde.

Von Deutschland aus engagierte sich in enger Abstimmung mit der *London Missionary Society* die Rheinische Missionsgesellschaft in Südafrika. Diese war 1828 aus dem Zusammenschluss der drei Missionsvereine von Elberfeld, Barmen und Köln hervorgegangen und gründete bereits ein Jahr später in einem Tal der Zederberge nordöstlich von Kapstadt eine Siedlung, der die Missionare zum Andenken an die im Tal der Wupper gelegene Stadt Barmen den Namen Wupperthal gaben.[14] (Die deutsche Stadt Wuppertal hieß ursprünglich Barmen-Elberfeld und erhielt ihren heutigen Namen erst 1930.) Die dortige Missionsstation verblieb bis 1965 unter der Leitung der Rheinischen Missionsgesellschaft und wurde danach von den Herrnhuter Missionaren weitergeführt. 1839 und 1842 kamen Franz Heinrich Kleinschmidt und Carl Hugo Hahn nach Südafrika.[15] Sie gründeten 1844 in der Nähe des Ortes Okahandja nordwestlich von Windhuk die Missionsstation Groß Barmen, mit der die Mission der Herero ihren Anfang nahm. 1849 entstand eine zweite Missionsstation in Ojimbingwe, der späteren Hauptstadt von Deutsch-Südwestafrika, wo Carl Hugo Hahn 1866 als Ausbildungsstätte für einheimische Lehrer und Evangelisten das Augustineum ins Leben rief. Hahn hatte bereits 1857 in Berlin die *Grundzüge einer Grammatik des Hereró (im westlichen Afrika) nebst einem Wörterbuche* veröffentlicht. Zwei weitere bedeutende Grammatiken der Herero-Sprache verfassten 1886 und 1897 die beiden Missionare Peter Heinrich Brincker und Gottlieb Viehe. Zu einem bedeutenden Erforscher der Khoisan-Sprache der Nama wurde Johann Georg Krönlein, der 1851 im Auftrag der Rheinischen Missionsgesellschaft nach Südafrika kam und neben Übersetzungen von Teilen der Bibel auch ein bis heute grundlegendes Wörterbuch der Nama-Sprache vorlegte.

In der zweiten Hälfte des neunzehnten Jahrhunderts begannen auch die Aktivitäten der evangelisch-lutherischen Hermannsburger Mission in Südafrika.[16] Ihr Gründer war der aus Walsrode in der Lüneburger Heide gebürtige Pastor und Erweckungsprediger Ludwig Harms (1808–1865), der 1849 nach jahrelangem Engagement in der Missionsbewegung in Hermannsburg ein eigenes Missionsseminar ins Leben gerufen hatte. Als Ziel der ersten Missionare, die 1853 ordiniert wurden, hatte Harms das Volk der Oromo in Äthiopien ausgewählt.[17] Zu diesem Zweck ließ er von einer Werft in Harburg ein eigenes Missionsschiff bauen, das nach der im Neuen Testament erwähnten Königin von Äthiopien den Namen

Candace erhielt. Auf ihr segelten die Missionare von Deutschland um das Kap der Guten Hoffnung herum bis zur Küste der Insel Sansibar, deren muslimischer Sultan ihnen jedoch das Betreten des Festlandes untersagte, so dass sie unverrichteter Dinge nach Südafrika umkehren mussten. Von Kapstadt aus begaben sie sich daraufhin in die Region Natal an der Ostküste Südafrikas, die zu jener Zeit einen Bestandteil der britischen Kapkolonie bildete. Dort gründeten sie 1856 an der Grenze zum Königreich der Zulu eine Missionsstation, die sie Neu-Hermannsburg nannten. Zu ihr gehörte auch eine Schule, die als Deutsche Schule Hermannsburg noch heute besteht. Als weitere Gründung der Hermannsburger Mission entstand 1864 nordwestlich der späteren südafrikanischen Hauptstadt Pretoria die Missionsstation Bethanie, wo 1892 die noch heute erhaltene evangelisch-lutherische Missionskirche eingeweiht wurde.

Missionare als Augenzeugen der Gräuel im Kongo

Mit der fortschreitenden Industrialisierung und der wachsenden Rivalität unter den europäischen Mächten stieg im letzten Drittel des neunzehnten Jahrhunderts auch wieder das kolonialpolitische Interesse an Zentralafrika, wo die Missionsbemühungen Portugals knapp vierhundert Jahre zuvor ihren Anfang genommen hatten.[18] Begünstigt wurde dieses Interesse durch die zunehmende geografische Erschließung dieser Region, aber auch durch technische Neuerungen wie etwa den Bau von Dampfschiffen und Eisenbahnen, die nachhaltige Verbesserungen der Infrastruktur in Aussicht stellten. Zu den begehrtesten Rohstoffen zählte Naturkautschuk, dessen Gewinnung und Verarbeitung zu Gegenständen des täglichen Gebrauchs die Europäer erstmals in Südamerika kennengelernt hatten. Die Grundlage für seine Verwendung als industrieller Werkstoff und eine bis dahin unbekannte Nachfrage schuf 1839 die Erfindung der Vulkanisation, durch die man Kautschuk mit Hilfe von Schwefel in elastisches Gummi umwandeln konnte. In der zweiten Hälfte des neunzehnten Jahrhunderts gehörte das tropische Afrika neben dem Amazonastiefland zu den wichtigsten Gebieten, aus denen man Kautschuk importieren konnte.

Zum Ausgangspunkt der Kolonialisierung des Kongo wurde eine

internationale geografische Konferenz, die auf Einladung König Leopolds II. von Belgien im September 1876 in Brüssel stattfand. Vordergründig ging es dabei um humanitäre Ziele wie die Eindämmung des Sklavenhandels und eine Verbesserung der Lebensbedingungen durch die wirtschaftliche Entwicklung dieser Region, doch verfolgte Leopold II. auch eigene Profitinteressen. Ein wichtiges Resultat der Konferenz war die Gründung einer «Internationalen Gesellschaft für die Erforschung und Zivilisierung Zentralafrikas», in deren Auftrag 1878 der britisch-amerikanische Journalist und Afrikaforscher Henry Morton Stanley in den Kongo entsandt wurde. Zu diesem Zeitpunkt war Stanley bereits dadurch international bekannt geworden, dass er 1871 nach monatelanger Suche in der Nähe des Tanganjikasees den Jahre zuvor verschollenen Missionar David Livingstone aufgespürt hatte und wenige Jahre später auf der Suche nach dem Ursprung des Nils von den Großen Afrikanischen Seen bis zur Kongomündung vorgedrungen war. Mit seiner Unterstützung erwarb die 1879 von Leopold II. gegründete Internationale Kongo-Gesellschaft von einheimischen Herrschern unter fragwürdigen Bedingungen weite Landstriche im Kongobecken, die daraufhin durch die Einrichtung von Handelsstationen und den Bau von Straßen verkehrstechnisch erschlossen wurden. Während Leopold II. die wirtschaftlichen Vorteile dieses zweifelhaften Landerwerbs klar im Auge behielt, blieben manche anderen beteiligten Akteure und fernerstehende Unterstützer über die Tragweite dieser Entwicklung augenscheinlich zumindest teilweise im Dunkeln. Dies lag nicht zuletzt daran, dass der belgische Monarch aus Sorge vor dem Widerstand Frankreichs, Großbritanniens und Portugals seine Pläne nach Möglichkeit zu verschleiern suchte.

Um die unterschiedlichen kolonialpolitischen Interessen der miteinander rivalisierenden europäischen Mächte auszugleichen, trafen sich deren Vertreter sowie Abgesandte einiger weiterer Staaten auf Einladung des deutschen Reichskanzlers Otto von Bismarck im Winter 1884/85 in Berlin zu einer Kongokonferenz. Zu ihren wichtigsten Resultaten zählten Vereinbarungen über Handelsfreiheit im Kongobecken sowie ein Verbot des Sklavenhandels, aber auch die Bestätigung der Gebietsansprüche des belgischen Königs oder vielmehr der von ihm kontrollierten Internationalen Kongo-Gesellschaft. 1885 wurde auf Leopolds Betreiben das von der Gesellschaft erworbene Land in einen «Kongo-Freistaat» und damit praktisch in eine Privatkolonie des Königs umgewandelt. Unter seiner Federführung wurden eine Kolonialverwaltung und eine Privatarmee aus afrikanischen Söldnern unter dem Befehl europäischer Offiziere eingerichtet, die letztlich nur dem Monarchen selbst verantwortlich waren. Da man für die Außenwirkung nach wie vor die humanitären Gesichtspunkte des Projekts besonders betonte, wurden auch Missionare in den Kongo-Freistaat eingeladen, wobei die katholische Seite nicht zuletzt wegen des belgischen Argwohns gegenüber den kolonialpolitischen Ambitionen der Briten bevorzugt wurde.[19] Von 1878 bis 1884, also noch vor der Gründung des Kongo-Freistaats, waren Angehörige der 1877 gegründeten *Livingstone Inland Mission* am Kongo aktiv, deren Mission danach von amerikanischen Baptisten weitergeführt wurde. Davon beeinflusst, nahm 1889 auch die evangelikal geprägte *Congo Balolo Mission* ihre Tätigkeit im Kongo-Freistaat auf. Ein Vertreter der *Baptist Missionary Society* war George Grenfell, der sich nach 1875 durch ausgedehnte Reisen auf den noch wenig bekannten Nebenflüssen des Kongo auch als Forscher einen Namen machte.

Trotz der Verschleierungsversuche von Leopold II. und den Behörden des Kongo-Freistaats drangen – nicht zuletzt aufgrund der Berichte von Missionaren – schon in den 1890er Jahren immer wieder Einzelheiten über die verheerenden Lebens- und Arbeitsbedingungen der einheimischen Bevölkerung nach außen. Um ihren Profit in der Kautschukgewinnung zu maximieren, setzten die vom Freistaat durch entsprechende Konzessionen privilegierten Gesellschaften, darunter die Anglo-Belgian India Rubber Company, auf ein rücksichtsloses System der Zwangsarbeit. Allen Einwohnern wurden hohe Steuern auferlegt, die vor allem in Form von Kautschuk zu bezahlen waren. Um die Männer zur Kautschukernte zu zwingen, nahm man vielerorts ihre Frauen als Geiseln und bestrafte Arbeitsverweigerer grausam mit Auspeitschungen und Verstümmelungen. Widerstand gegen dieses Vorgehen wurde immer wieder durch die Zerstörung ganzer Dörfer und die Erschießung sämtlicher Bewohner geahndet, während die einseitige Bevorzugung des Kautschuks die traditionellen Wirtschaftsformen und dadurch die Selbstversorgung mit Lebensmitteln zerstörte. Schätzungen zufolge fielen diesen brutalen Maßnahmen um die zehn Millionen Menschen und damit nahezu die Hälfte der indigenen Bevölkerung zum Opfer.

Im Jahr 1890 kam als einer der ersten US-Amerikaner afrikanischer Herkunft Willliam Henry Sheppard nach Zentralafrika, ein Missionar der Presbyterianischen Kirche in den Vereinigten Staaten.[20] Auch mit Hilfe von Fotografien dokumentierte er die unmenschliche Behandlung der einheimischen Bevölkerung. Als die Zeitung *New York Times* im Januar 1900 einen Bericht darüber veröffentlichte, der durch briefliche Mitteilungen anderer amerikanischer Missionare gestützt wurde, wuchs die internationale Kritik an Leopold II. und seiner Politik im Kongo-Freistaat. Dies führte wenige Jahre später zur Gründung der *Congo Reform Association*, einer der ersten Menschenrechtsorganisationen. Zu den bedeutendsten Aktivisten dieser Vereinigung zählten der französisch-britische Journalist Edmund Dene Morel und der Diplomat Roger Casement, der nach ausgedehnten Reisen im Kongobecken in einem 1904 veröffentlichten Bericht den belgischen Kolonialbehörden und damit auch dem belgischen König ein vernichtendes Zeugnis ausstellte. Ein Mitglied war auch der englische Missionar John Hobbis Harris, der zusammen mit seiner Frau seit 1898 im Kongo-Freistaat tätig war. Wie zuvor Sheppard nutzte auch Alice Seeley Harris ihre Fotokamera zur Dokumentation der Menschenrechtsverletzungen in ihrem Missionsgebiet. Nachdem einige ihrer Fotografien bereits in der Zeitschrift der *Congo Balolo Mission* abgedruckt worden waren, erschien eines ihrer eindrucksvollsten Bilder 1904 in Edmund Dene Morels Buch *King Leopold's Rule in Africa* sowie ein Jahr später in Mark Twains Streitschrift *King Leopold's Soliloquy* («König Leopolds Selbstgespräch»). Es zeigt den nur mit einem Lendenschurz bekleideten Kongolesen Nsala aus dem Dorf Wala, der auf der Veranda eines Hauses sitzend den abgetrennten Fuß und die abgeschlagene Hand seiner kleinen Tochter betrachtet.[21] Wohl nicht zuletzt deswegen, weil sich die Monstrosität der Szene dem Betrachter nicht auf den ersten Blick, sondern erst bei genauerem Hinsehen und nach der Lektüre der beigefügten Erläuterungen erschließt, beeinflusste Seeleys Foto wie kein zweites die europäische und amerikanische Wahrnehmung der Verbrechen im Kongo-Freistaat. Unter dem Druck der öffentlichen Meinung musste Leopold II. seine Kolonie 1908 an den belgischen Staat verkaufen, was die Lage der einheimischen Bevölkerung allerdings nicht grundlegend verbesserte.

Handel, Widerstand und Völkermord in den deutschen Kolonien

Wenn das kolonialpolitische Engagement des Deutschen Reichs in Afrika einer breiten Öffentlichkeit kaum mehr bewusst ist, liegt dies wohl vor allem an seiner Kurzlebigkeit. Denn nachdem der damalige Reichskanzler Bismarck seinen anfänglichen Widerstand gegen den Erwerb afrikanischer Kolonien erst um die Mitte der 1880er Jahre aufgegeben hatte, gingen alle diese Territorien dem Deutschen Reich bereits dreißig Jahre später wieder verloren. Gleichwohl verfügte Deutschland in dieser kurzen Zeitspanne über einen flächenmäßig gewaltigen Kolonialbesitz, war doch Kamerun größer als das damalige Deutsche Reich, Deutsch-Südwestafrika rund anderthalbmal so groß und Deutsch-Ostafrika nahezu doppelt so groß. Die mit Abstand kleinste afrikanische Kolonie war demgegenüber Togo, dessen Fläche nur etwa vier Fünfteln der heutigen Bundesländer Baden-Württemberg und Bayern entsprach.

In Westafrika hatten deutsche Kaufleute bereits um die Mitte des neunzehnten Jahrhunderts erste Handelsniederlassungen gegründet. Eine wichtige Rolle spielte dabei das Unternehmen des Reeders und Kaufmanns Carl Woermann, der erstmals 1849 an der westafrikanischen Küste aktiv wurde und in den darauffolgenden Jahrzehnten mehrere Niederlassungen in Liberia, Gabun und Kamerun gründete. Ihm folgte 1880 sein Sohn Adolph Woermann, unter dessen Leitung die Woermann-Linie eine regelmäßige Schiffsverbindung zwischen Hamburg und Westafrika einrichtete. Enge Beziehungen zu dieser Region unterhielt auch die Bremer Firma Friedrich M. Vietor Söhne, die 1856 eine erste Niederlassung in Togo gründete. Ein Sohn des Firmengründers, der evangelische Geistliche Cornelius Rudolph Vietor, leitete von 1868 bis 1888 als Vorstandsvorsitzender die Norddeutsche Missionsgesellschaft, die 1836 in Hamburg entstanden und seit 1851 in Bremen ansässig war. Dies führte zu einer engen Verflechtung von Missions- und Handelsinteressen, die zwar immer wieder kritisch hinterfragt, jedoch nie grundsätzlich in Frage gestellt wurde. Eine wichtige Person war in diesem Zusammenhang der evangelische Theologe Franz Michael Zahn (1833–1900), der für die Norddeutsche Mission von 1862 bis zu seinem Tod als Leitender Inspektor arbeitete. Zielscheibe seiner Kritik war besonders der Handel mit Branntwein, der in Westafrika gegen Palmöl und Kautschuk eingetauscht wurde. Im Folgenden kam es zu einer auch öffentlich ausgetragenen Kontroverse mit dem Kaufmann und Reichstagsabgeordneten Adolph Woermann, der die Branntweinausfuhr 1889 in einer Reichstagssitzung unter Hinweis auf seine zentrale Bedeutung für den Kolonialhandel verteidigte. 1866 rief Zahn zusammen mit Friedrich Fabri, dem damaligen Leitenden Inspektor der Rheinischen Mission, die Kontinentale Missionskonferenz ins Leben, die der internationalen Abstimmung unter den europäischen evangelischen Missionsgesellschaften dienen sollte. Enge Beziehungen unterhielt Zahn auch zu dem evangelischen Theologen und späteren Professor für Missionswissenschaft Gustav Warneck, für dessen 1874 gegründete *Allgemeine Missions-Zeitschrift* er eine Zeitlang als Mitherausgeber tätig war.

Zu den bis heute nachwirkenden Errungenschaften der Norddeutschen Mission in Westafrika zählt – abgesehen vom Aufbau christlicher Gemeinden – die Verschriftlichung der im Süden Togos, Ghanas und Benins verbreiteten Ewe-Sprache. Sie war bis dahin als eine Gruppe von fünf Dialekten nur im mündlichen Gebrauch gewesen, so dass eine geeignete Form der Aufzeichnung mit Hilfe des lateinischen Alphabets erst entwickelt werden musste. Einen *Schlüssel zur Ewe-Sprache … mit Wörtersammlung nebst einer Sammlung von Sprüchwörtern und einigen Fabeln der Eingebornen* veröffentlichte bereits 1857 der Missionar Johann Bernhard Schlegel. Die Arbeit an der von ihm begonnenen Übersetzung der Evangelien wurde nach seinem frühen Tod von den Missionaren Johannes Merz, Jakob Spieth und Gottlob Däuble weitergeführt. Zwischen 1861 und 1913 erschienen nach und nach eine vollständige Übersetzung der Bibel sowie ein dreisprachiges Wörterbuch Ewe-Deutsch-Englisch. Zu einem der besten Kenner des Ewe wurde der aus Baden bei Bremen stammende Diedrich Hermann Westermann, der von 1900 bis 1903 im Auftrag der Norddeutschen Mission in Togo tätig war und 1909 als

Nachfolger des Afrikanisten Carl Meinhof auf eine Professur an dem 1897 gegründeten Seminar für Orientalische Sprachen in Berlin berufen wurde.

Neben Vertretern der Norddeutschen Missionsgesellschaft waren seit 1892 auch Missionare der 1875 von Arnold Janssen im niederländischen Steyl gegründeten Gesellschaft des Göttlichen Wortes in Togo tätig. Einer von ihnen, Hermann Bücking, traf 1894 in Togo ein und wurde bereits zwei Jahre später vom Papst zum Apostolischen Präfekten dieser Region ernannt. Wie schon viele Missionare vor ihm sah er sich mit einer doppelten Herausforderung konfrontiert, die sich aus seiner besonderen Stellung zwischen der indigenen Bevölkerung und den ortsfremden Vertretern der Kolonialverwaltung ergab: Auf der einen Seite standen jene Neubekehrten, die trotz ihrer Hinwendung zum Christentum an bestimmten Eigenheiten ihrer traditionellen Kultur wie etwa der Polygamie festhalten wollten, auf der anderen jene Vertreter der Staatsmacht, deren Lebensweise ungeachtet ihres Bekenntnisses zum Christentum den Ansprüchen der Missionare nicht genügte und schwerlich als Vorbild taugte. Stellten die Missionare die Autorität der Kolonialbeamten an sich nicht in Frage, so prangerten sie gleichwohl in ihren Berichten nach Hause immer wieder die menschenunwürdige Behandlung der indigenen Bevölkerung an. Besonders scharf kritisierten sie den Kolonialbeamten Georg Albert Schmidt, den sie nicht nur des exzessiven Gebrauchs der Prügelstrafe, sondern auch des sexuellen Missbrauchs einer minderjährigen Togolesin beschuldigten.[22] Zu einem vielbeachteten Skandal kam es, als der Abgeordnete der Zentrumspartei Hermann Roeren 1906 diesen Vorfall unter Hinweis auf die Berichte der Missionare im Reichstag zur Sprache brachte, was den Zentrumsabgeordneten Matthias Erzberger und den Sozialdemokraten August Bebel zu einer grundsätzlichen Kritik an der deutschen Kolonialpolitik veranlasste. Tatsächlich stellte der an den Pranger gestellte Kolonialbeamte jedoch keineswegs eine Ausnahme dar, sondern verkörperte vielmehr eine weitverbreitete dunkle Seite des Kolonialsystems, dessen zeittypischen Rassismus auch die Missionare ungeachtet ihres mutigen Eintretens für die christliche Ethik oftmals teilten. Der Umstand, dass einzelne besonders eklatante Fälle immer wieder auch von einer breiten Öffentlichkeit als monströse Ausnahmen moralisch verurteilt wurden, ist wohl nicht zuletzt aus dem Bestreben zu erklären, das System als Ganzes nicht grundsätzlich in Frage zu stellen.

Etliche Jahre zuvor hatten im Reichstag bereits die Gewaltexzesse des Kolonialbeamten Carl Peters Aufsehen erregt. 1856 geboren, hatte Peters nach Studien in Göttingen, Tübingen und Berlin als junger Mann eine Zeitlang in England gelebt, dessen Weltmacht- und Kolonialpolitik ihm von da an als nachahmenswertes Vorbild erschien. Nach Deutschland zurückgekehrt, engagierte er sich in der 1884 gegründeten Gesellschaft für deutsche Kolonisation, in deren Auftrag er während einer Expedition nach Ostafrika unter zweifelhaften Umständen im Hinterland des Kontinents gegenüber der Insel Sansibar von örtlichen Machthabern als Gegenleistung für «Schutzverträge» Gebietsansprüche erwarb. Als Peters diese Ansprüche mit Hilfe einer von ihm gegründeten und geleiteten Deutsch-Ostafrikanischen Gesellschaft gegen den Willen des Sultans von Sansibar durchzusetzen versuchte, schaltete sich das Deutsche Reich in diesen Konflikt ein und übernahm nach einem bewaffneten Aufstand der Küstenbevölkerung schließlich selbst die Verwaltung der Kolonie. 1891 ernannte die Reichsregierung Peters zum Reichskommissar in Deutsch-Ostafrika, doch wurde er aufgrund seiner brutalen Übergriffe auf die Bevölkerung so schnell untragbar, dass man ihn bereits ein Jahr später nach Deutschland zurückberief. Nach einer gerichtlichen Untersuchung, die auch im Reichstag zu einer erbitterten Debatte über die deutsche Kolonialpolitik führte, wurde er 1897 unehrenhaft entlassen. Eine wichtige Rolle für die Verurteilung spielten auch hier die Augenzeugenberichte von Missionaren, die zwar die Herrschaftsansprüche der europäischen Mächte nicht grundsätzlich in Frage stellten, Rechtsbruch und Willkürakte jedoch nicht hinnehmen wollten und darin nicht zuletzt eine Unterwanderung ihrer eigenen Bemühungen um die Durchsetzung der christlichen Ethik sahen.

Zu den Ersten, die in Deutsch-Ostafrika missionarisch aktiv wurden, gehörten die erst 1884 gegründete Benediktinerkongregation von St. Ottilien, die Herrnhuter Brüdergemeine, die Gesellschaft zur Beförderung der evangelischen Mission unter den Heiden (Berliner Mission), die Leipziger Missionsgesellschaft und die Evangelische Missionsgesellschaft für Deutsch-Ostafrika.[23] Vertreter der zuletzt genannten Gesellschaft gründeten bereits 1887 in Daressalam eine Missionsstation, der bald darauf eine weitere in der Hafenstadt Tanga folgte. Maßgeblich beteiligt am weiteren Aufbau der protestantischen Mission in Deutsch-Ostafrika war der evangelische Geistliche Friedrich von Bodelschwingh. Er war seit 1858 in der Inneren Mission tätig und leitete seit 1872 die bereits 1867 für Epileptiker gegründete Heil- und Pflegeanstalt Bethel in Bielefeld, aus der sich später die nach ihm benannten von Bodelschwinghschen Stiftungen Bethel entwickelten. Der Ausbildung von Missionaren und Diakonen diente eine 1905 gegründete «Theologische Schule», ein Vorläufer der späteren Kirchlichen Hochschule Bethel, die 2007 mit der Kirchlichen Hochschule Wuppertal fusionierte. Ein Schwerpunkt der missionarischen Tätigkeit in Ostafrika lag auf der Einrichtung von Krankenhäusern und Schulen, an denen die Schüler in ihrer Muttersprache unterrichtet wurden.[24] So gründeten Betheler Missionare bereits 1891 in den Usambara-Bergen unweit des heutigen Ortes Mlalo die Missionsstation Hohenfriedberg, der später auch eine Schule zur Ausbildung einheimischer Lehrer sowie eine Einrichtung zur Pflege von Leprakranken angegliedert wurden.

Ungeachtet der positiven Auswirkungen auf die Krankenversorgung und das Bildungswesen kam es auch in Deutsch-Ostafrika immer wieder zu Aufständen gegen die Kolonialmacht, durch die die Missionstätigkeit in Mitleidenschaft gezogen wurde. Schon 1888 führten Zusammenstöße zwischen den Vertretern der Deutsch-Ostafrikanischen Gesellschaft und der indigenen Bevölkerung des Küstengebiets zu bewaffneten Auseinandersetzungen, in deren Verlauf auch eine Missionsstation der Benediktiner zerstört wurde.[25] Hinter diesen Unruhen standen zum einen die Sorge der einheimischen Oberschicht vor wirtschaftlicher Benachteiligung, zum anderen das rücksichtslose Gebaren der Kolonialherren, das auf religiöse Empfindlichkeiten, kulturspezifische Eigenarten und landesübliche Konventionen kaum Rücksicht nahm. Dass man die Hintergründe in Deutschland kaum nachvollzog und die Unruhen vielfach als «Araberaufstand» bezeichnete, erklärt sich wohl nicht zuletzt aus dem zeitgenössischen Bestreben, die segensreichen Auswirkungen des deutschen Einflusses auf die Afrikaner herauszustreichen und den Widerstand gegen die Kolonisierung vor allem den auch am Skavenhandel beteiligten Arabern anzulasten. In welchem Ausmaß jedoch gerade der gemeinsame Widerstand gegen die Kolonialmacht ethnische Grenzen zu überwinden half, zeigte sich 1905, als die Zerrüttung der einheimischen Wirtschaft durch die beständige Ausdehnung der Großplantagen für Exportprodukte, eine exzessive Besteuerung und die damit verbundene Ausweitung der Zwangsarbeit im Dienste der Kolonialherren im gesamten Süden Deutsch-Ostafrikas zu anhaltenden bewaffneten Unruhen führten. Am Anfang stand das Berufungserlebnis des einheimischen Heilers Kinjikitele Ngwale in der Gebirgsregion der Matumbi. Er propagierte 1904 die bevorstehende Vereinigung aller einheimischen Bewohner Ostafrikas und die gewaltsame Vertreibung der Kolonialherren mit Hilfe der Ahnen, deren Schutz und Unterstützung man sich durch religiöse Riten zu versichern suchte. Da viele Aufständische der Überzeugung waren, dass ein besonderes Wasser, das man in der Landessprache *maji* nannte, den Kämpfern übernatürliche Kräfte verleihen und sie unverwundbar machen würde, wird diese Bewegung noch heute zumeist als Maji-Maji-Aufstand oder Maji-Maji-Krieg bezeichnet.[26] Obschon Kinjikitele Ngwale bereits kurz nach Beginn des Aufstands im Sommer 1905 gefangen genommen und hingerichtet wurde, breiteten sich die Kämpfe schon bald über eine Fläche von der Größe Deutschlands aus, wobei sowohl die Militärstützpunkte der Kolonialtruppen als auch die Häuser von Siedlern und Händlern sowie Missionsstationen zur Zielscheibe von Angriffen wurden. Erst nach drei Jahren gelang es der Kolonialmacht, den vielerorts als Guerillakrieg geführten Aufstand durch eine rigorose Politik der verbrannten Erde vollständig zu unterdrücken.

Steht der Maji-Maji-Krieg am Anfang der zahlreichen Kriege, mit denen das Zeitalter des Kolonialismus innerhalb weniger Jahrzehnte zu Ende gehen sollte, so gilt der Vernichtungskrieg der deutschen Kolonialtruppen gegen die Herero und Nama in Deutsch-Südwestafrika als der erste Völkermord des zwanzigsten Jahrhunderts. Ausgelöst wurde er durch einen Aufstand, mit dem sich das Nomadenvolk der Herero Anfang 1904 gegen die fortgesetzte Verkleinerung ihrer Weidegründe durch das Vordringen deutscher Siedler, aber auch gegen die politische und wirtschaftliche Benachteiligung durch das Kolonialsystem zur Wehr zu setzen versuchte. Nach anfänglichen Erfolgen gegen die zahlenmäßig

«Pardon wird nicht gegeben»: Karikatur anlässlich des Herero-Kriegs in der satirischen Zeitschrift *Der Wahre Jacob*, Januar 1905

weit unterlegenen deutschen Schutztruppen wendete sich das Blatt, als das Deutsche Reich zusätzliche Soldaten in die Kolonie entsandte, deren Oberbefehlshaber mit Unterstützung des deutschen Generalstabs und des Kaisers einen rücksichtslosen Vernichtungskrieg gegen die Herero begann. Nach ihrer Niederlage in der Schlacht am Waterberg flohen die überlebenden Herero in die Omaheke-Wüste, wo die deutschen Truppen sie konsequent von den Wasserstellen verjagten, so dass ein Großteil von ihnen verdurstete. Die Überlebenden wurden, soweit ihnen nicht die Flucht über die Grenze der deutschen Kolonie gelang, in sogenannte Konzentrations- oder Sammellager verbracht, wo viele von ihnen aufgrund der unmenschlichen Haftbedingungen den Tod fanden. Schätzungen zufolge kamen bis zu drei Viertel des Volks der Herero im Verlauf des Kriegs ums Leben. Im Oktober 1904 wechselten daraufhin große Teile des (früher zumeist als «Hottentotten» bezeichneten) Volks der

Nama die Seiten und wendeten sich unter ihrem Anführer Hendrik Witbooi gegen die bis dahin mit ihnen verbündeten Deutschen.[27] Wie zuvor der Maji-Maji-Krieg trug auch diese Erhebung teilweise religiöse Züge, propagierte doch der mit Witbooi verbündete Wanderprediger Shepherd Stuurman die bevorstehende Vertreibung aller Europäer mit Hilfe göttlicher Unterstützung. Wie in Deutsch-Ostafrika gewannen indessen auch hier die Kolonialtruppen schon bald die Oberhand über die Aufständischen. Zwischen den Fronten eines auch in Deutschland höchst umstrittenen und weithin unbeliebten Krieges stehend, konnten die Missionare der Rheinischen Missionsgesellschaft vielfach nur an die Verantwortlichen der politischen und militärischen Führung appellieren, Vernunft und Menschlichkeit walten zu lassen und die eigene Verantwortung für die Eskalation in Rechnung zu stellen.[28] So betonte Gottlob Haußleiter, Erster Inspektor der Rheinischen Missionsgesellschaft, vor dem Hintergrund laufender Militäraktionen, die Herero seien weder «Teufel» noch «Tiere in Menschengestalt»,[29]

> sondern Menschen, die doch auch noch in ihrem eigenen, ihnen gehörigen Land ein Anrecht darauf haben, anders zu leben und zu existieren, wie als entrechtete Arbeitssklaven und besitzlose Proletarier; Untertanen unsers Kaisers, denen gegenüber wir laut der mit ihnen geschlossenen Schutzverträge doch noch gewisse Verpflichtungen haben. Das ist unser Verbrechen, dass wir und unsere Missionare seit Jahren es gewagt haben, auf das bei vielen weißen Händlern geübte System des maßlosen Kreditgebens und seine Folge, die fortgesetzten Vieh- und Landabtretungen, ein System, das, von einseitigem Interessenstandpunkt eingegeben, den wirtschaftlichen Niedergang der farbigen Bevölkerung mit Notwendigkeit herbeiführen muss, hingewiesen zu haben, von anderen sittlichen Notständen und Schädigungen ganz zu schweigen. Wir sahen in diesen notorisch bekannten Übeln die Quellen der wachsenden Verbitterung der Eingeborenen schon seit Jahren und erblicken jetzt in ihnen wenigstens eine der Hauptursachen des entsetzlichen Aufstandes.

Für eine bessere Behandlung der im Konzentrationslager Swakopmund Inhaftierten kämpfte erfolgreich der Missionar Heinrich Vedder, der auch nach dem Ersten Weltkrieg noch mehrere Jahrzehnte in dem Ort

Okahandja tätig war, wo heute ein Stadtteil nach ihm benannt ist.[30] Eine wichtige historische Quelle für die Ereignisse jener Jahre ist das Tagebuch des Missionars Heinrich Spiecker, der von 1905 bis 1907 auf ausgedehnten Inspektionsreisen in Deutsch-Südwestafrika Zeuge des Aufstands und seiner Auswirkungen wurde.[31]

10

Mission als Motor religiösen Wandels

Indien im Zeitalter der britischen Kolonialherrschaft

Der Missionar wird sich vor der Versuchung hüten müssen, aus literarischen Studien, denen nachzugehen er vielleicht verpflichtet ist, ein Idol des Herzens zu machen und in den Luxus eines schwelgerischen, rein literarischen Studiums zu verfallen. Studien, in denen wir Fortschritte machen, üben eine große Anziehungskraft auf uns aus und nehmen unseren Geist vielleicht schon bald zu sehr in Anspruch. Beten, die Lektüre der Bibel und die täglichen praktischen Pflichten unserer Station werden uns als gute Barometer dienen, die uns zeigen, wo wir uns befinden. Wenn wir uns diesen nur zögernd nähern, und besonders wenn wir sie vernachlässigen, dann sind wir in Versuchung.

Der Missionstheologe Edward Bickersteth, 1829[1]

Während eine ganze Reihe europäischer Staaten Afrika zum Hauptziel ihrer kolonialen Bestrebungen machte, sicherte sich Großbritannien im Laufe des achtzehnten und neunzehnten Jahrhunderts die nahezu uneingeschränkte Vorherrschaft über einen Großteil des indischen Subkontinents. Hand in Hand mit dem allmählichen Abbau der Privilegien, die man der Britischen Ostindienkompanie bis dahin gewährt hatte, ging eine Zunahme missionarischer Aktivitäten vor allem protestantischer Missionsgesellschaften, die bis zur Ausrufung der Unabhängigkeit und der Teilung Britisch-Indiens nach dem Ende des Zweiten Weltkriegs vielfältige Spuren hinterließen.

Indien vom Niedergang des Mogulreichs bis zur Unabhängigkeit

Als der Mogulherrscher Schah Dschahan zwischen 1630 und 1650 vor den Toren der alten Hauptstadt Agra das Tadsch Mahal erbauen ließ, befand sich sein Reich bereits im Niedergang, der sich auch unter seinem Sohn Aurangzeb mit inneren Unruhen, Konflikten zwischen Hindus und Muslimen und Kriegen gegen das zentralindische Reich der Marathen fortsetzte. Nach Aurangzebs Tod im Frühjahr 1707 verfiel die Macht unter seinen rasch wechselnden Nachfolgern weiter, so dass sich die Mogulherrschaft um die Mitte des achtzehnten Jahrhunderts nur mehr auf das Gebiet um Delhi und Agra beschränkte. Als 1740 nach dem Tod des letzten Habsburger Kaisers der Österreichische Erbfolgekrieg begann, in dem Frankreich und Großbritannien einander feindlich gegenüberstanden, weitete sich der militärische Konflikt rasch auch auf die britischen und französischen Besitzungen nicht nur in Nordamerika, sondern auch in Indien aus. Dort führten die beiden Kriegsgegner zwischen 1744 und 1763 die drei sogenannten Karnatischen Kriege, an deren Ende Frankreich fast alle seine indischen Besitzungen abtreten musste. Zu einem Wendepunkt der Herrschaftsverhältnisse in Indien wurde 1757 die Schlacht bei Plassey, in der die Truppen der Britischen Ostindien-Kompanie unter der Führung ihres Generals Robert Clive den muslimischen Herrscher von Bengalen besiegten und in der Folge die Region annektierten.

1773 führten Korruptionsvorwürfe gegen führende Vertreter der Ostindien-Kompanie dazu, dass das britische Parlament mit Hilfe eines entsprechenden Regulierungsgesetzes das Amt des Generalgouverneurs schuf, der vom Direktorium der Ostindien-Kompanie auf fünf Jahre gewählt wurde, bei Bedarf jedoch auch vorzeitig abberufen werden konnte. 1784 erweiterte das Parlament in einem weiteren Gesetz seine Kontrollbefugnisse, indem es ein sechsköpfiges Gremium aus zwei Mitgliedern der britischen Regierung und vier Mitgliedern des Kronrats bildete, das unter dem Vorsitz eines Präsidenten die Aktivitäten der Britischen Ostindien-Kompanie beaufsichtigen sollte. In den darauffolgenden Jahrzehnten wurde die Macht der Kompanie durch weitere Maßnahmen der britischen Regierung zusätzlich beschnitten, zu denen etwa 1813 die Aufhebung des Handelsmonopols und 1833 die Erweiterung der Befugnisse des Generalgouverneurs gehörten. Gleichzeitig wurden die Handelsaktivitäten zugunsten einer reinen Verwaltungstätigkeit eingeschränkt.

Eine Besonderheit bestand darin, dass die Britische Ostindien-Kompanie nicht nur nominell unter der Oberhoheit des Mogulkaisers agierte, sondern auch die indirekte Herrschaft über eine Vielzahl lokaler Fürstenstaaten mit höchst unterschiedlicher Ausdehnung und Bevölkerungszahl ausübte. Diese auch als *Native States* bezeichneten Gebiete besaßen zwar ein unterschiedlich hohes Maß an vertraglich vereinbarter Autonomie, standen aber gleichwohl unter der Oberhoheit der Ostindien-Kompanie und konnten insbesondere nach dem Tod des Herrschers unter Hinweis auf das Fehlen eines geeigneten Nachfolgers annektiert werden. Als sich die Kompanie 1856 den zentralindischen Fürstenstaat Avadh einverleibte, führten die damit verbundenen sozialen Verwerfungen im Frühjahr 1857 zu einem Aufstand, der auch auf andere Teile Indiens übergriff und erst nach zweijährigen Kämpfen vollständig niedergeschlagen wurde. Das britische Parlament reagierte darauf, indem es 1858 die Ostindien-Kompanie auflöste und ihre gesamten Machtbefugnisse und Privilegien unmittelbar auf die Krone übertrug. Verantwortlich für die Verwaltung der britischen Provinzen war weiterhin der Generalgouverneur, der nunmehr direkt vom britischen Monarchen ernannt wurde und als dessen Stellvertreter gegenüber den einheimischen indischen Fürsten den Titel eines Vizekönigs führte. (Den letzten Mogulkaiser hatte man da bereits wegen seiner Beteiligung am Aufstand vor Gericht gestellt, für schuldig befunden und abgesetzt.) Ihm zur Seite stand als Minister der britischen Regierung und Leiter des *India Office* in London der *Secretary of State for India*, den ein eigenes Beratergremium, der Indienrat (*Council of India*), unterstützte. Ihren vorläufigen Abschluss fand diese umfassende politische Neuordnung 1876, als Königin Victoria in Anlehnung an die Mogulherrscher den Titel einer «Kaiserin von Indien» annahm.

Für viele Inder unbefriedigend war allerdings der weitgehende Ausschluss von einer effektiven politischen Betätigung und die wirtschaftliche Benachteiligung, da Großbritannien den Subkontinent in erster Linie als Lieferanten für wertvolle Rohstoffe und Absatzmarkt für britische Fertigprodukte nutzte. Um hier Abhilfe zu schaffen, gründeten Hindus und Muslime 1885 den Indischen Nationalkongress, der sich zunächst die Forderung nach Selbstverwaltung der Kronkolonie zum Ziel setzte. Ihm folgte 1906 die Gesamtindische Muslimliga, die in besonderer Weise die Interessen der muslimischen Bevölkerungsteile zu vertreten suchte. 1917 reagierte die britische Regierung auf die von beiden Organisationen gemeinsam vorgetragenen Forderungen nach größerer Autonomie mit der Ankündigung von Zugeständnissen, die jedoch nach dem Ende des Ersten Weltkriegs nur schleppend umgesetzt wurden. Nun errang der Rechtsanwalt Mohandas Karamchand Gandhi eine beherrschende Stellung im Indischen Nationalkongress, während Muhammad Ali Jinnah die Führung der Muslimliga übernahm. Mit seiner Methode des zivilen Ungehorsams und gewaltfreien Widerstands schuf Gandhi eine Massenbewegung, die während des Zweiten Weltkriegs aufgrund der Empörung über die Vereinnahmung Indiens für britische Kriegsziele zusätzlichen Auftrieb gewann. 1947 wurde Britisch-Indien in die Unabhängigkeit entlassen und in die beiden Staaten Indien und Pakistan aufgeteilt.

Britische und deutsche Missionare

Hatten die Anfänge der Missionierung Indiens im sechzehnten Jahrhundert noch ganz in den Händen katholischer Geistlicher gelegen, so wurden im Laufe des neunzehnten Jahrhunderts nun auch protestantische Missionsgesellschaften auf dem Subkontinent aktiv. Eine Hauptrolle spielte dabei naturgemäß Großbritannien, das zum «Kronjuwel des Britischen Weltreichs» besonders enge Beziehungen unterhielt und sowohl anglikanische als auch presbyterianische, baptistische und kongregationalistische Missionare entsandte.[2] Daneben taten sich indessen auch deutsche Missionare hervor, die teils im Auftrag englischer Missionsgesellschaften, teils für die Basler Missionsgesellschaft oder die Goßner-Mission nach Indien gingen.

Ganz am Anfang der britischen und deutschen Missionsaktivitäten im Indien des neunzehnten Jahrhunderts steht William Carey (1761–1834).[3] Er gründete im Oktober 1792 zusammen mit einigen Gleichgesinnten die *Particular Baptist Society for the Propagation of the Gospel Amongst the Heathen*, die später gemeinhin als *Baptist Missionary Society* bekannt wurde und seit 2000 als *BMS World Mission* tätig ist. Das erste Ziel dieser frühesten nichtstaatlichen Missionsgesellschaft war Bengalen, wo die Britische Ostindien-Kompanie jedoch keine Missionsarbeit auf ihrem Territorium duldete. Aus diesem Grund begab sich Carey nach einigen Jahren in der westbengalischen Stadt Midnapore im Januar 1800 nach Serampore. Dort unterhielt die Dänische Ostindien-Kompanie seit 1755 die Kolonie Frederiksnagore, die erst 1845 von den Briten gekauft wurde. Kurz zuvor waren dort bereits die englischen Baptisten William Ward (1769–1823), Joshua Marshman (1768–1837) und seine Frau Hannah Marshman (1767–1847) eingetroffen. Mit unterschiedlichen Schwerpunkten waren die Missionare auf mehreren Tätigkeitsfeldern gemeinsam aktiv, wie dies auch für künftige Generationen in Indien typisch sein sollte. Der indischen Kultur gegenüber nahmen sie dabei eine durchweg ablehnende und nicht selten verächtliche Haltung ein, die besonders in ihren auch zu Werbezwecken für die heimische Öffentlichkeit verfassten Publikationen deutlich wird.[4] Viele ihrer Beobachtungen und Wertun-

Der Missionar William Carey mit einem einheimischen indischen Gelehrten, Kupferstich, um 1820

gen werden indes erst aus der näheren Kenntnis ihres eigenen, auch von Dämonenfurcht und eschatologischen Erwartungen geprägten religiösen Hintergrunds verständlich. Private Tragödien, die in der missionsgeschichtlichen Selbstdarstellung oft nur die dunkle Folie leuchtender Erfolge bilden, gewinnen zumeist erst aus der Lektüre privater Aufzeichnungen an Kontur. Dies zeigt nicht zuletzt das Schicksal von Careys erster Frau Dorothy, die mangels Bildung von vielen Aktivitäten ihres Mannes ausgeschlossen war, nur widerstrebend die Reise nach Indien antrat und die letzten Jahre vor ihrem Tod unter häuslicher Aufsicht in geistiger Umnachtung verbrachte.[5]

Da Carey eine Vorliebe und besondere Begabung für das Erlernen fremder Sprachen besaß, widmete er einen Großteil seiner Zeit der Übersetzung von Teilen der Bibel in die indigenen Sprachen Bengali, Oriya, Marathi, Hindi und Sanskrit.[6] 1805 veröffentlichte er die erste Grammatik des Marathi und 1806–1810 zusammen mit Joshua Marshman die erste englische (Teil-)Übersetzung des klassischen Sanskritepos *Ramayana*. Darüber hinaus gründete er etliche Schulen für Kinder der unteren Gesellschaftsschichten und warb bei den britischen Behörden für ein Verbot der Witwenverbrennung (*sati*). Sein besonderes wissenschaftliches Interesse galt der Botanik, zu deren Förderung er 1820 die noch heute bestehende *Agri-Horticultural Society of India* gründete. Wie Carey pflegte auch sein Mitarbeiter Joshua Marshman vielseitige sprachwissenschaftliche Interessen. So beschäftigte er sich mit Hilfe des aus Macao gebürtigen armenischen Gelehrten Johannes Lassar auch mit dem Chinesischen und veröffentlichte mit Lassar zusammen 1810 die erste chinesische Übersetzung des Matthäus- und Markusevangeliums.[7] Unterstützt wurden Carey und Marshman von William Ward, der schon vor seiner Ankunft in Indien Erfahrungen als Drucker und Zeitungsherausgeber gesammelt hatte. 1818 gründeten Carey, Marshman und Ward als eine der ältesten noch heute bestehenden Universitäten Indiens das Serampore College, das Studierenden jeglicher Herkunft, Glaubensrichtung und Kastenzugehörigkeit die Möglichkeit einer geisteswissenschaftlichen oder theologischen Bildung nach europäischem Vorbild eröffnen sollte.[8] Finanziert wurde das Projekt durch Spenden, zu deren Sammlung Ward 1820–1821 ausgedehnte Reisen durch mehrere Länder Europas und die Vereinigten Staaten unternahm.

Zu den evangelikal geprägten Geistlichen der anglikanischen Kirche, die von der Missionstätigkeit der Baptisten in Indien beeindruckt waren, gehörte Charles Simeon (1759–1836), der 1799 die *Church Missionary Society* mitbegründete und außerdem die Ostindien-Kompanie bei der Auswahl von Geistlichen für die Seelsorge von Engländern in Britisch-Indien beriet.[9] Einer dieser Seelsorger war der aus Nordengland stammende David Brown, der seit 1786 in Indien tätig war und dort die *Calcutta Bible Society* begründete. Einer seiner Mitarbeiter war der Schotte Claudius Buchanan, der seit 1797 in Indien tätig war und nicht zuletzt dadurch bekannt wurde, dass er in seinen landeskundlichen Schilderungen die Religionen Indiens als besonders blutrünstig verunglimpfte. Bis heute in der englischen Alltagssprache geläufig ist die von ihm popularisierte Anglisierung des Namens *Jagannath* («Weltenherrscher»), der sich ursprünglich auf eine Erscheinungsform des Gottes Krishna bezog, im

Englischen jedoch – ausgehend von den großen vierrädrigen Tempelwagen mit einem Standbild der Gottheit – in der Form *juggernaut* eine unaufhaltsame zerstörerische Macht bezeichnet.[10] Unter dem Eindruck einer Begegnung mit Charles Simeon trat 1805 auch der aus Cornwall stammende Henry Martyn als Seelsorger in den Dienst der Britischen Ostindien-Kompanie.[11] Seit 1806 in Indien ansässig, übersetzte er bis zu seinem frühen Tod das Neue Testament und die Psalmen ins Persische sowie das Neue Testament und das anglikanische *Book of Common Prayer* ins Urdu. Nachdem er die Predigten Martyns gehört hatte, trat 1811 ein zuvor als Scheich Salih bekannter muslimischer Gelehrter zum Christentum über und war von da an unter dem Namen Abdul Masih («Diener des Messias») als christlicher Missionar tätig.

Als Henry Martyn im Oktober 1812 an einer Seuche starb, hatte der Aufschwung der evangelikalen Bewegung in Großbritannien auch im Hinblick auf die Beurteilung der Britischen Ostindien-Kompanie einen Umschwung bewirkt: 1813 verabschiedete das britische Parlament ein Gesetz, das nicht nur das Handelsmonopol der Ostindien-Kompanie weitgehend aufhob, sondern auch den Auftrag zur Bildung und Missionierung der Bevölkerung Indiens festschrieb. Infolgedessen war seit 1814 neben den Baptisten auch die *Church Missionary Society* in Indien aktiv, deren Missionare in der Regel unter der Aufsicht eines anglikanischen Bischofs standen. Zu ihnen gehörte der Ire James Long, der mit kürzeren Unterbrechungen von 1840 bis 1872 in Indien tätig war.[12] Nachdem er die ersten acht Jahre an einer Schule der *Church Missionary Society* in Kalkutta unterrichtet hatte, war er in dem etwas weiter südlich gelegenen Ort Thakurpur tätig. Dort gründete er 1851 eine Schule für Jungen, während seine Frau die dazugehörige Mädchenschule leitete. Berühmtheit erlangte James Long im Zusammenhang mit den Indigo-Unruhen, die zwischen 1859 und 1862 Bengalen erschütterten. Dort wandten sich örtliche Bauern gegen die ausbeuterischen Methoden, mit denen ihnen britische Plantagenbesitzer mit Unterstützung einheimischer Großgrundbesitzer den Anbau der zur Farbstoffgewinnung wichtigen Indigopflanze aufzwangen. Als der bengalische Dramatiker Dinabandhu Mitra 1860 zur Unterstützung des Anliegens der Bauern ein Theaterstück verfasste, solidarisierte sich James Long mit seinem ehemaligen Schüler und veröffentlichte das Stück ein Jahr später mit seiner Einleitung unter dem Titel *Nil Darpan, or: The Indigo Planting Mirror* in einer englischen Übersetzung. Aufgrund einiger kritischer Bemerkungen in seiner Einleitung wurde Long daraufhin von den Plantagenbesitzern wegen Verleumdung verklagt und vom Obersten Gericht Kalkuttas zu einer Geldstrafe sowie einem Monat Gefängnis verurteilt. Nach einem daran anschließenden längeren Heimaturlaub kehrte Long noch einmal nach Indien zurück, bevor er sich 1872 in London niederließ, wo er fünfzehn Jahre später starb. Zu den erfolgreichsten Bildungseinrichtungen der *Church Missionary Society* zählt das noch heute bestehende CMS College Kottayam, das 1815 im Fürstenstaat Travancore gegründet wurde.[13] Sein erster Leiter war der aus Nordengland stammende Missionar Benjamin Bailey, der 1821 den Buchdruck für die Landessprache Malayalam einführte, das Neue Testament ins Malayalam übersetzte und von 1846 bis 1849 die ersten Wörterbücher Englisch-Malayalam und Malayalam-Englisch veröffentlichte. 1859 der neu gegründeten Universität Madras angegliedert, ist das einstige College heute ein Bestandteil der Mahatma-Gandhi-Universität in Kottayam.

Eine wichtige Rolle beim Aufbau des englischsprachigen Bildungswesens in Indien spielten neben der *Church Missionary Society* die Missionare der Schottischen Kirche (*Church of Scotland*), die sich nach der Kirchenspaltung von 1843 größtenteils der Schottischen Freikirche (*Free Church of Scotland*) anschlossen. Einer der Ersten war Alexander Duff (1806–1876), der 1830 den Vorläufer des noch heute bestehenden Scottish Church College in Kalkutta gründete.[14] Im Unterschied zu jenen Missionaren, die ihre Bildungsarbeit vor allem unter dem Aspekt einer möglichen Bekehrung sahen, setzte Duff auf die langfristige Auswirkung einer attraktiven Bildung nach europäischem Vorbild, die wenn auch nicht sofort, dann doch später die Übernahme des Christentums nach sich ziehen würde. Im Unterschied zu vielen früheren Missionaren befürwortete Duff zu diesem Zweck mit Nachdruck einen Unterricht in englischer Sprache und übte mit dieser Haltung einen ebenso weitreichenden wie nachhaltigen Einfluss auf die britische Bildungspolitik in Indien aus. Fast gleichzeitig mit Alexander Duff kam 1829 auch das Missionarsehepaar John und Margaret Wilson von Schottland nach Nordwestindien. Dort gründeten die beiden zwei Schulen für Jungen und Mädchen. Erstere bildet heute unter der Bezeichnung Wilson College einen Bestandteil der 1857 gegründeten Universität Mumbai, während Letztere in der nahe gelegenen St Columba Girls High School fortbesteht.

Ein weiterer Missionar der *Church of Scotland* war John Anderson, der 1836 in Madras eintraf und dort die Leitung einer kurz zuvor gegründeten Schule übernahm. Stark ausgebaut und in ihrem Bildungsangebot erweitert wurde diese Schule unter seinem Nachfolger William Miller, der von 1862 bis 1907 in Madras tätig war. Durch die Zusammenarbeit mit weiteren Missionsgesellschaften anderer Konfessionen sicherte er sich eine breite Unterstützung, mit deren Hilfe er die 1877 in *Madras Christian College* umbenannte einstige Schule zu einer der führenden Bildungseinrichtungen des Landes machte. In theologischer Hinsicht gilt William Miller als Wegbereiter der sogenannten Erfüllungstheologie (*fulfilment theology*), die eine Deutung der indischen Religionsgeschichte als Vorstufe oder Vorbereitung zur Übernahme des Christentums propagierte. Ein prominenter späterer Vertreter dieses Ansatzes war der aus Aberdeen stammende John Nicol Farquhar (1861–1929), der mit einigen Unterbrechungen zwischen 1891 und 1923 für die Londoner Missionsgesellschaft in Indien tätig war und diese Sicht der Religionen Indiens in seinem 1913 veröffentlichten Hauptwerk *The Crown of Hinduism* ausführlich begründete.[15] Eine wichtige Rolle spielte diese Deutung der indischen wie der allgemeinen Religionsgeschichte auch auf der ersten Weltmissionskonferenz, die 1910 in Edinburgh stattfand.[16] Getragen vor allem von evangelischen Missionsgesellschaften und Kirchen, spiegelten die Vorträge der insgesamt 1215 Teilnehmer sowohl das Überlegenheitsgefühl der europäisch-nordamerikanischen «westlichen» Welt als auch den Fortschrittsoptimismus der Jahre vor dem Ersten Weltkrieg wider. Dagegen suchten spätere Weltmissionskonferenzen – zuletzt 2018 in Arusha (Tansania) – vielfach den Gedanken des Dialogs, der internationalen Zusammenarbeit und der Ökumene stärker zur Geltung zu bringen.[17]

Im Einklang mit der britischen Dominanz im kolonialen Indien des neunzehnten Jahrhunderts waren auch deutsche Missionare – vor allem aus dem Umfeld des Pietismus – zunächst oft für englische Missionsgesellschaften in Indien tätig. Einer von ihnen war der aus Ilsfeld in

Württemberg stammende Ernst Trumpp (1828–1885), der nach einem theologischen Studium in Tübingen nach England auswanderte und 1852 im Auftrag der *Church Missionary Society* erstmals nach Indien gelangte. Beauftragt mit der Erforschung und Erschließung einiger noch wenig bekannter indigener Sprachen, verfasste Trumpp Grammatiken des Sindhi und Paschtu und beschäftigte sich als einer der Ersten mit den im afghanisch-pakistanischen Grenzgebiet heimischen Nuristani- oder Kafiri-Sprachen. Darüber hinaus übertrug er das *Book of Common Prayer* der anglikanischen Kirche ins Persische und fertigte auf Einladung der britischen Regierung eine großangelegte Übersetzung der heiligen Schriften der Sikhs ins Englische an. 1874 auf eine Professur an die Universität München berufen, gilt Trumpp heute als einer der bedeutendsten Orientalisten seiner Zeit.[18]

In der Evangelischen Missionsgesellschaft Basel oder kurz Basler Mission spielten württembergische Pietisten eine wichtige Rolle.[19] Sie wurde 1815 von den evangelischen Theologen Christian Friedrich Spittler und Christian Gottlieb Blumhardt sowie einigen Gleichgesinnten als Tochtergesellschaft der seit 1780 bestehenden Deutschen Christentumsgesellschaft gegründet und diente zunächst als reine Ausbildungsstätte für angehende Missionare anderer Missionsgesellschaften. Seit den 1820er Jahren entsandte sie jedoch erstmals auch eigene Missionare zunächst in den Kaukasus und nach Westafrika. In Indien wurde sie erstmals 1834 aktiv, nachdem eine Änderung in den Satzungen der Britischen Ostindien-Kompanie auch nichtbritischen Missionaren die Missionstätigkeit in den von ihr beherrschten Territorien erlaubte. Räumlich konzentrierte sich die Basler Mission dabei auf den Südwesten des indischen Subkontinents im Gebiet der heutigen Bundesstaaten Karnataka und Kerala. Als erster Missionar kam im Oktober 1834 Samuel Hebich nach Calicut (heute Kozhikode) und gründete noch im gleichen Jahr in der weiter nördlich gelegenen Hafenstadt Mangalore (Mangaluru) die erste Missionsstation. Ursprünglich zum Kaufmannsberuf bestimmt, besaß Hebich keine umfassende theologische Bildung und tat sich auch mit dem Erlernen fremder Sprachen eher schwer, was seine Missionsbemühungen nicht erleichterte. Anstoß erregte häufig auch die Kompromisslosigkeit, mit der er in seinen Predigten die traditionellen Religionen

Indiens als Götzendienst brandmarkte. Gleichwohl gelang es der Basler Mission, ihre Aktivitäten während seiner über drei Jahrzehnte währenden Tätigkeit stark auszudehnen. Neben weiteren Missionsstationen, unter anderem in Cannanore (Kannur), Mulki und Udupi, entstanden Schulen zur Ausbildung einheimischer Katecheten sowie Werkstätten verschiedener Handwerkszweige, um Neubekehrten, die mit dem Übertritt zum Christentum auch ihre Kasten- und damit Berufszugehörigkeit verloren, neue Möglichkeiten zum Erwerb ihres Lebensunterhalts zu eröffnen. Als besonders erfolgreich erwiesen sich der 1841 eingeführte Buchdruck und die 1860 begonnene Ziegelherstellung, während Ansätze zur Etablierung landwirtschaftlicher Betriebe wenig Resonanz fanden und schließlich ganz aufgegeben wurden.

Zwei Jahre nach Samuel Hebich kam 1836 Hermann Friedrich Mögling nach Indien.[20] Sprachbegabt und wissenschaftlich interessiert, erlernte er in nur wenigen Jahren Kannada (Kanaresisch) und etablierte 1843 die erste, wenn auch kurzlebige Zeitung in dieser Sprache. Darüber hinaus gründete er 1847 als Ausbildungsstätte für evangelische Geistliche den Vorläufer des heutigen Karnataka Theological College und veröffentlichte von 1848 bis 1853 unter dem Titel *Bibliotheca Carnataca* eine sechsbändige Sammlung klassischer Texte auf Kannada. Als ausgewiesener Kenner dieser Sprache machte sich auch der Missionar Ferdinand Kittel einen Namen, der im Unterschied zur Mehrzahl seiner Kollegen nicht aus Württemberg, sondern aus Ostfriesland stammte.[21] Neben einem umfassenden Wörterbuch Kannada-Englisch und einer vergleichenden Grammatik dreier verschiedener Kannada-Dialekte verfasste Kittel auch selbst Gedichte auf Kannada, darunter ein Leben Jesu in Versform. Mit der weiter südlich beheimateten Sprache Malayalam beschäftigte sich dagegen der Basler Missionar Hermann Gundert, der wie Mögling in Tübingen studiert hatte und von 1839 bis 1859 in Indien tätig war.[22] Neben einer Grammatik des Malayalam und einem Wörterbuch Malayalam-Englisch stammen aus seiner Feder auch sprachwissenschaftliche Aufsätze, Übersetzungen biblischer Texte sowie Biografien von Samuel Hebich und Hermann Friedrich Mögling.

Seit 1845 war auch die Goßner-Mission in Indien tätig. Sie war 1836 von Johannes Evangelista Goßner gegründet worden, der als ehemaliger katholischer Priester 1826 unter pietistischem Einfluss zum Protestantismus übergetreten war und sich danach zunächst der Inneren Mission gewidmet hatte. In Indien konzentrierten sich die Goßner-Missionare vor allem auf die als Adivasi («Ureinwohner») angesehenen Volksgruppen in der Region Chota Nagpur im Nordosten Indiens.[23] Dort wirkte zwischen 1938 und 1954 auch das Missionarsehepaar Johannes und Renate Klimkeit, deren ältester Sohn Hans-Joachim später als Professor für Vergleichende Religionswissenschaft an der Universität Bonn lehrte. Ähnlich wie die Herrnhuter legte auch Goßner Wert darauf, dass Missionare selbst für ihren Lebensunterhalt sorgen und alle Gläubigen sich für die Mission engagieren sollten:[24]

> Mitglieder der Missionsgesellschaften und Vereine dürfen wahrlich nicht, wie einige meinen, bloße Geldsammler sein [...] Auch noch vor etwa hundert Jahren giengen evangelische Missionare ohne alle genannte Reisebedürfnisse, bloß mit ein paar Thalern, die sie ohnehin in der Tasche hatten, hin zu den Heiden, bereit, auch mit ihrer Hände Arbeit sich zu ernähren und, wenn es nöthig wäre, selbst Sklaven zu werden, um die Negersklaven in Westindien zu bekehren. Sollte denn auch Christus sein Wort nicht halten, nicht sorgen für die Seinigen, wenn sie seinen Worten unbedingt glauben und folgen? [...] Die ganze evangelische Kirche sollte aus lauter solchen Mitgliedern bestehen, die nicht nur für ihr eigenes Heil, sondern auch für die Bekehrung und Erlösung aller Völker und Nationen angelegentlichst sorgten, die selbst nicht ganz selig sein könnten, so lange sie noch ein Volk, ein Land, ich will nicht sagen eine Menschenseele wüssten, die derselben Gnade nicht theilhaftig geworden wäre.

Neohinduistische Reformbewegungen

Von Anfang an verfolgten christliche Missionare in Indien unterschiedliche Strategien. Während einige vor allem unter den sozial benachteiligten Schichten zu missionieren suchten und mit dem Übertritt zur neuen Religion auch die Möglichkeit eines gesellschaftlichen Aufstiegs in Aussicht stellten, wandten sich andere zunächst an die Angehörigen der Oberschicht in der Hoffnung, dass deren Konversion als nachahmenswertes

Vorbild dienen würde. Gerade unter den Brahmanen führte der Kontakt mit dem Christentum jedoch eher nicht zur Übernahme der neuen Religion, sondern wiederholt zu Versuchen, die traditionellen Religionen Indiens in Auseinandersetzung mit christlichen Inhalten zu reformieren.[25] Einer der ersten Reformer aus diesem Kreis war Ram Mohan Roy, der 1828 in Kalkutta die «Vereinigung der Brahman-Verehrer» (*Brahmo Samaj*) gründete. Als ihr Ziel galt «die Verehrung und Anbetung des ewigen, unergründlichen und unwandelbaren Wesens, welches der Urheber und Bewahrer des Universums ist», wobei spezifische Namen und Bilder abgelehnt, der traditionelle Opferkult verworfen und stattdessen die Gemeinsamkeiten zwischen den Anhängern unterschiedlicher Religionen hervorgehoben wurden.

1772 als Sohn eines Brahmanen im bengalischen Radhanagar geboren, erhielt Ram Mohan Roy in Benares eine Ausbildung in der klassischen Sanskrit-Literatur, lernte aber auch Persisch, Arabisch und Englisch.[26] Von 1803 bis 1814 arbeitete er als Steuerbeamter für die Britische Ostindien-Kompanie, lebte danach jedoch von seinem privaten Vermögen. Bereits 1814 gründete er in Kalkutta eine «Gesellschaft der Freunde» (*Atmiya Sabha*), in der er mit Gleichgesinnten vor allem aus der Oberschicht die Möglichkeit gesellschaftlicher und religiöser Reformen erörterte. Dazu gehörten unter anderem die Abschaffung der Witwenverbrennung und der Polygamie sowie das Recht der Witwen auf Wiederverheiratung. Darüber hinaus befürwortete Ram Mohan Roy die Stärkung des Englischen und der Naturwissenschaften im Unterrichtswesen und gründete zu diesem Zweck eine Schule, die sich an englische Vorbilder anlehnte. Mit seiner «Vereinigung der Brahman-Verehrer» suchte er nicht zuletzt die Rückkehr zu einem vermeintlichen Monotheismus der vedischen Frühzeit zu fördern. Ein bemerkenswerter Erfolg seiner Reformbemühungen war die Abschaffung der Witwenverbrennung, die 1829 in Britisch-Indien gesetzlich verboten wurde. 1831 reiste Ram Mohan Roy im Auftrag des Mogulkaisers nach England, wo er jedoch schon zwei Jahre später an Meningitis erkrankte und starb.

Weil er religiöse Reformen auf der Grundlage von Veden und Upanischaden mit einer Reform des Bildungswesens nach europäischem Muster verknüpfen wollte, gilt Ram Mohan Roy heute als früher Vertreter der «Bengalischen Renaissance». Hierbei handelte es sich um eine Bewegung, die, ähnlich wie im Falle der Wiederentdeckung des Griechischen in der europäischen Renaissance, von einer Neuinterpretation der klassischen altindischen Texte ausging und vor dem Hintergrund tiefgreifender politischer, wirtschaftlicher und gesellschaftlicher Veränderungen in der Auseinandersetzung mit dem indischen Altertum Neuansätze zur Bewältigung gegenwärtiger Probleme zu gewinnen hoffte. War die Bengalische Renaissance zunächst die Bewegung einer kleinen Elite, so entwickelte sie doch eine Dynamik, die nach und nach weite Teile der indischen Gesellschaft erfassen und prägen sollte.

Nach dem Tod Ram Mohan Roys wurde die «Vereinigung der Brahman-Verehrer» von seinem Nachfolger Debendranath Tagore, dem ältesten Sohn des erfolgreichen Unternehmers und Sozialreformers Dwarkanath Tagore, von Grund auf erneuert. Eine wichtige Rolle spielte in den darauf folgenden Jahrzehnten Keshab Chandra (Keshub Chunder) Sen, dessen Großvater Ramkamal Sen der erste indische Sekretär der *Royal Asiatic Society* gewesen war und zwischen 1830 und 1834 das erste englisch-bengalische Wörterbuch zusammengestellt hatte. Europäisch gebildet, trat Keshab Chandra Sen 1857 dem *Brahmo Samaj* bei und wurde 1870 bei einer Vortragsreise in England von Vertretern unterschiedlicher Konfessionen begeistert empfangen. Nach seiner Rückkehr rief er die *Indian Reform Association* ins Leben und erzielte mit der von ihm gegründeten sozialreformerischen Zeitschrift *Sulava Samachar* einen großen publizistischen Erfolg.

Ungefähr zur selben Zeit, als der *Brahmo Samaj* gegründet wurde, versammelte sich eine Gruppe junger bengalischer Intellektueller um den Lehrer Henry Louis Vivian Derozio, der zwar europäische Vorfahren hatte, sich jedoch als Inder verstand. Zu dieser Bewegung der «Derozianer» oder «Jungbengalen», die ebenso wie der *Brahmo Samaj* das Anliegen religiöser und sozialer Reformen verfolgte, zählten unter anderem der von Alexander Duff bekehrte Krishna Mohan Banerjee, der Jurist Hara Chandra Ghosh und der mitunter als «bengalischer Dickens» bezeichnete Journalist und Schriftsteller Peary Chand Mitra. Den organisatorischen Mittelpunkt der Bewegung bildete die von Derozio ins Leben gerufene «Akademische Verbindung» (*Academic Association*), der 1839 die

«Gesellschaft zum Erwerb allgemeinen Wissens» (*Society for the Acquisition of General Knowledge*) folgte.

Während Ram Mohan Roy vor allem auf die Gemeinsamkeiten zwischen dem Hinduismus, dem Islam und dem Christentum abhob, kultivierten die «Jungbengalen» oftmals eine betont kritische und rationalistische Haltung zur Religion. Im Unterschied zu diesen beiden Ansätzen erstrebte die 1875 ins Leben gerufene «Gemeinschaft der Arier» (*Arya Samaj*) eine grundlegende Reform des Hinduismus im Geist der monotheistisch gedeuteten vedischen Religion. Ihr Gründer war der Brahmane Dayananda Sarasvati (eigentlich Mula Shankara), der in seinem auf Hindi abgefassten Hauptwerk mit dem Titel «Das Licht der Wahrheit» zwar die Wiedergeburtslehre der Upanischaden akzeptierte, den hinduistischen Polytheismus, die Kastenordnung, die Bilderverehrung, das Pilgerwesen und den Opferkult jedoch strikt ablehnte. Mit großem Eifer betrieb Dayananda Sarasvati die Rückkonversion von Hindus, die sich zum Christentum bekehrt hatten. Da er zugleich mit einem universalen Missionsanspruch auftrat, erschien der Hinduismus nun erstmals als eine Religion, in die man nicht notwendigerweise hineingeboren werden musste, sondern in die man – ebenso wie in das Christentum und in den Islam – aus freien Stücken eintreten konnte.[27] Große Bedeutung erlangte diese Neuinterpretation seit der Wende vom neunzehnten zum zwanzigsten Jahrhundert, als Hindus wie Swami Vivekananda und Sri Aurobindo diesen Hinduismus weit über die Grenzen Indiens hinaus bekannt und populär machten.

Islamische Reformbewegungen

Die Ausweitung der christlichen Missionsbemühungen in Indien seit den 1830er Jahren rief auch in den mehrheitlich muslimischen Regionen des Landes unterschiedliche Reaktionen hervor. Wichtige Impulse gingen dabei von einer Debatte aus, die unter großer öffentlicher Anteilnahme im April 1854 zwischen dem islamischen Gelehrten Rahmatallah al-Kairanawi und dem deutschen Missionar Karl Gottlieb Pfander in Agra geführt wurde.[28] 1818 in Nordindien geboren, entstammte Kairanawi einer begüterten und angesehenen Familie, die ihre Abkunft auf den dritten Kalifen Uthman zurückführte und zahlreiche Gelehrte sowie Staatsdiener des Mogulreichs hervorgebracht hatte. Pfander dagegen war der Sohn eines Bäckers aus Waiblingen in Württemberg, der nach seiner Ausbildung durch die Basler Mission von 1825 bis 1835 unter der muslimischen Bevölkerung im Südkaukasus sowie in Iran missioniert hatte, bevor er sich 1837 der *Church Missionary Society* anschloss und in deren Auftrag nach Indien ging. Agra, einst Hauptstadt des Sultanats von Delhi und im siebzehnten Jahrhundert ein kulturelles Zentrum des Mogulreichs, war seit 1836 Hauptstadt und Verwaltungssitz der Nordwestprovinzen Britisch-Indiens. Wie zuvor die Baptisten in Serampore christliche Traktate für Hindus drucken ließen, so produzierte man nun in Agra Bibelübersetzungen und weiteres christliches Schrifttum auf Urdu und Persisch, das in erster Linie für die Muslime Nordindiens bestimmt war.

Seit 1841 in Agra tätig, veröffentlichte Pfander bereits zwei Jahre später im Verlag des dortigen Waisenhauses die ursprünglich auf Deutsch verfasste, gegen den Islam gerichtete Streitschrift *Mizan ul haqq* («Die Waage der Wahrheit»), die in den darauffolgenden Jahren mehrfach erweitert, neu aufgelegt und aus dem Persischen in andere Sprachen übersetzt wurde. Auf Einladung der muslimischen Gelehrten von Agra verteidigte Pfander im Apil 1854 bei einer zweitägigen Debatte das Christentum, während Rahmatallah Kairanawi die Überlegenheit des Islams zu erweisen suchte. Dabei stützte Letzterer sich auf Widersprüche innerhalb der Bibel, die er auch mit Hilfe des apokryphen, erst seit der Frühen Neuzeit bekannten Barnabas-Evangeliums (das er für eine authentische Schrift aus frühchristlicher Zeit hielt) zu erhärten versuchte. Wie so oft bei solchen Debatten waren am Ende beide Seiten der Überzeugung, die besseren Argumente vorgetragen zu haben. Immerhin trat ein prominenter muslimischer Unterstützer Kairanawis, Imad ud-din Lahiz, unter dem Eindruck dieser Debatte nur wenige Jahre später mit seiner Familie zum Christentum über. Pfander wurde 1859 von der *Church Missionary Society* nach Konstantinopel entsandt, wo seine Äußerungen über den Islam und dessen Propheten jedoch Verbote und Restriktionen von Seiten der örtlichen Behörden nach sich zogen. Daher reiste er nur wenige Jahre später nach England, wo er 1865 starb. Eine indirekte Wirkung hatte seine Missionstätigkeit in Indien nicht zuletzt auf den Schotten William Muir, der von 1837 bis 1876 in Indien tätig war. Unter Benutzung vieler früher muslimischer Quellen, doch von einem dezidiert christlich-evangelikalen Standpunkt aus verfasste dieser zwischen 1858 und 1861 eine umfassende Biografie des Propheten Muhammad in vier Bänden. Als Augenzeuge der Religionsdebatte von 1854 veröffentlichte Muir 1897 das Buch *The Mohammedan Controversy and Other Indian Articles*, das unter anderem auch eine Übersicht über die islamkritischen Schriften Pfanders enthielt.[29] Rahmatallah Kairanawi ging nach dem großen Aufstand gegen die britische Herrschaft 1857 ins Exil nach Mekka. Dort verfasste er in arabischer Sprache das sechsbändige apologetische Werk *Izhar al-haqq* («Der Erweis der Wahrheit»), in dem er die traditionellen islamischen wie auch die modernen europäischen Argumente gegen die Wahrheit des Christentums zusammenzufassen und zu systematisieren suchte. Er starb 1891.

Ein muslimischer Reformer, der statt der Konfrontation die Zusammenarbeit mit der britischen Kolonialmacht suchte, war (Sir) Syed Ahmad Khan (1817–1898).[30] Wie Rahmatallah Kairanawi entstammte auch er einer Familie aus der Oberschicht des Mogulreichs, trat jedoch bereits 1838 in den Dienst der Britischen Ostindien-Kompanie. Während des Aufstands von 1857 unterstützte er die britische Seite, veröffentlichte jedoch zwei Jahre später als eines seiner berühmtesten Werke die Streitschrift *Asbab-e-Baghawat-e-Hind* («Die Ursachen des Indischen Aufstands»), in der er die Theorie einer antibritischen muslimischen Verschwörung zurückwies und das rücksichtslose Gewinnstreben der Ostindien-Kompanie sowie die mangelnde Vertrautheit der britischen Behörden mit den Kulturen Indiens für die Unruhen verantwortlich machte. In der Folge suchte er die Integration der indischen Muslime dadurch zu fördern, dass er eine Wissenschaftliche Gesellschaft nach dem Vorbild der *Royal Society* sowie mehrere Bildungseinrichtungen nach britischem Muster ins Leben rief. Eine dieser Schulen war die 1875 gegründete *Madrasatul Uloom Musalmanan-e-Hind*, die wenig später in *Muhammadan Anglo-Oriental College* umbenannt wurde. 1920 entstand daraus die heutige *Aligarh Muslim University*. In religiöser Hinsicht vertrat Syed Ahmad Khan einen liberalen, vom Geist des Rationalismus geprägten Islam, der auch einigen seiner Unterstützer suspekt war und von etlichen anderen indischen Muslimen rundweg abgelehnt wurde.

Zu den Kritikern seiner Anschauungen gehörten Muhammad Qasim Nanautavi (1832–1880) und Rashid Ahmad Gangohi (1826–1905). Sie gründeten 1866 in der nordindischen Stadt Deoband eine religiöse Bildungsstätte oder «Haus der Gelehrsamkeit» (*Dar ul-Uloom*), die heute als eine der wichtigsten Hochschulen der islamischen Welt gilt. Die Anhänger der nach ihr benannten Deobandi-Bewegung vertraten einen streng konservativen, an der hanafitischen Rechtsschule ausgerichteten Islam, der eine Orientierung an der islamischen Frühzeit anstrebte und manchen Erscheinungen wie etwa der volkstümlichen Heiligenverehrung oder der Verwendung von Musik im Sufismus ebenso ablehnend gegenüberstand wie dem britischen Kolonialismus, dem schiitischen Islam oder dem Christentum. Ein Schüler Rashid Ahmad Gangohis war Muhammad Ilyas Kandhlawi (1884–1944), der in den 1920er Jahren mit der *Tablighi Jamaat* eine der einflussreichsten islamischen Missionsbewegungen der Gegenwart gründete.[31]

Die Theosophische Gesellschaft und das «Weltparlament der Religionen»

Gab die christliche Mission den traditionellen Religionen Indiens neue Impulse, so wirkten die dadurch angestoßenen Entwicklungen doch auch umgekehrt schon bald auf Europa und Amerika zurück. Eine starke Veränderung erfuhr besonders die europäische Wahrnehmung der religiösen Vielfalt Asiens, da die überkommenen christlichen Erklärungsmuster dafür immer wieder als unzureichend empfunden wurden. Eine neue Perspektive propagierte hier die Theosophische Gesellschaft, die seit 1875 unter Hinweis auf tatsächliche oder auch nur vermeintliche Übereinstimmungen in den Religionen ganz verschiedener Kulturen die Idee einer verborgenen Einheit aller Religionen zur Geltung zu bringen versprach.

In Europa hatte das griechische Wort *theosophía* («Weisheit vom Göttlichen») schon in vorchristlicher Zeit eine wichtige Rolle gespielt. Griechischsprachige Kirchenschriftsteller verwendeten es mitunter als

Synonym für *theología*, und erst seit der Frühen Neuzeit wurde es zunehmend üblich, die Theologie als eine spekulativ-lehrhafte Ausdeutung des christlichen Glaubens der Theosophie als einer unmittelbaren mystischen Erfahrung Gottes gegenüberzustellen. Mit dieser Bedeutungsverschiebung war dann oft auch der Rückgriff auf eher randständige oder außerchristliche Traditionen verbunden. Eine neue Bedeutung gewann der Ausdruck «Theosophie» 1875 mit der Gründung der «Theosophischen Gesellschaft» durch Helena Petrowna Blavatsky (1831–1891) und Henry Steel Olcott (1832–1907). Das erklärte Ziel der Gesellschaft bestand in der Förderung des Studiums «östlicher» Religionen und der Erforschung bislang unbekannter Naturkräfte, um dadurch Glaube und Wissenschaft miteinander zu versöhnen und eine «universelle Bruderschaft der Menschheit» herbeizuführen. Zunächst standen dabei vor allem die antiken Religionen im Mittelpunkt der Aufmerksamkeit. Nachdem Blavatsky und Olcott jedoch 1882 den Hauptsitz der Bewegung von New York nach Indien verlegt hatten, spielten hinduistische und buddhistische Vorstellungen eine zunehmend wichtige Rolle im theosophischen Weltbild. So verknüpfte man die gnostische Vorstellung von einem Abstieg des Geistes in die Materie, aus der man sich wieder befreien müsse, mit den indischen Lehren einer Abfolge von Weltaltern und der Vorstellung einer kausalen Notwendigkeit der Wiederverkörperung. Diese wurde in der Theosophie jedoch nicht mehr wie in Indien als leidvoller Kreislauf, sondern – vielleicht unter dem Einfluss der Evolutionslehre – als Chance zur Weiter- oder Höherentwicklung des Menschen verstanden.

Zur Legitimation ihrer Anschauungen verwies Blavatsky auf die «Meister der Weißen Loge», die als eine geheime Bruderschaft jenseits von Tod und Wiedergeburt von Tibet aus die Geschicke der Menschheit lenkten und ihr den Auftrag zur Verkündung dieser Lehre gegeben hätten. 1885 kam ein Gutachten, das die drei Jahre zuvor gegründete *Society for Psychical Research* in Auftrag gegeben hatte, zu einem vernichtenden Urteil über die angeblich paranormalen Phänomene, auf die sich Blavatsky berufen hatte, was den Ruf der Theosophischen Gesellschaft in Europa nachhaltig beschädigte. In Indien dagegen erwarb sich die Bewegung großes Ansehen, weil sie sich mit den Befürwortern einer größeren Autonomie der Kronkolonie solidarisierte und 1885 eine wichtige Rolle bei der Gründung des Indischen Nationalkongresses spielte. Zusätzliches Gewicht gewann die indische Ausrichtung der Theosophischen Gesellschaft durch Annie Besant (1847–1933), die 1889 in London der Bewegung beitrat und sie vier Jahre später auf dem sogenannten Weltparlament der Religionen in Chicago vertrat. Dabei handelte es sich um eine Versammlung von Vertretern verschiedener Religionen, die anlässlich der 1892 eröffneten Weltausstellung in Chicago anberaumt wurde.[32]

Nach dem Vorbild der Londoner Weltausstellung von 1851 waren bereits 1853 in New York, 1876 in Philadelphia und 1884 in New Orleans internationale Ausstellungen zur Demonstration technischer Leistungsfähigkeit veranstaltet worden. Als dann beschlossen wurde, zum vierhundertsten Jahrestag der Entdeckung Amerikas durch Kolumbus eine weitere Ausstellung auszurichten, fiel die Wahl auf Chicago, das jedoch im Unterschied zu den Mitbewerbern kein besonders hohes internationales Ansehen genoss. Um dieses Image zu verbessern, schufen die Veranstalter daher auf einer Länge von knapp zweieinhalb Kilometern ein Ausstellungsgelände der Superlative, das erstmals auch einen eigenen Vergnügungspark umfasste. In über zweihundert leuchtend weißen Gebäuden, die man eigens für die Ausstellung im Stil der italienischen Renaissance errichtet hatte, präsentierten sich rund fünftausend Aussteller aus fünfzig Ländern. Bis zum Ende der Schau am 30. Oktober 1893 zählte man über 20 Millionen Besucher.

Da sich Nationen aus aller Welt an der Ausstellung in Chicago beteiligten, lag es nahe, eine Vielzahl von Konferenzen zu organisieren, so etwa ein Mathematikertreffen, das als Vorläufer der späteren Internationalen Mathematikerkongresse gilt. Eine Neuheit war in diesem Zusammenhang ein als «Weltparlament der Religionen» bekannt gewordenes Treffen von Vertretern unterschiedlicher Religionsgemeinschaften, das gegen Ende der Ausstellung vom 11. bis zum 27. September 1893 stattfand. Mehr als zweihundert Sprecher suchten insgesamt rund 150 000 Zuhörern in Ansprachen und Vorträgen die Grundlagen ihrer jeweiligen Religion zu vermitteln. Dabei konnte die Bezeichnung der Veranstaltung als «Parlament» allerdings kaum darüber hinwegtäuschen, dass viele Sprecher keineswegs von allen Anhängern der Religionen, für die sie sprachen, legitimiert worden waren. Auch zielten die meisten Vorträge darauf ab, die Zuhörer zunächst einmal mit den Glaubensinhalten und der Ethik der betreffenden Traditionen bekannt zu machen, so dass konfliktträchtige Themen weitgehend ausgespart blieben und die ganze Veranstaltung weniger aus parlamentsähnlichen Debatten als vielmehr aus einer Serie von Monologen bestand. Anders als es der Vergleich mit einem Parlament vermuten lassen könnte, bekannten sich auch keineswegs alle Teilnehmer zu einem religiösen Pluralismus, der die Vielfalt der Religionen uneingeschränkt bejahte. Viele Sprecher propagierten stattdessen eine Art Inklusivismus, der die bestehende Vielfalt nur als Vorstufe zu einer kommenden Einheit sah, oder aber einen unverhohlenen Exklusivismus, der von dem Vorrang oder der absoluten Sonderstellung der eigenen Tradition ausging.

Unübersehbar war darüber hinaus eine gewisse Einseitigkeit des religiösen Spektrums. So fehlten Vertreter der indigenen Religionen Nordamerikas vollständig, aber auch die verschiedenen Ausprägungen des Islams spielten in Chicago nur eine untergeordnete Rolle. Stattdessen prägten neben den Vertretern des – überwiegend protestantischen – Christentums vor allem die Repräsentanten einiger ost- und südostasiatischer Traditionen das Erscheinungsbild des Weltparlaments. Eine prominente Rolle spielte Anagarika Dharmapala (1864–1933), der ursprünglich David Hewavitarne hieß und aus Colombo (Sri Lanka) stammte. Auf einer Missionsschule christlich erzogen, hatte er sich dem Theravada-Buddhismus zugewandt und wurde nach seiner begeisterten Aufnahme beim Weltparlament der Religionen zu einem Pionier der buddhistischen Erneuerung in Indien, aber auch zu einem seiner erfolgreichsten Missionare in den Vereinigten Staaten und Europa. Ähnlich wirkungsvoll war der aus Kalkutta gebürtige Narendranath Dutta, genannt Swami Vivekananda (1863–1902), der wie Anagarika Dharmapala eine europäische Bildung genossen hatte. Er war eine Zeitlang Anhänger des *Brahmo Samaj* gewesen, vertrat jedoch seit 1881 die religiösen Lehren des Sri Ramakrishna Paramahamsa (1836–1886), die einem religionsphilosophischen Monismus nahestanden. Für die weitere Entwicklung der europäischen und amerikanischen Vorstellungen von Hinduismus und Buddhismus erzielte das «Weltparlament der Religionen» damit eine beträchtliche Wirkung.

11

Zwischen Tradition und Modernisierung

Japan von der Restauration des Kaisertums bis zum Ende des Zweiten Weltkriegs

Dann, wenn ihr zu uns kommt, kommt mit einer gehörigen Portion gesundem Menschenverstand. Glaubt nicht den Worten jener Missionszirkusleute, die euch erzählen, dass ein Volk an einem Tag bekehrt werden kann. Ein spirituelles El Dorado gibt es nicht auf dieser Erde. Nirgendwo kann man Seelen zu Dutzenden und Hunderten bekehren. Dieselbe nüchterne Welt hier wie dort. Die Menschen zweifeln, heucheln, straucheln, hier wie anderswo.

Der japanische Konvertit Uchimura Kanzo, 1895[1]

Anders als in Indien waren die christlichen Missionsaktivitäten in Japan noch vor der Mitte des siebzehnten Jahrhunderts fast vollständig zum Erliegen gekommen und sollten erst über zweihundert Jahre später nach dem Ende des Tokugawa-Shogunats und der Restauration des Japanischen Kaiserreichs wieder aufgenommen werden. Anfangs nur widerstrebend geduldet, standen die Bemühungen der protestantischen, katholischen und russisch-orthodoxen Missionare ganz im Kontext der japanischen Aneignung kultureller, wissenschaftlicher sowie technologischer Errungenschaften aus dem Ausland und vollzogen sich vor dem Hintergrund der zunehmenden kolonialen und imperialistischen Bestrebungen des Landes, die erst mit der japanischen Niederlage im Zweiten Weltkrieg ihr Ende finden sollten.

Restauration des Kaisertums und Modernisierung

Nachdem Japan seine Beziehungen zum Ausland noch vor der Mitte des siebzehnten Jahrhunderts drastisch reduziert und zwei Jahrhunderte lang auf einem bewusst niedrigen Niveau gehalten hatte, wuchs um die Mitte des neunzehnten Jahrhunderts das Interesse Großbritanniens, Frankreichs und der Vereinigten Staaten an einer weitergehenden Öffnung des Landes. Vor diesem Hintergrund landete im Juli 1853 der US-amerikanische Offizier Matthew Perry mit vier Schiffen in der Bucht von Tokyo, um im Auftrag des amerikanischen Präsidenten um eine Öffnung der japanischen Häfen zu ersuchen. Um eine drohende militärische Konfrontation zu vermeiden, fand sich der regierende Shogun im März 1854 dazu bereit, die japanischen Häfen von Shimoda und Hakodate für US-amerikanische Schiffe zu öffnen und in Shimoda die Einrichtung eines ständigen US-Konsulats zu erlauben. Innerhalb eines Jahres wurden zwei ähnliche Verträge mit Großbritannien und Russland abgeschlossen. Im Juli 1858 verstärkte sich der US-amerikanische Einfluss in Japan durch einen weiteren Freundschafts- und Handelsvertrag. Diesem zufolge durften US-amerikanische Handelsschiffe nunmehr fünf japanische Häfen anlaufen. US-Bürger konnten sich in den betreffenden japanischen Städten zu Handelszwecken niederlassen, blieben gleichzeitig jedoch der US-Gerichtsbarkeit unterworfen. Darüber hinaus wurden für die Ein- und Ausfuhr von Handelsgütern Bedingungen vereinbart, die Japan deutlich benachteiligten. Noch im gleichen Jahr schloss das Land ähnliche Verträge mit den Niederlanden, Russland, Großbritannien und Frankreich.

In Japan führten die «ungleichen Verträge» innerhalb weniger Jahre zu einer schweren Wirtschaftskrise und dem weit verbreiteten Gefühl einer nationalen Demütigung. Immer wieder kam es zu örtlichen Unruhen, gewalttätigen Auseinandersetzungen zwischen Japanern und Ausländern sowie politisch motivierten Anschlägen, die von den ausländischen Mächten mit Reparationsforderungen und militärischen Strafmaßnahmen beantwortet wurden. Unter dem Motto *Sonnō Jōi* («Ehrt den Kaiser, vertreibt die Barbaren») formierte sich vor allem im Süden des Landes eine breite Bewegung von Unzufriedenen, die eine Entmachtung des Shoguns zugunsten des Kaisers forderten. Nach einer letzten militärischen Konfrontation zwischen den Unterstützern der beiden Parteien im Jahr 1868 wurde ein Jahr später das Shogunat abgeschafft.

Mit der Entmachtung des letzten Shoguns begann eine neue Phase der japanischen Geschichte, die nach der Regierungsdevise des bis 1912 regierenden Kaisers Mutsuhito als Meiji-Zeit bekannt ist (nach japanisch *Meiji* «aufgeklärte Herrschaft»). Das herausragende Charakteristikum jener Jahrzehnte war eine durchgreifende Modernisierung des Landes und ein umfassender Umbau der Gesellschaft. Schon kurz nach der Abdankung des letzten Shoguns wurde das traditionelle Lehenswesen abgeschafft und durch zentral verwaltete, von Gouverneuren regierte Präfekturen ersetzt. Mit der Einführung der allgemeinen Wehrpflicht 1873 verlor der bis dahin bedeutende Stand der Samurai einen Großteil seiner Privilegien, wurde jedoch in großem Umfang in den neu geschaffenen Beamtenapparat integriert. Ein letzter Aufstand der Samurai gegen diese Neuerungen wurde 1877 niedergeschlagen. Wie schon in der letzten Phase des Tokugawa-Shogunats rückte man von dem isolationistischen Kurs, der bis dahin die Außenpolitik bestimmt hatte, vollständig ab. Vielmehr suchte Japan durch die Einrichtung diplomatischer Missionen, die Entsendung japanischer Studenten an ausländische Universitäten und den Einsatz ausländischer Experten im Land selbst in möglichst kurzer Zeit den Anschluss an die wissenschaftlichen und technischen Errungenschaften der Gegenwart zu gewinnen. Bereits 1869 war die Residenz des Kaisers von Kyoto nach Edo verlegt worden, das man ein Jahr zuvor in Tokyo («östliche Hauptstadt») umbenannt hatte. Am Vorbild der politischen Verhältnisse in Großbritannien und Preußen orientiert, erarbeiteten Experten eine Verfassung, die 1890 in Kraft trat und bis 1946 gültig bleiben sollte. Durch sie wurde Japan zu einer konstitutionellen Monarchie, die zwar mit einem Zweikammerparlament ausgestattet, gleichwohl durch eine herausragende Stellung des Kaisers gekennzeichnet war.

Eine wichtige Rolle für die Religionspolitik der Meiji-Zeit sowie der darauffolgenden dreieinhalb Jahrzehnte spielte der Plan, den Shinto als die ursprüngliche, von jeher in Japan gelebte Religion von den später aus China übernommenen buddhistischen und neukonfuzianischen Lehren zu trennen und ihn zugleich mit der Restauration des Kaisertums in den Rang einer nationalen Staatsideologie zu erheben. Waren namentlich Buddhismus und Shinto bis dahin eng miteinander verflochten gewesen, so propagierte man in den ersten Jahren nach der Abschaffung des Shogunats eine strikte Trennung der beiden Traditionen, so dass buddhistische Statuen, Bilder und Reliquien aus Shinto-Schreinen entfernt werden mussten und buddhistische Priester dort nicht mehr tätig sein durften. Umgekehrt wurde auch den Buddhisten untersagt, in ihrer religiösen Praxis auf Elemente des Shinto zu rekurrieren, wobei die Abneigung gegen die buddhistischen Klöster als einer Hauptstütze des Tokugawa-Shogunats zur Schließung vieler buddhistischer Einrichtungen, der Beschlagnahme ihres Vermögens und der Laisierung der Geistlichen führte.

Außenpolitisch stieg das Japanische Kaiserreich innerhalb weniger Jahrzehnte zu einer Großmacht auf. 1875 verzichtete es zwar im Vertrag von Sankt Petersburg auf die Insel Sachalin, erhielt im Gegenzug dafür jedoch die gesamte Inselkette der Kurilen bis zur Halbinsel Kamtschatka. Darauf folgte 1879 die Annexion des Königreichs Ryukyu, dessen Inseln nunmehr die neu geschaffene Präfektur Okinawa bildeten. Im August 1894 führten die Bestrebungen Japans, China seine Rolle als Schutzmacht

Koreas streitig zu machen, zum Ersten Japanisch-Chinesischen Krieg, der nur neun Monate später mit der Niederlage Chinas, der Abtretung Taiwans an Japan und der Anerkennung des Königreichs Korea als eines unabhängigen Staates endete. Im September 1905 endete schließlich auch der Russisch-Japanische Krieg nach anderthalbjährigen Kämpfen zu Wasser und zu Land mit einer klaren Niederlage Russlands, was den imperialistischen Ambitionen Japans weiteren Auftrieb gab. 1905 wurde Korea in ein Protektorat und 1910 in eine japanische Kolonie umgewandelt. Auf die Teilnahme Japans auf Seiten der Alliierten im Ersten Weltkrieg folgte 1937 die japanische Invasion Chinas, die den Zweiten Japanisch-Chinesischen Krieg auslöste. Dieser ging mit der politischen Annäherung Japans an die Achsenmächte, dem japanischen Angriff auf Pearl Harbor und dem Kriegseintritt der Vereinigten Staaten nahtlos in den Zweiten Weltkrieg über, der für das Kaiserreich im August 1945 mit der bedingungslosen Kapitulation endete.[2]

Die Neuetablierung des Christentums in Japan

In den knapp hundert Jahren von der erzwungenen außenpolitischen Öffnung des Landes bis zu seiner Umgestaltung nach dem Ende des Zweiten Weltkriegs standen die Aktivitäten der christlichen Missionare in Japan in einem Spannungsfeld gegenläufiger Interessen.[3] Auf der einen Seite sorgte das japanische Streben nach einer möglichst raschen und umfassenden Aneignung europäisch-amerikanischer Wissenschaft und Technik dafür, dass auch missionarische Hilfe auf dem Gebiet des Kulturaustauschs durchaus willkommen sein konnte. Ein typisches Beispiel dafür ist Guido Verbeck, der als Missionar der niederländisch-reformierten Kirche 1859 aus den Vereinigten Staaten kommend in Japan eintraf, in Nagasaki durch seine Tätigkeit als Lehrer das Vertrauen seiner Schüler gewann und nach dem Beginn der Meiji-Restauration zu einem wichtigen Berater der neuen Regierung aufstieg. Auf der anderen Seite stand das Bemühen der Missionare um die Ausbreitung des christlichen Glaubens jedoch in einem kaum übersehbaren Widerspruch zur nationalen und oftmals nationalistischen Ideologie des Kaiserreichs, die den Shinto als die ursprüngliche und einzig angemessene Religion der Japaner verherrlichte, ihm darum eine rechtlich und gesellschaftlich privilegierte Stellung verlieh und das Christentum ebenso wie den Buddhismus wegen ihrer ausländischen Herkunft stigmatisierte. Während sich indes der seit Jahrhunderten in Japan etablierte Buddhismus auf Dauer gegen alle restriktiven Maßnahmen behaupten konnte, blieb der Einfluss des so lange rigoros verfolgten Christentums auch nach der Öffnung des Landes eng begrenzt.

Im Oktober 1858 gelangte noch vor der Unterzeichnung des Japanisch-Französischen Freundschaftsvertrags der französische Missionar Eugène-Emmanuel Mermet-Cachon nach Japan. Er hatte sich 1852 der Pariser Mission angeschlossen und war nach seiner Priesterweihe eine Zeitlang auf der Insel Okinawa tätig gewesen, wo er die japanische Sprache erlernt hatte. Von 1859 bis 1863 missionierte er mit geringem Erfolg in Hakodate, ließ sich danach jedoch laisieren und kehrte auch der Pariser Mission den Rücken. Später arbeitete er als Dolmetscher, Übersetzer und Sprachlehrer in Japan und Frankreich. Kurz nach Mermet-Cachon traf mit Bernard Petitjean ein weiterer französischer Priester der Pariser Mission in Japan ein. Petitjean wechselte nach zweijähriger Missionstätigkeit auf den Ryukyu-Inseln 1863 nach Nagasaki, wo er zu Ehren der 1597 hingerichteten Sechsundzwanzig Märtyrer eine Kirche erbaute, einen Vorläufer der noch heute bestehenden, auch als Oura-Kirche bekannten fünfschiffigen Kathedrale. 1866 ernannte Papst Pius IX. Bernard Petitjean zum Apostolischen Vikar von Japan, kurz bevor die neue Meiji-Regierung eine Reihe restriktiver Maßnahmen gegen das Christentum durchsetzte. 1868 wurden mehrere tausend Christen aus dem Ort Urakami bei Nagasaki verhaftet und zwangsumgesiedelt, doch war eine massive Verfolgung angesichts der ausländischen Proteste und der japanischen Bemühungen um internationale Kooperation auf Dauer nicht aufrechtzuerhalten. Nachdem die Meiji-Regierung 1873 die allgemeine Religionsfreiheit festgeschrieben hatte, durften auch die Deportierten von Urakami zurückkehren. Seit 1868 arbeitete neben Bernard Petitjean auch der französische Priester Marc Marie de Rotz im Auftrag der Pariser Mission in der Region Nagasaki und gründete dort 1880 ein Waisenhaus. Zwischen 1895 und 1925 entstand in Nagasaki als einer der damals größten Kirchenbauten Asiens die Kathedrale Unserer Lieben Frau von der

Unbefleckten Empfängnis. Durch den Abwurf der Atombombe 1945 nahezu vollständig zerstört, wurde sie 1959 durch einen Neubau ersetzt.

Die Anfänge der orthodoxen Mission in Japan sind mit der Eröffnung des russischen Konsulats in der Hafenstadt Hakodate verbunden, wo bereits 1860 für die dort tätigen Mitarbeiter eine orthodoxe Kapelle errichtet wurde. Die eigentliche Missionsarbeit begann allerdings ein Jahr später mit der Ankunft des Priestermönchs Nikolai, der im Laufe seiner über fünfzigjährigen Tätigkeit zielstrebig und trotz der wachsenden russisch-japanischen Spannungen eine orthodoxe japanische Kirche aufbaute und dafür auch Teile der Bibel sowie weitere in der orthodoxen Liturgie verwendete Texte ins Japanische übersetzte.[4] 1891 entstand auf seine Veranlassung hin in Tokyo die heute als nationales Kulturdenkmal geschützte, ganz in byzantinischem Stil gehaltene orthodoxe Auferstehungskathedrale. Sie wurde 1923 während des großen Erdbebens schwer beschädigt, danach jedoch wieder aufgebaut und 1929 unter Leitung des amtierenden Erzbischofs Sergius Tichomirow neu geweiht. 1906 zum ersten Erzbischof von Tokyo ernannt, wird Nikolai von Japan in der orthodoxen Kirche seit 1970 als Heiliger verehrt. Heute besteht die autonome Orthodoxe Kirche in Japan aus den drei Bistümern Tokyo, Sendai und Kyoto, wobei der Erzbischof von Tokyo zugleich als Metropolit von Japan amtiert.

Von protestantischer Seite wurde bereits 1846 der vom Judentum zum Christentum konvertierte Missionar Bernard Jean Bettelheim nach Naha auf der Insel Okinawa entsandt, die zu jener Zeit noch zum Königreich Ryukyu gehörte.[5] Dort ließ er sich zum Ärger der Einheimischen mit seiner Familie im örtlichen buddhistischen Tempel nieder und erregte durch seine aufdringliche Art der Verkündigung auch das Missfallen der Behörden. 1854 verließ Bettelheim Okinawa auf einem Schiff des US-amerikanischen Seeoffiziers Perry und siedelte mit seiner Familie in die Vereinigten Staaten über. Nach Nagasaki gelangten als die ersten protestantischen Missionare im Frühsommer 1859 John Liggins und Channing Moore Williams. Der aus England stammende Liggins war als Jugendlicher in die Vereinigten Staaten emigriert, hatte sich dort zum Missionar ausbilden lassen und war vor seiner Ankunft in Japan bereits drei Jahre in China tätig gewesen. Aus Gesundheitsgründen kehrte er jedoch bereits vor Ablauf eines Jahres aus Japan in die Vereinigten Staaten zurück, wo er sich dann in der Abstinenzbewegung engagierte. Der aus Virginia stammende Williams kam ebenso wie sein ehemaliger Studienkollege Liggins aus China nach Nagasaki, wo er zunächst vor allem Europäer und US-Amerikaner betreute. Nach Einführung der Religionsfreiheit in Japan wurde er 1873 zum anglikanischen Bischof von Edo berufen. Dort gründete er bereits ein Jahr später die St. Paul's School, den Vorläufer der heutigen Rikkyo-Universität. Nur wenige Monate nach Liggins und Williams war im Oktober 1859 auch der US-amerikanische Missionsarzt James Curtis Hepburn in Nagasaki eingetroffen, aber schon bald nach Yokohama weitergereist. Dort eröffnete er 1861 eine Klinik und zwei Jahre später eine Schule, aus der die heutige Meiji Gakuin University hervorging. 1867 veröffentlichte Hepburn ein später viel benutztes Wörterbuch Japanisch-Englisch, das in seiner dritten Auflage erstmals jene Transkription der japanischen Silbenschrift verwendete, die seitdem als «Hepburn-System» bekannt ist.

Nach Einführung der Religionsfreiheit kamen ab 1873 zahlreiche weitere protestantische Missionare nach Japan. Zu ihnen gehörten der Kanadier Alexander Croft Shaw, der 1879 die Vorläuferin der heutigen St. Andrew's Cathedral in Tokyo gründete, sowie der aus Südengland stammende John Batchelor, der von 1877 bis 1941 unter den Ainu auf der Insel Hokkaido missionierte und grundlegende Forschungen zu ihrer Sprache und Kultur veröffentlichte. Unter der Führung von Channing Moore Williams und des Missionsbischofs Edward Bickersteth schlossen sich die anglikanischen Gemeinden 1887 zur Anglikanischen Kirche Japans (*Nippon Sei Ko Kai*) zusammen. Sie wurde 1941 unter staatlichem Druck ein Mitglied der neu gegründeten Vereinigten Kirche Christi in Japan (*Nihon Kirisuto Kyōdan*), zog sich nach dem Ende des Zweiten Weltkriegs jedoch wieder daraus zurück. Heute umfasst sie elf Diözesen und über dreihundert Gemeinden.

Zu einem Zentrum der evangelikalen Missionsbewegung in Japan wurde die 1901 von Charles Elmer Cowman, Ernest Albert Kilbourne und Juji Nakada in Tokyo gegründete *Oriental Missionary Society* (heute *One Mission Society*). 1870 in Hirosaki als Sohn eines Samurai geboren, wurde Juji Nakada von Methodisten zum Missionar ausgebildet. Von

1896 bis 1898 besuchte er das Moody Bible Institute, wo er Charles Elmer Cowman, dessen Frau Lettie und deren gemeinsamen Freund Ernest A. Kilbourne und dessen Frau kennenlernte. Zwei Jahre nach seiner Rückkehr nach Japan trennte er sich von den Methodisten und gründete eine eigene Missionsbewegung, in der auch die Ehepaare Cowman und Kilbourne aktiv waren. Nachdem Nakada zwischen 1906 und 1907 eine mehrmonatige Missionsreise durch Großbritannien und die Vereinigten Staaten unternommen hatte, löste er sich 1911 auch von der *Oriental Missionary Society* und gründete später die *Japan Holiness Church*. Eine wichtige Rolle spielte dort die adventistische Lehre von der nahen Wiederkunft Christi und die Vorstellung von einem gemeinsamen Ursprung des jüdischen und des japanischen Volkes.

Auf deutscher Seite gründete 1884 der schweizer evangelische Geistliche Ernst Buss in Weimar den «Allgemeinen Evangelisch-Protestantischen Missionsverein», der 1929 in «Deutsche Ostasienmission» umbenannt wurde.[6] Einer liberalen Ausrichtung des Protestantismus verpflichtet, sah er seine Aufgabe nicht zuletzt in der Vermittlung europäischer Bildung und Wissenschaft sowie in der Förderung des interreligiösen Dialogs. Wie es ein Vertreter des Vereins in einem Beitrag in der *Zeitschrift für Missionswissenschaft und Religionswissenschaft* formulierte:[7]

> An unsere Sendboten stellen wir hohe Anforderungen. Wir verlangen akademisches Studium und gründliche wissenschaftliche Vorbildung. Wir müssen das um so mehr, als wir unter heidnischen Kulturvölkern arbeiten. Wir verlangen aber von unsern Missionaren keinen bestimmten theologischen Standpunkt, noch verpflichten wir sie auf ein bestimmtes theologisches Programm. Unser Verein hat nicht das mindeste Interesse daran, eine bestimmte theologische Richtung, etwa die historisch-kritische, unter den Heiden zu vertreten, hält sich allerdings ebenso wenig für verpflichtet, das Christentum in der durch die Bekenntnisse festgesetzten Form zu bringen. Ihm liegt daran, dass überhaupt Christus gepredigt wird, und dass die Annahme des christlichen Glaubens den Heiden nicht durch Betonen des dogmatischen Beiwerks unnötig erschwert wird.

Als ersten Missionar für Japan entsandte man 1885 den Schweizer Wilfried Spinner, der während seines sechsjährigen Aufenthalts in Japan eine bedeutende Studiensammlung religiöser Objekte aus dem Bereich des japanischen Pilgerwesens anlegte.[8] Zu einem bedeutenden Kenner der japanischen Kultur wurde auch der aus Husum stammende Emil Schiller, der von 1895 bis 1931 für die Deutsche Ostasienmission in Japan tätig war. In seinen Schriften befasste er sich als einer der Ersten mit der zwiespältigen Rolle des Staats-Shinto, der in Japan zwar tradierte Formen der Religiosität integrierte, selbst aber nicht als Religion galt.

Japanische Christen und Buddhisten

In welchem Ausmaß die Mission nach der neuerlichen Öffnung des Landes die japanische Gesellschaft veränderte, zeigen die Lebensläufe einiger japanischer Christen und Christinnen. Mit an erster Stelle ist hier Niijima Shimeta zu nennen, der nach seiner Konversion zum Christentum als Niijima Jo oder Joseph Hardy Neesima bekannt wurde.[9] 1843 in Edo als Sohn eines Samurai geboren, war er für eine Laufbahn im Dienst der Tokugawa-Regierung bestimmt, bevor er 1864 als blinder Passagier auf einem US-amerikanischen Schiff von Hakodate in die Vereinigten Staaten ausreiste. Dort konvertierte er 1866 zum Christentum und studierte als erster Japaner am Amherst College in Massachusetts sowie anschließend am Andover Theological Seminary. 1871 begleitete er die aus Japan entsandte Iwakura-Gesandtschaft auf ihrer Reise durch die Vereinigten Staaten und Europa und gewann dadurch weitere Einblicke in das US-amerikanische und europäische Bildungswesen. Nach dem Abschluss seines theologischen Studiums kehrte er 1874 nach Japan zurück und gründete dort ein Jahr später in Kyoto eine englischsprachige Schule mit explizit christlichem Bildungsangebot, den Vorläufer der heutigen Doshisha-Universität. Unterstützt wurde er dabei von seiner Frau Niijima Yae, die unter seinem Einfluss ebenfalls zum Christentum konvertierte und sich später für das Japanische Rote Kreuz einsetzte. 1877 richtete sie mit Unterstützung ihres Mannes eine eigene Mädchenschule ein, die 1949 in das heutige Doshisha Women's College of Liberal Arts umgewandelt wurde. Zu den bedeutendsten Absolventen der von Niijima Jo gegründeten Schule zählt Abe Isoo, der während seiner Zeit dort zum Christentum konvertierte und sich nach weiteren Studien in den Vereinigten Staaten und Deutschland als Abgeordneter des japanischen Parlaments gegen Imperialismus und Militarismus engagierte.

Den rasanten Wandel, den Japan in der Endphase des Tokugawa-Shogunats und der frühen Meiji-Restauration durchlief, veranschaulicht auch die Biografie von Uchimura Kanzo, der achtzehn Jahre nach Niijima Jo ebenfalls in Edo geboren wurde.[10] Er besuchte seit 1877 die neue Landwirtschaftsschule in Sapporo, den Vorläufer der heutigen Universität Hokkaido, an deren Gründung sich auf Einladung der Meiji-Regierung auch der US-Amerikaner William Smith Clark beteiligt hatte. Durch den Kontakt mit Studienkollegen fand Uchimura Kanzo zum Christentum, noch bevor er 1881 seinen Studienabschluss machte. Von 1884 bis 1888 hielt er sich in den Vereinigten Staaten auf und besuchte dort wie zuvor Niijima Jo das Amherst College; danach arbeitete er in Japan als Lehrer und Publizist. Zu dieser Zeit entwickelte er aufgrund eigener negativer Erfahrungen mit interkonfessionellen Streitigkeiten eine ausgeprägte Abneigung gegen alle Formen kirchlicher Bindung. Nachdem er 1900 bereits die Zeitschrift *Seisho no kenkyū* zur Förderung des Bibelstudiums gegründet hatte, rief er kurz danach eine noch heute existierende Bewegung ins Leben, die unter dem Stichwort *Mukyōkai* («Nicht-Kirche») die Rückkehr zu einer idealen Urkirche ohne ordinierte Geistliche, Liturgie, Sakramente oder Kirchenbauten propagierte. Ihre Mitglieder trafen sich zumeist wöchentlich unter Anleitung eines Lehrers zum Bibelstudium und pflegten eine betont gesellschaftskritische und pazifistische Haltung, für die auch der Gründer der Bewegung selbst bekannt war.

Ein Studienfreund von Uchimura Kanzo war Nitobe Inazo (1862–1933), der ebenso einer angesehenen Samurai-Familie entstammte und während seiner Zeit an der Landwirtschaftsschule in Sapporo zum Christentum konvertierte.[11] Von 1884 bis 1887 hielt er sich in den Vereinigten Staaten auf, wo er an der Johns-Hopkins-Universität Politik- und Wirtschaftswissenschaft studierte, seine spätere Frau Mary kennenlernte und sich den Quäkern anschloss. Nach einem weiteren Studienaufenthalt an der Universität Halle, wo er auch promovierte, kehrte er 1891 nach Japan zurück. Dort unterrichtete er zunächst an der Landwirtschaftsschule in Sapporo und später an den Kaiserlichen Universitäten in Kyoto und Tokyo. Nach dem Ersten Weltkrieg engagierte er sich im Völkerbund für die friedliche Beilegung von Konflikten, obschon er damit im Japan der Zwischenkriegszeit vielerorts auf Kritik stieß. Außerhalb Japans kannte man Nitobe Inazo nicht zuletzt als Verfasser des Buchs *Bushido: Die Seele Japans*, das 1899 im englischen Original erschien und wenig später in zahlreiche andere Sprachen, darunter auch ins Japanische, übersetzt wurde. Geschrieben während eines längeren Aufenthalts in den Vereinigten Staaten, bietet diese Darstellung eine idealisierende und aus der Rückschau verklärende Perspektive auf den «Weg des Kriegers», die zwar in einigen Punkten an ältere Traditionen aus der Zeit des Tokugawa-Shogunats anknüpft, insgesamt jedoch ein Produkt des späten neunzehnten Jahrhunderts ist.[12] In diesem wohl einflussreichsten Buch über das Weltbild und Ethos des Samurai spiegelt sich daher nicht nur eine zu jener Zeit bereits unwiederbringlich verlorene historische Realität, sondern auch der spezifische Standpunkt seines Verfassers, der in mancher Hinsicht zwischen den Kulturen stand und sich in seiner Darstellung des Samurai auch von seinem Wissen über das Heldenbild der Epen Homers und das Ideal des Ritters in der Höfischen Literatur leiten ließ.

Wie sehr die neuerliche Öffnung Japans die Perspektive führender Vertreter des Buddhismus auf ihre eigene Tradition veränderte, zeigt das Beispiel des Reformers Kiyozawa Manshi (1863–1903), der sich – auch in Auseinandersetzung mit antiken griechischen Denkern – besonders für die philosophischen und psychologischen Aspekte des Amitabha-Buddhismus interessierte.[13] Er war ein Schüler des amerikanischen Philosophen Ernest Fenollosa, der an der Kaiserlichen Universtät in Tokyo Politische Ökonomie und Philosophie unterrichtete, sich aber gleichermaßen für den Erhalt der nationalen Kulturdenkmäler Japans engagierte und während seiner Zeit in Japan zum Buddhismus konvertierte. 1901 war Kiyozawa Manshi maßgeblich beteiligt an der Gründung der buddhistischen Shinshu-Universität, eines Vorläufers der heutigen Otani-Universität, an der sein Schüler Soga Ryojin später sein Gedankengut weiterentwickelte. Ein weiterer Schüler Fenollosas war Inoue Enryo (1858–1919), der sich, nachdem der japanische Buddhismus infolge des Entzugs vieler staatlicher Privilegien in eine Krise geraten war, für Reformen einsetzte, die die Kompatibilität buddhistischer Lehren mit den Weltanschauungen der Moderne erweisen sollten.[14]

Europäische Interpretationen des japanischen Buddhismus

Bis zum Ende des achtzehnten Jahrhunderts waren immer wieder Nachrichten über die verschiedenen Formen des Buddhismus in Asien nach Europa gedrungen, ohne dass man sich über den Ursprung, die Geschichte und die Zusammenhänge zwischen den unterschiedlichen Ausrichtungen dieser Religion klar geworden wäre. Dies änderte sich erst seit dem frühen neunzehnten Jahrhundert mit der Erkenntnis, dass viele buddhistische Schriften aus China und Zentralasien Übersetzungen älterer Sanskrit-Originale waren und die in der mittelindischen Pali-Sprache abgefasste buddhistische Literatur der Insel Ceylon (Sri Lanka) der ursprünglichen Lehre des Buddha in seiner nordindischen Heimat besonders nahestand. Zu den Pionieren der Erschließung dieser ältesten buddhistischen Schriften zählen die beiden methodistischen Missionare Daniel John Gogerly und Benjamin Clough. Allerdings waren diese keineswegs vom Buddhismus fasziniert, sondern verfassten ihre Studien und Übersetzungen ausschließlich unter dem Gesichtspunkt, den Buddhisten in ihrem Missionsgebiet die Absurdität ihrer Religion und die Überlegenheit des Christentums aufzuzeigen.

In Deutschland wurde der Buddhismus einer breiteren Öffentlichkeit erstmals durch die Schriften Arthur Schopenhauers bekannt, der sich im Zusammenhang mit seinem Studium der indischen Philosophie auch mit buddhistischen Lehren beschäftigte. Dies war für die weitere Rezeptionsgeschichte nicht zuletzt deswegen bedeutsam, weil viele Autoren gerade in Deutschland über die Philosophie Schopenhauers zu ihrem Interesse am Buddhismus kamen und die Lehren des Buddha daher vor allem als Ausdruck einer Philosophie oder Psychologie betrachteten, die man auch losgelöst von ihrem geschichtlichen Ursprung und ihren kulturellen Wurzeln studieren und für die eigene Lebensführung nutzen konnte. Zu den frühesten Anhängern des Buddhismus im deutschsprachigen Raum gehörte der Wiener Karl Eugen Neumann, der um 1900 zahlreiche Schriften aus dem buddhistischen Pali-Kanon ins Deutsche übertrug. Um dieselbe Zeit fand auch der aus Ostpreußen stammende

Mediziner und Homöopath Paul Dahlke zum Buddhismus; er gab später eine *Neu-Buddhistische Zeitschrift* heraus und eröffnete 1923 in Berlin-Frohnau ein in Anlehnung an ein buddhistisches Kloster gestaltetes «Buddhistisches Haus».

Einer der Ersten, die den japanischen Buddhismus im Ausland bekannt machten, war der aus einer Samurai-Familie stammende Daisetz Teitaro Suzuki (1870–1966).[15] Nach dem frühen Tod seines Vaters, eines Arztes, erlebte er den Prestigeverlust der Samurai durch die Reformen der Meiji-Restauration, aber auch die Krise des japanischen Buddhismus infolge der Bevorzugung des Shinto, die Konkurrenz säkularer Ideologien und den Anstieg ausländischer Missionsaktivitäten nach Einführung der Religionsfreiheit. Auf Empfehlung seines Lehrers Shaku Soen, der 1893 das «Weltparlament der Religionen» in Chicago besuchte, kam Suzuki in Kontakt zu dem deutsch-amerikanischen Schriftsteller und Verleger Paul Carus. Dieser holte den Japaner als seinen persönlichen Assistenten nach Amerika, um Unterstützung bei der Übersetzung und Herausgabe buddhistischer Schriften zu haben.[16] Nach einer zehnjährigen Übersetzer- und Vortragstätigkeit kehrte Suzuki 1908 über England und Frankreich nach Japan zurück. 1911 heiratete er die amerikanische Theosophin Beatrice Erskine Lane und schloss sich unter ihrem Einfluss auch selbst der Theosophischen Gesellschaft an. Nachdem er 1921 in Kyoto Professor für Buddhistische Philosophie geworden war, gründete er zusammen mit seiner Frau eine *Eastern Buddhist Society* und erzielte durch zahlreiche Vortragsreisen in Europa und den Vereinigten Staaten eine breite Publikumswirkung.

In Deutschland fiel das gesteigerte Interesse am japanischen Buddhismus mit der erneuten politischen Annäherung Deutschlands und Japans nach dem Ende des Ersten Weltkriegs zusammen. Bereits 1926 wurde in Berlin als erste europäische Einrichtung dieser Art ein Japan-Institut eröffnet, dem ein Jahr später in Tokyo ein Japanisch-Deutsches Kulturinstitut folgte. Damit konnte man in beiden Ländern an die enge Zusammenarbeit anknüpfen, die vor dem japanischen Eintritt in den Ersten Weltkrieg auf Seiten der Alliierten seit der frühen Meiji-Zeit das deutsch-japanische Verhältnis gekennzeichnet hatte. Unter dem Nationalsozialismus setzte sich diese Kooperation nahtlos fort, da beide Staaten gemeinsame geopolitische Interessen verfolgten, was 1936 zum Antikominternpakt zwischen Deutschland und Japan sowie 1940 zum Dreimächtepakt zwischen Deutschland, Japan und Italien führte.

Zu den bedeutendsten deutschen Kennern des japanischen Buddhismus jener Zeit gehörte Wilhelm Gundert, ein Enkel des Indienmissionars Hermann Gundert und Cousin des Schriftstellers Hermann Hesse. Er war seit 1906 in Japan als Missionar tätig gewesen und hatte viele Jahre an japanischen Hochschulen Deutsch unterrichtet, bevor er 1927 zum Leiter des neu gegründeten Japanisch-Deutschen Kulturinstituts in Tokyo berufen wurde. 1936 kehrte Gundert nach Deutschland zurück und übernahm als Nachfolger von Karl Florenz den ältesten deutschen (und europäischen) Lehrstuhl für Sprache und Kultur Japans an der Universität Hamburg, den er bis zu seiner Entlassung 1945 innehatte. Interesse am japanischen Buddhismus zeigten indessen nicht nur Philologen, die viele Jahre auf das Erlernen der japanischen und chinesischen Sprache verwendet hatten, sondern auch Vertreter verschiedener Nachbarwissenschaften, die sich in erster Linie unter philosophischen oder psychologischen Gesichtspunkten mit Fernost beschäftigten. Zu ihnen ist Eugen Herrigel zu zählen, ein Schüler Wilhelm Windelbands, der von 1924 bis 1929 an der Universität Tohoku in Sendai Philosophie unterrichtete und während dieser Zeit auch Unterricht bei Awa Kenzo, einem Meister in der japanischen Kunst des Bogenschießens (*Kyūdō*), erhielt. Herrigels erstmals 1948 erschienenes Buch *Zen in der Kunst des Bogenschießens* machte die Vorstellung vom Bogenschießen als einer religiösen Praxis des Zen-Buddhismus in Deutschland weithin bekannt, obschon Awa Kenzo sich selbst nicht als Zen-Meister betrachtete und auch im Hinblick auf das Bogenschießen Auffassungen vertrat, die keineswegs weit verbreitet oder gar repräsentativ waren.[17] Mit Awa Kenzo machte um 1938 auch Karlfried Graf Dürckheim Bekanntschaft, der während des Zweiten Weltkriegs als Mitarbeiter des Auswärtigen Amts nach Japan geschickt wurde und dort unter anderem propagandistisch für die nationalsozialistische Regierung tätig war.[18] Mit seinem erstmals 1961 veröffentlichten Buch *Zen und wir* popularisierte Graf Dürckheim später eine Sicht des japanischen Buddhismus, die nicht zuletzt von seiner eigenen Tätigkeit als Psychotherapeut beeinflusst war.

Gewichtige Beiträge zur wissenschaftlichen Erforschung des japanischen Buddhismus und zur Popularisierung seiner Meditationstechniken leisteten Angehörige des Jesuitenordens, der seit 1913 in Tokyo eine eigene Hochschule, die heutige Sophia-Universität, unterhielt. Den Anfang machte dabei der Jesuit Joseph Dahlmann, der auch als Indologe und Sinologe ausgebildet war und unter anderem zur frühneuzeitlichen Mission in Japan forschte. Eine umfangreiche, noch heute als Standardwerk geschätzte Geschichte des Zen-Buddhismus verfasste 1985/86 Heinrich Dumoulin, der 1935 nach Japan kam, um dort an der Sophia-Universität zu lehren. Weithin bekannt wurde Hugo Makibi Enomiya-Lassalle, der sich von der Beschäftigung mit der katholischen Mystik aus dem japanischen Buddhismus näherte.[19] Seit 1929 in Japan tätig, überlebte er 1945 in Hiroshima den Abwurf der ersten Atombombe und weihte 1954 die auf seine Initiative hin dort erbaute Weltfriedenskirche ein. Später suchte er – im Kontext der Öffnung des Katholizismus gegenüber anderen Religionen nach dem Zweiten Vatikanischen Konzil – buddhistische Meditationstechniken für die christliche Lebensführung fruchtbar zu machen.

Christliche Mission in Korea

Zur gleichen Zeit wie in Japan engagierten sich christliche Missionare im letzten Drittel des neunzehnten Jahrhunderts auch verstärkt in Korea, das zu jener Zeit im Spannungsfeld japanischer, chinesischer, amerikanischer, russischer und französischer Interessen stand.[20] 1392 gegründet, war das koreanische Königreich Joseon seit 1637 ein tributpflichtiger Vasallenstaat des Chinesischen Kaiserreichs. Vereinzelte Informationen über die christliche Religion waren daher immer wieder aus China nach Korea gelangt, ohne dass es zu wirklichen Missionsversuchen oder der Bildung christlicher Gemeinden gekommen wäre. Dies änderte sich erst in der zweiten Hälfte des achtzehnten Jahrhunderts, als der Koreaner Yi Seung-Hun während eines Aufenthalts in Peking von katholischen Priestern getauft wurde und nach seiner Rückkehr unter Verwendung mitgebrachter christlicher Schriften einige seiner Landsleute zu seinem neuen Glauben bekehrte. Da man dies in Regierungskreisen als Bedrohung der vom Neukonfuzianismus geprägten staatlichen Ordnung ansah, kam es 1801 zu einer ersten Verfolgung koreanischer Christen, der mehrere hundert Personen zum Opfer fielen.

1832 gelangte als erster Deutscher der vom Halleschen Pietismus geprägte Missionar Karl Gützlaff auf die koreanische Halbinsel, hielt sich dort aber nicht lange auf und war später vor allem in Indien und China tätig.[21] Der zweite protestantische Missionar, der in Korea sein Glück versuchte, war 1865 der Waliser Robert Jermain Thomas. Er war zuvor im Auftrag der Londoner Missionsgesellschaft in China tätig gewesen und kam ein Jahr später ums Leben, als das amerikanische Handelsschiff *General Sherman* vor der koreanischen Küste versenkt wurde. Kontinuierliche Missionsanstrengungen unternahm indessen seit den 1830er Jahren die Pariser Mission in Zusammenarbeit mit der Kongregation für die Evangelisierung der Völker. Zum ersten Apostolischen Vikar von Korea ernannte Papst Gregor XVI. 1831 den französischen Missionar Barthélemy Bruguière, der jedoch, nachdem er zunächst nicht ins Land reisen konnte, vier Jahre später auf dem Weg dorthin verstarb. Sein Nachfolger wurde der 1984 heiliggesprochene Laurent-Joseph-Marius Imbert. Dieser baute erste kirchliche Strukturen in Korea auf, wurde allerdings bereits 1839 zusammen mit anderen Missionaren im Zuge einer neuerlichen Christenverfolgung verhaftet und hingerichtet. Ungeachtet dieser Rückschläge setzte die Pariser Mission ihre Tätigkeit in Korea fort, obschon das Königreich seine isolationistische Politik trotz des internationalen Drucks noch längere Zeit beibehielt und eine weitere großangelegte Christenverfolgung 1866 erneut mehrere Missionare und zahlreiche koreanische Christen das Leben kostete.

Eine Kehrtwende bahnte sich an, als 1873 der noch junge König Gojong die Regierungsgeschäfte übernahm, die bis dahin sein Vater ausgeübt hatte. Um dem Hegemonialstreben der japanischen Meiji-Regierung zu begegnen, setzte er verstärkt auf eine Öffnung des Landes, was eine Zunahme der Missionsaktivitäten besonders von Seiten protestantischer Missionare mit sich brachte. 1887 vollendete der aus dem Schottischen Hochland stammende Missionar John Ross in Nordostchina mit Unterstützung koreanischer Helfer eine Übersetzung des Neuen Testaments. Eine wichtige Rolle als Übersetzer spielte außerdem der kanadische Missionar James Scarth Gale, der nicht nur John Bunyans *Pilgrim's Progress* ins Koreanische übertrug, sondern 1922 mit *The Cloud Dream of Nine* (koreanisch *Guunmong*, deutsch *Der Traum der neun Wolken*) auch die erste Übersetzung eines Werks der koreanischen Literatur in englischer Sprache vorlegte.

Einen besonderen Einfluss auf den Aufbau des koreanischen Bildungswesens hatten US-amerikanische Missionare. 1884 kam der in Ohio geborene Missionsarzt Horace Newton Allen nach Korea, wo er zum Leibarzt der königlichen Familie ernannt wurde und zeitweise auch als Konsul der Vereinigten Staaten tätig war. Ihm folgten 1885 der von England in die Vereinigten Staaten ausgewanderte Horace Grant Underwood und der als Sohn eines Amerikaners und einer Schweizerin in Pennsylvania geborene Methodist Henry Gerhard Appenzeller.[22] Appenzeller rief 1885 in Seoul den Vorläufer der heutigen Pai Chai University ins Leben, während Underwood 1915 mit dem Chosun Christian College den Grundstein für die heutige Yonsei University legte. Die heutige Ewha Womans University in Seoul geht auf eine Missionsschule für Mädchen zurück, die 1886 von der US-amerikanischen Methodistin Mary F. Scranton ins Leben gerufen wurde.

Von einschneidender Bedeutung für die weitere Entwicklung des Christentums in Korea war die seit der Öffnung des Landes beständig gewachsene Zunahme des japanischen Einflusses. 1895 beendete Japan mit seinem Sieg im Krieg gegen China die jahrhundertealte Rolle des koreanischen Königs als eines tributpflichtigen Vasallen des chinesischen Kaisers. Um sich im Spannungsfeld der internationalen Rivalitäten neu zu positionieren und den Führungsanspruch im eigenen Land zu behaupten, proklamierte König Gojong 1897 das Kaiserreich Korea. Damit stellte er sich mit dem Zaren, dem Kaiser von China und dem Tenno gleichsam auf eine Stufe. Die imperialistische japanische Politik ließ sich dadurch jedoch nicht aufhalten. Gleich nach der Niederlage Russlands im Russisch-Japanischen Krieg 1905 wurde ein japanisches Protektorat über das Kaiserreich Korea eingerichtet. 1910 wurde dieses nach der erzwungenen Abdankung Gojongs in eine japanische Provinz umgewandelt und behielt dadurch bis zur japanischen Niederlage am Ende des Zweiten Weltkriegs und der Besetzung Koreas durch alliierte Truppen

Die Übersetzer des Neuen Testaments ins Koreanische, 1904

den Status einer japanischen Kolonie. Obschon das Christentum während dieser Zeit nur die Religion einer Minderheit war, spielte es in den dreieinhalb Jahrzehnten nach dem Ende des Kaiserreichs als Kristallisationspunkt der Opposition gegen den japanischen Staats-Shinto eine wichtige Rolle für die koreanische Nationalbewegung. Die heutige Situation ist im Wesentlichen ein Ergebnis der 1948 zu Beginn des Kalten Krieges erfolgten doppelten Staatsgründung und des darauffolgenden dreijährigen Koreakriegs, in dessen Gefolge das Christentum im kommunistisch regierten Norden radikal unterdrückt wurde, im Süden dagegen – nicht zuletzt durch Flüchtlinge aus dem Norden – zusätzliches Gewicht gewann.

12

Zwischen Konfuzianismus und Atheismus

China vom Ersten Opiumkrieg bis zur Gründung der Volksrepublik China

Wir können uns keinen Begriff davon machen, wie groß China ist [...] Man stelle sich Europa vor und dann denke man, es sei noch ganz in Finsternis. Wenn wir uns denken in Norwegen, Schweden und Dänemark wären nur 6 Menschen, die das Evangelium verkündigen, oder in Deutschland würden alle Kirchen und alle Pastore weggenommen und ihr würdet 10 Leute sehen, die das Evangelium verkündigten; denkt England, Schottland, Irland und Wales wären Heidenländer, es gäbe nur 6 Leute, die Jesum verkündigten, und dann Belgien, Holland, Frankreich, Spanien, Portugal, Italien, Ungarn, Türkei, und verdoppelt das Ganze, so habt ihr einen ungefähren Begriff von den Bedürfnissen Chinas.

Der Missionar James Hudson Taylor, 1893[1]

Ebenso wie Japan wurde auch China im Laufe des neunzehnten Jahrhunderts unter Einsatz oder Androhung militärischer Gewalt dazu gezwungen, sich den Wirtschaftsinteressen der europäischen Großmächte, allen voran Großbritanniens, immer weiter zu öffnen. Hand in Hand mit dieser Öffnung ging die Entsendung von Missionaren, deren Handlungsspielraum sich vor dem Hintergrund der zwischen dem Kaiser und den europäischen Mächten abgeschlossenen «ungleichen Verträge» beständig erweiterte, durch die dadurch hervorgerufenen sozialen Unruhen aber auch immer wieder verengte, bis die Kommunistische Partei nach Gründung der Volksrepublik China sämtliche missionarischen Aktivitäten verbot.

Öffnung nach außen, Krise im Innern

In der zweiten Hälfte des achtzehnten Jahrhunderts erreichte das Chinesische Reich unter der seit 1644 regierenden Qing-Dynastie die größte Ausdehnung seiner Geschichte und stand mit einer stark angewachsenen Bevölkerung auf dem Höhepunkt seiner Macht. Wie in Japan betrachtete man jedoch auch in China die Handelsaktivitäten der europäischen Kolonialmächte mit Argwohn und versuchte, ihnen Grenzen zu setzen. Nachdem die Ein- und Ausfuhr von Gütern schon seit geraumer Zeit nur in einigen wenigen Küstenstädten erlaubt gewesen war, wurden 1760 sämtliche ausländischen Handelsaktivitäten auf die südchinesische Hafenstadt Guangzhou (Kanton) beschränkt und für ihre Abwicklung strenge Regeln festgelegt. Dies war in den darauffolgenden Jahrzehnten besonders Großbritannien ein Dorn im Auge, da die Britische Ostindien-Kompanie um diese Zeit die anderen europäischen Kolonialmächte aus Indien verdrängt hatte und nun in immer größerem Umfang aus China Tee bezog. Da dieser nach den geltenden restriktiven Bestimmungen ausschließlich mit Silber bezahlt werden konnte, erzielte die chinesische Seite einen beträchtlichen Handelsüberschuss, während die Ostindien-Kompanie immer mehr Mühe hatte, die dadurch entstehenden Defizite auszugleichen. 1792 entsandte König Georg III. daher den Diplomaten George Macartney nach China, der darum ersuchen sollte, die bisherigen Handelsbeschränkungen abzuschaffen, die Einrichtung einer britischen Botschaft zu gestatten und China insgesamt als Absatzmarkt für britische Produkte zu öffnen. Dies wurde von der chinesischen Seite indessen umgehend abgelehnt.

Um ihr Defizit im Teehandel mit China auszugleichen, forcierte die Britische Ostindien-Kompanie in Bengalen den großflächigen Anbau von Opium, das dann mit Hilfe privater Händler und chinesischer Schmuggler illegal nach China gebracht wurde. Dort breitete sich die Rauschgiftsucht besonders im Süden des Landes immer weiter aus und verschärfte bereits bestehende wirtschaftliche und gesellschaftliche Probleme, so dass die chinesische Regierung gezwungen war, drastische Maßnahmen zur Eindämmung des Opiumschmuggels zu ergreifen. 1839 kam es nach der Beschlagnahmung und Vernichtung einer großen Menge Opiums im Hafen von Kanton zu gewaltsamen Zusammenstößen zwischen Chinesen und Briten, die der britischen Seite den Anlass zu einer militärischen Intervention boten. Auch der deutsche Missionar Karl Gützlaff war daran beteiligt, der dem britischen Expeditionskorps seine landeskundlichen Kenntnisse zur Verfügung stellte.[2] In diesem sogenannten Ersten Opiumkrieg erzielte die ausgesandte britische Flotte aufgrund ihrer technischen Überlegenheit eine lange Reihe militärischer Erfolge, durch die China nach drei Jahren gezwungen wurde, zu ungünstigen Bedingungen um Frieden zu ersuchen. Im Vertrag von Nanking erreichte Großbritannien unter anderem die Abtretung Hongkongs, die Zusage umfangreicher Entschädigungszahlungen, die Aufhebung der bisherigen restriktiven Handelsbestimmungen sowie die Öffnung vier weiterer Hafenstädte (Xiamen, Fuzhou, Schanghai und Ningbo). In Ergänzung dieser Bestimmungen musste sich China ein Jahr später im Vertrag von Humen dazu verpflichten, für bestimmte Waren wie etwa Tee oder Seide festgelegte Zolltarife zu akzeptieren, etwaige Rechte anderer Staaten stets auch Großbritannien zu gewähren und britische Staatsbürger in China von der Anwendung der chinesischen Gerichtsbarkeit auszunehmen.

Der Missionar Karl Gützlaff (Mitte) als Dolmetscher während des Ersten Opiumkriegs: Kommodore James Bremer fordert vom chinesischen Gouverneur von Chusan und obersten Mandarin an Bord der HMS Wellesley am 4. Juli 1840 die Übergabe der Insel Chusan, Kupferstich, 1841

Wie groß der Ansehensverlust des Chinesischen Kaiserreichs durch seine Niederlage im Ersten Opiumkrieg war, zeigt der Umstand, dass kurz nach Großbritannien auch die Vereinigten Staaten und Frankreich mit den Verträgen von Wanghia und Huangpu ähnlich vorteilhafte Bedingungen für ihren Chinahandel erzielen konnten. Darüber hinaus blieb der Opiumschmuggel ein ungelöstes Problem, das sich nach dem Ende des Krieges sogar noch verschärfte. Um den Handel mit dem Rauschgift zu legalisieren und auch das chinesische Territorium jenseits der fünf Handelshäfen für den Import britischer Waren zu öffnen, nahm Großbritannien 1856 einen Zwischenfall bei der Kontrolle eines in Hongkong registrierten Handelsschiffs zum Anlass für eine neuerliche Kriegserklärung an China. In dem nun folgenden Zweiten Opiumkrieg kämpfte neben Großbritannien auch Frankreich, das nach der Verhaftung und Hinrichtung eines Missionars der Pariser Mission nicht nur Vergeltung fordern, sondern auch seine außenpolitischen Interessen durchsetzen wollte. Nach vierjährigen vergeblichen Kämpfen gegen das britisch-französische Expeditionskorps, in deren Verlauf die britischen Truppen auch den Alten Sommerpalast bei Peking plünderten und zerstörten, wurde China im Vertrag von Tianjin und in der ihn ergänzenden Pekinger Konvention zu weitreichenden Zugeständnissen gezwungen. Einmal mehr verpflichtete sich das Kaiserreich zur Zahlung umfangreicher Entschädigungen an Großbritannien und Frankreich. Zu den bereits vorhandenen fünf Häfen für den Auslandshandel kamen nun noch elf weitere dazu, der Import von Opium wurde legalisiert, das am Krieg unbeteiligte Russland erhielt die an der Pazifikküste gelegene Äußere Mandschurei, Chinesen durften auf ausländischen Schiffen auswandern, und die christliche Missionstätigkeit wurde ohne Einschränkungen im gesamten Reich erlaubt.

Für China hatten diese «ungleichen Verträge» verheerende Folgen. Zwar propagierte die herrschende Qing-Dynastie nach wie vor die Vorstellung von China als dem Mittelpunkt der zivilisierten Welt, doch verlor diese Ideologie nun auch im Land selbst immer mehr an Glaubwürdigkeit. Wiederholt kam es durch den Niedergang der einheimischen Wirtschaft, durch Naturkatastrophen sowie Konflikte zwischen den herrschenden Mandschu, der Mehrheit der Han-Chinesen und verschiedenen ethnischen Minderheiten zu gewaltsamen Unruhen, der die Zentralregierung nicht mehr Herr wurde. Darüber hinaus hatte die lange Serie militärischer Niederlagen gegen ausländische Armeen aller Welt die Schwäche des chinesischen Militärs vor Augen geführt. Infolgedessen fühlte sich das mit ausländischer Unterstützung hochgerüstete Kaiserreich Japan ermutigt, 1894/95 im Ersten Japanisch-Chinesischen Krieg Taiwan zu annektieren und die Abhängigkeit Koreas von China zu beenden. 1898 versuchte Kaiser Guangxu daraufhin, das Chinesische Reich nach dem Vorbild Japans durch drastische Eingriffe in das Verwaltungs-, Rechts- und Bildungswesen zu reformieren. Dies scheiterte jedoch am Widerstand konservativer Kreise gerade auch innerhalb des Beamtenapparats und führte unmittelbar zur Entmachtung des Kaisers und der Übernahme der Regierungsgeschäfte durch seine Tante, die Kaiserinwitwe Cixi.

Europäische und amerikanische Missionare

Im Mittelpunkt der Neuaufnahme missionarischer Aktivitäten im Chinesischen Kaiserreich des frühen neunzehnten Jahrhunderts stand der Außenhandelshafen Kanton.[3] Dorthin gelangte 1807 im Auftrag der Londoner Missionsgesellschaft als erster protestantischer Missionar in China der aus Nordengland stammende Robert Morrison (1782–1834).[4] Da eine aktive Missionierung mit öffentlichen Predigten zu jener Zeit noch verboten war, konzentrierte sich Morrison auf die Übersetzung der Bibel und die Erstellung eines umfassenden Wörterbuchs der chinesischen Sprache als Grundlage künftiger Missionsaktivitäten. Unterstützt wurde er dabei von dem Schotten William Milne (1785–1822), der 1813 in Kanton eintraf, bald danach jedoch nach Malakka weiterreiste und dort fünf Jahre später die Leitung des neu gegründeten Anglo-Chinese College übernahm. Die wichtigsten Helfer William Milnes waren die beiden chinesischen Konvertiten Liang Fa und Wat Ngong, die später auch selbst missionarisch tätig wurden, während Morrison in der Person von Cai Gao, dem Sohn eines chinesischen Kaufmanns, dessen Familie nach dem frühen Tod des Vaters in wirtschaftliche Not geraten war, eine wichtige Stütze hatte.[5]

Von 1815 bis 1823 veröffentlichte Morrison mit finanzieller Unterstützung der Londoner Missionsgesellschaft und der Britischen Ostindien-Kompanie *A Dictionary of the Chinese Language*. Dieses erste Wörterbuch Chinesisch-Englisch und Englisch-Chinesisch diente trotz philologischer Mängel vielen späteren Wörterbüchern als Vorbild.[6] Zudem brachte Morrison 1813 eine chinesische Übersetzung des Neuen Testaments heraus; ihr folgte zehn Jahre später eine chinesische Ausgabe der gesamten Bibel, die er in Zusammenarbeit mit William Milne fertiggestellt hatte. Eine weitere chinesische Bibelübersetzung, die sogenannte *Delegates Version*, die unter der Leitung eines Kommitees britischer und amerikanischer Missionare entstanden war, erschien zwischen 1850 und 1853. Zu diesem Gremium gehörte auch der aus Massachusetts stammende Elijah Coleman Bridgman, der 1830 als erster US-amerikanischer Missionar nach Kanton gekommen war und später vor allem in Schang-

Der Missionar Robert Morrison übersetzt mit Unterstützung einheimischer Helfer die Heilige Schrift ins Chinesische. Kupferstich, um 1820

hai arbeitete.[7] Ihren vorläufigen Abschluss fanden die Bemühungen um eine zuverlässige chinesische Bibel 1919 mit der Veröffentlichung der *Chinese Union Version*, auf die mehrere der heute gebräuchlichen Bibelausgaben in China zurückgehen.[8]

Neben der Bereitstellung von Bibelübersetzungen und weiteren christlichen Schriften sahen die ersten protestantischen Missionare in Kanton auch im Angebot medizinischer Leistungen eine Möglichkeit, jenseits einer regelrechten Missionstätigkeit Vertrauen aufzubauen und für ihre Religion zu werben.[9] Den Anfang machte einmal mehr Robert Morrison, der 1820 zusammen mit einem Arzt der Britischen Ostindien-Kompanie in Macau eine Apotheke eröffnete und auch Informationen über das medizinische Wissen der Chinesen sammelte. 1835 eröffnete Peter Parker aus Massachusetts das erste Krankenhaus in Kanton, das mit Hilfe privater Spenden der einheimischen Bevölkerung eine kostenlose Behandlung von Augenkrankheiten anbot. Zu Beginn des Ersten Opiumkriegs geschlossen, wurde das Krankenhaus gleich nach Kriegsende wieder eröffnet und 1866 um eine Ausbildungsstätte für einheimische Helfer erweitert; heute ist es Bestandteil der Sun-Yat-sen-Universität. Ein weiterer Missionsarzt in China war der Engländer Benjamin Hobson, der 1839 im Auftrag der Londoner Missionsgesellschaft nach Macau gelangte und von 1843 bis 1845 das neu eröffnete Missionskrankenhaus in Hongkong leitete. Die erste Missionsärztin, die aus New York stammende Lucinda L. Combs, kam 1873 nach China, wo sie zwei Jahre später das erste Frauenkrankenhaus eröffnete. 1903 schließlich wurde von der amerikanischen Missionsärztin Mary Hannah Fulton die erste Ausbildungsstätte für Medizinerinnen ins Leben gerufen, das Hacket Medical College for Women, das heute ebenfalls zur Sun-Yat-sen-Universität gehört.

Im Auftrag der Presbyterianischen Mission war der New Yorker John Livingstone Nevius ab 1854 fast vierzig Jahre lang in China tätig. Als Fazit seiner Erfahrungen erschien 1886 sein Buch *The Planting and Development of Missionary Churches*. Darin kritisierte er die fortdauernde Abhängigkeit der einheimischen chinesischen Kirchen von ausländischer Führung und Unterstützung und propagierte im Anschluss an Gedanken des Amerikaners Rufus Anderson und des Engländers Henry Venn das «Drei-Selbst-Prinzip». Ihm zufolge sollten sich einheimische Kirchen so bald wie möglich selbst verwalten, selbst finanzieren und auch selbst ausbreiten. Ähnliche Auffassungen, die in einer Zeit des Kolonialismus und Imperialismus bei vielen Kirchenführern zunächst nur wenig Anklang fanden, vertrat auch der walisische Missionar Timothy Richard (1845–1919), der seit 1869 im Auftrag der Baptistischen Missionsgesellschaft in China arbeitete.[10]

Zu den wichtigsten Neuansätzen der Chinamission nach dem Ende des Zweiten Opiumkriegs zählt die 1865 von James Hudson Taylor gegründete *China Inland Mission*.[11] 1832 in Nordengland geboren, war Taylor von 1853 bis 1857 für die Chinesische Evangeliums-Gesellschaft tätig, bevor er sich 1860 von ihr trennte und fünf Jahre später seine eigene Missionsgesellschaft ins Leben rief. Unter dem Einfluss des Methodismus seiner Zeit bekannte er sich zu der sogenannten Heiligungsbewegung, die nach der ersten Stufe der Rechtfertigung von der Möglichkeit einer Vervollkommnung des christlichen Lebens durch eine zweite Stufe der Heiligung ausging. Alle Missionare und Missionarinnen sollten in weitgehender Anpassung an ihre Umwelt in einheimischer Kleidung ihrer Tätigkeit nachgehen. Sie sollten jedoch keine allgemeine Bildungsarbeit leisten oder Institutionen aufbauen, sondern sich ganz auf die Verkündung des Evangeliums konzentrieren. Im Unterschied zu vielen anderen Missionsgesellschaften machte Taylor dabei keinen Unterschied zwischen ordinierten und nichtordinierten Missionaren und eröffnete auch ledigen Frauen die Möglichkeit einer selbständigen Missionstätigkeit. Dabei legte er großen Wert auf den internationalen und interkonfessionellen Charakter seiner Organisation sowie auf einen weitgehenden Verzicht auf regelrechte Werbung zu ihrer Finanzierung. Missionare und Missionarinnen sollten kein festes Gehalt beziehen, sondern auf Gottes Fürsorge vertrauen. Zusammen mit dem englischen Missionar Anthony Norris Groves gilt Hudson Taylor daher als ein Pionier der sogenannten Glaubensmission, wie sie heute vor allem von evangelikalen Missionsgesellschaften vertreten wird. Die besondere Dynamik seiner Bewegung erklärt sich nicht zuletzt daraus, dass er und seine Mitarbeiter den Aufschwung der Weltmission oft auch als Anzeichen des nahen Weltendes verstanden.

Zwanzig Jahre nach Gründung der China Inland Mission rief der aus Goch am Niederrhein stammende Priester Arnold Janssen mit der «Gesellschaft des Göttlichen Wortes» (*Societas Verbi Divini*) einen neuen katholischen Missionsorden ins Leben. Nach dem bereits 1875 gegründeten Missionshaus St. Michael im niederländischen Steyl sind seine Mitglieder weithin als «Steyler Missionare» bekannt.[12] Die ersten Missionare dieses Ordens, der Tiroler Josef Freinademetz und der aus Bayern gebürtige Johann Baptist Anzer, erreichten 1879 Hongkong, von wo aus sie nach zweijähriger Vorbereitung in die nordostchinesische Provinz Shandong weiterreisten. Politische Brisanz erhielt die dortige Tätigkeit der Steyler Missionare, als zwei von ihnen 1897 bei einem gewalttätigen Übergriff unter letztlich ungeklärten Umständen ums Leben kamen.[13] Das Deutsche Reich, das schon seit längerem koloniale Ambitionen in China verfolgte, benutzte diesen Vorfall als Vorwand zur Besetzung der Kiautschou-Bucht und erzwang wenige Monate später den Abschluss eines Pachtvertrags, mit dem China seine Hoheitsrechte in dieser Region für 99 Jahre auf das Deutsche Reich übertrug. Im Unterschied zu den anderen deutschen Kolonien war das «Deutsche Schutzgebiet Kiautschou» wegen seiner strategischen Bedeutung direkt dem Reichsmarineamt unterstellt, unter dessen Leitung innerhalb weniger Jahre eine moderne Infrastruktur entstand. Als Hauptstadt diente der Handels- und Marinestützpunkt Tsingtau (heute Qingdao), der indessen gleich zu Beginn des Ersten Weltkriegs von japanischen und britischen Truppen belagert wurde und nach wenigen Monaten kapitulieren musste. Steyler Missionare waren auch nach dem Ersten Weltkrieg in China tätig und übernahmen 1933 die acht Jahre zuvor von amerikanischen Benediktinern gegründete Katholische Fu-Jen-Universität auf Taiwan.[14] Dort lehrte in seinen letzten Lebensjahren der seit 1921 in China tätige Franz Xaver Biallas, der 1935 die noch heute existierende sinologische Fachzeitschrift *Monumenta Serica* begründete.[15]

Der Taiping-Aufstand

Den tiefgreifenden Einfluss, den der Aufschwung missionarischer Aktivitäten seit dem Ende des Ersten Opiumkriegs auf die religiöse Vorstellungswelt vieler Chinesen ausübte, veranschaulicht die heute so genannte Taiping-Bewegung.[16] An ihrem Anfang steht Hong Huoxiu (1814–1864), der Sohn eines Bauern aus der Volksgruppe der Hakka. Um die Beamtenlaufbahn einschlagen zu können, unternahm er mehrere vergebliche Anläufe, die erforderliche staatliche Prüfung abzulegen. Als er 1837 zum dritten Mal durchfiel, erkrankte er schwer und sah sich in einem Fiebertraum als Teil einer überirdischen Familie mit einem älteren Bruder und einem himmlischen Vater mit langem, goldenem Bart. Dieser überreichte ihm ein Schwert zur Bekämpfung der Dämonen, die die Menschen an seiner Stelle verehrten, und wies ihn an, seinen Namen in Hong Xiuquan zu ändern. Nach seiner Genesung arbeitete Hong Xiuquan mehrere Jahre lang als Lehrer, bis er 1843 ein viertes und letztes Mal die Beamtenprüfung nicht bestand. Unmittelbar danach glaubte er, durch die Lektüre eines christlichen Missionstraktats den Schlüssel zur Deutung seines Fiebertraums gefunden zu haben. Er erklärte sich zu einem Sohn Gott Vaters und zu einem jüngeren Bruder Jesu Christi, der damit beauftragt sei, den Konfuzianismus und Buddhismus zu bekämpfen, um der wahren Religion in China zum Durchbruch zu verhelfen.

Zu den ersten Anhängern Hong Xiuquans gehörte Feng Yunshan (1815–1852), der um 1845 die «Gemeinschaft der Gottesverehrer» gründete. Zwei weitere Mitglieder dieser Gruppe, Yang Xiuqing und Xiao Chaogui, nahmen für sich in Anspruch, dass Gott Vater und Jesus Christus aus ihnen redeten, während Hong Xiuquan die geistliche Führung der Bewegung übernahm. Als Legitimation seiner Theologie diente ihm eine chinesische Bibelübersetzung, die er im Sinne seiner eigenen Lehre abänderte und als eine Beschreibung der ursprünglichen Religion Chinas vor ihrer Korrumpierung durch den Konfuzianismus darstellte. Wesentliche Faktoren für den Erfolg der Bewegung waren die sozialen und politischen Verhältnisse in China. Viele Bauern litten unter den drückenden Abgaben, die sie zu leisten hatten, zumal die landwirtschaftlichen Nutzflächen durch die steigenden Bevölkerungszahlen immer knapper wurden. Hinzu kam die feindselige Haltung vieler Chinesen gegenüber der Oberschicht der Mandschu, die gerade im Süden des Landes unter der Bevölkerungsgruppe der Hakka verbreitet war.

Während die Anhängerschaft der «Gemeinschaft der Gottesverehrer» beständig zunahm, wuchsen auch die Spannungen mit den örtlichen Behörden und Militärführern. Anfang 1851 kam es in der südchinesischen Stadt Jintian zum offenen Aufruhr, als Hong Xiuquan das «Himmlische Königreich des Ewigen Friedens» (*Tàipíng Tiānguó*) proklamierte und die Bevölkerung zur Annahme seiner Religion und zum Sturz der Mandschu-Dynastie aufrief. Im September 1851 eroberten die Aufständischen die Stadt Yongan und im März 1853 die alte Kaiserresidenz Nanjing, die Hong Xiuquan zu seiner Hauptstadt machte. In den folgenden Jahren entstand in zahlreichen Provinzen Chinas ein regelrechter Krieg zwischen Rebellen und Regierungstruppen, der von beiden Seiten mit großer Brutalität geführt wurde. Gleichzeitig kam es im inneren Führungszirkel der Aufständischen zu politischen Säuberungen, die zahlreiche Opfer forderten.

Zu einem Wendepunkt in der militärischen Auseinandersetzung wurde der Angriff der Aufrührer auf die strategisch wichtige Hafenstadt Schanghai, den die Regierungstruppen im August 1860 mit europäischer Unterstützung zurückschlugen. In der Folge drängten chinesische Soldaten unter der Führung europäischer und amerikanischer Offiziere ihre Gegner immer weiter zurück. 1864 wurde Nanjing nach mehrjähriger Belagerung von den kaiserlichen Truppen erobert, die Anführer wurden hingerichtet, und die Taiping-Bewegung kam in den folgenden Jahren überall zum Erliegen. Nach realistischen Schätzungen verloren in den vierzehn Jahren des Taiping-Aufstands, der in vieler Hinsicht an religiös legitimierte Widerstandsbewegungen in anderen Missionsgebieten erinnert, zwischen zwanzig und dreißig Millionen Menschen ihr Leben.

Christliche Interpretationen chinesischer Philosophie

Wie schon im siebzehnten und achtzehnten Jahrhundert ging die Erschließung der chinesischen Literatur und Philosophie auch nach dem Zweiten Opiumkrieg vielfach von katholischen Missionaren aus. Eine wichtige Rolle spielte dabei einmal mehr der Jesuitenorden.[17] Zu den bedeutendsten Erforschern des Konfuzianismus zählt der Franzose Séraphin Couvreur (1835–1919), der seit 1870 in Nordostchina tätig war. Er veröffentlichte nicht nur philologisch genaue Ausgaben einer ganzen Reihe klassischer konfuzianischer Texte im chinesischen Original mit französischen und lateinischen Übersetzungen, sondern legte auch ein viel benutztes Wörterbuch der klassischen chinesischen Literatursprache vor, dessen Transkriptionsweise als Couvreur-System bekannt wurde. Mit dem Daoismus und Buddhismus beschäftigte sich der gebürtige Elsässer Léon Wieger (1856–1933), der 1887 nach Nordostchina kam und dort auch die volkstümlichen Überlieferungen seines Missionsgebiets studierte.

Neben diesen katholischen Autoren suchten seit der Mitte des neunzehnten Jahrhunderts aber auch protestantische Missionare die chinesische Philosophie einer breiteren europäischen Öffentlichkeit nahezubringen.[18] Einer der produktivsten und zugleich einflussreichsten Übersetzer und Interpreten im angelsächsischen Sprachraum war der Schotte James Legge (1815–1897).[19] Er übernahm 1840 im Auftrag der Londoner Missionsgesellschaft die Leitung des 1818 in Malakka gegründeten Anglo-Chinese College, das zwei Jahre nach dem Ende des Ersten Opiumkriegs nach Hongkong verlegt wurde. Von 1844 bis 1867 und von 1870 bis 1873 war er außerdem als Pfarrer an der neu gegründeten Union

Church in Hongkong tätig. Als er 1846 in Begleitung von dreien seiner chinesischen Schüler für kurze Zeit seiner Heimat einen Besuch abstattete, wurde er auch von Königin Victoria empfangen. Nach einer längeren Reise durch Nordchina kehrte Legge Ende 1873 über Japan und die Vereinigten Staaten nach England zurück. Von 1876 bis 1897 lehrte er als erster Professor für chinesische Sprache und Literatur an dem eigens für ihn geschaffenen Lehrstuhl an der Universität Oxford. In dieser Zeit engagierte er sich zudem in der 1874 gegründeten Gesellschaft zur Unterdrückung des Opiumhandels. Deren Bemühungen um ein Verbot des Opiumexports von Indien nach China sollten allerdings erst 1913 Erfolg haben.[20] Als in Oxford 1878 die Einrichtung eines Colleges für weibliche Studierende erwogen wurde, stellte sich Legge auf die Seite derer, die sich gegen die Verpflichtung einer Zugehörigkeit dieser Studentinnen zur Anglikanischen Kirche aussprachen. Dies führte ein Jahr später zur Gründung der überkonfessionellen Somerville Hall, dem heutigen Somerville College.

James Legge begann seine lebenslange Übersetzungstätigkeit 1841, wobei ihm verschiedene einheimische Mitarbeiter mit ihrer Sprach- und Literaturkenntnis zur Seite standen. Einer von ihnen war Hong Rengan (1822–1864), der sich während seiner Tätigkeit für verschiedene Missionare eine breite Kenntnis des protestantischen Christentums, aber auch der europäischen Geografie, Geschichte und Politik erwarb. 1858 schloss Hong Rengan sich gegen den Willen Legges der Taiping-Bewegung an, in der er als Cousin des Anführers Hong Xiuquan eine zentrale Rolle spielte. Vergeblich bemühte er sich mit Hilfe von ausländischen Missionaren um europäische Unterstützung der Taiping, bevor er nach der endgültigen Niederschlagung des Aufstands gefangen genommen und hingerichtet wurde. Ein weiterer Mitarbeiter Legges war Wang Tao (1828–1897), der seit 1849 in der Druckerei der Londoner Missionsgesellschaft in Schanghai beschäftigt war und dort in Zusammenarbeit mit den Missionaren Alexander Wylie und Joseph Edkins englische Sach- und Fachliteratur ins Chinesische übersetzte. Als er der Sympathie mit den Taiping verdächtigt wurde, floh Wang Tao 1862 nach Hongkong und unterstützte in den darauffolgenden Jahren Legge bei seiner Übersetzung der Klassiker des Konfuzianismus. Nach einem mehrjährigen Aufenthalt in Großbritannien kehrte er 1870 nach Hongkong zurück, wo er vier Jahre später die erste chinesische Tageszeitung gründete.

James Legges Übersetzungstätigkeit fand ihren Abschluss mit den sechs Bänden, die er von 1879 bis 1891 in der insgesamt fünfzigbändigen Reihe *The Sacred Books of the East* veröffentlichte und von denen die ersten vier der konfuzianischen und die beiden letzten der daoistischen Literatur gewidmet waren. Wie viele missionarische Übersetzer vor und nach ihm wurde auch er für seine Wiedergabe chinesischer Begriffe mit Termini aus dem Bereich der christlichen Theologie sowohl gelobt als auch getadelt: Sahen die einen darin den begrüßenswerten Versuch einer Aneignung des Fremden oder gar den Nachweis einer tieferliegenden inneren Übereinstimmung, so befürchteten andere eine Vereinnahmung oder gar Verfälschung fremder Traditionen. Indem Legge *shàngdì* mit der Bezeichnung des christlichen Gottes gleichsetzte, sah er sich denselben Kontroversen ausgesetzt wie seinerzeit die Jesuiten während des Ritenstreits.

Neben James Legge als einflussreichem Vermittler chinesischen Gedankenguts im angelsächsischen Sprachraum steht in Deutschland sein jüngerer Zeitgenosse Richard Wilhelm (1873–1930).[21] In Stuttgart geboren, erhielt er eine theologische Ausbildung an der Universität Tübingen und war nach seiner Ordination 1895 zunächst als Vikar in Boll (heute Bad Boll) tätig. Dort lernte er den evangelischen Theologen Christoph Friedrich Blumhardt kennen, der sich zu jener Zeit immer mehr vom Pietismus seines Elternhauses löste und einem religiösen Sozialismus zuwandte. 1900 heiratete Wilhelm Blumhardts Tochter Salome und begann in Tsingtau, der Hauptstadt des Deutschen Schutzgebiets Kiautschou, eine zwanzigjährige pädagogische Tätigkeit im Auftrag des «Allgemeinen evangelisch-protestantischen Missionsvereins». Nach der Rückgabe Kiautschous an China arbeitete Wilhelm zwei Jahre lang in Peking, bevor er 1924 als Honorarprofessor für chinesische Geschichte und Philosophie an die zehn Jahre zuvor gegründete Universität Frankfurt am Main berufen wurde. Dort gründete er 1925 ein China-Institut, das er bis zu seinem Tod leitete.

Ähnlich wie Legge war auch Richard Wilhelm ein Missionar, bei dem die wissenschaftliche Beschäftigung mit der religiösen und philosophischen Literatur seines Missionsgebiets die seelsorgerliche Tätigkeit bei weitem überwog. Auch Wilhelm hatte den Anspruch, die Philosophien Chinas nicht allein den Fachgelehrten, sondern einer breiten Öffentlichkeit nahezubringen. Aus diesem Grund suchte er gerade in den Einführungen und Erläuterungen zu seinen Übersetzungen immer wieder an Bekanntes anzuknüpfen und verwendete trotz des Risikos von Missverständnissen eine den Lesern bereits vertraute Begrifflichkeit. Erreichte Legge ein breites Publikum durch die Veröffentlichung seiner Übersetzungen in den *Sacred Books of the East*, so fand Wilhelm viele Leser durch die Aufnahme seiner achtbändigen Reihe *Religion und Philosophie Chinas* in das Programm des Publikumsverlags Eugen Diederichs. Hinter den Übersetzungen Legges – wie den *Sacred Books of the East* insgesamt – steht, wenn auch unausgesprochen, eine liberal-christliche Auffassung von den Religionen der Welt als Vorbereitung des Christentums. In den Büchern Richard Wilhelms (und mehr noch in ihrer Rezeption) spiegelt sich dagegen die religiöse und weltanschauliche Verunsicherung breiter Kreise angesichts der Katastrophe des Ersten Weltkriegs sowie die Sehnsucht, weitab von den überkommenen Traditionen Europas Normen und Halt für die eigene Lebensführung zu finden. Nicht von ungefähr wurde Richard Wilhelms Übertragung des *Yijing* (*I Ging*) mit seinen vielschichtigen Bezügen zur Orakelpraxis wie auch zu den Weisheitslehren eines seiner populärsten Bücher, das auch den Tiefenpsychologen Carl Gustav Jung faszinierte.

Vom Boxerkrieg bis zum Verbot der christlichen Mission

Gegen Ende des neunzehnten Jahrhunderts kam es nach Naturkatastrophen im Nordosten Chinas zu einer drastischen Verschlechterung der wirtschaftlichen Lage der Landbevölkerung. Dies führte in Verbindung mit der seit langem schwelenden Abneigung gegen die Kolonialmächte, den Ressentiments wegen der vielen ungleichen Verträge und der Erbitterung über die chinesische Niederlage im Japanisch-Chinesischen Krieg zu gewalttätigen Übergriffen, die sich schließlich zu kriegsähnlichen Unruhen ausweiteten. Ein Vorbote kommender Ereignisse war der Angriff auf drei Steyler Missionare im November 1897, der als Vorwand für die Einrichtung des Deutschen Schutzgebiets Kiautschou diente. Betroffen waren aber nicht nur christliche Missionare, die unter dem Schutz der ausländischen Regierungen standen, sondern auch chinesische Christen, die in den Jahren zuvor immer wieder auch wirtschaftlich oder anderweitig von der Zusammenarbeit mit Kirchen und Missionsgesellschaften profitiert hatten.[22] So kam es im Juni 1898 zu gewaltsamen Übergriffen gegen die Christen des Ortes Liyuantun, in dem man wenige Jahre zuvor einen Tempel zu einer Kirche umgebaut hatte. Da viele der Unzufriedenen eine Ausbildung in der traditionellen chinesischen Kampfkunst besaßen, die man im englischsprachigen Raum als *Chinese Boxing* kannte, wurden sie im Ausland allgemein «Boxer» genannt. Die gängige chinesische Eigenbezeichnung lautete dagegen *Yìhéquán* («Vereinigte Fäuste für Gerechtigkeit» oder «Fäuste der Gerechtigkeit und Harmonie»). Lange Zeit war es üblich, die Unruhen als «Boxeraufstand» zu bezeichnen, doch gilt dieser Sprachgebrauch heute – ähnlich wie bei der *Indian Mutiny* oder dem sogenannten Herero-Aufstand – als Ausdruck einer spezifisch kolonialistischen Sichtweise, so dass man besser vom «Boxerkrieg» spricht.

Nach anfänglichen lokalen Unruhen in den Jahren 1898 und 1899 verschärfte sich der Konflikt im ersten Halbjahr 1900. Im Mai und Juni erreichten die Boxer Peking, wo es nach der Verhaftung und Hinrichtung eines ihrer jugendlichen Kämpfer rund um die Gesandtschaften und ausländischen Einrichtungen zu gewalttätigen Übergriffen, Morden und Plünderungen kam. Während sich Ausländer und chinesische Christen im Gesandtschaftsviertel verschanzten, scheiterte der erste Versuch eines internationalen Expeditionskorps, die Belagerung zu durchbrechen. Als die chinesische Regierung sich daraufhin auf die Seite der Boxer und gegen die Alliierten stellte, nahm der Konflikt immer mehr die Züge eines regelrechten Krieges an. Im Juli bot der mit den Boxern sympathisierende Gouverneur der Provinz Shanxi 45 katholischen und protestantischen Missionaren und ihren Angehörigen an, sich unter seinen Schutz in die Hauptstadt Taiyuan zu begeben, wo sie jedoch kurz nach ihrer Ankunft ermordet wurden.[23] Vergleichbares geschah an vielen anderen Orten Nordchinas. Schließlich wurde unter dem Oberbefehl des ehemaligen

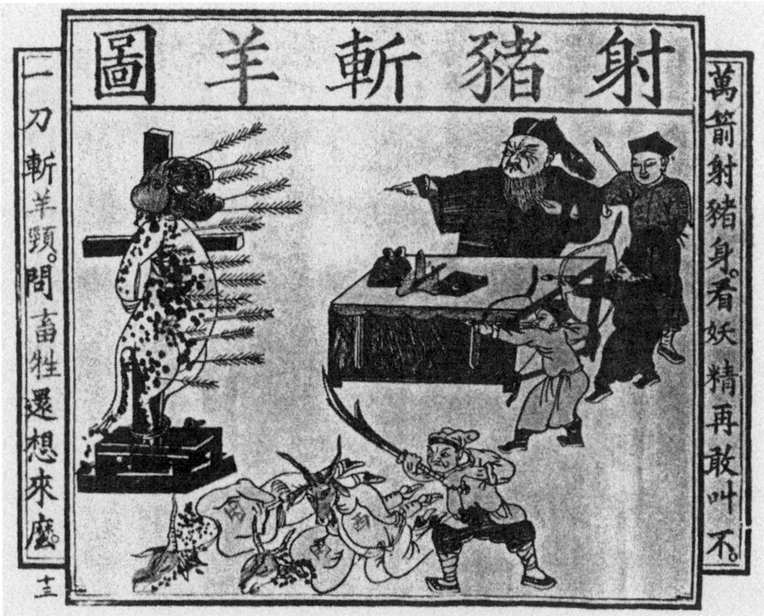

Antiwestliche chinesische Karikatur zur Zeit des Boxerkriegs, um 1900

deutschen Generalstabschefs ein weiteres internationales Expeditionskorps zusammengestellt, das Mitte August Peking eroberte und plünderte, während die Kaiserinwitwe aus der Stadt floh. Nun wandte sich auch die chinesische Regierung gegen die Boxer, deren Widerstand von kaiserlichen und alliierten Truppen bald vollständig gebrochen wurde.

Ein Missionar, der wegen seines Verhaltens während des Boxerkriegs berühmt wurde, aber auch zu Kontroversen Anlass gab, war der Amerikaner William Scott Ament (1851–1909).[24] Geboren in Michigan, hatte er als Jugendlicher ein Erweckungserlebnis und gelangte nach theologischen Studien am Andover Theological Seminary 1877 als Missionar nach China. Dort war er zuerst im Norden des Landes und später in der Hauptstadt Peking tätig. Im Boxerkrieg selbst wurde er vor allem durch sein ebenso tatkräftiges wie umsichtiges und furchtloses Verhalten vor und während der Belagerung des Gesandtschaftsviertels in Peking bekannt. Als er jedoch nach der Niederschlagung der Boxerbewegung die Verantwortlichen und ihre Unterstützer unnachgiebig zur Rechenschaft zog und auch ihr Eigentum zugunsten einer Entschädigung chinesischer Christen beschlagnahmte, führte dies in den Vereinigten Staaten zu einem publizistischen Schlagabtausch zwischen Befürwortern und Kritikern. Zum prominentesten Gegner Aments wurde der Schriftsteller Mark Twain, der ihn in einem satirischen Zeitschriftenartikel als Handlanger des Imperialismus scharf angriff und den Missionaren empfahl, sich doch lieber der Inneren Mission in ihrer Heimat zu widmen.[25]

Insgesamt war die ausländische Unterstützung der Chinamission jedoch auch nach 1900 ungebrochen, zumal sich die chinesische Regierung im sogenannten «Boxerprotokoll» vertraglich dazu verpflichten musste, umfangreiche Entschädigungszahlungen zu leisten und die Mitgliedschaft in ausländerfeindlichen Organisationen unter Androhung der Todesstrafe zu verbieten. Einen erkennbaren Aufschwung nahmen in den ersten Jahrzehnten des zwanzigsten Jahrhunderts besonders die Aktivitäten jener protestantischen Missionare, die sich der Erweckungsbewegung verpflichtet fühlten. Zu ihnen gehörte der Kanadier Jonathan Goforth (1859–1936), der sich nach Studien in Toronto unter dem Einfluss Hudson Taylors der Chinamission zuwandte und 1888 zusammen mit einigen weiteren Missionaren von der Presbyterianischen Kirche Kanadas in die nordostchinesische Provinz Henan entsandt wurde. Nachdem er sich während des Boxerkriegs vorübergehend in Kanada aufgehalten hatte, wurde er nach seiner Rückkehr stark von dem Geistlichen Aufbruch beeindruckt, der 1907 unter Mitwirkung des kanadischen Methodisten Robert Alexander Hardie und des einheimischen Geistlichen Gil Seon-ju die nordkoreanische Stadt Pjöngjang erfasste. Als er ein Jahr später während seiner Missionstätigkeit in der Mandschurei ähnliche Erfolge erzielte, wandelte er sich von einem Missionar herkömmlichen Zuschnitts immer mehr zu einem Erweckungsprediger, dessen charismatisches Auftreten und Bekehrungserfolge weithin bekannt wurden.

Innenpolitisch vertieften sich nach dem Ende des Boxerkriegs indessen die Gräben zwischen den gemäßigten Reformern, die eine konstitutionelle Monarchie anstrebten, und denjenigen, die das Kaisertum stürzen und eine Republik errichten wollten. 1908 gelangte nach dem Tod des Kaisers Guangxu und seiner Tante Cixi der erst zweijährige Puyi auf den Kaiserthron, doch ließ sich der Niedergang der Dynastie dadurch nicht aufhalten. 1912 rief der Revolutionär Sun Yat-sen die Republik aus, und Puyi wurde zur Abdankung gezwungen. In der Folge mehrten sich regionale Aufstände und Unruhen, die schließlich 1927 in einen allgemeinen Bürgerkrieg mündeten. Darüber hinaus kam es 1937 zum Zweiten Japanisch-Chinesischen Krieg, der mit dem Angriff Japans auf die Vereinigten Staaten in den Zweiten Weltkrieg überging. In diesen Jahren nahm die christliche Missionstätigkeit in weiten Regionen Chinas stark ab, bis sie schließlich nach Gründung der Volksrepublik China 1949 schon bald vollständig verboten wurde.

Rückblick und Ausblick

Mission im Zeitalter der Entkolonisierung und Globalisierung

Isolation ist, wenn irgendwann, so heute gar nicht möglich, und man wird, selbst wenn man sich im tiefsten Afrika versteckt, in den allgemeinen Güterverkehr mit hineingerissen werden, man wird von dem Schicksal und dem Andringen der Umwelt mit betroffen, verändert und in irgendeiner Weise so werden wie die anderen, wenn nicht gar aufgesogen und ausgerottet. Wir haben an den Jesuiten in Paraguay ein Beispiel. Es gibt keine Inseln mehr auf der Erde.

Alfred Döblin, 1935[1]

Mit der Entdeckung Amerikas und des Seewegs nach Indien trat die Ausbreitung des Christentums in eine neue Phase ein. Diese unterschied sich von den vorausgehenden Jahrhunderten zum einen durch eine radikale Ausweitung des geografischen Horizonts, zum anderen durch die enge Verbindung zwischen Missionierung, Kolonialismus und Imperialismus. Zweifellos bleibt die Frage, wie die christliche Missionsgeschichte der darauffolgenden Jahrhunderte sinnvoll zu gliedern oder zu periodisieren ist und welche Faktoren hier vorrangig zu berücksichtigen sind. Man wird indessen kaum fehlgehen, das Ende dieser Phase in die zweite Hälfte des zwanzigsten Jahrhunderts zu datieren, als nach dem Ende des Zweiten Weltkriegs und dem Zerfall der Sowjetunion zahlreiche Staaten in aller Welt ihre Unabhängigkeit wiedererlangten. Seitdem ist auch die Missionsgeschichte des Christentums in eine neue Phase eingetreten, die eigene Charakteristika aufweist. Zu diesen Eigenheiten gehören eine zunehmende Säkularisierung der Gesellschaften Europas, die Verlagerung des demografischen Schwerpunkts der christlichen Kirchen auf außereuropäische Regionen, der Niedergang konkurrierender säkularer Ideologien bei gleichzeitigem Erstarken eines politischen Islams, die kritische Distanzierung vieler europäischer Gesellschaften vom einstigen Kolonialismus und Imperialismus sowie schließlich die neuen Möglichkeiten globaler Vernetzung im Zeitalter des Internet. Diese neue Phase der Missionsgeschichte des Christentums auch nur in ihren Umrissen mit allen wesentlichen Kennzeichen adäquat zu beschreiben, würde den Rahmen dieses Buches bei weitem sprengen. Stattdessen sei der Blick abschließend auf einige Erscheinungen gerichtet, die – jede für sich – die derzeitige Sicht auf Mission in unserer Gesellschaft gleichsam schlaglichtartig beleuchten.

Die Geburt der Religionswissenschaft

Mit der Vorlesungsreihe «Einführung in die Religionswissenschaft», die er 1870 in London hielt, legte der deutsch-britische Indologe Friedrich Max Müller (1823–1900) den Grundstein für die Vergleichende Religionswissenschaft als akademische Disziplin. Als Müller seine Vorlesungen drei Jahre später als Buch veröffentlichte, versah er das Titelblatt des Werks mit dem lateinischen Zitat *Quod ubique, quod semper, quod ab omnibus* («Was überall, was immer und was von allen»).[2] Entnommen war dieses Motto einer Schrift des Kirchenvaters Vincentius von Lerinum, das die katholische Kirche seit dem Konzil von Trient immer wieder für eine Definition von «katholisch» herangezogen hatte: *ut id teneamus quod ubique, quod semper, quod ab omnibus creditum est* («dass wir das festhalten, was überall, was immer und was von allen geglaubt wird»). Wie aus anderen Äußerungen Müllers klar hervorgeht, verwendete er – als überzeugter evangelisch-lutherischer Christ – dieses Zitat jedoch nicht in seiner herkömmlichen, sondern in einer übertragenen Bedeutung, nämlich als Hinweis auf die Notwendigkeit eines Vergleichs der Religionen zur Etablierung religiöser Wahrheiten. So schrieb er etwa in einem privaten Brief: «Ich wünsche nicht, die alten Religionen vernichtet zu sehen. Ich will sehen, wie sie durch den Kontakt mit dem Christentum reformiert, reanimiert und neu belebt werden. [...] Wenn wir das tun, werden wir nach meiner Überzeugung die tiefe und einzig sichere und feste Grundlage religiösen Glaubens und ein wahrhaft religiöses Leben finden – dann finden wir das wahre *Quod semper, quod ubique, quod ab omnibus* in allen Religionen der Menschheit.»[3] Doch wenn Müller von «allen Religionen der Menschheit» sprach, sah er diese Religionen doch keineswegs alle auf einer Stufe oder in einer Reihe. Vielmehr galten ihm nur die «wirklich historischen und auf heiligen Schriften beruhenden Religionen» als «die acht unabhängigen Sprachen oder Dialecte des Glaubens der Menschheit von Anfang der Geschichte bis auf den heutigen Tag». Dabei handelte es sich seiner Auffassung nach um das Judentum, das Christentum und den Islam als drei Religionen semitischer Herkunft, den Hinduismus, Buddhismus, Zoroastrismus als drei Religionen indo-iranischen

Ursprungs sowie schließlich den Daoismus und Konfuzianismus als zwei Religionen chinesischer Provenienz. In scharfen Gegensatz dazu stellte er die «nebelhaften und wechselnden Formen des Glaubens und der Gottesverehrung […], wie wir sie bei noch unentwickelten und uncivilisirten Völkern finden, bei Völkern, die weder lesen noch schreiben konnten, die also keine Literatur, keine Gesetze, nicht einmal Lieder und Gebete besassen […].»[4]

Im Kontext ihrer Zeit sind diese Äußerungen in mehrfacher Hinsicht charakteristisch. Dass das Christentum – besonders in seinen zeitgenössischen protestantischen Formen – allen anderen Religionen überlegen sei und sich daher besser als alle anderen als Vorbild für religiöse oder soziale Reformen eigne, galt damals keineswegs nur unter Theologen, sondern auch in einer breiten Öffentlichkeit und selbst in religionskritischen Kreisen weithin als ausgemacht. Eine unmittelbare Folge davon war die Auffassung, der Grad der Ähnlichkeit mit dem Christentum entscheide zugleich über die Entwicklungshöhe, den Wert und die Zukunftsfähigkeit einer Religion. Dass dabei die Existenz von «heiligen Schriften» – und nicht etwa der Glaube an einen einzigen Gott oder bestimmte Moralvorstellungen – über die Nähe oder Ferne zur christlichen Religion entschied, mag in erster Linie auf einem spezifisch protestantischen Verständnis der christlichen Religion beruhen. Darüber hinaus darf man vermuten, dass auch die Interessenlage der Zuhörerschaft Müllers eine gewisse Rolle spielte, da Königin Victoria in Indien über zahlreiche Hindus, Muslime und Zoroastrier herrschte und das Britische Weltreich auch in China und den buddhistischen Ländern Asiens nicht nur missionarische, sondern auch macht- und handelspolitische Ziele verfolgte. In ähnlicher Weise mag sich auch Müllers pauschale Abqualifizierung sämtlicher schriftloser Religionen nicht zuletzt daraus erklären, dass die Befürworter kolonialer Bestrebungen ihre Aktivitäten häufig mit der Eindämmung des verderblichen Einflusses vermeintlich primitiver Religionen auf die indigenen Gesellschaften rechtfertigten, wie denn auch viele Missionare bei ihrer Werbung um einheimische Unterstützung die indigenen Religionen ihres Missionsgebiets gerne in besonders düsteren Farben malten. Müllers Behauptung, die genannten acht Religionen seien die einzigen «unabhängigen Sprachen oder Dialecte des Glaubens der Menschheit von Anfang der Geschichte bis auf den heutigen Tag», dürfte indessen schon damals zumindest bei Fachwissenschaftlern Befremden erregt haben, da sie weder das vergleichsweise geringe Alter der Schriftreligionen – Müller konnte sich mit Darwins Evolutionslehre nie anfreunden – noch ihre vielfältigen Abhängigkeiten und Beziehungen untereinander in angemessener Weise berücksichtigt.

In den ersten Jahrzehnten der Religionswissenschaft als akademischer Disziplin spielte die Beschäftigung der Missionare mit indigenen Religionen damit in zweifacher Hinsicht eine wichtige Rolle: Zum einen dienten ihre Beschreibungen oftmals dazu, die Missionierung und Kolonisierung indigener Völker moralisch zu rechtfertigen, zum andern lieferten sie – wie in einigen vorausgehenden Kapiteln dargelegt – Argumente für mehrere säkulare Religionstheorien, die religiöse Erscheinungen aus psychologischen oder soziologischen Gegebenheiten abzuleiten suchten. Einen Einschnitt bildete dabei gleich in mehrfacher Hinsicht der Erste Weltkrieg, dessen Auswirkungen nicht nur einen gewissen Entkolonisierungsschub auslösten, sondern auch den europäischen Fortschrittsglauben und die Überzeugung von der Sonderstellung des Christentums und seiner grundsätzlichen Überlegenheit über alle anderen Religionen erschütterte. Weitaus mehr als früher wurden soziologische und psychologische Religionstheorien nunmehr auch auf das Christentum angewendet, dessen offizielle Vertreter noch immer unter Berufung auf eine göttliche Offenbarung einen Sonderstatus für die eigene Tradition reklamierten. Weitreichende Folgen hatte in diesem Zusammenhang der Versuch des evangelischen Theologen Rudolf Otto, in seinem erstmals 1917 veröffentlichten Buch *Das Heilige* den Begriff der Heiligkeit oder eben «Das Heilige» als Grunddatum aller Religionen nachzuweisen. In den zwanziger Jahren des zwanzigsten Jahrhunderts entwickelte sich daraus die für einige Jahrzehnte dominante Fachrichtung der Religionsphänomenologie, die einerseits Ähnlichkeiten zwischen dem Christentum und anderen Religionen betonte und Unterschiede in den Hintergrund treten ließ, andererseits jedoch nicht selten den historischen Kontext der von ihr erfassten religiösen Erscheinungen aus den Augen verlor und ihnen mitunter eine unangemessene christlich-theologische Begrifflichkeit überstülpte.

Mit den oben konstatierten politischen, gesellschaftlichen und religiösen Veränderungen im Zuge der Entkolonisierung hat sich auch das Verständnis von Religionswissenschaft im vergangenen halben Jahrhundert erneut geändert und zugleich diversifiziert. Bezeichnet der Begriff an einem Standort die wissenschaftliche Beschäftigung mit (theoretisch) allen Religionen aus einer dezidiert unreligiösen und nichttheologischen Perspektive, so meint er an einem anderen Standort vielleicht eine Hilfsdisziplin der praktischen Theologie im Kontext eines Dialogs der Religionen, wobei erfahrungsgemäß der Islam, das Judentum und mitunter manche Formen des Buddhismus die Hauptrolle spielen. Was Religionswissenschaft jeweils ist oder sein darf, wird dabei nicht nur vom Zeitgeist und gesellschaftlichen Klima, sondern auch von den rechtlichen Vorgaben im Kontext staatlich-kirchlicher Beziehungen bestimmt. Hundertfünfzig Jahre nach Müllers «Einführung in die Religionswissenschaft» kann das Fach somit von einer Universität zur anderen und noch mehr von einem Land zum anderen sehr verschiedene Züge tragen.

Die Faszination der Mission im Film

Ähnlich wie die Entwicklung des Fachs Religionswissenschaft lässt auch die literarische und filmische Behandlung des Themas Mission einige aufschlussreiche gesamtgesellschaftliche Tendenzen erkennen, wie einige charakteristische Beispiele deutlich machen.[5] Zwei Oscars für die beste Kamera und das beste Szenenbild erhielt 1948 der Film *Black Narcissus* (Die Schwarze Narzisse), den das Erfolgsgespann Michael Powell und Emeric Pressburger ein Jahr zuvor nach dem gleichnamigen Roman von Rumer Godden gedreht hatte. Im Mittelpunkt steht eine Gruppe anglikanischer Nonnen, die auf die Einladung eines einheimischen Herrschers hin in einem abgelegenen Tal des Himalaya eine Schule eröffnen sollen, jedoch bereits nach wenigen Monaten an ihrer Aufgabe scheitern. Bezeichnenderweise thematisiert der Film dieses Scheitern jedoch nicht aus einer religiösen, sondern einer rein psychologischen Perspektive – Isolation, erotische Konflikte und die Unfähigkeit zur Kommunikation mit den Einheimischen –, was bei religiös geprägten Rezensenten zu scharfer Kritik und in den Vereinigten Staaten zur Entfernung einiger Szenen führte.

1958 entstand unter der Regie von Mark Robson der Film *The Inn of the Sixth Happiness* (Die Herberge zur sechsten Glückseligkeit). Angelehnt an die ein Jahr zuvor veröffentlichte Biografie *The Small Woman* von Alan Burgess, schildert er das Wirken der englischen Missionarin Gladys Aylward in China während der Invasion japanischer Truppen im Jahr 1938. Hatte man *Black Narcissus* mit einer noch heute eindrucksvollen Tricktechnik vor gemalten Kulissen in den Londoner Pinewood Studios gedreht, so entstanden die Außenaufnahmen dieses Films in Nordwales, wobei man für die Massenszenen auf chinesische Immigranten aus dem nahe gelegenen Liverpool zurückgriff. Einmal mehr stand indessen auch hier nicht die Problematik christlicher Mission, sondern ein abenteuerliches Frauenschicksal vor exotischem Hintergrund im Mittelpunkt des Drehbuchs, das man gegenüber der literarischen Vorlage – sehr zum Ärger der wirklichen Gladys Aylward – noch um eine zarte Liebesbeziehung zwischen der Missionarin (Ingrid Bergman) und einem eurasisch-chinesischen Armeeoffizier (Curd Jürgens) erweitert hatte.

Deutlich mehr Gewicht hat die religiöse Thematik in dem Film *The Nun's Story* (Geschichte einer Nonne), der 1959 unter der Regie von Fred Zinnemann nach dem drei Jahre zuvor erschienenen gleichnamigen Roman von Kathryn Hulme entstand. Er erzählt die Geschichte einer jungen Belgierin, die in den späten 1920er Jahren in ein Kloster eintritt, eine Zeitlang in der Mission im Kongo tätig ist, jedoch nach dem Ausbruch des Zweiten Weltkriegs und der Besetzung ihrer Heimat durch deutsche Truppen ihr Gelübde nicht mehr glaubt halten zu können und daher das Kloster wieder verlässt. Um eine möglichst realistische Wirkung zu erzielen, arbeiteten Drehbuchautor, Regisseur und Darsteller eng mit katholischen Organisationen zusammen; die Außenaufnahmen entstanden in einer Missionsstation am Kongo. Gleichwohl handelt auch dieser Film weniger von der Problematik christlicher Mission als vielmehr vom Zwiespalt der jungen Nonne zwischen religiöser Gehorsamspflicht und individueller Gewissensentscheidung. Sieben Jahre zuvor hatte Zinnemann seinen Film *Zwölf Uhr Mittags* in schroffem Gegensatz zur damals üblichen musikalischen Untermalung von Western mit einer schlichten Ballade beginnen und ausklingen lassen. Nun betonte er das Gebot des

Respekts vor der Gewissensentscheidung des Einzelnen, indem er – wiederum in Abkehr von den Gepflogenheiten der Zeit – für die letzten Szenen des Films ganz auf Musik verzichtete.

In den Mittelpunkt der Handlung rückt die christliche Mission mit all ihren politischen und gesellschaftlichen Verflechtungen in dem Film *The Mission* (Mission), den der britische Regisseur Roland Joffé 1986 nach einem Drehbuch von Robert Bolt inszenierte. Er spielt um die Mitte des achtzehnten Jahrhunderts im Missionsgebiet der Jesuiten in Paraguay und schildert anhand zweier fiktiver Einzelschicksale, des Jesuitenpaters Gabriel und des ehemaligen Soldaten und Sklavenhändlers Mendoza, wie die verheißungsvollen Anfänge christlicher Mission unter den Guaraní durch die Abtretung der spanischen Missionsgebiete an Portugal und die darauffolgende Vertreibung der Jesuiten ein jähes Ende finden. Thematisiert der Film anhand der Figur Mendozas die christliche Thematik von Schuld, Sühne und Vergebung, so veranschaulicht er mit der Auseinandersetzung zwischen dem päpstlichen Gesandten Altamirano und dem portugiesischen Offizier Hontar auch den Konflikt zwischen kolonialer Machtpolitik und christlicher Ethik. Tatsächlich stellt der Film Ereignisse aus unterschiedlichen Jahrzehnten der Missionierung als nahezu gleichzeitig dar und entspricht mit seiner Schilderung des abrupten Endes der Guaraní-Mission keineswegs den historischen Tatsachen. Angehörige des kolumbianischen Volks der Wunana spielten die Guaraní, auf deren noch heute prekäre Lage als benachteiligte ethnische Minderheit die Zuschauer im Abspann des Films ausdrücklich hingewiesen werden, obschon sie im Film selbst gegenüber den Europäern nur eine untergeordnete Rolle spielen. Ein eingeblendetes Zitat aus dem Johannesevangelium, «Das Licht scheint in der Finsternis, und die Finsternis hat es nicht ergriffen», hebt am Ende des Films noch einmal dessen religiöse Bezüge hervor.

Eine weitere Episode aus der Geschichte der Jesuitenmission thematisierte fünf Jahre später der Film *Black Robe* (Black Robe – Am Fluss der Irokesen), der 1991 nach dem gleichnamigen Roman des irisch-kanadischen Schriftstellers Brian Moore unter der Regie des australischen Regisseurs Bruce Beresford entstand. Angelehnt an historische Ereignisse des frühen siebzehnten Jahrhunderts, schildert der Film anhand der fiktiven Reise des idealistischen jungen Paters LaForgue zu einer abgelegenen Missionsstation im Inneren Kanadas die Geschichte eines unvermittelten Zusammenpralls zweier Kulturen, die sich bis zuletzt fremd gegenüberstehen. Als der Pater am Ende des Films die Missionsstation erreicht, gelingt es ihm tatsächlich, die dort lebenden Huronen zur Annahme der Taufe zu bewegen. Gleichwohl erfährt der Zuschauer, dass sie dazu letztlich erst durch eine von den Europäern eingeschleppte Pockenepidemie veranlasst wurden. Der Abspann belehrt ihn darüber, dass das Dorf der Huronen fünfzehn Jahre später von den Irokesen zerstört und die Missionsstation aufgegeben wurde.

Einen wesentlichen Beitrag zur realistischen Wirkung von *Black Robe* leistete neben der Inszenierung an den Originalschauplätzen und dem Einsatz einheimischer Darsteller der Kunstgriff, das Unvermögen einer tieferen Verständigung zwischen den Figuren auch in den Dialogen durch die Verwendung des Lateinischen und verschiedener Indianersprachen zum Ausdruck zu bringen. Gleichwohl ist dies kein Film, der die christliche Mission konsequent vom Standpunkt der Missionierten aus schildern will. Diesen Versuch unternahm drei Jahre später der kamerunische Regisseur Bassek Ba Kohbio mit seinem ebenfalls an Originalschauplätzen gedrehten Film *Le Grand Blanc de Lambaréné* (Der Große Weiße von Lambarene). Er kontrastiert die traditionelle europäische Perspektive auf Albert Schweitzer mit einer dezidiert afrikanischen Sichtweise, die vor allem den Paternalismus, das autoritäre Auftreten und die fehlende Wertschätzung der indigenen Kultur durch den großen Arzt hervorhebt. Als Ursache für die Entfremdung zwischen Schweitzer und einem seiner einheimischen Helfer erscheint daher vor allem die Weigerung des Europäers, seinem afrikanischen Gegenüber auf Augenhöhe entgegenzutreten und einer fremden Weltsicht dieselbe Achtung entgegenzubringen, die er für seine eigenen Überzeugungen erwartet. Aufschlussreich ist dabei ein Vergleich mit zwei zeitlich weit auseinanderliegenden europäischen Filmen über Albert Schweitzer. 1952 drehte der französische Regisseur André Haguet nach einem Theaterstück von Gilbert Cesbron den Film *Il est minuit Dr. Schweitzer* (Es ist Mitternacht, Dr. Schweitzer). Er spielt unmittelbar vor dem Ausbruch des Ersten Weltkriegs und konzentriert sich – wie schon der Titel andeutet –

Der Missionar als Zweifler: Liam Neeson in Martin Scorseses Film *Silence* (2016)

vor allem auf das rastlose Wirken des Arztes zum Wohle der Afrikaner. Deren Wahrnehmung der Ereignisse tritt jedoch gegenüber der anschaulichen Darstellung Schweitzers sowie eines benachbarten katholischen Einsiedlers und eines Repräsentanten des französischen Kolonialsystems nahezu vollständig in den Hintergrund. In augenfälligem Gegensatz dazu blendet die 2009 entstandene deutsch-südafrikanische Koproduktion *Albert Schweitzer – Ein Leben für Afrika* die Problematik der Verzahnung von Kolonialismus und Mission weitgehend aus und legt seinen Schwerpunkt ganz auf den Einsatz Schweitzers für eine friedliche Welt ohne Atomwaffen. Um weder den großen Pazifisten noch die nach Unabhängigkeit strebenden Afrikaner zu diskreditieren, bildet vielmehr ein Konflikt zwischen Schweitzer und dem amerikanischen Geheimdienst CIA den Motor der teilweise fiktiven Handlung.

Mit das jüngste Beispiel für die anhaltende Faszination des Missionsthemas für Drehbuchautoren und Regisseure ist der 2016 entstandene Film *Silence* (Schweigen) von Martin Scorsese. Er basiert auf dem gleichnamigen, 1966 veröffentlichten Roman *Chinmoku* des japanischen Katholiken Endo Shusaku, der 1971 von Masahiro Shinoda in Zusammenarbeit mit dem Autor schon einmal verfilmt worden war. Die Handlung spielt in der ersten Hälfte des siebzehnten Jahrhunderts in Japan und schildert anhand des Lebenswegs fiktiver, doch an historische Vorbilder angelehnter Figuren die Auswirkungen der Christenverfolgungen auf jesuitische Missionare und einheimische Konvertiten. (Im Film trägt der portugiesische Jesuit Cristóvão Ferreira, gespielt von Liam Neeson, den Namen seines historischen Vorbilds, während sich die Gestalt seines Mitbruders Sebastião Rodrigues an das historische Vorbild des italienischen Jesuiten Giuseppe di Chiara anlehnt.) Wie der Titel des Films andeutet, handelt *Silence* jedoch nicht nur von der Problematik erzwungener Glaubensbekenntnisse, kultureller Entwurzelung und der Suche nach religiösen Wahrheiten, sondern auch von der Theodizee als der Frage nach dem Schweigen Gottes angesichts des Leidens der Menschen.[6]

Missionsmuseen in der Defensive

Die gestiegene Sensibilität im Zusammenhang mit der christlichen Mission, die mit zunehmendem Abstand zum Kolonialzeitalter namentlich in filmischen Gestaltungen des Themas beobachtet werden kann, zeigt sich auch bei einem Blick auf die gegenwärtige Museumslandschaft.[7] Schon im neunzehnten Jahrhundert hatte man in den Missionsstationen selbst immer wieder Museen eingerichtet, die einheimischen Besuchern grundlegende Kenntnisse europäischer Wissenschaft und Technik, aber auch die missionarische Sicht auf die einheimische Kultur vermitteln sollten.[8] Inzwischen sind viele dieser einstigen Stationen, Wohnhäuser von Missionaren und frühen Kirchengebäude selbst zu Museen geworden, die ihren Besuchern die Bedeutung der Missionsarbeit für die jeweiligen Kulturen veranschaulichen sollen. In kleinem Maßstab leistet dies etwa das 1989 eröffnete Zoshigaya-Missionsmuseum in Tokyo. Es ist dem amerikanischen Missionar John Moody McCaleb gewidmet, der 1892 nach Japan kam und an dessen Wirken das Museum mit Druckschriften und Fotografien der Zeit, vor allem aber mit einer musealen Präsentation seines 1907 im amerikanischen Stil erbauten Wohnhauses erinnert. In Namibia wurde unter anderem die 1889 in Olukonda erbaute Kirche des finnischen Missionars Matti Rautanen zu einem nationalen Kulturdenkmal erklärt; sie beherbergt heute das Nakambale-Museum mit Erzeugnissen des traditionellen einheimischen Kunsthandwerks und Exponaten aus der Zeit der Missionierung. In ähnlicher Weise erinnert auf Hawaii das 1838 erbaute Wohnhaus von David Belden Lyman und seiner Frau an das Wirken dieses amerikanischen Missionarsehepaars. Als weitläufiges Freilichtmuseum mit rekonstruierten historischen Gebäuden dient heute die 1649 von den Irokesen zerstörte Missionsstation Sainte-Marie-au-pays-des-Hurons in der kanadischen Provinz Ontario. Damit vergleichbar ist das Freilichtmuseum von Genadendal in der südafrikanischen Provinz Westkap, wo die Herrnhuter Mission im achtzehnten und neunzehnten Jahrhundert aktiv war. Einundzwanzig maßstabsgetreue Modelle spanischer Missionsstationen, die 1939 für die Kalifornische Pazifik-Ausstellung angefertigt wurden, präsentiert seit 2005 das *California Missions Museum* in Sonoma.

In Europa hingegen finden sich Museen, die ursprünglich teils der Bildungsarbeit, teils der Forschung, teils der Werbung für die Missionsarbeit dienen sollten. Das älteste bis heute praktisch unveränderte Haus dieser Art ist die 1698 von August Hermann Francke gegründete Kunst- und Naturalienkammer der Franckeschen Stiftungen, die seit 1741 im Dachgeschoss des Historischen Waisenhauses untergebracht ist.[9] Ihre über dreitausend Naturalien und Artefakte aus aller Herren Länder sollten vor allem im Realienunterricht des Waisenhauses Verwendung finden, standen aber von Anfang an allen Besuchern offen. Ein weiteres leicht zugängliches Privatmuseum des achtzehnten Jahrhunderts war das Museum Borgianum, dessen Exponate teils im Palazzo Borgia in Velletri, teils im Casino der Familie Borgia in Rom untergebracht waren. Den Grundstock dieser Sammlung bildeten antike Fundstücke vor allem aus Rom und Umgebung, die sich im Privatbesitz der Familie Borgia befanden, doch enthielt das Museum seit dem späten achtzehnten Jahrhundert auch zahlreiche Objekte aus katholischen Missionsgebieten, darunter eine noch heute als Codex Borgia bekannte mexikanische Bilderhandschrift. Verantwortlich für diese Erweiterung des Museums war der langjährige Sekretär der Kongregation für die Verbreitung des Glaubens Stefano Borgia (1731–1804), der als gelehrter Sammler eine weitgespannte Korrespondenz unterhielt.[10] Schon bald nach seinem Tod wurde das Museum Borgianum jedoch infolge von Streitigkeiten innerhalb der

Das Museum der Londoner Missionsgesellschaft, Abbildung aus *The illustrated London News*, 1859

Familie wieder aufgelöst; einige Exponate sind heute in der Ethnologischen Sammlung der Vatikanischen Museen zu besichtigen.[11] Nur unvollkommen zu rekonstruieren ist auch das 1814 gegründete Museum der Londoner Missionsgesellschaft, dessen Bestände 1910 auf mehrere andere Museen verteilt wurden.[12]

Große Unterschiede in ihrer Zielsetzung und daher auch Präsentation zeigen die noch heute bestehenden deutschen Missionsmuseen. Manche von ihnen sind in erster Linie der Veranschaulichung vergangener und gegenwärtiger Missionsaktivitäten des jeweiligen Museumsträgers gewidmet, wie etwa die in drei Stockwerken im Turm der Herz-Jesu-Kirche des Pius-Seminars untergebrachte Sammlung der Mariannhiller Missionare in Würzburg, die vor allem Exponate aus Südafrika enthält. Damit vergleichbar ist das Missionsmuseum Bug in Bamberg, das seit 1964 an das Wirken der Missionsbrüder des heiligen Franziskus in Indien, Sri Lanka, Paraguay und Bolivien erinnert und zugleich über die heutige Missionsarbeit informiert. In ähnlicher Weise sucht das Museum der Liebenzeller Mission in Bad Liebenzell unter dem Motto «Fremde Kulturen begreifen – Leben neu sehen» der Öffentlichkeit den Alltag in

Bangladesch, China, Japan, Papua-Neuguinea, Afrika und Mikronesien nahezubringen. Die Tätigkeit der Benediktinerkongregation von Sankt Ottilien in Afrika, Korea und der Mandschurei dokumentiert das 1887 gegründete Missionsmuseum in Sankt Ottilien; dagegen veranschaulichen das 1878 eröffnete Völkerkundemuseum in Herrnhut und das Museum auf der Hardt in Wuppertal die Arbeit der Herrnhuter Brüdergemeine sowie der Rheinischen Missionsgesellschaft und der Bethel-Mission.[13]

Die erheblichen finanziellen Anforderungen, die mit dem Betrieb und der Instandhaltung eines Museums verbunden sind, stellten die ursprünglichen Eigentümer vieler missionsgeschichtlicher Sammlungen immer wieder vor unlösbare Probleme und führten dadurch zu einem Wechsel der Trägerschaft und neuen Schwerpunktsetzungen in der Präsentation. Dies gilt etwa für das Afrikamuseum im niederländischen Berg en Dal in der Provinz Gelderland, dessen Grundstock auf eine Sammlung niederländischer Missionare der Kongregation des Heiligen Geistes (Spiritaner) zurückgeht.[14] 1954 gegründet und mehrfach erweitert, schloss sich das Haus 2014 mit dem Tropenmuseum in Amsterdam und dem Reichsmuseum für Völkerkunde in Leiden zum «Nationalen Museum der Weltkulturen» zusammen. Nach wie vor sind im Außenbereich Nachbauten von Wohngebäuden in traditioneller afrikanischer Bauweise zu sehen, doch widmen sich die Dauerpräsentation und die Wechselausstellungen keineswegs nur den Themen Alltag und Religion, sondern auch der modernen afrikanischen Architektur, Kunst und Musik.

Die tiefgreifenden Veränderungen, die viele traditionelle Missionsmuseen besonders seit dem Ende des Kolonialzeitalters durchgemacht haben, lassen sich auch am Beispiel des «Forums der Völker» in Werl aufzeigen. Den Grundstock seiner heute über zwölftausend Ausstellungsstücke umfassenden Sammlung bilden Exponate, die in den Jahren vor dem Ersten Weltkrieg die Missionstätigkeit der Franziskaner dokumentieren sollten. Sie waren zunächst in einem Flügel des Franziskanerklosters in Dorsten untergebracht, das jedoch im Zweiten Weltkrieg der Zerstörung anheimfiel. 1962 wurde das heutige Museum errichtet, das 1987 umfassend erneuert, durch Ankäufe und Schenkungen um weitere Sammlungen vergrößert und seitdem mehrfach erweitert wurde. Bis zur

Aufgabe des Werler Klosters im Herbst 2019 unterhielten die dort ansässigen Franziskaner das Museum; in Zukunft soll ein Zusammenschluss regionaler und überregionaler Partner seinen Fortbestand sichern.

Unterschiedliche Optionen im Umgang mit der Missionsgeschichte veranschaulichen auch die Museen, die auf das Wirken der Steyler Missionare zurückgehen. Seit 1931 unverändert ist das Missionsmuseum Steyl in den Niederlanden, dessen völkerkundliche und naturhistorische Sammlungen dadurch gleichsam ein Museum im Museum bilden. Als «Fenster zur Welt» und «Brücke» zwischen Europa und außereuropäischen Kulturen versteht sich demgegenüber das 1920 gegründete Missionsmuseum St. Wendel, dessen Schwerpunkt auf Neuguinea liegt, das aber auch Exponate aus Indonesien, den Philippinen, China und Afrika enthält. 1973 gründeten Steyler Missionare in Sankt Augustin das «Haus Völker und Kulturen», das eine missionswissenschaftliche und eine völkerkundliche Zielsetzung miteinander verbinden sollte, jedoch seit 2006 aus finanziellen Gründen nur noch am ersten Sonntag in jedem Monat geöffnet ist. Noch immer im Besitz des Ordens, sucht das Museum den Besuchern heute vor allem die religiöse Dimension der darin ausgestellten Objekte nahezubringen. Geschlossen ist derzeit das Missions-Ethnographische Museum der Steyler Missionare im niederösterreichischen St. Gabriel, während im Arnold-Janssen-Geburtshaus im niederrheinischen Goch weniger die Steyler Mission als vielmehr die Jugend und der familiäre Hintergrund des 2003 heiliggesprochenen Ordensgründers im Mittelpunkt der Präsentation stehen.

Eine Problematik, die zahlreiche europäische Museen mit Sammlungen außereuropäischer Kunst und Kultur betrifft, aber eben darum auch missionsgeschichtliche Sammlungen unmittelbar berührt, ist die Frage nach der moralischen und juristischen Bewertung unterschiedlicher Besitzansprüche. Sollten Objekte, die ohne Kenntnis oder gegen den Willen ihrer ursprünglichen Besitzer in europäische Sammlungen gelangten, heute zurückgegeben werden, und wenn ja, an wen? Gerade religiöse Objekte erhalten in diesem Zusammenhang oft eine besondere Brisanz, etwa wenn bei den bekannten Kopftrophäen («Schrumpfköpfen») zu klären ist, ob man sie als Kunstgegenstände, Leichenteile oder Kultobjekte anzusehen hat. Die Frage, ob solche Exponate heute den Nachfahren ihrer ursprünglichen Besitzer zurückgegeben werden sollten, wird seit einiger Zeit kontrovers diskutiert, stößt jedoch mehrere Jahrzehnte nach dem Ende des Kolonialzeitalters in zunehmendem Maße auf Verständnis und eine grundsätzliche Diskussionsbereitschaft der Verantwortlichen.[15] Dass ein angemessener Umgang mit dieser Problematik viele Fragen aufwerfen kann, zeigt die Rückgabe der Bibel und der Peitsche des Nama-Führers Hendrik Witbooi an die Regierung von Namibia durch das Linden-Museum in Stuttgart im Februar 2019. In diesem Fall hatten Vertreter der Nama die Rückgabe zu verhindern versucht, da sie sich als ethnische Minderheit in ihrem eigenen Staat nur unzureichend vertreten fühlen.

Sinnfälliger Ausdruck des noch immer nicht abgeschlossenen Wandels in der Bewertung von Kolonisierung und Missionierung ist der Umgang mit dem steinernen Kreuz, das der portugiesische Seefahrer Diogo Cão im Januar 1486 nach seiner Landung am Kreuzkap im heutigen Staat Namibia errichtete, um damit die Inbesitznahme der Region durch die portugiesische Krone zu dokumentieren. 1893 wurde das Kreuz nach Deutschland verbracht und war bis vor kurzem im Deutschen Historischen Museum in Berlin ausgestellt. Im August 2019 wurde es auf eine offizielle Bitte der Regierung von Namibia hin zurückgegeben. Noch ist nicht entschieden, wo und wie es künftigen Generationen die Anfänge der globalen Mission des Christentums mit ihren damals noch kaum absehbaren Auswirkungen in Erinnerung rufen wird.

Anhang

Zeittafel

um 30	Entstehung der ersten christlichen Gemeinde in Jerusalem
um 48	Anerkennung der Heidenmission durch das sogenannte Apostelkonzil
313	Gewährung der allgemeinen freien Religionsausübung durch die Kaiser Konstantin I. und Licinius im Abkommen von Mailand
380	Erhebung des Christentums zur Staatsreligion durch Kaiser Theodosius
um 500	Taufe des fränkischen Königs Chlodwig
um 800	Christianisierung der Sachsen
988	Taufe des Großfürsten Wladimir und Christianisierung der Kiewer Rus
1000	Christianisierung Islands
1147	Wendenkreuzzug
1453	Eroberung Konstantinopels durch die Osmanen
1455	Gewährung eines portugiesischen Monopols für den Seehandel mit Asien durch die päpstliche Bulle *Romanus Pontifex*
1492	Entdeckung Amerikas durch Kolumbus
1493	Päpstlicher Auftrag an den spanischen König zur Missionierung der neuentdeckten Länder in der Bulle *Eximiae devotionis*; Festlegung einer Demarkationslinie zur Trennung des spanischen und des portugiesischen Machtbereichs in der Bulle *Inter caetera*
1494	Vertrag von Tordesillas
1498	Entdeckung des Seewegs nach Indien
1504	Einführung des *Encomienda*-Systems
1511	Protest gegen die Unterdrückung der Indios durch den Dominikaner Antonio de Montesinos
1516	Ernennung des Franziskaners Bartolomé de Las Casas zum Protector de los Indios

1524	Ankunft der franziskanischen «zwölf Apostel» in Mexiko
1534	Gründung des Jesuitenordens durch Ignatius von Loyola
1542	Ankunft des Jesuiten Franz Xaver in Indien
1549	Ankunft Franz Xavers in Japan
1550	Disput von Valladolid zwischen Bartolomé de Las Casas und Juan Ginés de Sepulveda
1554	Einführung der Inquisition in Indien
1579	Ankunft des Jesuiten Alessandro Valignano in Japan
1582	Ankunft des Jesuiten Matteo Ricci in China
1587	*Historia natural y moral de las Indias* von José de Acosta
1595	Beginn der Jesuitenmission auf den Philippinen
1597	Hinrichtung des Jesuiten Paul Miki und weiterer Christen in Nagasaki
1605	Ankunft des Jesuitenmissionars Roberto de Nobili in Indien
1609	Gründung der ersten Jesuitenreduktion am Fluss Paranapanema im heutigen Brasilien
1622	Gründung der Kongregation für die Verbreitung des Glaubens (Congregatio de Propaganda Fide) durch Papst Gregor XV.
1623	Ankunft des Jesuiten Adam Schall von Bell in Peking; Erlaubnis der Akkommodation in der Bulle *Romanae Sedis Antistetes*
1625	Überquerung des Himalaya durch den Jesuitenmissionar António de Andrade
1648	Erste protestantische Missionstheologie in den *Selectae disputationes theologicae* von Gisbert Voetius
1649	Gründung der Corporation for the Promoting and Propagating the Gospel of Jesus Christ in New England
1651	Gründung der ersten Gebetsstadt für christliche Indianer in Natick
1660	Ankunft des Jesuiten Ferdinand Verbiest in Peking
1663	Erste vollständige Übersetzung der Bibel in eine indianische Sprache durch den puritanischen Missionar John Eliot
1673	Erforschung des Mississippi durch den Jesuiten Jacques Marquette
1698	Gründung der Society for Promoting Christian Knowledge
1701	Gründung der Society for the Propagation of the Gospel in Foreign Parts
1706	Beginn der Dänisch-Englisch-Halleschen Mission in Südindien

1707 Erster Band des von dem Jesuiten Charles Le Gobien begründeten Sammelwerks *Lettres édifiantes et curieuses, écrites des missions étrangères*

1713 *Genealogie der malabarischen Götter* von Bartholomäus Ziegenbalg

1716 Ankunft des Jesuiten Ippolito Desideri in Lhasa

1724 *Moeurs des sauvages amériquains, comparées aux moeurs des premiers temps* von Jean-François Lafitau

1726 Erster Band des von dem Jesuiten Joseph Stöcklein begründeten Sammelwerks *Der Neue Welt-Bott*

1735 *Description de la Chine et de la Tartarie chinoise* von Jean-Baptiste du Halde

1744 Verbot der Akkommodation durch Papst Benedikt XIV.

1750 Neubestimmung der Grenzen spanischer und portugiesischer Kolonialgebiete in Amerika durch den Vertrag von Madrid

1751 Ankunft des Jesuitenmissionars Joseph-Marie Amiot in Peking

1773 Aufhebung des Jesuitenordens durch Papst Clemens XIV.

1795 Gründung der Missionary Society in London

1797 Gründung der Nederlandsch Zendeling Genootschap in Rotterdam

1799 Gründung der Society for Missions to Africa and the East (seit 1812 Church Missionary Society, seit 1995 Church Mission Society)

1809 Gründung der London Society for Promoting Christianity Amongst the Jews

1810 Gründung des American Board of Commissioners for Foreign Missions

1814 Wiederherstellung des Jesuitenordens durch Papst Pius VII.

1815 Gründung der Evangelischen Missionsgesellschaft in Basel (Basler Mission)

1822 Gründung der Société des missions évangéliques de Paris

1824 Gründung der Gesellschaft zur Förderung der Evangelischen Missionen unter den Heiden (seit 1908 Berliner Missionsgesellschaft, seit 1992 Berliner Missionswerk)

1828 Zusammenschluss von drei Missionsvereinen der Preußischen Rheinprovinz zur Rheinischen Missionsgesellschaft

1832 Gründung des Franziskus-Xaverius-Missions-Vereins

1836	Gründung der Evangelisch-Lutherischen Missionsgesellschaft zu Dresden (seit 1848 in Leipzig); Gründung der Norddeutschen Mission durch lutherische und reformierte Missionsvereine in Hamburg
1837	Gründung der Western Foreign Missionary Society durch die Presbyterian Church in the United States of America
1842	Gründung des Frauenvereins für christliche Bildung des weiblichen Geschlechts im Morgenlande (Morgenländische Frauenmission)
1844	Gründung einer Schule für chinesische Missionare durch Karl Gützlaff
1849	Gründung der American Christian Missionary Society; Gründung der Missionsanstalt Hermannsburg durch Ludwig Harms
1858	Gründung der Société des Missions Etrangères de Paris und der Societas Missionum ad Afros in Lyon
1860	Gründung des Syrischen Waisenhauses in Jerusalem durch Johann Ludwig Schneller
1865	Gründung der China-Inland-Mission in Brighton durch James Hudson Taylor
1868	Gründung der Societas Missionariorum Africae («Weiße Väter») durch Kardinal Charles Martial Allemand Lavigerie
1875	Gründung der Societas Verbi Divini («Steyler Missionare») durch Arnold Janssen
1876	Gründung der Foreign Christian Missionary Society
1880	Verkündung der Enzyklika *Sancta Dei civitas* über die Rolle der Missionsgesellschaften durch Papst Leo XIII.
1882	Gründung der Neukirchener Mission durch Ludwig Doll
1884	Beginn der Deutschen Ostasienmission nach Gründung des Allgemeinen evangelisch-protestantischen Missionsvereins in Weimar
1885	Abreise von Charles Thomas Studd und sechs Begleitern («Cambridge Seven») nach China
1886	Gründung der Deutsch-Ostafrikanischen Missionsgesellschaft (seit 1887 Evangelische Missionsgesellschaft für Deutsch-Ostafrika, seit 1920 Bethel-Mission)
1890	Aufruf zur Förderung der Afrika-Mission und Verurteilung der Sklaverei in der päpstlichen Enzyklika *Catholicae ecclesiae*

1891	*The Melanesians: studies in their anthropology and folklore* des anglikanischen Missionsbischofs Robert Henry Codrington
1893	Päpstliche Enzyklika *Ad Extremas* über die Einrichtung von Seminaren für einheimische Priester in Missionsländern
1896	Gründung des Deutschen Hilfsbundes für christliches Liebeswerk (seit 1996 Christlicher Hilfsbund im Orient e. V.)
1897	Ankunft der Missionarin Alice Seeley Harris im Kongo-Freistaat; Beginn der Ramakrishna-Mission
1904	Beginn der Evangelischen Karmelmission in Palästina
1910	Erste Weltmissionskonferenz in Edinburgh
1911	Gründung des Maryknoll-Missionsordens in New York
1912	Erster Band des Werks *Der Ursprung der Gottesidee* des Steyler Missionars Wilhelm Schmidt (1868–1954)
1918	Gründung der Deutschen Gesellschaft für Missionswissenschaft
1926	Gründung der islamischen Missionsbewegung Tablighi Jamaat durch Muhammad Ilyas
1936	Ankunft des Steyler Missionars Georg Höltker in Neuguinea
1951	Differenzierung von Missionierung und Evangelisierung in der päpstlichen Enzyklika *Evangelii praecones*
1957	Aufruf des Papstes zur Entsendung europäischer Priester zur Behebung des Priestermangels in Afrika, Asien und Südamerika in der Enzyklika *Fidei Donum*
1959	Aufruf zur Intensivierung der Missionstätigkeit und des Studiums der Missionswissenschaft in der päpstlichen Enzyklika *Princeps pastorum*
1965	Erklärung *Nostra aetate* des Zweiten Vatikanischen Konzils über die Haltung der Kirche zu den nichtchristlichen Religionen; Dekret *Ad gentes* über die Missionstätigkeit der Kirche
1971	Zusammenschluss der Bethel-Mission und der Rheinischen Mission zur Vereinten Evangelischen Mission; Gründung des Missionswissenschaftlichen Instituts Missio e. V.

Anmerkungen

Vorwort

1 Eine ausführliche Zusammenstellung des Schrifttums der Jahre 1960–2000 bietet die Bibliografie von Thomas N. E. 2003. Neuere Nachschlagewerke sind Moreau 2000 und Bonk 2007, eine umfassende Gesamtdarstellung der Mission des Christentums von den Anfängen bis zur Gegenwart bietet Wetzel 2019.

2 Vgl. dazu beispielsweise die Einleitungen der Herausgeber in den Sammelbänden von Koschorke 2012, 1–38, Habermas u. Hölzl 2014, 9–28, sowie Ratschiller u. Wetjen 2018, 9–24.

Einleitung

1 Zitiert nach George Stuart Murdoch Walker (Hrsg.), *Sancti Columbani Opera*, Dublin: Dublin Institute for Advanced Studies, 1957, 48–49 (meine Übersetzung, B. M.).

2 Zwei umfassende neuere Gesamtdarstellungen der Mission und Ausbreitung des frühen Christentums bieten Dunn 2003–2009 (1.–2. Jh.) und Schnabel E. J. 2018 (1. Jh.). Neuere Spezialstudien zu diesem Thema enthalten die Sammelbände von Rothschild 2013, Sim u. McLaren 2013, Kok u. a. 2014 sowie Stuckenbruck u. a. 2019.

3 Zur Christianisierung Europas vgl. die zusammenfassende Darstellung von Padberg 1998, die Beiträge in Heinrich-Tamáska 2012 und Kamp u. Kroker 2013, die umfangreiche dreibändige Bestandsaufnahme von Stiegemann u. Ruhmann 2013 sowie die Beiträge in Flechner u. Ní Mhaonaigh 2016 und Edwards u. a. 2017. Neuere Studien zur Christianisierung Skandinaviens bieten die Beiträge in Melve u. Sønnesyn 2012 sowie Winroth 2012, Garipzanov 2014 und Brandherm-Lauktter 2015; verschiedene Aspekte der heidnischen Religionen Nord- und Osteuropas in der Zeit der Christianisierung behandeln die Beiträge in Ruhmann 2015.

4 Zitiert nach Padberg 1998, 238.
5 Zitiert nach Padberg 1998, 254.
6 Zitiert nach Padberg 1998, 258.
7 Zitiert nach Jan de Vries, *Forschungsgeschichte der Mythologie*, Freiburg: Alber, 1961, 48.
8 Zitiert nach Padberg 1998, 238.

1 Katholische Mission am Beginn der Globalisierung

1 Zitiert nach Mayr 1988, 432–433.
2 Ein umfassendes Handbuch zu Geschichte und Gegenwart des Christentums in Lateinamerika bietet Orique u. a. 2020. Die gesamte Religionsgeschichte Lateinamerikas behandeln ferner die thematisch geordneten Beiträge in Garrard-Burnett u. a. 2016. Neuere historische Gesamtdarstellungen der religionsgeschichtlichen Entwicklung seit Kolumbus geben Prien 1978 und – sehr viel kürzer – Prien 2007 (englisch 2013), ferner González u. González 2008.
3 Zur Rolle der Orden in der Missionierung Lateinamerikas vgl. die Zusammenfassung von Prien 1978, 138–164, sowie die Beiträge in Sievernich u. a. 1992.
4 Neuere Studien zur franziskanischen Spiritualität und ihrem Einfluss auf die Missionierung bieten Turley 2014 und Righetti-Templer 2019.
5 Zur Rolle der Jesuiten in der überseeischen Mission der Frühen Neuzeit vgl. die Beiträge in Meier 2000 und 2005 sowie die monografischen Gesamtdarstellungen von Clossey 2008 und Meier 2018. Eine neuere Gesamtdarstellung der Mission des Ordens in Süd- und Nordamerika gibt Cushner 2006; neuere Studien zu Einzelaspekten bieten die Beiträge in Decot 2004 sowie Schmid Heer u. a. 2019. Zur Herkunft der in Lateinamerika tätigen Jesuiten vgl. die umfassende Dokumentation von Meier 2005–2013.
6 Zitiert nach Stadelmann 2008, 179.
7 Neuere Studien zu Antonio de Montesinos bieten die Beiträge in Jansen u. Weiss 2017.
8 Eine kurzgefasste und eine ausführliche Biografie von Las Casas bietet Clayton 2011 bzw. 2012. Eine Auswahl neuerer Studien zu seinem Leben und Werk geben die Beiträge in Orique u. Rolán-Figueroa 2019, das literarische Nachleben behandelt Dahms 1993. Dass Las Casas auch ein Kind seiner Zeit war und im Dienst des spanischen Herrschaftswillens

instrumentalisiert wurde bzw. sich instrumentalisieren ließ, betont Castro 2007.

9 Zu Francisco de Vitoria vgl. Stiening 2014, die rechtsphilosophische Darstellung von Bunge 2018 sowie die rezeptionsgeschichtliche Studie von Amorosa 2019.

10 Vgl. dazu die ausführliche Studie von Olsen 2004.

11 Vgl. dazu Cohen T. M. 1998.

12 Eine neuere Studie zur Sichtweise des Jesuitenordens auf die Sklaverei in der Frühen Neuzeit bietet Priesching 2017.

13 Vgl. dazu die neueren Studien von Glasson 2012 und Gerbner 2018.

14 Vgl. dazu die Untersuchungen von Mettele 2009 und Hüsgen 2016.

15 Vgl. dazu Mumford 2012.

16 Mehrere neuere Studien zu verschiedenen Aspekten der südamerikanischen Jesuitenreduktionen enthält Schmid Heer u. a. 2019. Zu den wirtschaftlichen Aspekten vgl. besonders Sarreal 2014, zur demografischen Entwicklung Jackson R. H. 2015, zur europäischen Rezeption im Zeitalter der Aufklärung Imbruglia 2017. Eine detaillierte neuere Untersuchung zur Reduktion Los Santos Mártires de Japón bietet Jackson R. H. 2018b. Vgl. ferner die auf einzelne Regionen fokussierten Studien von Stephan 2000 (Maynas), Jackson R. H. 2017 (Chiquitos) sowie Block 1994 und Diez Gálvez 2017 (Moxos).

17 Vgl. dazu Kühne 1994. Zur Bedeutung der Mission für die Kunst und Architektur Lateinamerikas vgl. die Darstellungen von Bailey 1999 und 2005 sowie die Beiträge in Bargellini 2009. Die Verwendung indigener und europäischer Stilelemente in den kolonialzeitlichen Kirchen und Klöstern Mexikos behandelt Edgerton 2001, während Graham 2011 frühe Kirchen in Belize im Hinblick auf die Frage nach dem Verhältnis vorchristlicher und christlicher Religion untersucht. Zur Architektur der Missionsstationen in Neuspanien vgl. Jackson R. H. 2018a, zu historischen Kirchen im heutigen Mexiko Graziano 2019 und zu den kalifornischen Missionsstationen Kimbro u. Costello 2009.

18 Vgl. dazu die Biografie von Mayr 1988 sowie Schmid Heer 2012 und 2013.

19 Die daraus resultierenden Aneignungs- und Abwehrmechanismen von Seiten der Guaraní erörtert Aymoré 2009 am Beispiel der jesuitischen Katechese.

20 Eine kurzgefasste Übersicht über den Gebrauch der Bibel im kolonialen Lateinamerika geben Bruno u. Míguez 2015.

21 Vgl. dazu Sievernich 2014 und die Beiträge in Tavárez 2017. Neuere Stu-

dien zur Problematik der Übersetzungen in der frühneuzeitlichen Mission bieten die Beiträge in Flüchter u. Wirbser 2017. Zahlreiche neuere Einzelstudien zur Übersetzung religiöser Texte in südamerikanische Sprachen bieten die Beiträge in Dedenbach-Salazar Sáenz u. Crickmay 1999 sowie Dedenbach-Salazar Sáenz 2016 und 2019. Zum Sprachverständnis der Jesuiten vgl. Dürr 2017.

22 Katechetische Literatur in aztekischer Sprache aus den ersten Jahrzehnten nach der Eroberung behandeln Burkhart 1989 und Lara 2008. Franziskanische Predigten des 16. Jhs. untersucht Klaus 1999. Die kommentierte englische Übersetzung eines ins Aztekische übersetzten geistlichen Dramas aus dem späten 16. Jh. gibt Burkhart 1996. Eine Auswahl von didaktischen Erzählungen, Katechismen, Beichtspiegeln und verwandten Texten in den Sprachen der Azteken und Maya aus dem 16.–19. Jh. in englischen Übersetzungen gibt Christensen 2014.

23 Zur Beschäftigung mit der Sprache der Maya vgl. Hanks 2010 sowie die Fallstudie von Sachse 2019, und zu den Bemühungen der Dominikaner um die Oto-Mangue-Sprachen im zentralen und südlichen Mexiko Farriss 2018.

24 Zu den Bemühungen der Missionare, die Quechua-Sprache der Region Cuzco als eine überregionale Missionssprache zu etablieren, vgl. Durston 2007 sowie Harrison 2014.

25 Zu Luis Jerónimo de Oré vgl. Andrango-Walker 2018.

26 S. Stadelmann 2008, 139.

27 S. Stadelmann 2008, 171.

28 Neuere regionale Übersichten über die Missionierung Lateinamerikas geben Christensen 2018 und Crewe 2019 (Mexiko), Maldavsky 2018 (Andenraum), Wilde 2018 (Paraguay) und McGinness 2018 (Brasilien). Vgl. ferner Jackson R. H. 2013 und 2014 (Zentralmexiko), Hausberger 2000 (Nordwestmexiko), Jackson R. H. u. Castillo 1995 und Sandos 2004 (Kalifornien) sowie Milanich 1999 und Galgano 2005 (Florida). Mehrere Einzelstudien zur Interaktion zwischen Christentum und indigenen Religionen bieten die Beiträge in Griffiths u. Cervantes 1999.

29 Vgl. dazu Cervantes 1994, Báez-Jorge 2003, Redden 2008, Games 2010 sowie die Beiträge in Cervantes u. Redden 2013.

30 Vgl. dazu Brosseder 2014.

31 Die jahreszeitlichen Feste der Regionen Chiapas und Yucatán als Spiegel der Verschmelzung indigener und importierter katholischer Elemente untersucht Early 2006.

32 Zum Marienkult vgl. Solari 2019 und zur Verehrung der Jungfrau von Guadalupe Poole 1995, Brading 2001 und Taylor W. B. 2010.

33 Zu den wissenschaftlichen Leistungen der Missionare in Lateinamerika vgl. die Beiträge in Bleichmar 2009 und Prieto 2011. Die kartografische Erschließung des Amazonasraums durch Missionare behandelt Saladin 2020.

34 Zur Breitenwirkung der jesuitischen Berichterstattung aus der Neuen Welt vgl. Borja González 2011. Zu den Illustrationen vgl. Lang 2012.

35 Vgl. dazu Botta 2013.

36 S. Righetti-Templer 2019.

37 S. die Beiträge in Quiñones Keber 2002 sowie Ríos-Castaño 2014.

38 Vgl. dazu Quiroa 2013 und Bock 2014.

39 S. Hyland 2003 und 2011.

40 Vgl. dazu die Beiträge in Cummins u. a. 2014, 11–140.

41 Vgl. zuletzt Pérez-González 2019 sowie die Beiträge in Mamani Macedo 2016.

42 Zu José de Acosta vgl. Burgaleta 1999 sowie (zu seiner Theorie der Herkunft der Indianer aus Asien) Gemegah 1999, ferner Prieto 2011, 143–168, und Berthiaume 2014.

43 Vgl. dazu Marchetti 1996 sowie Classen 2013, 53–72.

44 Vgl. dazu die Neuausgabe von Lozanos Werk durch Marras 2011 sowie (zu Dobrizhoffer) Lüsebrink 2014.

45 S. Schmuck 2004, Classen 2013, 165–198 und Thompson R. H. 2014.

46 Zum natur- und heilkundlichen Wissen der Jesuiten in Lateinamerika vgl. Anagnostou 2000 und Asúa 2014.

47 Zitiert nach Anagnostou 2000, 58 (Schreibung modernisiert).

48 Zitiert nach Anagnostou 2000, 61 (Schreibung modernisiert).

49 Zitiert nach Anagnostou 2000, 60 (lateinisches Original S. 59).

50 Zitiert nach Anagnostou 2000, 67–68 (Schreibung modernisiert).

51 Zitiert nach Stadelmann 2008, 343; vgl. Anagnostou 2000, 69.

52 Zitiert nach Stadelmann 2008, 343; vgl. Anagnostou 2000, 69.

53 Zitiert nach Anagnostou 2000, 77 (Schreibung modernisiert).

54 S. Anagnostou 2009, 96–105. Zu José Gumilla vgl. ferner Ewalt 2008 und 2014.

55 Vgl. dazu Anagnostou 2009, 159–411.

56 S. Francis u. Kole 2011 sowie Blair u. Thomas 2014.

57 Vgl. dazu die zusammenfassenden Darstellungen von Knaut 1995 und

Folsom 1996, die Quellensammlung von Weber 1999 sowie die neueren Studien von Preucel 2002, Wilcox 2009 und Liebmann 2012.

58 S. dazu Ratcliffe 1991 und Simpson 2000.

59 S. Foerster R. G. 1996, Dillehay 2007 und Eim 2010.

60 Neuere Studien zur *leyenda negra* bieten DeGuzmán 2005 und Greer M. R. u. a. 2008 sowie (in spanischer Sprache) Vélez Cipriano 2018. Zur Bedeutung der Schriften von Las Casas für die *leyenda negra* vgl. Oesterreicher 2014.

61 Vgl. dazu die Studie von Wertheimer 1999.

62 Vgl. dazu Röben de Alencar Xavier 2014.

63 Zu literarischen Gestaltungen der Christianisierung Lateinamerikas vgl. Dahms 1993, Domschke 1996 und Langenhorst 1998.

64 Reinhold Schneider, *Winter in Wien*, Freiburg: Herder, 1958, 13.

65 Vgl. dazu die Beiträge in Cook 1997. Eine ethnologische Studie zum gegenwärtigen Rückgriff auf (vermeintlich) ursprüngliche indianische Spiritualität und Religion durch katholische Missionare im bolivianischen Hochland bietet Orta 2004.

2 *Rivalität der Nationen und Konfessionen*

1 Zitiert nach Wellenreuther u. Wessel 1995, 104.

2 Zur historischen Pocahontas vgl. Rountree 2005 und Kupperman 2019, zur Rezeptionsgeschichte die Beiträge in Kyora u. Schwagmeier 2005.

3 Eine Übersicht über die Christianisierung der Wampanoag vom frühen 17. bis zum späten 19. Jh. gibt Silverman 2005.

4 Vgl. dazu die Neuausgabe dieses Werks durch Leibman 2008.

5 Zu John Eliot vgl. Morrison D. 1998, Cogley 1999, Bross 2004, Parker 2004 und Gray 2013. Die unterschiedlichen Missionierungsmethoden der Calvinisten in Neuengland und der Katholiken in Neufrankreich und Neuspanien vergleicht Ballériaux 2016.

6 Eine kurzgefasste Übersicht über die katholische Mission in Neufrankreich gibt Deslandres 2018, eine ausführliche Darstellung McShea 2019. Die Zusammenhänge zwischen Missionierung, Pelzhandel und französischem Hegemonialstreben erörtert Kuttner 1998.

7 Zu Gabriel Sagard vgl. zuletzt die Beiträge in Pioffet 2017.

8 Zu Marie de l'Incarnation vgl. zuletzt die Beiträge in Roy-Lysencourt u. a. 2019.

9 Den historischen Kontext der Jesuitenberichte, ihre weltanschaulichen

Voraussetzungen und ihren Quellenwert erörtern Blackburn 2000 und Ertler 2014. Eine Auswahl dieser Berichte in deutscher Übersetzung bietet Ertler 1997, eine Auswahl in englischer Übersetzung Greer A. 2000. Einen Einfluss früherer missionarischer Erfahrungen der Jesuiten in Japan auf die Berichte aus Neufrankreich konstatiert Abé 2011.

10 Zur Übersetzungstätigkeit Jean de Brébeufs vgl. Steckley 2004 und 2017.

11 Zitiert nach Reuben Gold Thwaites (Hrsg.), *The Jesuit Relations and Allied Documents*, Volume 10, Cleveland: Burrows, 1897, 255 und 259 (meine Übersetzung, B. M.).

12 Zur Interaktion von Missionaren und einheimischen Kultspezialisten vgl. Post 1997.

13 Eine ausführliche Darstellung der unterschiedlichen Bewertungen der Märtyrer in der späteren Geschichtsschreibung gibt Anderson 2013.

14 Vgl. dazu True 2019.

15 Zu den ethnografischen Studien der Jesuiten in Neufrankreich insgesamt vgl. True 2015. Zu Lafitau vgl. Motsch 2001, Starkloff 2002, Harvey 2008, Mulsow 2012 und Sievernich 2015. Eine kommentierte Neuausgabe der deutschen Ausgabe von 1752/53 bietet Reim 1987.

16 Reim 1987, 3.

17 Drei ausführliche Darstellungen der Herrnhuter Indianermission im 18. Jh. (mit jeweils unterschiedlicher zeitlicher und räumlicher Schwerpunktsetzung) bieten Hertrampf 1997, Wessel 1999 und Wheeler 2013. Die Interaktion zwischen der Mission der Jesuiten und der Herrnhuter behandeln die Beiträge in Roeber 2008.

18 Zitiert nach Raupp 1980, 167.

19 Eine ausführlich kommentierte Ausgabe der Tagebücher David Zeisbergers bieten Wellenreuther u. Wessel 1995.

20 Zu Magdalena Becker vgl. Kroeker 1997.

21 Eine neuere Studie zur Missionierung der Menominee zwischen 1830 und 1880 bietet Kasprycki 2006, die Missionierung der Kiowa behandelt Graber 2018. Zur bedeutenden Rolle italienischer Jesuiten bei der Missionierung der Prärie-Indianer vgl. McKevitt 2007.

22 Die katholische Mission bei den Lakota im späten 19. und frühen 20. Jh. behandeln Foley 2002 und Markowitz 2018. Zwei Sammlungen kommentierter deutschsprachiger Originalquellen aus jener Zeit bietet Kreis 2000 und 2007.

23 Zu Pierre-Jean De Smet vgl. Killoren 2004.

24 Zu Martin Marty vgl. Menrath 2016.
25 Vgl. dazu Kreis 2004.
26 Zitiert nach Kreis 2007, 142 (Sperrung im Original durch Kursivdruck ersetzt).
27 Vgl. dazu Peyer 1997.
28 Vgl. dazu die ausführliche Darstellung von Anderson 2007.
29 Vgl. dazu Greer A. 2005, Shoemaker 2006 und Luber 2015.
30 Eine Neuausgabe der Werke und Briefe von Samson Occom, darunter etliche bislang unveröffentlichte Texte, bietet Brooks 2006. Eine Neuausgabe der Schriften Joseph Johnsons bietet Murray 1998. Den Einfluss des sogenannten Great Awakening auf die Hinwendung der indigenen Völker zum Christentum behandelt Fisher 2012.
31 Zwei neuere biografische Studien bieten Gura 2015 und Lopenzina 2017.
32 Eine Neuausgabe seiner Schriften mit ausführlicher Einleitung bieten Ruoff u. Smith 1997.
33 George Copway, *Running Sketches of Men and Places, in England, France, Belgium, Germany and Scotland*, New York: J. C. Riker, 1851, 186–187 (meine Übersetzung, B. M.).
34 Zu Black Elk vgl. Holler 1995, die Beiträge in Holler 2000 sowie die neueren biografischen Studien von Steltenkamp 2009, Jackson J. 2016 und Oldmeadow 2018.

3 Missionare, Händler und Gelehrte

1 Zitiert nach Raupp 1990, 75.
2 Zur Geschichte Goas unter portugiesischer Herrschaft vgl. De Mendonça 2002.
3 Zur Bedeutung der Religion für die Verwaltung und den Handel in Pondichéry vgl. die Studie von Agmon 2015. Den Einfluss der Missionierung auf die tamilische Gesellschaft in dieser Region behandelt Bugge 1994.
4 Die zunehmende Bedeutung der Religion und des Missionsgedankens in den Aktivitäten der Britischen Ostindien-Kompanie v. a. seit dem späten 18. Jh. erörtert Carson 2012.
5 Eine kurzgefasste Übersicht über die frühneuzeitliche Mission der Jesuiten in Indien gibt Županov 2018. Vgl. ferner Županov 1999 und 2005, Brockey 2014, Winnerling 2014, die Beiträge in Amaladass u. Županov

2014, Lourdusamy 2016 sowie Clooney 2020. Zu den Jesuiten in der Malabar-Provinz vgl. Lederle 2009, zu ihrer Mission in Gujarat Lewis 2014. Den Einfluss des Christentums auf die traditionelle Religion in und um Goa vom Beginn der Mission bis zur Gegenwart untersucht Henn 2014. Zur Musik der Jesuiten in Indien vgl. Herrmann-Fertig 2020.

6 Zu Franz Xaver vgl. die Beiträge in Haub u. Oswald 2002 sowie die Neuausgabe seiner Briefe durch Sievernich 2006 und Oberholzer 2017.

7 S. Županov 2018, 245, sowie Barreto Xavier 2010.

8 Neuere Studien zu Roberto de Nobili bieten die Beiträge in Arun 2007 sowie Sanfilippo u. Prezzolini 2008. Vgl. ferner Amaladass 2015, Nardini 2017 und mehrere Kapitel in Clooney 2020.

9 Zum Umgang der Missionare mit dem Kastenwesen des tamilischen Hinduismus vgl. Stephen 2008 und Schröder 2009.

10 S. Falcao 2003 sowie Chakravarti 2018, 178–230.

11 S. App 2011, 15–76.

12 Zur Mission der Jesuiten am Hof Akbars vgl. Didier 2008, Alam u. Subrahmanyam 2012, 249–310, sowie Flores 2016 und Martini 2018.

13 Vgl. dazu Sidarus 2011.

14 Vgl. dazu Hudson 2000, die Beiträge in Gross 2006, den Ausstellungskatalog von Liebau H. 2006, mehrere Beiträge in Mann 2006 sowie Delfs 2020. Die ersten dreißig Jahre der Dänisch-Halleschen Mission behandelt Jeyaraj 1996, die Funktion und Bedeutung einheimischer Mitarbeiter Liebau H. 2008.

15 Zu Bartholomäus Ziegenbalg vgl. Singh B. 1999, Jeyaraj 2005, 2006a, 2006b und 2010 sowie Jeyaraj u. Young 2013.

16 Zu den Missionsberichten der Dänisch-Halleschen Mission vgl. die Beiträge in Bergunder 1999 sowie Liebau H. 2017. Die Bedeutung der Tranquebar-Mission für das europäische Wissen über Indien behandeln die Beiträge in Liebau H. u. a. 2010.

17 Eine Neuausgabe ausgewählter Briefe mit Einleitung und Kommentar bietet Liebau K. 1998.

18 Liebau K. 1998, 53–54.

19 Liebau K. 1998, 54–55.

20 Liebau K. 1998, 101–102.

21 Eine ausführliche Darstellung von Ziegenhagens Leben und Werk bietet Jetter-Staib 2013.

22 Vgl. dazu Schouten 2020, 60–81.

23 S. o. Anm. 15.
24 Vgl. dazu Vogel 2005.
25 Vgl. dazu Armenteros 2019 und Vaghi 2019.
26 Zur frühneuzeitlichen katholischen Mission in Südostasien vgl. Alberts 2013 und 2018, zu Alexandre de Rhodes Phan 1998 und Schatz 2015.
27 Vgl. dazu die ausführliche Darstellung von Jacques 2002.
28 Vgl. dazu Fauconnet-Buzelin 2006.
29 Vgl. dazu Wessels 1997 sowie Pomplun 2020.
30 Eine englische Übersetzung durch Michael Sweet bietet Zwilling 2017.
31 Zu Xembala bei Estęvão Cacella vgl. Wessels 1997, 147–148 und 327–328.
32 Zu Ippolito Desideri vgl. Pomplun 2010, Zwilling 2010 und Lopez 2017.

4 Mission und Machtpolitik

1 Zitiert nach Ross 1994, 69 (meine Übersetzung, B. M.).
2 Zu Geschichte und Gegenwart des Christentums in Japan vgl. das Handbuch von Mullins 2003. Kurzgefasste Übersichten über die katholische Mission im frühneuzeitlichen Japan geben Schwade 2005, Vu Thanh 2016 und Üçerler 2018. Vgl. ferner den Ausstellungskatalog Weston 2013. Die Religiosität und das kirchliche Leben der japanischen Christen im 16. und 17. Jh. behandelt Higashibaba 2002.
3 Vgl. dazu die ausführliche Darstellung von Hesselink 2016.
4 Eine neue englische Übersetzung mit ausführlicher Einleitung bieten Danford u. a. 2014.
5 Vgl. dazu die Beiträge in Luca 2005.
6 Vgl. dazu Maruyama 2004.
7 Eine neue englische Übersetzung mit ausführlicher Einleitung bietet Massarella 2012.
8 Zur Verehrung der japanischen Märtyrer in Europa vgl. Omata Rappo 2020, zu ihrer Verehrung in China vgl. Steiner 2012 und Collani 2018.
9 Vgl. dazu Ward 2009.
10 Vgl. dazu die Neuausgabe der Partitur durch Pass 2000 sowie Dietrich 2002, Collani 2005, Takenaka 2005 und Wimmer 2005.
11 Zur Geschichte der verborgenen Christen Japans vgl. Dougill 2012.

5 *Kulturaustausch und Akkulturation*

1 Zitiert nach Raupp 1990, 127.

2 Ausführliche Darstellungen der jesuitischen Chinamission vom 16. bis zum frühen 18. Jh. geben Li 2000, Brockey 2007 und Gernet 2012. Kürzere Übersichten bieten Ross 1994, Collani 2004, Mungello 2013 und Hsia R. P. 2018b. Eine Einführung mit einer Auswahl wichtiger Quellen in Übersetzung gibt Hsia R. P. 2016; einen Einblick in die Unterstützung der Jesuiten in China durch adlige Gönner in Europa vermittelt Hsia R. P. 2015; zur Rolle chinesischer Frauen in der Mission vgl. Amsler 2018. Vgl. ferner die Beiträge in Standaert 2001, Wills 2011, Widmer 2012 sowie Jin u. Ledru 2016.

3 Drei neuere Biografien von Matteo Ricci bieten Hsia R. P. 2010, Fontana 2011 und Liu 2015. Eine Auswahl neuerer Studien bieten die Beiträge in Landry-Deron 2013 und Mignini 2019.

4 Zur Rolle der Kleidung in den unterschiedlichen Missionsstrategien vgl. Menegon 2020.

5 Die Tätigkeit der Jesuiten als Mathematiker und Naturwissenschaftler behandeln ausführlich Hsia F. C. 2009 und Zhang 2015.

6 Vgl. dazu Engelfriet 1998.

7 Den Einfluss der Jesuiten auf die chinesische Kartografie untersucht Cams 2017.

8 Neuere Studien zu Johann Schreck bieten die Beiträge in Collani u. Zettl 2016; eine zusammenfassende Darstellung seines Lebens und Werks gibt Zettl 2008.

9 Vgl. dazu die Beiträge in Lippiello u. Malek 1997.

10 Vgl. dazu die Neuausgabe durch Zürcher 2007 sowie die Studie von Song G. 2019.

11 Vgl. dazu die kommentierte Neuausgabe durch Wang Y. 2014.

12 Zu Adam Schall von Bell vgl. die Beiträge in Malek 1998 sowie die neuere Studie von Salvia 2020.

13 Zu Ferdinand Verbiest vgl. die Beiträge in Witek 1994, die Ausgabe seiner Briefe durch Golvers 2017 sowie Salvia 2020. Zu seiner 1687 erschienenen *Astronomia Europaea*, einer ausführlichen Darstellung des Beitrags der Jesuiten zur chinesischen Astronomie, vgl. die ausführlich kommentierte Neuausgabe mit englischer Übersetzung durch Golvers 1993 sowie die Studie von Golvers 2003.

14 Vgl. dazu Qi 2018.

15 Eine zusammenfassende Darstellung des jesuitischen Schrifttums über China gibt Brancaccio 2007.

16 Vgl. dazu die Neuausgabe durch Griessler 1992.

17 Die Quellen der Darstellung Kirchers und seine Darstellungsabsicht untersucht Givon 2019.

18 Vgl. dazu Witek 2001.

19 Vgl. dazu Mingguang 2018.

20 Vgl. dazu Paternicò 2013. Zu Martino Martini vgl. die Beiträge in Malek 2000.

21 Vgl. dazu Meynard 2015.

22 Vgl. dazu Widmaier 2006, Widmaier u. Babin 2017 sowie die Beiträge in Li 2017.

23 Eine Auswahl aus den *Lettres édifiantes et curieuses* bietet Vissière 2004. Vgl. ferner Wendt H. 2013, Paschoud 2008 und 2017 sowie Barthélemy 2019.

24 Vgl. dazu Collani 2003 sowie Dürr 2007.

25 Vgl. dazu Lenoir u. Standaert 2005 sowie Parr 2020.

26 Vgl. zum Folgenden Lackner 1991, Collani 2017, Mungello 2019 und Wei 2020.

27 Neuere Studien zum Ritenstreit bieten Standaert 2012, Criveller 2018 sowie die Beiträge in Županov u. Fabre 2018.

28 Neuere Studien zu Giuseppe Castiglione bieten Andreini u. Vossilla 2015 sowie Doniselli Eramo 2016.

29 Zum Beitrag der Jesuiten zur chinesischen Gartenkunst vgl. Zou 2011, Guo 2016, Fu-Hébert 2016 und Wang L. 2020.

30 Zum Einfluss der Jesuiten auf die Rezeption der chinesischen Gartenkunst in Europa vgl. Rinaldi 2006.

6 Inselwelten diesseits und jenseits des Äquators

1 Robert Henry Codrington, *The Melanesians: studies in their anthropology and folklore*, Oxford: Clarendon Press, 1891, 116 (meine Übersetzung, B. M.).

2 Die spanisch-katholische Darstellung der traditionellen Religion der Philippinen untersucht Rath 2017, das Vorgehen der Missionare Rafael 1988. Den Zusammenhang zwischen der Christianisierung und einer umfassenden Neubewertung und Neuordnung der Geschlechterbeziehungen untersucht Brewer 2004.

3 Vgl. dazu die ausführlich kommentierte Neuausgabe des Kodex Boxer durch Souza u. Turley 2016.

4 Vgl. dazu die Ausgabe der Lebenserinnerungen von Johann Flierl durch Froehlich 2015, die Darstellung Lehners durch Dech 2005, die Ausgabe der Tagebücher Wilhelm Diehls durch Klein D. 2014 sowie die Darstellung der frühen Steyler Missionsaktivitäten in Neuguinea durch Huppertz 1998. Eine Ausgabe des Tagebuchs der Ehefrau von Heinrich Fellmann, Missionar im Bismarck-Archipel, bietet Fellmann 2009; eine Studie zu sechs Tagebüchern als Zeugnis der Lebenswelt und des Selbstverständnisses protestantischer Missionsfrauen in Britisch- und Deutsch-Neuguinea unternimmt Hammel 2012. Verschiedene Aspekte der Missionsaktivitäten katholischer deutscher Missionare in der Südsee behandeln die Beiträge in Hensel u. Rommé 2018.

5 Einen Einblick in die neuere Forschung zu den Cargokulten bieten die Beiträge in Trompf 1990 und Jebens 2004 sowie die Studie von Jebens 2010.

6 Zur Missionierung Australiens im 19. Jh. vgl. Simpfendörfer 2009, Jensz 2010 und 2015 sowie Moore 2019.

7 Vgl. zum folgenden Elleray 2020.

7 Im hohen Norden

1 Zitiert nach Harbsmeier 2001, 119.

2 Zur Missionierung Grönlands im 18. Jh. vgl. die ausführliche Darstellung von Merten 2020.

3 Die frühe Mission der Herrnhuter auf Grönland behandelt Olsthoorn 2013. Zur weiteren Entwicklung im 19. Jh. vgl. Jensen u. a. 2011.

4 Vgl. dazu Jensz 2012.

5 Eine ausführliche Biografie Samuel Kleinschmidts bietet Wilhjelm 2013.

6 Eine ausführliche Darstellung der Erkundungsreisen Herrnhuter Missionare nach Labrador bietet Olsthoorn 2010.

7 Einen neueren Überblick über die Geschichte und Kultur der Samen gibt Kent 2014. Die Auswirkungen der Reformation auf Nordnorwegen behandeln die Beiträge in Berg u. a. 2016, den Religionswandel im 17. und 18. Jh. beschreibt Rydving 1993.

8 Vgl. dazu ausführlich Willumsen 2019.

9 Eine englische Übersetzung bietet Pentikäinen 2002.

10 Eine Übersicht über die Rolle der orthodoxen Mission bei der Ex-

pansion des Zarenreichs vermitteln die Beiträge in Geraci 2001 sowie Knechten 2019. Die russischen Vorstellungen einer imperialen Zivilisierungsmission behandelt Hofmeister 2019.

11 Vgl. dazu Korpela 2001.

12 Zu Innokentij Wenjaminow vgl. Knechten 2019, 98–134. Die russischen Missionsaktivitäten in Alaska behandeln Mousalimas 1995, Kan 1999, Znamenski 1999 und 2003 sowie Oleksa 2010.

13 Eine neuere Biografie Hermans bietet Korsun 2012.

14 Eine ausführliche Darstellung der Christianisierung des Volks der Tsimshian bietet Neylan 2003.

15 Vgl. dazu die Ausgabe von Movius 1997.

16 Vgl. dazu Voss 2009.

17 Vgl. dazu die ausführliche Darstellung von Hazlewood 2003.

18 Vgl. zum Folgenden ausführlich Harbsmeier 2001.

19 Vgl. zum Folgenden Stopp 2009.

8 Unter Christen, Juden und Muslimen

1 *The Preparation of Missionaries Appointed to the Near East*, New York: Board of Missionary Preparation, 1914, 14.

2 Neuere Einzelstudien zur christlichen Mission im Vorderen Orient bieten die Beiträge in Murre-van den Berg 2006, Tamcke u. Merten 2006, Tamcke u. Manukyan 2009 sowie Friedrich u. a. 2010.

3 Zur Geschichte des Christentums in Nordafrika vgl. die Beiträge in Teissier 1991, zur Geschichte der katholischen Kirche in Algerien seit dem 19. Jh. Saaïdia 2018. Eine neuere Studie zur Rolle des Christentums bei der Kolonisierung und Entkolonisierung Algeriens bietet Fontaine 2016.

4 Eine ausführliche Darstellung der Geschichte der Weißen Väter von der Ordensgründung bis zum Tod des Gründers bietet Ceillier 2008.

5 Die folgenden Zitate entstammen der deutschen Übersetzung von Aurielle und Thomas Bleicher: *Fadhma Aïth Mansour Amrouche, Geschichte meines Lebens*, Mainz: Donata Kinzelbach, 1989, 12 und 58–59. Zur Geschichte der christlichen Mission in der Kabylei vgl. Slimani-Direche 2004.

6 Eine Bilddokumentation zur deutschen Mission in Palästina bieten Eisler u. a. 2003. Vgl. ferner die Beiträge in Eisler 2008, Troeger 2020 sowie Hauser 2015 über die Kaiserswerther Diakonissen in Beirut, Löffler

2008 über englische und deutsche Protestanten in Palästina sowie Metzler 2016 über die Orient- und Islamkommission des Deutschen Evangelischen Missionsausschusses. Zur Mission der anglikanischen Kirche in Palästina vgl. Okkenhaug 2002.

7 Vgl. dazu Kovács 2020.

8 Josias Leslie Porter, *The Giant Cities of Bashan; and Syria's Holy Places*, London: T. Nelson and Sons, 1865, iii (meine Übersetzung, B. M.).

9 Friedrich Adolph Strauß, *Sinai und Golgatha: Reise in das Morgenland*, fünfte verbesserte und vermehrte Aufl., Berlin: Jonas Verlagsbuchhandlung, 1853, iii.

10 Eine ausführliche Darstellung der Geschichte des Jerusalemsvereins bis in die Jahre nach dem Zweiten Weltkrieg bietet Foerster F. 1991.

11 Zur Geschichte des Syrischen Waisenhauses vgl. Eisler u. a. 2003, 85–110, die Bibliografie von Eisler u. Krauß 2006 sowie Ehmer 2008.

12 Über Leben und Werk von Johannes Lepsius orientieren die Beiträge in Hosfeld 2013 sowie Hayruni 2020. Zur Bedeutung der evangelischen Mission für die armenische Minderheit im Osmanischen Reich vgl. Feigel 1989.

13 Eine Ausgabe der Tagebücher in englischer Übersetzung bietet Sarafian 2001.

14 Die Geschichte des American Board of Commissioners for Foreign Missions und die Anfänge amerikanischer Missionsaktivitäten beschreibt Conroy-Krutz 2015. Vgl. ferner Sharkey 2008, Kidd 2009, Makdisi 2009, die Beiträge in Doğan u. Sharkey 2011, Heyrman 2015, Boulos 2016, Zeuge-Buberl 2016, Gümüç 2017, Curtis 2018, Feldtkeller u. Zeuge-Buberl 2018 sowie Şahin 2018. Zur Rolle protestantischer Frauen vgl. Womack 2019. Über den Zusammenhang zwischen Mission und chiliastischen Erwartungen vgl. Kieser 2010 und Zdanowski 2018. Zur Rolle der christlichen Mission in der Modernisierung des Bildungswesens vgl. Sedra 2011 und Auji 2016.

15 Zum Projekt der arabischen Bibelübersetzung vgl. ausführlich Grafton 2016.

16 Zu Hamlin und Patrick vgl. ausführlich Doğan u. Sharkey 2011, 63–121.

17 Vgl. dazu ausführlich Zachs 2005.

9 *Zwischen kolonialer Ausbeutung und einheimischem Widerstand*

1 Zitiert nach Raupp 1990, 356–357.

2 Zitiert nach Raupp 1990, 413.

3 Einen Überblick über die Anfänge des Christentums im Königreich Kongo gibt Hastings 1995, 71–129. Vgl. dazu Bechtloff 2012, Thornton 2013 und Oestermann 2014.

4 Vgl. dazu Fromont 2014.

5 Zur Geschichte des Wortes Fetisch vgl. ausführlich Kohl 2003. Eine Neuübersetzung des klassischen Werks von Charles de Brosses ins Englische mit ausführlicher Einleitung bieten Morris u. Leonard 2017. Die Rezeptionsgeschichte des Begriffs Fetisch illustriert die Anthologie von Endres 2017.

6 Eine Übersicht über die Geschichte des Christentums in Äthiopien bis zum 15. Jh. gibt Hastings 1995, 3–53.

7 Eine Übersicht über die frühneuzeitliche Mission der Portugiesen in Äthiopien bietet Hastings 1995, 130–170. Vgl. ferner Cohen L. 2009, Belcher 2017 sowie Fernández u. a. 2017.

8 Zu Justinian von Welz vgl. Raupp 1990, 82–92 sowie Schnabel W. W. 2006.

9 Zu den Missionsgesellschaften des 19. und 20. Jhs. vgl. Faschingeder 2004 sowie die Beiträge in Bogner u. a. 2004 und Heyden u. Stoecker 2005. Zwei detaillierte Einzelstudien bieten Weiß 2011 und Wetjen 2013.

10 Zum Publikationswesen der Missionsgesellschaften vgl. die Beiträge in Jensz u. Acke 2013, Acke 2015 sowie die Beiträge in Becker u. Stornig 2018. Die Publikationen der London Missionary Society untersucht Johnston 2003. Vgl. ferner Altena 2003.

11 Zu den Aktivitäten der London Missionary Society in Südafrika vgl. Dedering 1997 sowie die Beiträge in De Gruchy 1999. Den kolonialpolitischen Kontext ihres Engagements in dieser Region untersucht ausführlich Elbourne 2002, den gesellschaftlichen Wandel im Gefolge der Mission der LMS in Botswana behandelt Landau 1995.

12 Vgl. dazu Trüper 2000.

13 Vgl. dazu Lubbe 2009.

14 Zur Geschichte von Wupperthal vgl. ausführlich Bilbe 2009.

15 Die Briefe von Carl Hugo Hahns Frau Emma Sarah Hahn (1814–1880) edierte Guedes 1992.

16 Neuere Beiträge zur Geschichte der Hermannsburger Mission enthalten Reller 2012 und 2015. Zu den Missionsaktivitäten in Südafrika vgl. Bammann 2010 und 2012. Das Verhältnis der späteren Hermannsburger Mission zum Nationalsozialismus untersuchen Gremels 2005 und Schendel 2008.

17 Vgl. dazu ausführlich Bauerochse 2006.

18 Vgl. dazu Kinet 2005. Neuere Beiträge zum Verhältnis von Mission, Kolonisierung und Dekolonisation im Kongo zwischen 1885 und 1960 bieten Viaene u. a. 2020.

19 Vgl. dazu Murhula 2018.

20 Vgl. dazu Phipps 2002 sowie Engel 2015.

21 Vgl. dazu Grant 2001 sowie Sliwinski 2006. Zur Rolle der Fotografie als einem neuen Medium der Wissensvermittlung vgl. außerdem Junck 1996, Hoppe u. a. 2007, Kröger 2008, Alsheimer 2010, Thompson T. J. 2012, Jones 2013, Bauer 2014 und Gangnat 2020.

22 Vgl. dazu die ausführliche Darstellung von Habermas 2016, außerdem Piwowarczyk 2017.

23 Vgl. dazu die ausführlichen Darstellungen von Hamilton 2009 und Tiletschke 2020. Die Rolle der späteren Bethel-Mission im Nationalsozialismus untersucht Treutier 2017.

24 Einen ersten Überblick über die Entwicklung der ärztlichen Mission ermöglicht Grundmann 2005. Vgl. dazu ferner Hokkanen 2007, Hofstetter 2012 sowie die Beiträge in Ratschiller und Weichlein 2016. Ausführliche Studien zu den Missionsschulen bieten Adick u. Mehnert 2001, Akakpo-Numado 2007 und Azamede 2010. Neuere Untersuchungen zur zentralen Rolle einheimischer Missionare und Lehrer in der protestantischen Mission des 19. und 20. Jhs. bieten die Beiträge in Brock 2005. Einen Einblick in die Lebensumstände und die Gedankenwelt der einheimischen Missionslehrer bietet die Ausgabe des Tagebuchs von Richard Edube Mbene (1879–1907) durch Kißkalt 2015. Das missionarische Interesse an einer Kontrolle des Schriftgebrauchs der indigenen Bevölkerung untersucht Krüger 2009.

25 Vgl. dazu Hölzl 2019.

26 Zum Maji-Maji-Krieg vgl. Hinz 2006, die Beiträge in Giblin u. Monson 2010 sowie Albert 2018.

27 Zu Hendrik Witbooi vgl. Dedering 1996 und Menzel 2000.

28 Vgl. dazu ausführlich Glocke 1997, Panzergrau 1998 und Oerman 1999.

29 Zitiert nach Raupp 1990, 430.

30 Zu Heinrich Vedder vgl. Barth 1996.

31 Vgl. dazu die Ausgabe des Tagebuchs durch Kopelmann u. Siefkes 2013 sowie die Studie von Siefkes 2013.

10 Mission als Motor religiösen Wandels

1 Edward Bickersteth, *The Christian Student*, London: R. B. Seeley & W. Burnside, 1829, 537–538 (meine Übersetzung, B. M.).

2 Eine kompakte Gesamtdarstellung der britischen Missionsaktivitäten vom 18. bis zum 20. Jh. bietet Cox 2008. Neuere Studien zur Rolle der Religion und damit auch des Missionsgedankens bei der Entstehung des Britischen Weltreichs im 18. und 19. Jh. bieten Thorne 1999, Cox 2002, die Beiträge in Frykenberg 2003, Porter 2003 und 2004, Etherington 2005 sowie Carey 2008 und 2011, ferner Twells 2009 und Atkins 2019. Die Auswirkungen der Auslandsmission auf die schottische Gesellschaft im langen neunzehnten Jahrhundert untersucht Breitenbach 2009.

3 Zu William Carey vgl. ausführlich Bareh 2004, Chatterjee 2004 sowie die Beiträge in Schirrmacher T. 2013.

4 Zur These der europäischen Konstruktion des Hinduismus im 19. Jh. vgl. Oddie 2006 sowie die Beiträge in Bloch u. a. 2010 und Pennington 2005. Zur Darstellung der indigenen Religion im 19. Jh. vgl. Nehring 2003 und Bergunder u. a. 2010.

5 Vgl. dazu die ausführliche Biografie von Beck 1992.

6 Vgl. dazu Richard 2018.

7 Vgl. dazu Choi D. K. 2019.

8 Zur Rolle der Mission für die Entwicklung des Bildungswesens in Britisch-Indien vgl. Ingleby 2000, Bellenoit 2007, Sengupta 2011 und Masih 2015. Das Sprachverständnis der Missionare behandelt Yelle 2013.

9 Vgl. dazu O'Connor 2012.

10 Eine Übersicht über die Geschichte dieser Bedeutungsverschiebung geben Aktor 2017 und Ghosh 2018.

11 Vgl. dazu die Ausgabe der Briefe Martyns durch Ayler 2019.

12 Zu James Long vgl. ausführlich Oddie 1999.

13 Vgl. dazu Cherian 2014.

14 Zu Alexander Duff vgl. ausführlich Chakraborty 2013.

15 Vgl. dazu Robert 2020.

16 Zur ersten Weltmissionskonferenz in Edinburgh 1910 vgl. ausführlich Stanley 2009 sowie die neuere Studie von Jensz 2018.

17 Vgl. dazu aus theologischer Sicht die Beiträge in Radano 2011.

18 Vgl. dazu Zeller 2015. Trumpps Forschungen zur Religion der Sikhs behandelt ausführlich Singh T. 1994.

19 Zur Basler Mission im Allgemeinen vgl. die Beiträge in Christ-von Wedel u. a. 2015, Kittel 2015 und Schmid 2015. Die Praxis der Heiraten zwischen Missionaren und «Missionsbräuten» behandelt Konrad 2013; die Publizistik der Basler Mission untersucht Mack 2013. Neuere Studien zur Basler Mission in Indien bieten Becker 2015a, Hoffmann 2017 und Köller 2017.

20 Vgl. dazu Frenz 2011.

21 Vgl. dazu Wendt R. 2006.

22 Vgl. dazu Frenz 2014 und Hänel 2015.

23 Eine anlässlich des 175-jährigen Bestehens veröffentlichte Geschichte der Gossner Mission in Einzelporträts bieten Schöntube u. Holze-Stäblein 2011.

24 Zitiert nach Raupp 1990, 259.

25 Neuere Studien zum Einfluss der christlichen Mission auf die indische Gesellschaft und Kultur v. a. im 19. und 20. Jh. bieten die Beiträge in Brown u. Frykenberg 2002.

26 Das Verhältnis Ram Mohan Roys zu den christlichen Missionaren untersucht Rüstau 1996.

27 Zur Neuinterpretation des Hinduismus als einer missionierenden Religion vgl. ausführlich Sharma 2011.

28 Vgl. dazu ausführlich Schirrmacher C. 1992.

29 Zu William Muir und seinem Bruder, dem Indologen John Muir, vgl. ausführlich Powell 2010.

30 Zu (Sir) Syed Ahmad Khan vgl. ausführlich die Beiträge in Kidwai A. R. 2017 und Saikia u. Rahman 2019 sowie Hussain 2019 und Kidwai Sh. 2020.

31 Zur Tablighi Jamaat vgl. die Beiträge in Masud 2000 sowie die neueren Studien von Noor 2012, Chakrabarti 2018, Siddiqi 2018, Pieri 2019 und Ziya Us Salam 2020.

32 Zur Darstellung fremder Religionen auf internationalen Ausstellungen in der zweiten Hälfte des 19. Jhs. vgl. Burris 2001 und zum «Weltparlament der Religionen» Lüddeckens 2002. Zu Missionsausstellungen im frühen 20. Jh. vgl. Hasinoff 2011. Zur britischen Begegnung mit dem Buddhismus vgl. Harris E. 2006.

11 *Zwischen Tradition und Modernisierung*

1 Uchimura Kanzo, *The Diary of a Japanese Convert*, New York: F. H. Revell Co., 1895, 205 (meine Übersetzung, B. M.).
2 Den Umgang der amerikanischen Besatzungsmacht mit der Frage der Religionsfreiheit im Japan der Nachkriegszeit untersucht Thomas J. B. 2019.
3 Zur Auseinandersetzung Japans mit dem religiösen Pluralismus und besonders mit dem Christentum vgl. Paramore 2009 und Josephson 2012.
4 Vgl. dazu Knechten 2019, 164–192.
5 Vgl. dazu Whitaker 2019.
6 Vgl. dazu Stüber 2009 und Collani 2016.
7 Zitiert nach Raupp 1990, 309–310.
8 Vgl. dazu Flitsch 2014 und Schwarz 2016.
9 Vgl. dazu die Biografie von Sterba 2020.
10 Vgl. dazu Howes 2005, Willcock 2008 sowie die Beiträge in Shibuya u. Chiba 2013.
11 Vgl. dazu die Beiträge in Howes 1995.
12 Vgl. dazu Benesch 2014.
13 Vgl. dazu Curley 2019, Rhodes 2019 und Unno 2020.
14 Vgl. dazu Schrimpf 2000, 2005 und 2018 sowie Schulzer 2019.
15 Zur Rolle Suzukis bei der Popularisierung des japanischen Buddhismus vgl. Snodgrass 2003 und 2012 sowie Hori 2016.
16 Zur Rolle von Paul Carus und seiner Rezeption in Japan vgl. Snodgrass 1998.
17 Vgl. dazu Yamada 2001 und 2009.
18 Vgl. dazu die kritischen Studien von Baier 2017 und Zotz 2017.
19 Vgl. dazu ausführlich Baatz 1998 sowie kürzer Baatz 2017.
20 Zur Geschichte des Christentums in Korea vgl. Choi J. 2006, Rhinow 2013 sowie Kim u. Kim 2015.
21 Zu Karl Gützlaffs Aufenthalt in Korea vgl. Bräsel 2005.
22 Zu Henry Gerhard Appenzeller vgl. Davies 1988 sowie Park 2006.

12 *Zwischen Konfuzianismus und Atheismus*

1 Zitiert nach Raupp 1990, 302.
2 Zu Karl Gützlaff vgl. Lutz 2008 sowie Klein u. Zöllner 2015.
3 Ein umfassendes Handbuch zur Geschichte des Christentums in China

seit 1800 bietet Tiedemann 2009. Neuere Studien zum chinesischen Christentum im 20. Jh. bieten die Beiträge in Clark 2017. Die katholische Mission im 19. und 20. Jh. behandeln die Beiträge in Giovagnoli u. Giunipero 2005 sowie die Gesamtdarstellung von Mungello 2015. Eine Darstellung der christlichen Mission unter den Muslimen Chinas bietet Israeli 2018.

4 Vgl. dazu Hancock 2008 und Daily 2013.

5 Zu William Milne und Liang Fa vgl. Song B. A. 2015.

6 Vgl. dazu Yang 2014.

7 Vgl. dazu Lazich 2000.

8 Zur Geschichte der chinesischen Bibelübersetzungen und ihrer kulturellen Bedeutung vgl. Zetzsche 1999, die Beiträge in Eber u. a. 1999 sowie Gálik 2004.

9 Zur Geschichte der ausländischen Missionsärzte im China des 19. und frühen 20. Jhs. vgl. Choa 1990 und Xu 2011.

10 Vgl. dazu Kaiser 2019.

11 Vgl. dazu Austin 2007 sowie die Beiträge in Brandl u. Buchholz 2015 und Badenberg u. a. 2018.

12 Vgl. dazu Hartwich 1983–2020 sowie Alt 1999 und Alt 2000–2002. Zu Johann Baptist (von) Anzer vgl. außerdem Rivinius 2010 (gekürzte Fassung: Rivinius 2013).

13 Vgl. dazu Puhl 1994.

14 Vgl. dazu Rivinius 2016.

15 Vgl. dazu Kollár 2011.

16 Vgl. dazu Kilcourse 2016 und 2020.

17 Vgl. dazu Bresner 1997.

18 Das Chinabild der deutschen protestantischen Missionare im 19. Jh. behandelt Sun 2002; die Vorstellungen der Missionare von den Religionen Chinas untersucht Reinders 2005. Zu den Wechselwirkungen zwischen dem Konfuzius-Bild der Missionare und ihrem Verständnis des Christentums vgl. Wu 2016.

19 Zu James Legge vgl. Girardot 2002, Pfister 2004, Wang H. 2008 und Stanley 2020.

20 Zur missionarischen Kritik am Opiumhandel vgl. Lodwick 1996.

21 Zu Richard Wilhelm vgl. die Beiträge in Wippermann u. a. 2007, Walravens 2008 sowie die Biografie von Wippermann 2020.

22 Zum Boxerkrieg vgl. die Beiträge in Bickers u. Tiedemann 2007 sowie

Leutner u. Mühlhahn 2007. Zur Rolle der Missionare vgl. Klein Th. 2008 und Perin 2018.

23 Vgl. dazu Thompson R. 2007 und Clark 2013.

24 Vgl. dazu ausführlich Thompson L. C. 2009.

25 Vgl. dazu Harris S. 2005.

Rückblick und Ausblick

1 Alfred Döblin, «Grundsätze und Methoden eines Neuterritorialismus» (zuerst veröffentlicht im Juni 1935 in der Zeitschrift *Freiland*; wiederabgedruckt in: Alfred Döblin, *Schriften zur Politik und Gesellschaft*, Walter: Olten, 1972, 309–338 (hier S. 327). Vgl. Vera Hildenbrandt, *Europa in Alfred Döblins «Amazonas»-Trilogie*, Göttingen: V & R unipress, 2011, 250, sowie Robert Leucht, «Neuterritorialismus, Geopolitik und die jüdische Frage. Alfred Döblins Amazonas als Gattungsintervention», in: Caspar Battegay, *Yearbook for European-Jewish Literature Studies*, Berlin: De Gruyter, 2014, 86–107 (auf S. 87).

2 F. Max Müller, *Introduction to the Science of Religion*, London: Longmans, Green, and Co., 1873, iii.

3 Brief an den Mediziner Sir Henry Acland vom 7. November 1873, zit. nach *The Life and Letters of the Right Honourable Friedrich Max Müller*, edited by his wife, 2 Bde., London: Longmans, Green, and Co., Bd. II, 491: «I do not wish to see the old religions destroyed. I want to see them reformed, reanimated, resuscitated by contact with Christianity. [...] When we do that, I believe we shall arrive at the deep and only safe and solid foundation of religious belief, and a truly religious life – we shall find the true *Quod semper, quod ubique, quod ab omnibus*, in all the religions of mankind.»

4 F. Max Müller, *Eine Missionsrede in der Westminsterabtei am III. December MDCCCLXXIII gehalten*, Strassburg: Trübner, 1874, 25.

5 Eine ausführliche Behandlung des Gegenstands fehlt bislang; vgl. jedoch die Beiträge in Gangnat u. a. 2013 sowie Loder-Neuhold 2019.

6 Vgl. dazu Dennebaum 2020.

7 Neuere Studien zu Missionssammlungen in Museumsbeständen bieten die Beiträge in Jacobs u. a. 2015 sowie Gilhaus u. a. 2017. Die Problematik der musealen Darbietung religiöser Objekte im Allgemeinen behandeln die Beiträge in Buggeln u. a. 2017.

8 Vgl. dazu Smalley 2012.

9 Vgl. dazu Rieke-Müller 2006 und Müller-Bahlke 2012. Zur indischen Sammlung vgl. Leipold 2007 und zur Geschichte der Handschriftensammlung die Beiträge in Link u. Müller-Bahlke 2003.

10 Vgl. dazu die ausführliche Studie von Stuiber 2012.

11 Vgl. dazu Mapelli u. a. 2012.

12 Vgl. dazu Wingfield 2017 sowie zur polynesischen Sammlung des Museums King u. a. 2015.

13 Vgl. dazu den Katalog zur ständigen Ausstellung im Herrnhuter Völkerkundemuseum von Nippa 2003. Die Anfänge der Herrnhuter Sammeltätigkeit in Indien untersucht Ruhland 2018.

14 S. Grootaers u. Eisenburger 2002.

15 Neuere Studien zur Problematik der Provenienzforschung und der Rückgabe von Raubkunst bieten Brandstetter u. Hierholzer 2018 sowie Sarr u. Savoy 2018.

Literatur

Abé 2011: Takao Abé, *The Jesuit Mission to New France: a new interpretation in the light of the earlier Jesuit Experience in Japan*, Leiden: Brill.

Acke 2015: Hanna Acke, *Sprachliche Legitimierung protestantischer Mission: die Publikationen von Svenska Missionsförbundet um 1900*, Berlin: de Gruyter.

Adick u. Mehnert 2001: Christel Adick und Wolfgang Mehnert (Hrsg.), *Deutsche Missions- und Kolonialpädagogik in Dokumenten: eine kommentierte Quellensammlung aus den Afrikabeständen deutschsprachiger Archive 1884–1914*, Frankfurt/Main: Verlag für Interkulturelle Kommunikation.

Agmon 2015: Danna Agmon, *A Colonial Affair: commerce, conversion, and scandal in French India*, Ithaca: Cornell University Press.

Akakpo-Numado 2007: Sena Yawo Akakpo-Numado, *Mädchen- und Frauenbildung in den deutschen Afrika-Kolonien (1884–1914)*, Frankfurt/Main: Verlag für Interkulturelle Kommunikation.

Aktor 2017: Mikael Aktor, «Frau Jagganatha til juggernaut: billedkult og kristen mission ved den store vognprocession i Puri», *Religionsvidenskabeligt tiddskrift* 66, 117–132.

Alam u. Subrahmanyam 2012: Muzaffar Alam und Sanjay Subrahmanyam, *Writing the Mughal World: studies on culture and politics*, New York: Columbia University Press.

Albert 2018: Sigrid Albert (Hrsg.), *Mission im Krieg: Abt Norbert Webers Reisetagebuch aus Ostafrika 1905*, Sankt Ottilien: Eos.

Alberts 2013: Tara Alberts, *Conflict and Conversion: Catholicism in Southeast Asia, 1500–1700*, Oxford: Oxford University Press.

Alberts 2018: Tara Alberts, «Missions in Vietnam», in: Hsia R. P. 2018a, 269–302.

Alsheimer 2010: Rainer Alsheimer, *Bilder erzählen Geschichten: eine Fotoanthropologie der Norddeutschen Mission in Westafrika*, Bremen: Universität.

Alt 1999: Josef Alt, *Arnold Janssen: Lebensweg und Lebenswerk des Steyler Ordensgründers*, Nettetal: Steyler Verlag.

Alt 2000–2002: Josef Alt (Hrsg.), *Arnold Janssen SVD, Briefe nach China*, drei Bände, Nettetal: Steyler Verlag.

Altena 2003: Thorsten Altena, *«Ein Häuflein Christen mitten in der Heidenwelt des dunklen Erdteils»: zum Selbst- und Fremdverständnis protestantischer Missionare im kolonialen Afrika 1884–1918*, Münster: Waxmann.

Amaladass u. Županov 2014: Anand Amaladass und Ines G. Županov (Hrsg.), *Intercultural Encounter and the Jesuit Mission in South Asia (16th–18th centuries)*, Bangalore: Asian Trading Corporation.

Amaladass 2015: Anand Amaladass, «Widerlegung des Wiedergeburtsglaubens durch Roberto de Nobili (1577–1656)», *Zeitschrift für Missionswissenschaft und Religionswissenschaft* 99, 262–275.

Amorosa 2019: Paolo Amorosa, *Rewriting the History of the Law of Nations: how James Brown Scott made Francisco de Vitoria the founder of international law*, Oxford: Oxford University Press.

Amsler 2018: Nadine Amsler, *Jesuits and Matriarchs: domestic worship in early modern China*, Seattle: University of Washington Press.

Amsler u. a. 2020: Nadine Amsler, Andreea Badea und Bernard Heyberger (Hrsg.), *Catholic Missionaries in Early Modern Asia: patterns of localization*, London: Routledge.

Anagnostou 2000: Sabine Anagnostou, *Jesuiten in Spanisch-Amerika als Übermittler von heilkundlichem Wissen*, Stuttgart: Wissenschaftliche Verlags-Gesellschaft.

Anderson 2007: Emma Anderson, *The Betrayal of Faith: the tragic journey of a colonial native convert*, Cambridge, Mass.: Harvard University Press.

Anderson 2013: Emma Anderson, *The Death and Afterlife of the North American Martyrs*, Cambridge, Mass.: Harvard University Press.

Andrango-Walker 2018: Catalina Andrango-Walker, *El símbolo católico indiano (1598) de Luis Jeronimo de Oré: saberes coloniales y los problemas de la evangelización en la región andina*, Frankfurt/Main: Vervuert.

Andreini u. Vossilla 2015: Alessandro Andreini und Francesco Vossilla (Hrsg.), *Giuseppe Castiglione: gesuita e pittore nel Celeste Impero – Jesuit and painter in the Celestial Empire*, Firenze: Edizioni Feeria.

App 2011: Urs App (Hrsg.), *The Birth of Orientalism*, Philadelphia: University of Pennsylvania Press.

Armenteros 2019: Carolina Armenteros, «The Enlightened Conservatism of the Malabar Missions: Gaston-Laurent Coeurdoux (1691–1779) and the Making of an Anthropological Classic», *Journal of Jesuit Studies* 6, 439–466.

Arun 2007: Chockalingam Joe Arun (Hrsg.), *Interculturation of Religion: critical perspectives on Robert de Nobili's mission in India*, Bangalore: Asian Trading Corporation.

Asúa 2014: Miguel de Asúa, *Science in the Vanished Arcadia: knowledge of nature in the Jesuit missions of Paraguay and Río de la Plata*, Leiden: Brill.

Atkins 2019: Gareth Atkins, *Converting Britannia: evangelicals and British public life, 1770–1840*, Woodbridge: Boydell Press.

Auji 2016: Hala Auji, *Printing Arab Modernity: book culture and the American Press in nineteenth-century Beirut*, Leiden: Brill.

Austin 2007: Alvyn J. Austin, *China's Millions: the China Inland Mission and late Qing Society, 1832–1905*, Grand Rapids, Mich.: Eerdmans.

Ayler 2019: Scott D. Ayler (Hrsg.), *The Letters of Henry Martyn: East India Company chaplain*, Woodbridge, Suffolk: Boydell Press.

Aymoré 2009: Fernando Amado Aymoré, *Die Jesuiten im kolonialen Brasilien: Katechese als Kulturpolitik und Gesellschaftsphänomen*, Frankfurt/Main: Lang.

Baatz 1998: Ursula Baatz, *Hugo M. Enomiya-Lassalle: ein Leben zwischen den Welten*, Zürich: Benziger.

Baatz 2017: Ursula Baatz, *Hugo Makibi Enomiya-Lassalle: Mittler zwischen Buddhismus und Christentum*, Kevelaer: Verlagsgemeinschaft topos plus.

Badenberg u. a. 2018: Robert Badenberg, Markus Dubach und Friedemann Knödler (Hrsg.), *Hudson Taylor: damals und heute*, Nürnberg: VTR.

Báez-Jorge 2003: Félix Báez-Jorge, *Los disfraces del Diablo. Ensayo sobre la reinterpretación de la noción cristiana del Mal en Mesoamérica*, Xalapa, México: Biblioteca Universidad Veracruzana.

Baier 2017: Karl Baier, «NS-Mystik und militanter Zen», *Zeitschrift für Religionswissenschaft* 25, 90–131.

Bailey 1999: Gauvin Alexander Bailey, *Art on the Jesuit Missions in Asia and Latin America, 1542–1773*, Toronto: University of Toronto Press.

Bailey 2005: Gauvin Alexander Bailey, *Art of Colonial Latin America*, London: Phaidon.

Ballériaux 2016: Catherine Ballériaux, *Missionary Strategies in the New World, 1610–1690*, New York: Routledge.

Bammann 2010: Heinrich Bammann, *Die Bafokeng: Geschichte und Kultur, Erziehung und Religion (traditionelle und christliche) aus der Sicht der ersten drei Hermannsburger Missionare bis 1940*, Hermannsburg: Ludwig-Harms-Haus.

Bammann 2012: Heinrich Bammann, *Die Bahurutshe: historische Ereignisse, Kultur und Religion und die Mission der ersten drei Hermannsburger Pio-*

niere in Dinokana, Südafrika von 1857–1940, Hermannsburg: Ludwig-Harms-Haus.

Bareh 2004: Hamlet Bareh, *William Carey in a new perspective*, Guwahati: Spectrum Publications.

Bargellini 2009: Clara Bargellini (Hrsg.), *El arte de las misiones del norte de la Nueva España: 1600–1821*, México: Antiguo Colegio de San Ildefonso.

Barreto Xavier 2010: Angela Barreto Xavier, «Power, Religion and Violence in Sixteenth-Century Goa», *Portuguese Literary and Cultural Studies* 17/18, 27–50.

Barth 1996: Hans Martin Barth, «Von draussen: Hermann Heinrich Vedder (1876–1972) – Fragen und Anfragen zu einem geistlichen und weltlichen Leben», in: Heyden u. Liebau 1996, 405–424.

Barthélemy 2019: Sarah Barthélemy, «Français et jésuite: Les *Lettres édifiantes et curieuses de Chine*, entreprise éditoriale de la mission jésuite française (1702–1783)», *Revue d'histoire ecclésiastique* 114, 224–264.

Bauer 2014: Marcel Bauer, *Pioniere & Propheten: Mission in frühen Fotografien*, Sankt Ottilien: Eos.

Bauerochse 2006: Ernst Bauerochse, *Ihr Ziel war das Oromoland: Anfänge der Hermannsburger Missionsarbeit in Äthiopien*, Münster: LIT.

Bechtloff 2012: Dagmar Bechtloff, «The linkage between Christian mission, language and administration in the kingdom of Kongo in the course of the 17th century», in: Heyden u. Feldtkeller 2012, 67–76.

Beck 1992: James R. Beck, *Dorothy Carey: the tragic and untold story of Mrs. William Carey*, Grand Rapids: Baker Book House.

Becker 2015a: Judith Becker, *Conversio im Wandel: Basler Missionare zwischen Europa und Südindien und die Ausbildung einer Kontaktreligiosität, 1834–1860*, Göttingen: Vandenhoeck & Ruprecht.

Becker 2015b: Judith Becker (Hrsg.), *European Missions in Contact Zones: transformation through interaction in a (post-)colonial world*, Göttingen: Vandenhoeck & Ruprecht.

Becker u. Stornig 2018: Judith Becker und Katharina Stornig (Hrsg.), *Menschen – Bilder – Eine Welt: Ordnungen von Vielfalt in der religiösen Publizistik um 1900*, Göttingen: Vandenhoeck & Ruprecht.

Belcher 2017: Wendy Laura Belcher (Hrsg.), *The Jesuits in Ethiopia (1609–1641): Latin letters in translation*, Wiesbaden: Harrassowitz.

Bellenoit 2007: Hayden J. A. Bellenoit, *Missionary Education and Empire in Late Colonial India, 1860–1920*, London: Pickering & Chatto.

Benesch 2014: Oleg Benesch, *Inventing the Way of the Samurai: nationalism, internationalism and bushidō in modern Japan*, Oxford: Oxford University Press.

Berg u. a. 2016: Sigrun Hřgetveit Berg, Rognald H. Bergesen und Roald E. Kristiansen (Hrsg.), *Towards a Protestant North*, Hannover: Wehrhahn.

Bergunder 1999: Michael Bergunder (Hrsg.), *Missionsberichte aus Indien im 18. Jahrhundert. Ihre Bedeutung für die europäische Geistesgeschichte und ihr wissenschaftlicher Quellenwert für die Indienkunde*, Halle: Verlag der Franckeschen Stiftungen.

Bergunder u. a. 2010: Michael Bergunder, Heiko Frese und Ulrike Schröder (Hrsg.), *Ritual, Caste, and Religion in Colonial South India*, Halle: Verlag der Franckeschen Stiftungen.

Bernier u. a. 2014: Marc André Bernier, Clorinda Donato und Hans-Jürgen Lüsebrink (Hrsg.), *Jesuit Accounts of the Colonial Americas: intercultural transfers, intellectual disputes, and textualities*, Toronto: University of Toronto Press.

Berthiaume 2014: Pierre Berthiaume, «L'héritage de José de Acosta», in: Bernier u. a. 2014, 307–325.

Bickers u. Tiedemann 2007: Robert Bickers und R. G. Tiedemann (Hrsg.), *The Boxers, China, and the World*, Lanham: Rowman & Littlefield.

Bilbe 2009: Mark Charles Bilbe, *Wupperthal: the formation of a community in South Africa, 1830–1965*, Köln: Köppe.

Blackburn 2000: Carole Blackburn, *Harvest of Souls: the Jesuit missions and colonialism in North America, 1632–1650*, Montreal: McGill-Queen's University Press.

Blair u. Thomas 2014: Elliot H. Blair und David Hurst Thomas, «The Guale Uprising of 1597: an archaeological perspective from Mission Santa Catalina de Guale (Georgia)», in: L. M. Panich und T. D. Schneider (Hrsg.), *Indigenous Landscapes and Spanish Missions: new perspectives from archaeology and ethnohistory*, Tucson: University of Arizona Press, 25–40.

Bleichmar 2009: Daniela Bleichmar, *Science in the Spanish and Portuguese Empires, 1500–1800*, Stanford: Stanford University Press.

Bloch u. a. 2010: Esther Bloch, Marianne Keppens und Rajaram Hegde (Hrsg.), *Rethinking religion in India: the colonial construction of Hinduism*, London: Routledge.

Block 1994: David Block, *Mission Culture on the Upper Amazon: native tradition, Jesuit enterprise and secular policy in Moxos, 1660–1880*, Lincoln: University of Nebraska Press.

Bock 2014: Claudia Bock, «Indigene Mythen und ihre Pragmatisierung in der Katechese. Die Historia von Fray Francisco Ximénez (Guatemala, 1718)», in: Oesterreicher und Schmidt-Riese 2014, 193–214.

Bogner u. a. 2004: Artur Bogner, Bernd Holtwick und Hartmann Tyrell (Hrsg.), *Weltmission und religiöse Organisationen: protestantische Missionsgesellschaften im 19. und 20. Jahrhundert*, Würzburg: Ergon.

Bonk 2007: Jon Bonk (Hrsg.), *Encyclopedia of Mission and Missionaries*, New York: Routledge.

Borja González 2011: Galaxis Borja González, *Die jesuitische Berichterstattung über die Neue Welt: zur Veröffentlichungs-, Verbreitungs- und Rezeptionsgeschichte jesuitischer Americana auf dem deutschen Buchmarkt im Zeitalter der Aufklärung*, Göttingen: Vandenhoeck & Ruprecht.

Botta 2013: Sergio Botta, «La ausencia de los dioses taíno. Sibre el fracas hermenéutico de la obra de Ramón Pané», *Latinoamérica* 57, 161–187.

Boulos 2016: Samir Boulos, *European Evangelicals in Egypt (1900–1956)*, Leiden: Brill.

Brading 2001: David A. Brading, *Mexican Phoenix: Our Lady of Guadalupe: image and tradition across five centuries*, Cambridge: Cambridge University Press.

Bräsel 2005: Sylvia Bräsel, «Missionar aus Überzeugung, Entdecker mit Marketingtalent: Gützlaff – der erste Deutsche in Korea», in: Klein Th. u. Zöllner 2005, 244–261.

Brancaccio 2007: Lavinia Brancaccio, *China accommodata: Chinakonstruktionen in jesuitischen Schriften der Frühen Neuzeit*, Berlin: Frank & Timme.

Brandherm-Laukötter 2015: Christina Brandherm-Laukötter, *Zwischen Konflikt und Verständigung: Spielregeln interkultureller Kommunikation im Prozess der Integration Skandinaviens in das christliche Europa (9.–11. Jahrhundert)*, Münster: Monsenstein und Vannerdat.

Brandl u. Buchholz 2015: Bernd Brandl und Meiken Buchholz (Hrsg.), *Hudson Taylor: Visionär, Stratege, Missionar*, Nürnberg: VTR.

Brandstetter u. Hierholzer 2018: Anna-Maria Brandstetter und Vera Hierholzer (Hrsg.), *Nicht nur Raubkunst! Sensible Dinge in Museen und universitären Sammlungen*, Göttingen: V & R unipress.

Breitenbach 2009: Esther Breitenbach, *Empire and Scottish society: the impact of foreign missions at home, c. 1790 to c. 1914*, Edinburgh: Edinburgh University Press.

Bresner 1997: Lisa Bresner, «Les pères de la sinologie, de la méthode Ricci aux remèdes de Léon Wieger», *Diogène: Revue international des sciences humaines* 178, 109–129.

Brewer 2004: Carolyn Brewer, *Shamanism, Catholicism and Gender Relations in Colonial Philippines, 1521–1685*, Aldershot: Ashgate.

Brock 2005: Peggy Brock (Hrsg.), *Indigenous Peoples and Religious Change*, Leiden: Brill.

Brockey 2007: Liam Matthew Brockey, *Journey to the East: the Jesuit Mission to China, 1579–1724*, Cambridge, Mass.: Belknap Press.

Brockey 2014: Liam Matthew Brockey, *The Visitor: André Palmeiro and the Jesuits in Asia*, Cambridge, Mass.: Belknap Press.

Brooks 2006: Joanna Brooks (Hrsg.), *The Collected Writings of Samson Occom, Mohegan: literature and leadership in eighteenth-century Native America*, Oxford: Oxford University Press.

Bross 2004: Kristina Bross, *Dry Bones and Indian Sermons: Praying Indians in colonial America*, Ithaca: Cornell University Press.

Brosseder 2014: Claudia Brosseder, *The Power of Huacas: change and resistance in the colonial world of Andean Peru*, Austin: University of Texas Press.

Brown u. Frykenberg 2002: Judith M. Brown und Robert Eric Frykenberg (Hrsg.), *Christians, Cultural Interactions and India's Religious Traditions*, Grand Rapids, Mich.: Eerdmans.

Bruno u. Míguez 2015: Daniel Bruno und Néstor Míguez, «Conquest and Evangelisation: The Bible in Colonial America (1450–1750)», in: Euan Cameron (Hrsg.), *The New Cambridge History of the Bible*, Bd. 3, Cambridge: Cambridge University Press, 828–842.

Bugge 1994: Henriette Bugge, *Mission and Tamil Society: social and religious change in South India (1840–1900)*, Richmond, Surrey: RoutledgeCurzon.

Buggeln u. a. 2017: Gretchen Buggeln, Crispin Paine und S. Brent Plate (Hrsg.), *Religion in Museums: global and multidisciplinary perspectives*, London: Bloomsbury.

Bunge 2018: Kirstin Bunge, *Gleichheit und Gleichmaß: zur Rechtsphilosophie von Francisco de Vitoria*, Stuttgart-Bad Cannstatt: frommann-holzboog.

Burgaleta 1999: Claudio M. Burgaleta, *José de Acosta, S. J. (1540–1600): his life and thought*, Chicago: Jesuit Way.

Burkhart 1989: Louise M. Burkhart, *The Slippery Earth: Nahua-Christian moral dialogue in sixteenth-century Mexico*, Tucson: University of Arizona Press.

Burkhart 1996: Louise M. Burkhart, *Holy Wednesday: a Nahua drama from early colonial Mexico*, Philadelphia: University of Pennsylvania Press.

Burris 2001: John S. Burris, *Exhibiting religion: colonialism and spectacle at international exhibitions, 1851–1893*, Charlottesville: University Press of Virginia.

Cams 2017: Mario Cams, *Companions in Geography: East-West collaboration in the mapping of Qing China (c. 1685–1735)*, Leiden: Brill.

Carey 2008: Hilary M. Carey (Hrsg.), *Empires of Religion*, Basingstoke: Palgrave Macmillan.

Carey 2011: Hilary M. Carey, *God's Empire: religion and colonialism in the British world, c. 1801–1908*, Cambridge: Cambridge University Press.

Carson 2012: Penelope Carson, *The East India Company and Religion, 1698–1858*, Woodbridge: Boydell Press.

Castro 2007: Daniel Castro, *Another Face of Empire: Bartolomé de las Casas, indigenous rights, and ecclesiastical imperialism*, Durham: Duke University Press.

Ceillier 2008: Jean-Claude Ceillier, *Histoire des missionnaires d'Afrique (Pères Blancs) de la fondation par Mgr Lavigerie à la mort du Fondateur (1868–1892)*, Paris: Karthala.

Cervantes 1994: Fernando Cervantes, *The Devil in the New World: the impact of diabolism in New Spain*, New Haven, Conn.: Yale University Press.

Cervantes u. Redden 2013: Fernando Cervantes und Andrew Redden (Hrsg.), *Angels, Demons and the New World*, Cambridge: Cambridge University Press.

Chakrabarti 2018: Anindita Chakrabarti, *Faith and Social Movements: religious reform in contemporary India*, Cambridge: Cambridge University Press.

Chakraborty 2013: Soumita Chakraborty, *Rev Alexander Duff and the Scottish Mission in Calcutta (1806–1878)*, New Delhi: Kunal Books.

Chakravarti 2018: Ananya Chakravarti, *The Empire of Apostles: religion, accommodatio, and the imagination of empire in early modern Brazil and India*, New Delhi: Oxford University Press.

Chatterjee 2004: Sunil Kumar Chatterjee, *William Carey and Serampore*, Serampore: Chatterjee.

Chen 2018: Tsung-Ming Alexandre Chen (Hrsg.), *Catholicism's Encounter with China: 17th to 20th century*, Leuven: Ferdinand Verbiest Institute.

Cherian 2014: Babu Cherian, *Towards Modernity: the story of the first college in India. The impact of CMS College, Kottayam on Kerala society and how it paved the way to modernity*, Delhi: Media House.

Choa 1990: Gerald H. Choa, *«Heal the sick» was their motto: the protestant medical missionaries in China*, Hong Kong: Chinese University Press.

Choi D. K. 2019: Daniel Kam-To Choi, «The Baptist Endeavours in Biblical Translation in China before the Chinese Union Version», *Journal of the Royal Asiatic Society* 30 (2), 1–24.

Choi J. 2006: Jai-Keun Choi, *The Origin of the Roman Catholic Church in Korea: an examination of popular and governmental responses to Catholic missions in the late Chosŏn dynasty*, Cheltenham: Hermit Kingdom Press.

Christ-von Wedel u. a. 2015: Christine Christ-von Wedel, Thomas K. Kuhn und Sonia Abun-Nasr (Hrsg.), *Basler Mission: Menschen, Geschichte, Perspektiven 1815–2015*, Basel: Schwabe.

Christensen 2014: Mark Z. Christensen, *Translated Christianities: Nahuatl and Maya religious texts*, University Park: Pennsylvania State University Press.

Christensen 2018: Mark Z. Christensen, «Missionizing Mexico: Ecclesiastics, Natives, and the Spread of Christianity», in: Hsia R. P. 2018a, 17–40.

Clark 2013: Anthony E. Clark, «Mandarins and Martyrs of Taiyuan, Shanxi, in Late Imperial China», in: Ders. (Hrsg.), *A Voluntary Exile: Chinese Christianity and cultural confluence since 1552*, Lanham: Rowman & Littlefield, 93–116.

Clark 2017: Anthony E. Clark (Hrsg.), *China's Christianity: from missionary to indigenous church*, Leiden: Brill.

Classen 2013: Albrecht Classen, *Early History of the Southwest through the Eyes of German-Speaking Jesuit Missionaries: a transcultural experience in the eighteenth century*, Lanham, Md.: Lexington Books.

Clayton 2011: Lawrence A. Clayton, *Bartolomé de las Casas and the Conquest of the Americas*, Chichester: Wiley-Blackwell.

Clayton 2012: Lawrence A. Clayton, *Bartolomé de las Casas: a biography*, Cambridge: Cambridge University Press.

Clooney 2020: Francis X. Clooney, *Western Jesuit Scholars in India: tracing their paths, reassessing their goals*, Leiden: Brill.

Clossey 2008: Luke Clossey, *Salvation and Globalization in the Early Jesuit Missions*, Cambridge: Cambridge University Press.

Cogley 1999: Richard W. Cogley, *John Eliot's Mission to the Indians Before King Philip's War*, Cambridge, Mass.: Harvard University Press.

Cohen L. 2009: Leonardo Cohen, *The Missionary Strategies of the Jesuits in Ethiopia (1555–1632)*, Wiesbaden: Harrassowitz.

Cohen T. M. 1998: Thomas M. Cohen, *The Fire of Tongues: António Vieira and the missionary church in Brazil and Portugal*, Stanford: Stanford University Press.

Collani 2003: Claudia von Collani, «Der Neue Welt-Bott: a preliminary survey», *Sino-Western Cultural Relations Journal* 25, 16–43.

Collani 2004: Claudia von Collani, «Die Ära der Jesuiten in der Chinamission», in: Hausberger 2004, 103–130.

Collani 2005: Claudia von Collani, «Jesuitisches Schrifttum als Quellenfundus der China-Japan-Dramen», in: Hsia A. u. Wimmer 2005, 259–288.

Collani 2016: Claudia von Collani, «Interreligiöse Dialoge in der Ostasienmission», in: D. Greb und C. C. Udeani (Hrsg.), *Einander begegnen: Chancen und Grenzen im Dialog der Religionen heute*, Würzburg: Echter, 201–236.

Collani 2017: Claudia von Collani, «The opposing views of Niccolò Longobardo and Joachim Bouvet on Chinese Religions», in: Li 2017, 69–103.

Collani 2018: Claudia von Collani, «Nicolas Trigault and the Martyrs of Japan», in: Chen 2018, 127–142.

Collani u. Zettl 2016: Claudia von Collani und Erich Zettl (Hrsg.), *Johannes Schreck-Terrentius SJ, Wissenschaftler und China-Missionar (1576–1630)*, Stuttgart: Steiner.

Conroy-Krutz 2015: Emily Conroy-Krutz, *Christian Imperialism: converting the world in the early American republic*, Ithaca: Cornell University Press.

Cook 1997: Guillermo Cook (Hrsg.), *Crosscurrents in Indigenous Spirituality: interface of Maya, Catholic and Protestant worldviews*, Leiden: Brill.

Cox 2002: Jeffrey Cox, *Imperial Fault Lines: Christianity and Colonial Power in India, 1818–1940*, Stanford, Calif.: Stanford University Press.

Cox 2008: Jeffrey Cox, *The British Missionary Enterprise since 1700*, London: Routledge.

Crewe 2019: Ryan Dominic Crewe, *The Mexican Mission: indigenous reconstruction and mendicant enterprise in New Spain, 1521–1600*, Cambridge: Cambridge University Press.

Criveller 2018: Gianni Criveller, «The theological background of the Chinese Rites Controversy», in: Chen 2018, 177–184.

Cummins u. a. 2014: Thomas B. F. Cummins, Emily A. Engel, Barbara Anderson und Juan M. Ossio A. (Hrsg.), *Manuscript Cultures of Colonial Mexico and Peru: new questions and approaches*, Los Angeles: Getty Research Institute.

Curley 2019: Melissa Anne-Marie Curley, «Kiyozawa Manshi and the Spirit of the Meiji», *Journal of Religion in Japan* 7, 250–275.

Curtis 2018: Heather D. Curtis, *Holy Humanitarians: American evangelicals and global aid*, Cambridge, Mass.: Harvard University Press.

Cushner 2006: Nicholas P. Cushner, *Why Have You Come Here? The Jesuits and the first evangelization of native America*, Oxford: Oxford University Press.

Dahms 1993: Bernd Dahms, *Bartolomé de las Casas (1484–1566): Indio-Politik im 16. Jahrhundert und ihre Rezeption in lateinamerikanischer Literatur*, Basel: Francke.

Daily 2013: Christopher Daily, *Robert Morrison and the Protestant Plan for China*, Hong Kong: Hong Kong University Press.

Danford u. a. 2014: Richard K. Danford, Robin Gill und Daniel T. Reff (Hrsg.), *The First European Description of Japan, 1585: a critical English-language edition of Striking Contrasts in the Customs of Europe and Japan by Luis Fróis, S. J.*, New York: Routledge.

Davies 1988: Daniel M. Davies, *The Life and Thought of Henry Gerhard Appenzeller (1858–1902), Missionary to Korea*, Lewiston: Mellen.

Dech 2005: Uwe Christian Dech, *Mission und Kultur im alten Neuguinea: der Missionar und Völkerkundler Stephan Lehner*, Bielefeld: transcript.

Decot 2004: Rolf Decot (Hrsg.), *Expansion und Gefährdung: amerikanische Mission und europäische Krise der Jesuiten im 18. Jahrhundert*, Mainz: Zabern.

Dedenbach-Salazar Sáenz u. Crickmay 1999: Sabine Dedenbach-Salazar Sáenz und Lindsey Crickmay (Hrsg.), *La lengua de la cristianización en Latinoamérica: catequización e instrucción en lenguas amerindias*, Markt Schwaben: Saurwein.

Dedenbach-Salazar Sáenz 2016: Sabine Dedenbach-Salazar Sáenz (Hrsg.), *La transmisión de conceptos cristianos a las lenguas amerindias: estudios sobre textos y contextos de la época colonial*, Sankt Augustin: Academia Verlag.

Dedenbach-Salazar Sáenz 2019: Sabine Dedenbach-Salazar Sáenz (Hrsg.), *Translating Wor(l)ds: Christianity across cultural boundaries*, Baden-Baden: Academia.

Dedering 1996: Tilman Dedering, «Hendrik Witbooi. Religion, Kollaboration und Widerstand in Deutsch-Südwestafrika», in: Heyden u. Liebau 1996, 325–342.

Dedering 1997: Tilman Dedering, *Hate the old and follow the new: Khoekhoe and missionaries in early nineteenth-century Namibia*, Stuttgart: Steiner.

De Gruchy 1999: John W. De Gruchy (Hrsg.), *The London Missionary Society in Southern Africa: historical essays in celebration of the LMS in Southern Africa, 1799–1999*, Cape Town: Philip.

DeGuzmán 2005: María DeGuzmán, *Spain's Long Shadow: the Black Legend, off-whiteness, and Anglo-American empire*, Minneapolis: University of Minnesota Press.

Delfs 2020: Tobias Delfs, *Die Dänisch-Englisch-Hallesche Indienmission des späten 18. Jahrhunderts: Alltag, Lebenswelt und Devianz*, Stuttgart: Steiner.

De Mendonça 2002: Délio De Mendonça, *Conversions and Citizenry: Goa under Portugal, 1510–1610*, New Delhi: Concept Publications.

Dennebaum 2020: Tonke Dennebaum, «Das Schweigen Gottes: Shūsaku Endōs Roman *Chinmoku* und die Problematik der Theodizee», *Zeitschrift für Missionswissenschaft und Religionswissenschaft* 104, 46–54.

Deslandres 2018: Dominique Deslandres, «New France», in: Hsia R. P. 2018a, 124–150.

Didier 2008: Hugues Didier, «Muslim Heterodoxy, Persian ‹Murtaddun› and Jesuit Missionaries at the Court of King Akbar (1580–1605)», *Heythrop Journal* 49, 898–939.

Dietrich 2002: Margret Dietrich, «Die Mulier Fortis aus Japan», *Studien zur Musikwissenschaft* 48, 85–194.

Diez Gálvez 2017: María José Diez Gálvez, *Las misiones de Mojos, 1: apuntes de historia, geografia y economia, 2: Arte y arquitectura*, Cochabamba: Instituto de Misionología.

Dillehay 2007: Tom D. Dillehay, *Monuments, Empires, and Resistance: the Araucanian polity and ritual narratives*, Cambridge: Cambridge University Press.

Doğan u. Sharkey 2011: Mehmet Ali Doğan und Heather J. Sharkey (Hrsg.), *American Missionaries and the Middle East: foundational encounters*, Salt Lake City: University of Utah Press.

Domschke 1996: Rainer Domschke, *Fiktionalisierungen der Conquista im 20. Jahrhundert: Studien zum historischen Roman in Spanischamerika*, Hamburg: Kovač.

Doniselli Eramo 2016: Isabella Doniselli Eramo (Hrsg.), *Giuseppe Castiglione: un artista nel Celeste Impero*, Milano: Luni editrice.

Dougill 2012: John Dougill, *In Search of Japan's Hidden Christians: a story of suppression, secrecy and survival*, Tokyo: Tuttle Publ.

Dürr 2007: Renate Dürr, «Der ‹Neue Welt-Bott› als Markt der Informationen? Wissenstransfer als Moment jesuitischer Identitätsbildung», *Zeitschrift für historische Forschung* 34, 441–466.

Dürr 2017: Renate Dürr, «Reflection on Language in Christian Mission: the significance of communication in the linguistic concepts of José de Acosta SJ and Antonio Ruiz de Montoya SJ», in: Flüchter u. Wirbser 2017, 50–91.

Dunn 2003–2009: James D. G. Dunn, *Christianity in the Making: Vol. I: Jesus*

Remembered, Vol. II: Beginning from Jerusalem, Vol. III: Neither Jew nor Greek: a contested identity, Grand Rapids, Mich.: Eerdmans.

Durston 2007: Alan Durston, *Pastoral Quechua: the history of Christian translation in colonial Peru, 1550–1650*, Notre Dame, Ind.: University of Notre Dame Press.

Early 2006: John D. Early, *The Maya and Catholicism: an encounter of world views*, Gainesville: University Press of Florida.

Eber u. a. 1999: Irene Eber, Sze-Kar Wan und Knut Walf (Hrsg.), *Bible in Modern China: the literary and intellectual impact*, Nettetal: Steyler Verlag.

Edgerton 2001: Samuel Y. Edgerton, *Theaters of Conversion: religious architecture and Indian artisans in colonial Mexico*, Albuquerque: University of New Mexico Press.

Edwards u. a. 2017: Nancy Edwards, Máire Ní Mhaonaigh und Roy Flechner (Hrsg.), *Transforming Landscapes of Belief in the Early Medieval Insular World and Beyond*, Turnhout: Brepols.

Ehmer 2008: Hermann Ehmer, «Das Syrische Waisenhaus und die ‹Dynastie› der Schnellers», in: Eisler 2008, 58–70.

Eim 2010: Stefan Eim, *The conceptualisation of Mapuche religion in colonial Chile (1545–1787)*, Diss. Univ. Heidelberg.

Eisler u. a. 2003: Jakob Eisler, Norbert Haag und Sabine Holtz, *Kultureller Wandel in Palästina im frühen 20. Jahrhundert: eine Bilddokumentation; zugleich ein Nachschlagewerk der deutschen Missionseinrichtungen und Siedlungen von ihrer Gründung bis zum Zweiten Weltkrieg*, Epfendorf: Bibliotheca-Academica-Verlag.

Eisler u. Krauß 2006: Jakob Eisler und Arno G. Krauß, *Bibliographie der Familie Schneller: das Syrische Waisenhaus in Jerusalem*, Stuttgart: Verein für Württembergische Kirchengeschichte.

Eisler 2008: Jakob Eisler (Hrsg.), *Deutsche in Palästina und ihr Anteil an der Modernisierung des Landes*, Wiesbaden: Harrassowitz.

Elbourne 2002: Elizabeth Elbourne, *Blood Ground: colonialism, missions, and the contest for Christianity in the Cape Colony and Britain, 1799–1853*, Montreal: Mc-Gill-Queen's University Press.

Elleray 2020: Michelle Elleray, *Victorian Coral Islands of Empire, Mission, and the Boys' Adventure Novel*, New York: Routledge.

Endres 2017: Johannes Endres (Hrsg.), *Fetischismus: Grundlagentexte vom 18. Jahrhundert bis in die Gegenwart*, Berlin: Suhrkamp.

Engel 2015: Elisabeth Engel, *Encountering Empire: African American missionaries in colonial Africa, 1900–1939*, Stuttgart: Steiner.

Engelfriet 1998: Peter Mark Engelfriet, *Euclid in China: the genesis of the first Chinese translation of Euclid's Elements, books I–VI (Jihe yuanben; Beijing, 1607) and its reception up to 1723*, Leiden: Brill.

Ertler 1997: Klaus-Dieter Ertler (Hrsg.), *Von Schwarzröcken und Hexenmeistern: Jesuitenberichte aus Neufrankreich, 1616–1649*, Berlin: Reimer.

Ertler 2014: Klaus-Dieter Ertler, «Les Relations des Jésuites et la construction de l'observateur européen face au monde indigène», in: Bernier u. a. 2014, 276–290.

Etherington 2005: Norman Etherington (Hrsg.), *Missions and Empire*, Oxford. Oxford University Press.

Ewalt 2008: Margaret R. Ewalt, *Peripheral Wonders: nature, knowledge and enlightenment in the eighteenth-century Orinoco*, Lewisburg: Bucknell University Press.

Ewalt 2014: Margaret R. Ewalt, «The Legacy of Joseph Gumilla's *Orinoco Enlightened*», in: Bernier u. a. 2014, 344–373.

Falcao 2003: Nelson M. Falcao, *Kristapurāṇa, a Christian-Hindu encounter*, Pune: Snehasadan Institute for the Study of Religion.

Farriss 2018: Nancy M. Farriss, *Tongues of Fire: language and evangelization in colonial Mexico*, New York: Oxford University Press.

Faschingeder 2004: Gerald Faschingeder, «Mission braucht Institution: Missionsgesellschaften im späten 19. und frühen 20. Jahrhundert», in: Hausberger 2004, 151–178.

Fauconnet-Buzelin 2006: Françoise Fauconnet-Buzelin, *Aux Sources des Missions Étrangères: Pierre Lambert de la Motte (1624–1679)*, Paris: Perrin.

Feigel 1989: Uwe Feigel, *Das evangelische Deutschland und Armenien: die Armenierhilfe deutscher evangelischer Christen seit dem Ende des 19. Jahrhunderts im Kontext der deutsch-türkischen Beziehungen*, Göttingen: Vandenhoeck & Ruprecht.

Feldtkeller u. Zeuge-Buberl 2018: Andreas Feldtkeller und Uta Zeuge-Buberl, *Networks of Knowledge: epistemic entanglement initiated by American Protestant missionary presence in nineteenth-century Syria*, Stuttgart: Steiner.

Fellmann 2009: Ulrich Fellmann (Hrsg.), *Von Schwaben in den Bismarckarchipel: Tagebücher der Missionarsfrau Johanna Fellmann aus Deutsch-Neuguinea 1896–1903*, Wiesbaden: Harrassowitz.

Fernández u. a. 2017: Victor M. Fernández, Jorge de Torres, Andreu Martínez d'Alòs-Moner und Carlos Cañete, *The Archaeology of the Jesuit Missions in Ethiopia (1557–1632)*, Leiden: Brill.

Fisher 2012: Linford D. Fisher, *The Indian Great Awakening: religion and the shaping of native cultures in early America*, Oxford: Oxford University Press.

Flechner u. Ní Mhaonaigh 2016: Roy Flechner und Máire Ní Mhaonaigh (Hrsg.), *The Introduction to Christianity into the Early Medieval Insular World*, Turnhout: Brepols.

Flitsch 2014: Mareile Flitsch (Hrsg.), *WegZeichen: japanische Kult- und Pilgerbilder; die Sammlung Wilfried Spinner (1854–1918)*, Stuttgart: Arnoldsche Art Publ.

Flores 2016: Jorge Flores, *The Mughal Padshah: a Jesuit treatise on Emperor Jahangir's court and household*, Leiden: Brill.

Flüchter u. Wirbser 2017: Antje Flüchter und Rouven Wirbser (Hrsg.), *Translating Catechisms, Translating Cultures: the expansion of Catholicism in the early modern world*, Leiden: Brill.

Foerster F. 1991: Frank Foerster, *Mission im Heiligen Land: der Jerusalems-Verein zu Berlin 1852–1945*, Gütersloh: Gütersloher Verlags-Haus Mohn.

Foerster R. G. 1996: Rolf G. Foerster, *Jesuítas y Mapuches: 1593–1767*, Santiago de Chile: Ed. Univ.

Foley 2002: Thomas W. Foley, *Father Francis M. Craft, Missionary to the Sioux*, Lincoln: University of Nebraska Press.

Folsom 1996: Franklin Folsom, *Indian Uprising on the Rio Grande: the Pueblo revolt of 1680*, Albuquerque: University of New Mexico Press.

Fontaine 2016: Darcie Fontaine, *Decolonizing Christianity: religion and the end of empire in France and Algeria*, New York: Cambridge University Press.

Fontana 2011: Michela Fontana, *Matteo Ricci: a Jesuit in the Ming Court*, Lanham: Rowman & Littlefield.

Francis u. Kole 2011: John Michael Francis und Kathleen M. Kole (Hrsg.), *Murder and Martyrdom in Spanish Florida: Don Juan and the Guale uprising of 1597*, New York: American Museum of Natural History.

Frenz 2011: Albrecht Frenz (Hrsg.), *Hermann Mögling: Missionar und Sprachforscher in Indien*, Stuttgart: Hermann-Gundert-Gesellschaft.

Frenz 2014: Albrecht Frenz, *Hermann Gundert: monologue – dialogue – trialogue*, Stuttgart: Offizin Scheufele.

Friedrich u. a. 2010: Norbert Friedrich, Uwe Kaminsky und Roland Löffler (Hrsg.), *The Social Dimension of Christian Missions in the Middle East: historical studies of the 19th and 20th centuries*, Stuttgart: Steiner.

Friedrich u. Schunka 2017: Markus Friedrich und Alexander Schunka (Hrsg.), *Reporting Christian Missions in the Eighteenth Century: communi-*

cation, culture of knowledge and regular publication in a cross-confessional perspective, Wiesbaden: Harrassowitz.

Froehlich 2015: Susanne Froehlich (Hrsg.), *Als Pioniermissionar in das ferne Neu Guinea: Johann Flierls Lebenserinnerungen*, zwei Bände, Wiesbaden: Harrassowitz.

Fromont 2014: Cécile Fromont, *The Art of Conversion: Christian visual culture in the Kingdom of Kongo*, Chapel Hill: University of North Carolina Press.

Frykenberg 2003: Robert Eric Frykenberg (Hrsg.), *Christians and Missionaries in India: cross cultural communications since 1500*, London: Curzon.

Fu-Hébert 2016: Xiaoqian Fu-Hébert, *L'architecture chinoise dans la pensée des Jésuites du XVIIIe siècle*, Saarbrücken: Editions universitaires européennes.

Galgano 2005: Robert C. Galgano, *Feast of Souls: Indians and Spaniards in the seventeenth-century missions of Florida and New Mexico*, Albuquerque: University of New Mexico Press.

Gálik 2004: Marián Gálik, *Influence, Translation, and Parallels: selected studies on the Bible in China*, Nettetal: Steyler Verlag.

Games 2010: Alison Games, *Witchcraft in Early North America*, Lanham, Md.: Rowman & Littlefield.

Gangnat u. a. 2013: Émilie Gangnat, Annie Lenoble-Bart und Jean-François Zorn (Hrsg.), *Mission et cinéma: films missionaires et missionaires au cinéma*, Paris: Karthala.

Gangnat 2020: Émilie Gangnat, «Photographies et missions chrétiennes: production, interprétations et circulations des images en contexte missionnaire», *Social Sciences and Missions* 33, 219–318.

Garipzanov 2014: Ildar Garipzanov (Hrsg.), *Conversion and Identity in the Viking Age*, Turnhout: Brepols.

Garrard-Burnett u. a. 2016: Virginia Garrard-Burnett, Paul Freston und Stephen C. Dove (Hrsg.), *The Cambridge History of Religions in Latin America*, New York: Cambridge University Press.

Gemegah 1999: Helga Gemegah, *Die Theorie des spanischen Jesuiten José de Acosta (ca. 1540–1600) über den Ursprung der indianischen Völker aus Asien*, Frankfurt/Main: Lang.

Geraci 2001: Robert P. Geraci (Hrsg.), *Of Religion and Empire: missions, conversion, and tolerance in Tsarist Russia*, Ithaca, NY: Cornell University Press.

Gerbner 2018: Katharine Gerbner, *Christian Slavery: conversion and race in the Protestant Atlantic world*, Philadelphia: University of Pennsylvania Press.

Gernet 2012: Jacques Gernet, *Die Begegnung Chinas mit dem Christentum*, neue, durchgesehene Ausgabe mit Nachtrag und Index, Sankt Augustin: Institut Monumenta Serica.

Ghosh 2018: Ujaan Ghosh, «Chariots of the Gods: the many histories of Jagganath, Juggernaut, and the Rathayatra in the nineteenth century», *History of Religions* 58, 64–88.

Giblin u. Monson 2010: James Giblin und Jamie Monson (Hrsg.), *Maji Maji: lifting the fog of war*, Leiden: Brill.

Gilhaus u. a. 2017: Ulrike Gilhaus u. a., *Missionsgeschichtliche Sammlungen heute: Beiträge einer Tagung*, Siegburg: Franz Schmitt Verlag.

Giovagnoli u. Giunipero 2005: Agostino Giovagnoli und Elisa Giunipero (Hrsg.), *The Catholic Church and the Chinese World: between colonialism and evangelization (1840–1911)*, Città del Vaticano: Urbaniana University Press.

Girardot 2002: Norman J. Girardot, *The Victorian Translation of China: James Legge's Oriental Pilgrimage*, Berkeley: University of California Press.

Givon 2019: Yuval Givon, «A Tale of Dynastic Change in China: The Ming-Qing transition through Athanasius Kircher SJ's *China illustrata* (1667)», *Archivum historicum Societatis Iesu* 88, 49–101.

Glasson 2012: Travis Glasson, *Mastering Christianity: missionary Anglicanism and slavery in the Atlantic world*, New York: Oxford University Press.

Glocke 1997: Nicole Glocke, *Zur Geschichte der Rheinischen Missionsgesellschaft in Deutsch-Südwestafrika unter besonderer Berücksichtigung des Kolonialkrieges von 1904 bis 1907*, Bochum: Brockmeyer.

Golvers 1993: Noël Golvers (Hrsg.), *The «Astronomia Europaea» of Ferdinand Verbiest, S. J. (Dillingen, 1687): text, translation, notes and commentaries*, Nettetal: Steyler Verlag.

Golvers 2003: Noël Golvers, *Ferdinand Verbiest, S. J. (1623–1688) and the Chinese heaven: the composition of the astronomical corpus, its diffusion and reception in the European republic of letters*, Leuven: Leuven University Press.

Golvers 2017: Noël Golvers (Hrsg.), *Letters of a Peking Jesuit: the correspondence of Ferdinand Verbiest, SJ (1623–1688)*, Leuven: Ferdinand Verbiest Institute.

González u. González 2008: Ondina E. González und Justo L. González, *Christianity in Latin America: a history*, Cambridge: Cambridge University Press.

Graber 2018: Jennifer Graber, *The Gods of Indian Country: religion and the struggle for the American West*, New York: Oxford University Press.

Grafton 2016: David D. Grafton, *The Contested Origins of the 1865 Arabic Bible*, Leiden: Brill.

Graham 2011: Elizabeth A. Graham, *Maya Christians and their Churches in Sixteenth-century Belize*, Gainesville: University Press of Florida.

Grant 2001: Kevin Grant, «Christian critics of empire: missionaries, lantern lectures, and the Congo reform campaign in Britain», *Journal of Imperial and Commonwealth History* 29, 27–58.

Gray 2013: Kathryn N. Gray, *John Eliot and the Praying Indians of Massachusetts Bay: communities and connections in Puritan New England*, Lewisburg: Bucknell University Press.

Graziano 2019: Frank Graziano, *Historic Churches in New Mexico Today*, New York: Oxford University Press.

Greer A. 2000: Allan Greer (Hrsg.), *The Jesuit Relations: natives and missionaries in seventeenth-century North America*, Boston, Mass.: Bedford.

Greer A. 2005: Allan Greer, *Mohawk Saint: Catherine Tekakwitha and the Jesuits*, Oxford: Oxford University Press.

Greer M. R. u. a. 2008: Margaret R. Greer, Walter D. Mignolo und Maureen Quilligan (Hrsg.), *Rereading the Black Legend: the discourses of religious and racial difference in the Renaissance empire*, Chicago: University of Chicago Press.

Gremels 2005: Georg Gremels (Hrsg.), *Die Hermannsburger Mission und das «Dritte Reich»: zwischen faschistischer Verführung und lutherischer Beharrlichkeit*, Münster: LIT.

Griessler 1992: Margareta Griessler (Hrsg.), *Die «Geschichte der höchst bemerkenswerten Dinge und Sitten im chinesischen Königreich» des Juan Gonzales de Mendoza*, Sigmaringen: Thorbecke.

Griffiths u. Cervantes 1999: Nicholas Griffiths und Fernando Cervantes (Hrsg.), *Spiritual Encounters: interactions between Christianity and native religions in colonial America*, Lincoln, Neb.: University of Nebraska Press.

Grootaers u. Eisenburger 2002: Jan-Lodewijk Grootaers und Ineke Eisenburger (Hrsg.), *Forms of Wonderment: the history and collections of the Afrika Museum, Berg en Dal*, zwei Bände, Berg en Dal: Afrika Museum.

Gross 2006: Andreas Gross (Hrsg.), *Halle and the Beginning of Protestant Christianity in India, 1. The Danish-Halle and the English-Halle Mission, 2. Christian Mission in the Indian Context, 3. Communication between India and Europe*, Halle: Verlag der Franckeschen Stiftungen.

Grundmann 2005: Christoffer H. Grundmann, *Sent to Heal! Emergence and development of medical missions*, Lanham, Md.: University Press of America.

Guedes 1992: Dorothy Guedes (Hrsg.), *The Letters of Emma Sarah Hahn: pioneer missionary among the Herero*, Windhoek: Namibia Scientific Society.

Gümüç 2017: Hami Inan Gümüç, *American Missionaries in the Ottoman Empire: a conceptual metaphor analysis of missionary narrative, 1820–1898*, Bielefeld: transcript.

Guo 2016: Daiheng Guo, *China's Lost Imperial Garden: the world's most exquisite garden rediscovered*, New York: Better Link Press.

Gura 2015: Philip F. Gura, *The Life of William Apess, Pequot*, Chapel Hill: University of North Carolina Press.

Habermas 2016: Rebekka Habermas, *Skandal in Togo: ein Kapitel deutscher Kolonialherrschaft*, Frankfurt/Main: Fischer.

Habermas u. Hölzl 2014: Rebekka Habermas und Richard Hölzl (Hrsg.), *Mission global: eine Verflechtungsgeschichte seit dem 19. Jahrhundert*, Köln: Böhlau.

Hänel 2015: Cordelia Hänel (Hrsg.), *Hermann Gundert: Wege zu gesellschaftlichem, internationalem und religiösem Zusammenleben*, Stuttgart: Hermann-Gundert-Gesellschaft e. V.

Hamilton 2009: Majida Hamilton, *Mission im kolonialen Umfeld. Deutsche protestantische Missionsgesellschaften in Deutsch-Ostafrika*, Göttingen: Universitätsverlag.

Hammel 2012: Tanja Hammel, *Lebenswelt und Identität in Selbstzeugnissen protestantischer Missionsfrauen in Britisch- und Deutsch-Neuguinea, 1884–1914*, Hamburg: Kovač.

Hancock 2008: Christopher Hancock, *Robert Morrison and the Birth of Chinese Protestantism*, London: T. & T. Clark.

Hanks 2010: William F. Hanks, *Converting Words: Maya in the Age of the Cross*, Berkeley, Calif.: University of California Press.

Harbsmeier 2001: Michael Harbsmeier (Hrsg.), *Stimmen aus dem äußersten Norden: Wie die Grönländer Europa für sich entdeckten*, Stuttgart: Thorbecke.

Harris E. 2006: Elizabeth Harris, *Theravada Buddhism and the British encounter: religious, missionary and colonial experience in nineteenth century Sri Lanka*, London: Routledge.

Harris S. 2005: Susan Harris, «Mark Twain and America's Christian Mission Abroad», in: Peter Messent und Louis J. Budd (Hrsg.), *A Companion to Mark Twain*, Malden: Blackwell, 38–52.

Harrison 2014: Regina Harrison, *Sin & Confession in Colonial Peru: Spanish*

Quechua penitential texts, 1560–1650, Austin, Texas: University of Texas Press.

Hartwich 1983–2020: Richard Hartwich, *Steyler Missionare in China*, 7 Bände, Nettetal: Steyler Verlag.

Harvey 2008: David Allen Harvey, «Living Antiquity: Lafitau's *Moeurs des sauvages amériquains* and the religious roots of the enlightenment science of man», *Proceedings of the Western Society for French History* 36, 75–92.

Hasinoff 2011: Erin L. Hasinoff, *Faith in Objects: American missionary exhibitions in the early twentieth century*, New York: Palgrave Macmillan.

Hastings 1995: Adrian Hastings, *The Church in Africa, 1450–1950*, Oxford: Clarendon.

Haub u. Oswald 2002: Rita Haub und Julius Oswald (Hrsg.), *Franz Xaver – Patron der Missionen*, Regensburg: Schnell & Steiner.

Hausberger 2000: Bernd Hausberger, *Für Gott und König: die Mission der Jesuiten im kolonialen Mexiko*, München: Oldenbourg.

Hausberger 2004: Bernd Hausberger (Hrsg.), *Im Zeichen des Kreuzes: Mission, Macht und Kulturtransfer seit dem Mittelalter*, Wien: Mandelbaum-Verlag.

Hauser 2015: Julia Hauser, *German Religious Women in Late Ottoman Beirut: competing missions*, Leiden: Brill.

Hayruni 2020: Aschot Hayruni, *Im Einsatz für das bedrohte Volk der Armenier: Johannes Lepsius und seine Mission*, Paderborn: Schöningh.

Hazlewood 2003: Nick Hazlewood, *Der Mann, der für einen Knopf verkauft wurde: die unglaubliche Geschichte des Jemmy Button*, Berlin: Rütten & Loenig.

Heinrich-Tamáska 2012: Orsolya Heinrich-Tamáska (Hrsg.), *Christianisierung Europas: Entstehung, Entwicklung und Konsolidierung im archäologischen Befund*, Regensburg: Schnell & Steiner.

Henn 2014: Alexander Henn, *Hindu-Catholic Encounters in Goa: religion, colonialism and modernity*, Bloomington: Indiana University Press.

Hensel u. Rommé 2018: Silke Hensel und Barbara Rommé (Hrsg.), *Aus Westfalen in die Südsee: katholische Mission in den deutschen Kolonien*, Berlin: Reimer.

Herrmann-Fertig 2020: Lisa Herrmann-Fertig, *Jesuita cantat! «Musik» in der interkulturellen Kommunikation jesuitischer Mission in Südindien während des späten 17. und 18. Jahrhunderts*, Würzburg: Königshausen & Neumann.

Hertrampf 1997: Stefan Hertrampf, *Unsere Indianer-Geschwister waren lichte und vernügt: die Herrnhuter als Missionare bei den Indianern Pennsylvanias, 1745–1765*, Frankfurt/Main: Lang.

Hesselink 2016: Reinier H. Hesselink, *The Dream of Christian Nagasaki: world trade and the clash of cultures, 1560–1640*, Jefferson, NC: McFarland & Co.

Heyden u. Feldtkeller 2012: Ulrich van der Heyden und Andreas Feldtkeller (Hrsg.), *Missionsgeschichte als Geschichte der Globalisierung von Wissen: transkulturelle Wissensaneignung und -vermittlung durch christliche Missionare in Afrika und Asien im 17., 18. und 19. Jahrhundert*, Stuttgart: Steiner.

Heyden u. Liebau 1996: Ulrich van der Heyden und Heike Liebau (Hrsg.), *Missionsgeschichte, Kirchengeschichte, Weltgeschichte: christliche Missionen im Kontext nationaler Entwicklungen in Afrika, Asien und Ozeanien*, Stuttgart: Steiner.

Heyden u. Stoecker 2005: Ulrich van der Heyden und Holger Stoecker (Hrsg.), *Mission und Macht im Wandel politischer Orientierungen: europäische Missionsgesellschaften in politischen Spannungsfeldern in Afrika und Asien zwischen 1800 und 1945*, Stuttgart: Steiner.

Heyden u. Wendt 2020: Ulrich van der Heyden und Helge Wendt (Hrsg.), *Mission und dekoloniale Perspektive. Der Erste Weltkrieg als Auslöser eines globalen Prozesses*, Stuttgart: Steiner.

Heyrman 2015: Christine Leigh Heyrman, *American Apostles: when evangelicals entered the world of Islam*, New York: Hill and Wang.

Higashibaba 2002: Ikuo Higashibaba, *Christianity in Early Modern Japan: Kirishitan belief and practice*, Leiden: Brill.

Hinz 2006: Hans-Martin Hinz (Hrsg.), *Mit Zauberwasser gegen Gewehrkugeln: der Maji-Maji-Aufstand im ehemaligen Deutsch-Ostafrika vor 100 Jahren*, Frankfurt/Main: Lembeck.

Hölzl 2019: Richard Hölzl, «Missionare als Opfer muslimischer Gewalt? Zur Konstruktion, Verbreitung und Wirkung eines Erzählmusters während des Kolonialkriegs an der ostafrikanischen Küste, 1888/1889», in: Eveline G. Bouwers (Hrsg.), *Glaubenskämpfe: Katholiken und Gewalt im 19. Jahrhundert*, Göttingen: Vandenhoeck & Ruprecht, 241–268.

Hoffmann 2017: Claudia Hoffmann, *Fremdbegegnung – das Totenritual Tiwah und die Basler Mission in kontakttheologischer Perspektive*, Frankfurt am Main: Lang.

Hofmeister 2019: Ulrich Hofmeister, *Die Bürde des Weißen Zaren: russische Vorstellungen einer imperialen Zivilisierungsmission in Zentralasien*, Stuttgart: Steiner.

Hofstetter 2012: Gabriela Hofstetter, *«Gehet hin und pfleget»: Basler Missionarinnen im Dienst der Ärztlichen Mission in Asien und Afrika (1892–1945)*, Münster: LIT.

Hokkanen 2007: Markku Hokkanen, *Medicine and Scottish Missionaries in the Northern Malawi Region, 1875–1930: quests for health in a colonial society*, Lewiston: Mellen.

Holler 1995: Clyde Holler, *Black Elk's Religion: the Sun Dance and Lakota Catholicism*, Syracuse, NY: Syracuse University Press.

Holler 2000: Clyde Holler (Hrsg.), *The Black Elk Reader*, Syracuse, NY: Syracuse University Press.

Hoppe u. a. 2007: Sascha Hoppe u. a., *Faszination in Schwarz-Weiß: historische Indienfotografien aus dem Bildarchiv der Leipziger Mission*, Leipzig: Evangelisch-Lutherisches Missionswerk.

Hori 2016: Victor Sōgen Hori, «D. T. Suzuki and the Invention of Tradition», *The Eastern Buddhist* 47, 41–81.

Hosfeld 2013: Rolf Hosfeld (Hrsg.), *Johannes Lepsius – eine deutsche Ausnahme: der Völkermord an den Armeniern, Humanitarismus und Menschenrechte*, Göttingen: Wallstein.

Howes 1995: John F. Howes (Hrsg.), *Nitobe Inazō: Japan's bridge across the Pacific*, Boulder: Westview Press.

Howes 2005: John F. Howes, *Japan's Modern Prophet: Uchimura Kanzō, 1861–1930*, Vancouver: University of British Columbia Press.

Hsia A. u. Wimmer 2005: Adrian Hsia und Ruprecht Wimmer (Hrsg.), *Mission und Theater: Japan und China auf den Bühnen der Gesellschaft Jesu*, Regensburg: Schnell & Steiner.

Hsia F. C. 2009: Florence C. Hsia, *Sojourners in a Strange Land: Jesuits and their scientific missions in late imperial China*, Chicago: University of Chicago Press.

Hsia R. P. 2010: Ronnie Po-chia Hsia, *A Jesuit in the Forbidden City: Matteo Ricci 1552–1610*, Oxford: Oxford University Press.

Hsia R. P. 2015: Ronnie Po-chia Hsia, *Gräfin Maria Theresia Fugger von Wellenburg (1690–1762): adelige Frömmigkeit und die ferne Welt der Jesuitenmission in China*, Augsburg: Wissner-Verlag.

Hsia R. P. 2016: Ronnie Po-chia Hsia, *Matteo Ricci and the Catholic Mission to China, 1583–1610: a short history with documents*, Indianapolis: Hackett Publishing Company.

Hsia R. P. 2018a: Ronnie Po-chia Hsia (Hrsg.), *A Companion to Early Modern Catholic Global Missions*, Leiden: Brill.

Hsia R. P. 2018b: Ronnie Po-chia Hsia, «Imperial China and the Christian Mission», in: Hsia R. P. 2018a, 344–366.

Hudson 2000: D. Dennis Hudson, *Protestant Origins in India: Tamil Evangelical Christians, 1706–1835*, Grand Rapids, Mich.: Eerdmans.

Hüsgen 2016: Jan Hüsgen, *Mission und Sklaverei: die Herrnhuter Brüdergemeine und die Sklavenemanzipation in Britisch- und Dänisch-Westindien*, Stuttgart: Steiner.

Huppertz 1998: Josefine Huppertz, *Begegnungen zweier Welten: aus den Anfängen der Steyler Missionsgesellschaft in Deutsch-Neuguinea ab 1896*, Waldeck: Siebenberg-Verlag.

Hussain 2019: Khurram Hussain, *Islam as Critique: Sayyid Ahmad Khan and the challenge of modernity*, London: Bloomsbury Academic.

Hyland 2003: Sabine Hyland, *The Jesuit and the Incas: the extraordinary life of Padre Blas Valera, S. J.*, Ann Arbor: University of Michigan Press.

Hyland 2011: Sabine Hyland (Hrsg.), *Gods of the Andes: an early Jesuit account of Inca religion and Andean Christianity*, University Park: Pennsylvania State University Press.

Imbruglia 2017: Girolamo Imbruglia, *The Jesuit Missions of Paraguay and a Cultural History of Utopia (1568–1789)*, Leiden: Brill.

Ingleby 2000: Jonathan C. Ingleby, *Missionaries, Education and India: issues in Protestant missionary education in the long nineteenth century*, Delhi: ISPCK.

Israeli 2018: Raphael Israeli, *One Century of Vain Missionary Work among Muslims in China: the cross battles the crescent*, Newcastle upon Tyne: Cambridge Scholars Publishing.

Jackson J. 2016: Joe Jackson, *Black Elk: the life of an American visionary*, New York: Farrar, Straus and Giroux.

Jackson R. H. u. Castillo 1995: Robert H. Jackson und Edward Castillo, *Indians, Franciscans and Spanish Colonization: the impact of the mission system on California Indians*, Albuquerque: University of New Mexico Press.

Jackson R. H. 2013: Robert H. Jackson, *Conflict and Conversion in sixteenth century Central Mexico: the Augustinian war on and beyond the Chichimeca frontier*, Leiden: Brill.

Jackson R. H. 2014: Robert H. Jackson, *Visualizing the Miraculous, Visualizing the Sacred: evangelization and the «cultural war» in sixteenth century Mexico*, Newcastle upon Tyne: Cambridge Scholars Publishing.

Jackson R. H. 2015: Robert H. Jackson, *Demographic Change and Ethnic Survival among the Sedentary Populations on the Jesuit Mission Frontiers of*

Spanish South America, 1609–1803: the formation and persistence of mission communities in a comparative context, Leiden: Brill.

Jackson R. H. 2017: Robert H. Jackson, *Frontiers of Evangelization: Indians in the Sierra Gorda and Chiquitos missions*, Norman: University of Oklahoma Press.

Jackson R. H. 2018a: Robert H. Jackson, *A Visual Catalog of Spanish Frontier Missions, 16th to 19th centuries*, Newcastle upon Tyne: Cambridge Scholars Publishing.

Jackson R. H. 2018b: Robert H. Jackson, *Communities on a Frontier Conflict: the Jesuit Guaraní mission Los Santos Mártires del Japón*, Newcastle: Cambridge Scholars Publishing.

Jacobs u. a. 2015: Karen Jacobs, Chantal Knowles und Chris Wingfield (Hrsg.), *Trophies, Relics and Curios? Missionary heritage from Africa and the Pacific*, Leiden: Sidestone Press.

Jacques 2002: Roland Jacques, *Portuguese Pioneers of Vietnamese Linguistics prior to 1650*, Bangkok: Orchid Press.

Jansen u. Weiss 2017: Silke Jansen und Irene M. Weiss (Hrsg.), *Fray Antonio de Montesino y su tiempo*, Frankfurt/Main: Vervuert.

Jebens 2004: Holger Jebens (Hrsg.), *Cargo, Cult and Culture Critique*, Honolulu: University of Hawai'i Press.

Jebens 2010: Holger Jebens, *After the Cult: perceptions of other and self in West New Britain (Papua New Guinea)*, New York: Berghahn.

Jensen u. a. 2011: Einar Lund Jensen, Kristine Raahauge und Hans Christian Gulløv, *Cultural Encounters at Cape Farewell: the East Greenlandic immigrants and the German Moravian Mission in the 19th century*, Copenhagen: Museum Tusculanum Press.

Jensz 2010: Felicity Jensz, *German Moravian Missionaries in the British Colony of Victoria, Australia, 1848–1908: influential strangers*, Leiden: Brill.

Jensz 2012: Felicity Jensz, «The Publication and Reception of David Cranz's 1767 History of Greenland», *The Library* 13, 457–472.

Jensz 2015: Felicity Jensz, «Reporting from the Religious Contact Zone: missionaries and anthropologists in nineteenth-century Australia», in: Becker 2015b, 125–141.

Jensz 2018: Felicity Jensz, «The 1910 Edinburgh World Missionary Conference and comparative colonial education», *History of Education* 47, 399–414.

Jensz u. Acke 2013: Felicity Jensz und Hanna Acke (Hrsg.), *Missions and Media: the politics of missionary periodicals in the long nineteenth century*, Stuttgart: Steiner.

Jetter-Staib 2013: Christina Jetter-Staib, *Halle, England und das Reich Gottes weltweit – Friedrich Michael Ziegenhagen (1694–1776), Hallescher Pietist und Londoner Hofprediger*, Halle: Verlag der Franckeschen Stiftungen.

Jeyaraj 1996: Daniel Jeyaraj, *Inkulturation in Tranquebar: der Beitrag der frühen dänisch-halleschen Mission zum Werden einer indisch-einheimischen Kirche (1706–1730)*, Erlangen: Verlag der Evangelisch-Lutherischen Mission.

Jeyaraj 2005: Daniel Jeyaraj (Hrsg.), *Genealogy of the South Indian Deities: an English translation of Bartholomäus Ziegenbalg's original German manuscript with a textual analysis and glossary*, London: RoutledgeCurzon.

Jeyaraj 2006a: Daniel Jeyaraj, *Bartholomäus Ziegenbalg, the Father of Modern Protestant Mission: an Indian assessment*, New Delhi: Indian Society for promoting Christian Knowledge.

Jeyaraj 2006b: Daniel Jeyaraj (Hrsg.), *A German Exploration of Indian Society: Ziegenbalg's «Malabarian Heathenism», an annotated English translation with an introduction and glossary*, Chennai: The Mylapore Institute for Indigenous Studies.

Jeyaraj 2010: Daniel Jeyaraj, *Tamil Language for Europeans: Ziegenbalg's «Grammatica Damulica» (1716), translated from Latin and Tamil, annotated and commented*, Wiesbaden: Harrassowitz.

Jeyaraj u. Young 2013: Daniel Jeyaraj und Richard Fox Young (Hrsg.), *Hindu-Christian Epistolary Self-Disclosures: ‹Malabarian Correspondence› between German Pietist missionaries and South Indian Hindus (1712–1714)*, Wiesbaden: Harrassowitz.

Jin u. Ledru 2016: Siyan Jin und Raymond Ledru (Hrsg.), *Transfert culturel: les premiers missionaires en Chine*, Paris: Éditions You-Feng.

Johnston 2003: Anna Johnston, *Missionary Writing and Empire, 1800–1860*, Cambridge: Cambridge University Press.

Jones 2013: Adam Jones (Hrsg.), *Through a Glass, Darkly: photographs of the Leipzig Mission from East Africa, 1896–1939*, Leipzig: Leipziger Universitäts-Verlag.

Josephson 2012: Jason Ananda Josephson, *The Invention of Religion in Japan*, Chicago: Chicago University Press.

Junck 1996: Andreas Junck, «Historische Lichtbilder (ca. 1860–1950) als Quelle der Missionsgeschichte. Methodische Überlegungen zur Interpretation und Auswertung eines kaum beachteten Mediums», in: Heyden u. Liebau 1996, 461–462.

Kaiser 2019: Andrew T. Kaiser, *Encountering China: the evolution of Timothy Richard's missionary thought (1870–1891)*, Eugene, Oregon: Pickwick.

Kamp u. Kroker 2013: Hermann Kamp und Martin Kroker (Hrsg.), *Schwertmission: Gewalt und Christianisierung im Mittelalter*, Paderborn: Schöningh.

Kan 1999: Sergei Kan, *Memory Eternal: Tlingit culture and Russian Orthodox Christianity through two centuries*, Seattle: University of Washington Press.

Kasprycki 2006: Sylvia S. Kasprycki, *Die Dinge des Glaubens: Menominees und Missionare im kulturellen Dialog, 1830–1880*, Münster: LIT.

Kent 2014: Neil Kent, *The Sámi Peoples of the North: a social and cultural history*, London: Hurst.

Kidd 2009: Thomas S. Kidd, *American Christians and Islam: evangelical culture and Muslims from the colonial period to the age of terrorism*, Princeton: Princeton University Press.

Kidwai A. R. 2017: Abdur Raheem Kidwai (Hrsg.), *Sir Syed Ahmad Khan – Muslim Renaissance Man of India: a bicentenary commemorative volume*, New Delhi: Viva Books.

Kidwai Sh. 2020: Shafey Kidwai, *Sir Syed Ahmad Khan: reason, religion and nation*, London: Routledge.

Kieser 2010: Hans-Lukas Kieser, *Nearest East: American millennialism and mission to the Middle East*, Philadelphia: Temple University Press.

Kilcourse 2016: Carl S. Kilcourse, *Taiping Theology: the localization of Christianity in China, 1843–64*, New York: Palgrave Macmillan.

Kilcourse 2020: Carl S. Kilcourse, «Instructing the Heavenly King: Joseph Edkins's mission to correct the theology of Hong Xiuquan», *The Journal of Ecclesiastical History* 71, 116–134.

Killoren 2004: John J. Killoren, *«Come, Blackrobe»: De Smet and the Indian tragedy*, St. Louis: Institute of Jesuit Sources.

Kim u. Kim 2015: Sebastian C. H. Kim und Kirsteen Kim, *A History of Korean Christianity*, Cambridge: Cambridge University Press.

Kimbro u. Costello 2009: Edna E. Kimbro und Julia G. Costello, *The California Missions: history, art, and preservation*, Los Angeles: Getty Conservation Institute.

Kinet 2005: Ruth Kinet, *«Licht in die Finsternis»: Kolonisation und Mission im Kongo, 1876–1908*, Münster: LIT.

Kißkalt 2015: Michael Kißkalt, *Das Tagebuch des Richard Edube Mbene und sein missionshistorischer Kontext*, Stuttgart: Steiner.

Kittel 2015: Andrea Kittel (Hrsg.), *Unterwegs zu den Anderen: 200 Jahre Basler Mission und Württemberg*, Stuttgart: Verein für Württembergische Kirchengeschichte.

Klaus 1999: Susanne Klaus, *Uprooted Christianity: the preaching of the Christian doctrine in Mexico, based on Franciscan sermons of the sixteenth century written in Nahuatl*, Markt Schwaben: Saurwein.

Klein D. 2014: Dieter Klein (Hrsg.), *Pioniermissionar in Kaiser-Wilhelmsland: Wilhelm Diehl berichtet aus Deutsch-Neuguinea, 1906–1913*, Wiesbaden: Harrassowitz.

Klein Th. 2008: Thoralf Klein, «Der Boxerkrieg in China (1900/01) und die protestantische Mission», *Interkulturelle Theologie* 34, 256–265.

Klein Th. u. Zöllner 2005: Thoralf Klein und Reinhard Zöllner (Hrsg.), *Karl Gützlaff (1803–1851) und das Christentum in Ostasien: ein Missionar zwischen den Kulturen*, Nettetal: Steyler Verlag.

Knaut 1995: Andrew L. Knaut, *The Pueblo Revolt of 1680*, Norman: University of Oklahoma Press.

Knechten 2019: Heinrich Michael Knechten, *Russische Glaubensboten*, 2., erweiterte Aufl., Kamen: Spenner.

Kohl 2003: Karl-Heinz Kohl, *Die Macht der Dinge: Geschichte und Theorie sakraler Objekte*, München: C. H. Beck.

Kok u. a. 2014: Jacobus Kok, Tobias Nicklas, Dieter T. Roth und Christopher T. Hays (Hrsg.), *Sensitivity to Outsiders: exploring the dynamic relationship between mission and ethics in the New Testament and early Christianity*, Tübingen: Mohr Siebeck.

Kollár 2011: Miroslav Kollár, *Ein Leben im Konflikt: P. Franz Xaver Biallas SVD (1878–1936), Chinamissionar und Sinologe im Licht seiner Korrespondenz*, Sankt Augustin: Institut Monumenta Serica.

Konrad 2013: Dagmar Konrad, *Missionsbräute: Pietistinnen des 19. Jahrhunderts in der Basler Mission*, 4., bearb. Aufl., Münster: Waxmann.

Kopelmann u. Siefkes 2013: Lisa Kopelmann und Martin Siefkes (Hrsg.), *Johannes Spiecker: Mein Tagebuch. Erfahrungen eines deutschen Missionars in Deutsch-Südwestafrika 1905–1907*, Berlin: Simon-Verlag für Bibliothekswissen.

Korpela 2001: Jukka Korpela, «Stefan von Perm', Heiliger Täufer im politischen Kontext», *Jahrbücher für Geschichte Osteuropas* NF 49, 481–499.

Korsun 2012: Sergei Korsun, *Herman, a Wilderness Saint: from Sarov, Russia to Kodiak, Alaska*, Jordanville, New York: Holy Trinity Publications.

Koschorke 2012: Klaus Koschorke (Hrsg.), *Etappen der Globalisierung in christentumsgeschichtlicher Perspektive*, Wiesbaden: Harrassowitz.

Koschorke u. a. 2018: Klaus Koschorke, Adrian Hermann, Frieder Ludwig und Ciprian Burlacioiu (Hrsg.), *«To give publicity to our thoughts»: Jour-*

nale asiatischer und afrikanischer Christen um 1900 und die Entstehung einer transregionalen indigen-christlichen Öffentlichkeit, Wiesbaden: Harrassowitz.

Kovács 2020: Abrahám Kovács, «A Scottish Millennial Mission to the Jews: the conversion, work, theological views, and Hungarian connections of Adolph Saphir (1831–91)», *International Review of Mission* 109, 297–312.

Kreis 2000: Karl Markus Kreis (Hrsg.), *Rothäute, Schwarzröcke und heilige Frauen: deutsche Berichte aus den Indianer-Missionen in South Dakota, 1886–1900*, Bochum: Projekt-Verlag.

Kreis 2004: Karl Markus Kreis (Hrsg.), *Ein deutscher Missionar bei den Sioux-Indianern: der Sprachforscher, Ethnologe und Sammler Eugen Büchel/Eugene Buechel (1874–1954): Materialien zu Leben und Werk*, Dortmund: Informations- und Pressestelle der Fachhochschule.

Kreis 2007: Karl Markus Kreis (Hrsg.), *Schulen und Kirchen für die Sioux-Indianer: deutsche Dokumente aus den katholischen Missionen in South Dakota, 1884–1932*, Bochum: Projekt-Verlag.

Kröger 2008: Rüdiger Kröger (Hrsg.), *Bilder aus der Herrnhuter Mission: Fotografien des 19. Jahrhunderts aus den Sammlungen des Universitätsarchivs*, Herrnhut: Comenius-Buchhandlung.

Kroeker 1997: Marvin E. Kroeker, *Comanches and Mennonites on the Oklahoma Plains: A. J. and Magdalena Becker and the Post Oak Mission*, Winnipeg: Kindred Productions.

Krüger 2009: Gesine Krüger, *Schrift – Macht – Alltag: Lesen und Schreiben im kolonialen Südafrika*, Köln: Böhlau.

Kühne 1994: Eckart Kühne, *Martin Schmid, 1694–1772: Missionar – Musiker – Architekt*, Luzern: Historisches Museum.

Kupperman 2019: Karen Ordahl Kupperman, *Pocahontas and the English Boys: caught between cultures in early Virginia*, New York: New York University Press.

Kuttner 1998: Sven Kuttner, *Handel, Religion und Herrschaft: Kulturkontakt und Ureinwohnerpolitik in Neufrankreich im frühen 17. Jahrhundert*, Frankfurt/Main: Lang.

Kyora u. Schwagmeier 2005: Sabine Kyora und Uwe Schwagmeier (Hrsg.), *Pocahontas revisited. Kulturwissenschaftliche Ansichten eines Motivkomplexes*, Bielefeld: Aisthesis-Verlag.

Lackner 1991: Michael Lackner, «Jesuit Figurism», in: Lee T. 1991, 129–150.

Landau 1995: Paul Stuart Landau, *The Realm of the Word: language, gender, and Christianity in a southern African kingdom*, Portsmouth, NH: Heinemann.

Landry-Deron 2013: Isabelle Landry-Deron (Hrsg.), *La Chine des Ming et de Matteo Ricci (1552–1610)*, Paris: Éd. du Cerf.

Lang 2012: Susanne Lang, *Bilder zur Mission: die jesuitische Literatur und ihre Illustration*, Petersberg: Imhof.

Langenhorst 1998: Annegret Langenhorst, *Der Gott der Europäer und die Geschichte(n) der anderen: die Christianisierung Amerikas in der hispanoamerikanischen Literatur der Gegenwart*, Mainz: Matthias-Grünewald-Verlag.

Lara 2008: Jaime Lara, *Christian Texts for Aztecs: art and liturgy in colonial Mexico*, Notre Dame, Ind.: University of Notre Dame Press.

Lazich 2000: Michael C. Lazich, *E. C. Bridgman (1801–1861): America's first missionary to China*, Lewiston: Mellen.

Lederle 2009: Julia Lederle, *Mission und Ökonomie der Jesuiten in Indien: intermediäres Handeln am Beispiel der Malabar-Provinz im 18. Jahrhundert*, Wiesbaden: Harrassowitz.

Lee T. 1991: Thomas H. C. Lee (Hrsg.), *China and Europe: Images and Influences in Sixteenth to Eighteenth Centuries*, Hong Kong: Chinese University Press.

Leibman 2008: Laura Arnold Leibman (Hrsg.), *Experience Mayhew's Indian Converts: a cultural edition*, Amherst: University of Massachusetts Press.

Leipold 2007: Aletta Leipold (Hrsg.), *Vishnus Weltentraum: Geheimnisse des Indienschrankes in der Kunst- und Naturalienkammer der Franckeschen Stiftungen*, Halle: Verlag der Franckeschen Stiftungen.

Lenoir u. Standaert 2005: Yves Lenoir und Nicolas Standaert (Hrsg.), *Les Danses rituelles chinoises d'après Joseph-Marie Amiot: aux sources de l'ethnochorégraphie*, Namur: Presses universitaires de Namur.

Leutner u. Mühlhahn 2007: Mechthild Leutner und Klaus Mühlhahn (Hrsg.), *Kolonialkrieg in China. Die Niederschlagung der Boxerbewegung 1900–1901*, Berlin: Ch. Links Verlag.

Lewis 2014: Hedwig Lewis (Hrsg.), *Jesuit Mission Gujarat: history of beginnings and community ministries*, Anand, Gujarat: Gujarat Sahitya Prakash.

Li 2000: Wenchao Li, *Die christliche China-Mission im 17. Jahrhundert: Verständnis, Unverständnis, Missverständnis*, Stuttgart: Steiner.

Li 2017: Wenchao Li (Hrsg.), *Leibniz and the European Encounter with China: 300 years of «Discours sur la théologie naturelle des Chinois»*, Stuttgart: Steiner.

Liebau H. 2006: Heike Liebau (Hrsg.), *Geliebtes Europa – Ostindische Welt: 300 Jahre interkultureller Dialog im Spiegel der Dänisch-Halleschen Mission*, Halle: Verlag der Franckeschen Stiftungen.

Liebau H. 2008: Heike Liebau, *Die indischen Mitarbeiter der Tranquebarmission (1706–1845): Katecheten, Schulmeister, Übersetzer*, Tübingen: Niemeyer.

Liebau H. u. a. 2010: Heike Liebau, Andreas Nehring und Brigitte Klosterberg (Hrsg.), *Mission und Forschung: translokale Wissensproduktion zwischen Indien und Europa im 18. und 19. Jahrhundert*, Wiesbaden: Harrassowitz.

Liebau H. 2017: Heike Liebau, «Controlled Transparency: The *Hallesche Berichte* and *Neue Hallesche Berichte* between 1710 and 1848», in: Friedrich u. Schunka 2017, 133–148.

Liebau K. 1998: Kurt Liebau (Hrsg.), *Die Malabarische Korrespondenz: tamilische Briefe an deutsche Missionare. Eine Auswahl*, Sigmaringen: Thorbecke.

Liebmann 2012: Matthew Liebmann, *Revolt: an archaeological history of Pueblo resistance and revitalization in 17th century New Mexico*, Tucson: University of Arizona Press.

Link u. Müller-Bahlke 2003: Heike Link und Thomas J. Müller-Bahlke (Hrsg.), *Zeichen und Wunder: Geheimnisse des Schriftenschranks in der Kunst- und Naturalienkammer der Franckeschen Stiftungen*, Halle: Verlag der Franckeschen Stiftungen.

Lippiello u. Malek 1997: Tiziana Lippiello und Roman Malek (Hrsg.), *«Scholar from the West»: Giulio Aleni S. J. (1583–1649) and the dialogue between Christianity and China*, Nettetal: Steyler Verlag.

Liu 2015: Yu Liu, *Harmonious Disagreement: Matteo Ricci and his closest Chinese friends,* New York: Lang.

Loder-Neuhold 2019: Rebecca Loder-Neuhold, *Crocodiles, Masks and Madonnas: Catholic mission museums in German-speaking Europe*, Uppsala: Department of Theology.

Lodwick 1996: Kathleen L. Lodwick, *Crusaders against Opium: protestant missionaries in China, 1874–1917*, Lexington: University Press of Kentucky.

Löffler 2008: Roland Löffler, *Protestanten in Palästina: Religionspolitik, sozialer Protestantismus und Mission in den deutschen evangelischen und anglikanischen Institutionen des Heiligen Landes 1917–1939*, Stuttgart: Kohlhammer.

Lopenzina 2017: Drew Lopenzina, *Through an Indian's Looking Glass: a cultural biography of William Apess, Pequot*, Amherst: University of Massachusetts Press.

Lopez 2017: Donald S. Lopez, *Dispelling the Darkness: a Jesuit's quest for the soul of Tibet*, Cambridge, Mass.: Harvard University Press.

Lourdusamy 2016: John B. Lourdusamy, «Betwixt science and religion – East and West: Jesuits in seventeenth- and eighteenth-century India», in: Yiftah Fehige (Hrsg.), *Science and Religion: East and West*, London: Routledge, 158–173.

Lubbe 2009: J. J. Lubbe, «‹By patience, labour and prayer. The voice of the unseen God in the language of the Bechuana nation.› A reflection on the history of Robert Moffat's Setswana Bible (1857)», in: Jacobus A. Naudé (Hrsg.), *The Bible and its translations: colonial and postcolonial encounters with the indigenous*, Bloemfontein: University of the Free State, 16–32.

Luber 2015: Markus Luber, «Die heilige, wilde Mowhawk-Jungfrau Kateri Tekakwitha. Ein Dialog zwischen Ethnologie und Theologie», *Anthropos* 110, 125–144.

Luca 2005: Augusto Luca (Hrsg.), *Alessandro Valignano (1539–1606): la missione come dialogo con i popoli e le culture*, Bologna: Ed. Missionaria Italiana.

Lüddeckens 2002: Dorothea Lüddeckens, *Das Weltparlament der Religionen von 1893: Strukturen interreligiöser Begegnung im 19. Jahrhundert*, Berlin: de Gruyter.

Lüsebrink 2014: Hans-Jürgen Lüsebrink, «Between Ethnology and Romantic Discourse: Martin Dobrizhoffer's *History of the Abipones* in a (Post)modern perspective», in: Bernier u. a. 2014, 127–143.

Lutz 2008: Jessie G. Lutz, *Opening China: Karl F. A. Gützlaff and Sino-Western relations, 1827–1852*, Grand Rapids, Mich.: Eerdmans.

Mack 2013: Julia Ulrike Mack, *Menschenbilder: anthropologische Konzepte und stereotype Vorstellungen vom Menschen in der Publizistik der Basler Mission 1816–1914*, Zürich: TVZ.

Makdisi 2009: Ussama Makdisi, *Artillery of Heaven: American missionaries and the failed conversion of the Middle East*, Ithaca, NY: Cornell University Press.

Maldavsky 2018: Aliocha Maldavsky, «The Andes», in: Hsia R. P. 2018a, 41–72.

Malek 1998: Roman Malek (Hrsg.), *Western Learning and Christianity in China: the contribution and impact of Johann Adam Schall von Bell, S. J. (1592–1666)*, Nettetal: Steyler Verlag.

Malek 2000: Roman Malek (Hrsg.), *Martino Martini S. J. (1614–1661) und die Chinamission im 17. Jahrhundert*, Nettetal: Steyler Verlag.

Mamani Macedo 2016: Mauro Mamani Macedo (Hrsg.), *Guamán Poma de Ayala: las travesías culturales*, Lima: Pakarina Ediciones.

Mann 2006: Michael Mann (Hrsg.), *Europäische Aufklärung und protestantische Mission in Indien*, Heidelberg: Draupadi-Verlag.

Mapelli u. a. 2012: Nicola Mapelli, Katherine Aigner und Nadia Fiussello (Hrsg.), *Ethnos: Vatican Museums ethnological collection*, Città del Vaticano: Ed. Musei Vaticani.

Marchetti 1996: Angela Marchetti, *Un Trentino nell'America del '600: il servo di dio Eusebio Francesco Kino, missionario, esploratore e astronomo*, Cinisello Balsamo: San Paolo.

Markowitz 2018: Harvey Markowitz, *Converting the Rosebud: Catholic mission and the Lakotas, 1886–1916*, Norman: University of Oklahoma Press.

Marras 2011: Gianna Carla Marras (Hrsg.), *Descripción corográfica del Gran Chaco Gualamba: Córdoba 1733*, Milano: Angeli.

Martini 2018: Youri Martini, *Akbar e i Gesuiti: missionari cristiani alla corte del Gran Moghul*, Trapani: Il pozzo di Giacobbe.

Maruyama 2004: Tohru Maruyama, «Linguistic Studies by Portuguese Jesuits in Sixteenth and Seventeenth Century Japan», in: Otto Zwartjes und Even Hovdhaugen (Hrsg.), *Missionary Linguistics*, Amsterdam: Benjamins, 141–161.

Maryks u. Mkenda 2018: Robert A. Maryks und Festo Mkenda (Hrsg.), *Encounters between Jesuits and Protestants in Africa*, Leiden: Brill.

Masih 2015: Jonathan Masih, *Contribution of Missionaries Towards Education in India*, Delhi: ISPCK.

Massarella 2012: Derek Massarella (Hrsg.), *Japanese Travellers in Sixteenth-Century Europe: a dialogue concerning the mission of the Japanese ambassadors to the Roman Curia (1590)*, Farnham: Ashgate.

Masud 2000: Muhammad Khalid Masud (Hrsg.), *Travellers in Faith: Studies of the Tablīghī Jamā'at as a Transnational Islamic Movement for Faith Renewal*, Leiden: Brill.

Mayr 1988: Johann Mayr, *Anton Sepp: ein Südtiroler im Jesuitenstaat*, Bozen: Athesia.

McGinness 2018: Anne McGinness, «Early Modern Catholic Missions in Brazil: the challenge of the outsiders», in: Hsia R. P. 2018a, 102–123.

McKevitt 2007: Gerald McKevitt, *Brokers of Culture: Italian Jesuits in the American West, 1848–1919*, Stanford: Stanford University Press.

McShea 2019: Bronwen Catherine McShea, *Apostles of Empire: the Jesuits and New France*, Lincoln: University of Nebraska Press.

Meier 2000: Johannes Meier (Hrsg.), *«… usque ad ultimum terrae»: die Jesuiten und die transkontinentale Ausbreitung des Christentums 1540–1773*, Göttingen: Vandenhoeck & Ruprecht.

Meier 2005–2013: Johannes Meier (Hrsg.), *Jesuiten aus Zentraleuropa in Portugiesisch- und Spanisch-Amerika*, 5 Bände, Münster: Aschendorff.

Meier 2018: Johannes Meier, *Bis an die Ränder der Welt: Wege des Katholizismus im Zeitalter der Reformation und des Barock*, Münster: Aschendorff.

Melve u. Sønnesyn 2012: Leidulf Melve und Sibjørn Sønnesyn (Hrsg.), *The Creation of Medieval Northern Europe: christianisation, social transformations, and historiography*, Oslo: Dreyer Forlag.

Menegon 2020: Eugenio Menegon, «‹The habit that hides the monk›: Missionary fashion strategies in late imperial Chinese society and court culture», in: Amsler u. a. 2020, 30–49.

Menrath 2016: Manuel Menrath, *Mission Sitting Bull: die Geschichte der katholischen Sioux*, Paderborn: Schöningh.

Menzel 2000: Gustav Menzel, *«Widerstand und Gottesfurcht»: Hendrik Witbooi – eine Biographie in zeitgenössischen Quellen*, Köln: Köppe.

Merten 2020: Kai Merten, *«Ich habe im Himmel keine Spur von dir gesehen»: Religionsbegegnung in Grönland im 18. Jahrhundert*, Münster: LIT.

Mettele 2009: Gisela Mettele, *Weltbürgertum oder Gottesreich: die Herrnhuter Brüdergemeine als globale Gemeinschaft 1727–1857*, Göttingen: Vandenhoeck & Ruprecht.

Metzler 2016: Volker Metzler, *Mission und Macht: das Wirken der Orient- und Islamkommission des Deutschen Evangelischen Missionsausschusses 1916–1933*, Wiesbaden: Harrassowitz.

Meynard 2015: Thierry Meynard, *The Jesuit Reading of Confucius: the first complete translation of the Lunyu (1687) published in the West*, Leiden.

Mignini 2019: Filippo Mignini (Hrsg.), *New Perspectives in the Studies on Matteo Ricci*, Macerata: Quodlibet.

Milanich 1999: Jerald T. Milanich, *Laboring in the Fields of the Lord: Spanish missions and southeastern Indians*, Gainesville: University Press of Florida.

Mingguang 2018: Xie Mingguang, «The *Xi Ru Er Mu Zi* (1626) in the Eyes of the Chinese Literates: an account of the reception of Western knowledge in China», in: Chen 2018, 105–125.

Moore 2019: David Moore, «The Wanderings of Altjira, Christianity and the Translation of Sacred Words in Central Australia», in: Dedenbach-Salazar Sáenz 2019, 127–156.

Moreau 2000: A. Scott Moreau (Hrsg.), *Evangelical Dictionary of World Missions*, Grand Rapids, Mich.: Baker Books.

Morris u. Leonard 2017: Rosalind C. Morris und Daniel H. Leonard, *The Returns of Fetishism: Charles de Brosses and the afterlives of an idea*, Chicago: University of Chicago Press.

Morrison D. 1998: Dane Morrison, *A Praying People: Massachusett acculturation and the failure of the Puritan mission, 1600–1690*, New York: Lang.

Motsch 2001: Andreas Motsch, *Lafitau et l'émergence du discours ethnographique*, Sillery (Québec): Septentrion.

Mousalimas 1995: S. A. Mousalimas, *The Transition from Shamanism to Russian Orthodoxy in Alaska*, Providence, R. I.: Berghahn.

Movius 1997: Phyllis Demuth Movius (Hrsg.), *When the Geese Come: The Journals of a Moravian Missionary, Ella Mae Ervin Romig, 1898–1905, Southwest Alaska*, Fairbanks, Alaska: University of Alaska Press.

Müller-Bahlke 2012: Thomas J. Müller-Bahlke, *Die Wunderkammer der Franckeschen Stiftungen*, 2., überarb. u. erw. Aufl., Halle: Verlag der Franckeschen Stiftungen.

Muldoon 2004: James Muldoon (Hrsg.), *The Spiritual Conversion of the Americas*, Gainesville: University Press of Florida.

Mullins 2003: Mark R. Mullins (Hrsg.), *Handbook of Christianity in Japan*, Leiden: Brill.

Mulsow 2012: Martin Mulsow, «Joseph-François Lafitau und die Entdeckung der Religions- und Kulturvergleiche», in: Maria Effinger, Cornelia Logemann und Ulrich Pfisterer (Hrsg.), *Götterbilder und Götzendiener in der Frühen Neuzeit: Europas Blick auf fremde Religionen*, Heidelberg: Winter, 37–47.

Mumford 2012: Jeremy Ravi Mumford, *Vertical Empire: the general resettlement of Indians in the colonial Andes*, Durham: Duke University Press.

Mungello 2013: David E. Mungello, *The Great Encounter of China and the West, 1500–1800*, Lanham: Rowman & Littlefield.

Mungello 2015: David E. Mungello, *The Catholic Invasion of China: remaking Chinese Christianity*, Lanham: Rowman & Littlefield.

Mungello 2019: David E. Mungello, *The Silencing of Jesuit Figurist Joseph de Prémare in eighteenth-century China*, Lanham: Lexington Books.

Murhula 2018: Toussaint Kafarhire Murhula, «Jesuit-Protestant Encounters in Colonial Congo in the Late Nineteenth Century: perceptions, prejudices, and the competition for African souls», in: Maryks u. Mkenda 2018, 194–214.

Murray 1998: Laura J. Murray (Hrsg.), *To Do Good to My Indian Brethren: the writings of Joseph Johnson, 1751–1776*, Amherst: University of Massachusetts Press.

Murre-van den Berg 2006: Hendrika L. Murre-van den Berg (Hrsg.), *New Faith in Ancient Lands: Western missions in the Middle East in the nineteenth and early twentieth centuries*, Leiden: Brill.

Nardini 2017: Giulia Nardini, «Roberto Nobili's Vivāha dharma: a case of cultural translation», in: Flüchter u. Wirbser 2017, 223–251.

Nehring 2003: Andreas Nehring, *Orientalismus und Mission: die Repräsentation der tamilischen Gesellschaft und Religion durch Leipziger Missionare 1840–1940*, Wiesbaden: Harrassowitz.

Neylan 2003: Susan Neylan, *The Heavens Are Changing: nineteenth-century Protestant missions and Tsimshian Christianity*, Montreal: McGill-Queen's University Press.

Nippa 2003: Annegret Nippa (Hrsg.), *Ethnographie und Herrnhuter Mission: Völkerkundemuseum Herrnhut*, Dresden: Staatliches Museum für Völkerkunde.

Noor 2012: Farish A. Noor, *Islam on the Move: the Tablighi Jama'at in Southeast Asia*, Amsterdam: Amsterdam University Press.

Oberholzer 2020: Paul Oberholzer, «War Franz Xaver wirklich päpstlicher Legat in Indien?», in: Michael Sievernich und Klaus Vellguth (Hrsg.), *Christentum in der Neuzeit. Festschrift für Mariano Delgado*, Freiburg: Herder, 449–484.

O'Connor 2012: Daniel O'Connor, *The Chaplains of the East India Company, 1601–1858*, London: Continuum.

Oddie 1999: Geoffrey A. Oddie, *Missionaries, Rebellion and Proto-Nationalism: James Long of Bengal 1814–1887*, London: Curzon.

Oddie 2006: Geoffrey A. Oddie, *Imagined Hinduism: British Protestant Missionary Constructions of Hinduism, 1793–1900*, New Delhi: Sage Publications.

Oermann 1999: Nils Ole Oermann, *Mission, Church and State Relations in South West Africa under German Rule (1884–1915)*, Stuttgart: Steiner.

Oestermann 2014: Tristan Oestermann, «Gott, die Macht und die Portugiesen: die Bedeutung der Konversion des Königreichs Kongo zum Christentum im Jahr 1491», *Saeculum* 63, 227–248.

Oesterreicher 2014: Wulf Oesterreicher, «Fray Bartolomé de Las Casas, seine Brevíssima relaçión de la destruyçión de las Indias und die leyenda negra», in: Oesterreicher u. Schmidt-Riese 2014, 345–382.

Oesterreicher u. Schmidt-Riese 2014: Wulf Oesterreicher und Roland Schmidt-Riese (Hrsg.), *Conquista y Conversión: universes semióticos, textualidad y legitimación de saberes en la América colonial*, Berlin: de Gruyter.

Okkenhaug 2002: Inger Marie Okkenhaug, *The Quality of Heroic Living, of High Endeavour and Adventure: Anglican mission, women, and education in Palestine, 1888–1948*, Leiden: Brill.

Oldmeadow 2018: Harry Oldmeadow, *Black Elk, Lakota visionary: the Oglala holy man and Sioux tradition*, Bloomington: World Wisdom, Inc.

Oleksa 2010: Michael Oleksa, *Alaskan Missionary Spirituality*, 2nd ed., Crestwood, NY: St. Vladimir's Seminary Press.

Olsen 2004: Margaret M. Olsen, *Slavery and Salvation in Colonial Cartagena de Indias*, Gainesville: University Press of Florida.

Olsthoorn 2010: Thea Olsthoorn, *Die Erkundungsreisen der Herrnhuter Missionare nach Labrador (1752–1770): Kommunikation mit Menschen einer nicht-schriftlichen Kultur*, Hildesheim: Olms.

Olsthoorn 2013: Thea Olsthoorn, «‹Wir haben keine Ohren›: Kommunikationsprobleme und Missverständnisse bei der Verbreitung und Rezeption des Christentums in Grönland und Labrador im 18. Jahrhundert», *Pietismus und Neuzeit* 39, 47–85.

Omata Rappo 2020: Hitomi Omata Rappo, *Des Indes lointaines aux scènes des collèges: les reflets des martyrs de la mission japonaise en Europe (XVIe–XVIIIe siècle)*, Münster: Aschendorff.

Orique u. Roldán-Figueroa 2019: David Thomas Orique und Rady Roldán-Figueroa (Hrsg.), *Bartolomé de las Casas, O. P.: history, philosophy, and theology in the Age of European expansion*, Leiden: Brill.

Orique u. a. 2020: David Thomas Orique, Susan Fitzpatrick-Behrens und Virginia Garrard (Hrsg.), *The Oxford Handbook of Latin American Christianity*, Oxford: Oxford University Press.

Orta 2004: Andrew Orta, *Catechizing Culture: missionaries, Aymara, and the «new evangelization»*, New York: Columbia University Press.

Padberg 1998: Lutz von Padberg, *Die Christianisierung Europas im Mittelalter*, Stuttgart: Reclam.

Panzergrau 1998: Kurt Panzergrau, *Die Bildung und Erziehung der Eingeborenen Südwestafrikas (Hereroland und Groß-Namaqualand) durch die Rheinische Missionsgesellschaft von 1842–1914: ein Beitrag zur Beziehung von Pädagogik und Kolonialismus*, München: Akademischer Verlag.

Paramore 2009: Kiri Paramore, *Ideology and Christianity in Japan*, London: Routledge.

Park 2006: Hae J. Park, «The Lord's Supper and the first Korean Methodist missionary, Henry Gerhard Appenzeller», *Methodist History* 44, 177–186.

Parker 2004: Annie Parker, «Conversion in Theory and Practice: John Eliot's Mission to the Indians», in: Muldoon 2004, 78–98.

Parr 2020: Adam Parr, *The Mandate of Heaven: strategy, revolution, and the first European translation of «Sunzi's Art of War» (1772)*, Leiden: Brill.

Paschoud 2008: Adrien Paschoud, *Le monde amérindien au miroir des ‹Lettres édifiantes et curieuses›*, Oxford: Voltaire Foundation.

Paschoud 2017: Adrien Paschoud, «Apologetics, Polemics, and Knowledge in French Jesuit Culture: the collection of the *Lettres édifiantes et curieuses* (1702–1776)», in: Friedrich u. Schunka 2017, 57–72.

Pass 2000: Walter Pass (Hrsg.), *Mulier Fortis: Drama des Wiener Jesuitenkollegium*, Graz: Akademische Druck- und Verlags-Anstalt.

Paternicò 2013: Luisa Maria Paternicò, *When the Europeans began to study Chinese: Martino Martini's Grammatica Linguae Sinensis*, Leuven: Ferdinand Verbiest Institute.

Pennington 2005: Brian K. Pennington, *Was Hinduism Invented? Britons, Indians, and the colonial construction of religion*, Oxford: Oxford University Press.

Pentikäinen 2002: Juha Pentikäinen (Hrsg.), *Lars Levi Laestadius, Fragments of Lappish Mythology*, Beaverton, Ontario: Aspasia Books.

Pérez-González 2019: Carlos Pérez-González, «The Pedagogy of the Evangelization, Latinity, and the Construction of Cultural Identities in the Emblematic Politics of Guamán Poma de Ayala», *Religions* 10, 1–19.

Perin 2018: Raffaella Perin, «Protestant Missionaries and the Concept of Martyrdom During the Boxer Rebellion», *Studi e Materiali di Storia delle Religioni* 84, 377–392.

Peyer 1997: Bernd Peyer, *The Tutor'd Mind: Indian missionary-writers in antebellum America*, Amherst, Mass.: University of Massachusetts Press.

Pfister 2004: Lauren F. Pfister, *Striving for «the whole duty of man»: James Legge and the Scottish Protestant encounter with China*, zwei Bände, Frankfurt am Main: Lang.

Phan 1998: Peter Phan, *Mission and Catechesis: Alexandre de Rhodes and inculturation in seventeenth-century Vietnam*, Maryknoll, NY: Orbis Books.

Phipps 2002: William E. Phipps, *William Sheppard: Congo's African American Livingstone*, Louisville, Kentucky: Geneva Press.

Pieri 2019: Zacharias Pieri, «Daily Ritual, Mission and the Transformation of the Self: the case of Tablighi Jamaat», *Numen* 66, 360–380.

Pioffet 2017: Marie-Christine Pioffet (Hrsg.), *Autour de Gabriel de Sagard*, Québec: Université Laval.

Piwowarczyk 2017: Darius J. Piwowarczyk, *Transforming Africans into cogwheels of the imperial machine: ideology of progress, nationalism and ultramontane Catholicism in service of the German colonial project in Togo, 1892–1914*, Fribourg: Fribourg Academic Press.

Pomplun 2010: Trent Pomplun, *Jesuit on the roof of the world: Ippolito Desideri's mission to eighteenth-century Tibet*, Oxford: Oxford University Press.

Pomplun 2020: Trent Pomplun, «Rural Tibet in the early modern mission», in: Amsler u. a. 2020, 142–154.

Poole 1995: Stafford Poole, *Our Lady of Guadalupe: the origins and sources of a Mexican national symbol*, Tucson: University of Arizona Press.

Porter 2003: Andrew Porter (Hrsg.), *The Imperial Horizons of British Protestant Missions, 1880–1914*, Grand Rapids, Mich.: Eerdmans.

Porter 2004: Andrew Porter, *Religion versus Empire? British Protestant Missionaries and Overseas Expansion, 1700–1914*, Manchester: Manchester University Press.

Post 1997: Franz-Joseph Post, *Schamanen und Missionare: katholische Mission und indigene Spiritualität in Nouvelle-France*, Münster: LIT.

Powell 2010: Avril Powell, *Scottish Orientalists and India: the Muir brothers, religion, education and empire*, Woodbridge: Boydell Press.

Preucel 2002: Robert W. Preucel (Hrsg.), *Archaeologies of the Pueblo Revolt: identity, meaning, and renewal in the Pueblo World*, Albuquerque: University of New Mexico Press.

Prien 1978: Hans-Jürgen Prien, *Die Geschichte des Christentums in Lateinamerika*, Göttingen: Vandenhoeck & Ruprecht.

Prien 2007: Hans-Jürgen Prien, *Das Christentum in Lateinamerika*, Leipzig: Evangelische Verlags-Anstalt.

Prien 2013: Hans-Jürgen Prien, *Christianity in Latin America*, Leiden: Brill.

Priesching 2017: Nicole Priesching, *Sklaverei im Urteil der Jesuiten: eine theologische Spurensuche im ‹Collegio Romano›*, Hildesheim: Olms.

Prieto 2011: Andrés I. Prieto, *Missionary Scientists: Jesuit science in Spanish South America, 1570–1810*, Nashville: Vanderbilt University Press.

Puhl 1994: Stephan Puhl, *Georg M. Stenz SVD (1869–1928): Chinamissionar im Kaiserreich und in der Republik*, Nettetal: Steyler Verlag.

Qi 2018: Han Qi, «Between Science and Religion: Antoine Thomas (1644–1709, S. J.) and the transmission of the Copernican system during the Kangxi reign», in: Chen 2018, 65–75.

Quiñones Keber 2002: Eloise Quiñones Keber (Hrsg.), *Representing Aztec Ritual: performance, text, and image in the work of Sahagún*, Boulder: University of Colorado Press.

Quiroa 2013: Néstor Iván Quiroa, «Missionary exegesis of the Popol Vuh: Maya-Kiche cultural and religious continuity in colonial and contemporary Highland Guatemala», *History of Religions* 53, 66–97.

Radano 2011: John A. Radano (Hrsg.), *Celebrating a Century of Ecumenism: exploring the achievements of international dialogue, in commemoration of the centenary of the 1910 Edinburgh World Missionary Conference*, Grand Rapids, Mich.: Eerdmans.

Rafael 1988: Vicente L. Rafael, *Contracting Colonialism: translation and Christian conversion in Tagalog Society under early Spanish rule*, Ithaca: Cornell University Press.

Ratcliffe 1991: Sam D. Ratcliffe, «‹Escenas de martirio›: notes on the destruction of Mission San Sabá», *Southwestern Historical Quarterly* 94, 507–534.

Rath 2017: Imke Rath, *Christliche Wissenssysteme und «Strategien des Übersetzens» im Missionierungskontext: die Darstellung der tagalischen Religion im 17. und 18. Jahrhundert*, Frankfurt/Main u. a.: Lang.

Ratschiller u. Weichlein 2016: Linda Ratschiller und Siegfried Weichlein (Hrsg.), *Der schwarze Körper als Missionsgebiet: Medizin, Ethnologie, Theologie in Afrika und Europa 1880–1960*, Köln: Böhlau.

Ratschiller u. Wetjen 2018: Linda Ratschiller und Karolin Wetjen (Hrsg.), *Verflochtene Mission: Perspektiven auf eine neue Missionsgeschichte*, Köln u. a.: Böhlau.

Raupp 1990: Werner Raupp (Hrsg.), *Mission in Quellentexten. Geschichte der Deutschen Evangelischen Mission von der Reformation bis zur Weltmissionskonferenz Edinburgh 1910*, Erlangen: Verlag der Evangelisch-Lutherischen Mission.

Redden 2008: Andrew Redden, *Diabolism in Colonial Peru, 1560–1750*, London: Pickering & Chatto.

Reim 1987: Helmut Reim (Hrsg.), Joseph-François Lafitau, *Die Sitten der amerikanischen Wilden im Vergleich zu den Sitten der Frühzeit*, Weinheim: Acta Humaniora.

Reinders 2005: Eric Robert Reinders, *Borrowed Gods and Foreign Bodies: Christian missionaries imagine Chinese religions*, Berkeley: University of California Press.

Reller 2012: Jobst Reller (Hrsg.), *«Die Mission ist weiblich»: Frauen in der frühen Hermannsburger Mission*, Berlin: LIT.

Reller 2015: Jobst Reller (Hrsg.), *Ausbildung für Mission: das Missionsseminar Hermannsburg von 1849 bis 2012*, Berlin: LIT.

Rhinow 2013: Malte Rhinow, *Eine kurze koreanische Kirchengeschichte bis 1910*, Wien: LIT.

Rhodes 2019: Robert F. Rhodes, «The Religious Philosophy of Kiyozwa Manshi», in: Gereon Kopf (Hrsg.), *The Dao Companion to Japanese Buddhist Philosophy*, Dordrecht: Springer, 537–564.

Richard 2018: H. L. Richard, «Some observations on William Carey's Bible translations», *International Bulletin of Mission Research* 42, 241–250.

Rieke-Müller 2006: Annelore Rieke-Müller, «Die außereuropäische Welt und die Ordnung der Dinge in Kunst- und Naturalienkammern des 18. Jahrhunderts – das Beispiel der Naturalienkammer der Franckeschen Stiftungen in Halle», in: Hans-Jürgen Lüsebrink (Hrsg.), *Das Europa der Aufklärung und die außereuropäische koloniale Welt*, Göttingen: Wallstein, 51–73.

Righetti-Templer 2019: Stephanie Righetti-Templer, *Der spanische Franciscanismo in der Neuen Welt: eine Untersuchung zum Transfer der franziskanischen Theologie im 16. Jahrhundert nach Lateinamerika anhand der Werke von Fray Toribio de Benavente Motolinía*, Berlin: LIT.

Rinaldi 2006: Bianca Maria Rinaldi, *The «Chinese garden in good taste»: Jesuits and Europe's knowledge of Chinese flora and art of the garden in the 17th and 18th centuries*, München: Meidenbauer.

Ríos-Castaño 2014: Victoria Ríos-Castaño, *Translation as Conquest: Sahagún and Universal History of the Things of New Spain*, Frankfurt/Main: Vervuert.

Rivinius 2010: Karl Josef Rivinius, *Im Spannungsfeld von Mission und Politik: Johann Baptist Anzer (1851–1903). Bischof von Süd-Shandong*, Nettetal: Steyler Verlag.

Rivinius 2013: Karl Josef Rivinius, *Der umstrittene Bischof: Johann Baptist Anzer und die Steyler Missionare in China*, Sankt Augustin: Steyler Verlag.

Rivinius 2016: Karl Josef Rivinius, *Bildungsoffensive: P. Wilhelm Schmidt SVD in Ostasien (1935)*, Siegburg: Franz Schmitt.

Robert 2020: Dana Lee Robert, «Scottish Fulfilment Theory and Friendship: lived religion at Edinburgh 1910», *Scottish Church History* 49, 63–82.

Röben de Alencar Xavier 2014: Wiebke Röben de Alencar Xavier (Hrsg.), «José Basílio da Gama's Epic Poem *O Uraguay* (1769): an intellectual dispute about the Jesuit State of Paraguay», in: Bernier u. a. 2014, 189–218.

Roeber 2008: A. G. Roeber (Hrsg.), *Ethnographies and Exchanges: native Ame-*

ricans, Moravians, and Catholics in early North America, University Park: Pennsylvania State University Press.

Ross 1994: Andrew C. Ross, *A Vision Betrayed: the Jesuits in Japan and China, 1542–1742*, Edinburgh: Edinburgh University Press.

Rothschild 2013: Clare K. Rothschild (Hrsg.), *The Rise and Expansion of Christianity in the First Three Centuries of the Common Era*, Tübingen: Mohr Siebeck.

Rountree 2005: Helen C. Rountree, *Pocahontas, Powhatan, Opechancanough: three Indian lives changed by Jamestown*, Charlottesville: University of Virginia Press.

Roy-Lysencourt u. a. 2019: Philippe Roy-Lysencourt, Thérèse Nadeau-Lacour und Raymond Brodeur (Hrsg.), *Marie Guyart de l'Incarnation (Tours, 1599 – Québec, 1672): singularité et universalité d'une femme de Coeur et de raison*, Québec: Presses de l'Université Laval.

Ruegg 2018: François Ruegg (Hrsg.), *Ethnographie und Mission: Georg Höltker und Neuguinea*, Siegburg: Franz Schmitt.

Rüstau 1996: Hiltrud Rüstau, «Ram Mohan Roy und die Missionare», in: Heyden u. Liebau 1996, 373–386.

Ruhland 2018: Thomas Ruhland, *Pietistische Konkurrenz und Naturgeschichte: die Südasienmission der Herrnhuter Brüdergemeine und die Dänisch-Englisch-Hallesche Mission (1755–1802)*, Herrnhut: Herrnhuter Verlag.

Ruhmann 2015: Christiane Ruhmann (Hrsg.), *Dying Gods: religious beliefs in Northern and Eastern Europe in the time of Christianisation*, Darmstadt: Theiss.

Ruoff u. Smith 1997: A. LaVonne Brown Ruoff und Donald B. Smith (Hrsg.), *George Copway (Kahgegahahbowh), Life, Letters and Speeches*, Lincoln: University of Nebraska Press.

Rydving 1993: Håkon Rydving, *The end of drum-time: religious change among the Lile Saami, 1670s–1740s*, Stockholm: Almqvist & Wiksell.

Saaïdia 2018: Oissila Saaïdia, *L'Algérie catholique: une histoire de l'Église catholique en Algérie: XIXe–XXIe siècles*, Paris: CNRS editions.

Sachse 2019: Frauke Sachse, «Maya Divinities in Christian Discourse: the multivocalities of colonial mendicant translations from Highland Guatemala», in: Dedenbach-Salazar Sáenz 2019, 49–72.

Şahin 2018: Emrah Şahin, *Faithful Encounters: authorities and American missionaries in the Ottoman Empire*, Montreal: McGill-Queen's University Press.

Saikia u. Rahman 2019: Yasmin Saikia und M. Raisur Rahman (Hrsg.), *The*

Cambridge Companion to Sayyid Ahmd Khan, Cambridge: Cambridge University Press.

Saladin 2020: Irina Saladin, *Karten und Mission: die jesuitische Konstruktion des Amazonasraums im 17. und 18. Jahrhundert*, Tübingen: Mohr Siebeck.

Salvia 2020: Stefano Salvia, «The battle of the astronomers: Johann Adam Schall von Bell and Ferdinand Verbiest at the court of the celestial emperors (1660–1670)», *Physics in perspective* 22, 81–109.

Samson 2017: Jane Samson, *Race and Redemption: British missionaries encounter Pacific peoples, 1797–1920*, Grand Rapids, Mich.: Eerdmans.

Sandos 2004: James A. Sandos, *Converting California: Indians and Franciscans in the missions*, New Haven, Conn.: Yale University Press.

Sanfilippo u. Prezzolini 2008: Matteo Sanfilippo und Carlo Prezzolini (Hrsg.), *Roberto De Nobili (1577–1656): missionario gesuita poliziano*, Perugia: Guerra.

Sarafian 2001: Ara Sarafian (Hrsg.), *Maria Jacobsen, Diaries of a Danish Missionary: Harpoot, 1907–1919*, Princeton: Gomidas Institute Books.

Sarr u. Savoy 2018: Felwine Sarr und Bénédicte Savoy, *Restituer le patrimoine Africain*, Paris: Seuil.

Sarreal 2014: Julia J. S. Sarreal, *The Guaraní and their Missions: a socioeconomic history*, Stanford, Calif.: Stanford University Press.

Schatz 2015: Klaus Schatz, *«… Dass diese Mission eine der blühendsten des Ostens werde …»: P. Alexander de Rhodes (1593–1660) und die frühe Jesuitenmission in Vietnam*, Münster: Aschendorff.

Schendel 2008: Gunther Schendel, *Die Missionsanstalt Hermannsburg und der Nationalsozialismus*, Münster: LIT.

Schirrmacher C. 1992: Christine Schirrmacher, *Mit den Waffen des Gegners: christlich-muslimische Kontroversen im 19. und 20. Jahrhundert, dargestellt am Beispiel der Auseinandersetzung um Karl Gottlieb Pfanders «Mîzân al-ḥaqq» und Raḥmatullâh Ibn Halîl al-ʿUtmânî al-Kairānawīs «Izhār al-ḥaqq» und der Diskussion über das Barnabasevangelium*, Berlin: Schwarz.

Schirrmacher T. 2013: Thomas Schirrmacher (Hrsg.), *William Carey: theologian – linguist – social reformer*, Bonn: Verlag für Kultur und Wissenschaft.

Schmid 2015: Anna Schmid (Red.), *Mission Possible? Die Sammlung der Basler Mission als Spiegel kultureller Begegnungen*, Basel: Merian.

Schmid Heer 2012: Esther Schmid Heer (Hrsg.), *Anton Sepp SJ (1655–1733) – Paraquarischer Blumengarten: ein Bericht aus den südamerikanischen Jesuitenmissionen*, Regensburg: Schnell & Steiner.

Schmid Heer 2013: Esther Schmid Heer, *Amerika die verkehrte Welt: Prozesse der Verräumlichung in den Paraguay-Berichten des Tiroler Jesuiten Anton Sepp (1655–1733)*, Nordhausen: Bautz.

Schmid Heer u. a. 2019: Esther Schmid Heer, Nikolaus Klein und Paul Oberholzer (Hrsg.), *Transfer, Begegnung, Skandalon? Neue Perspektiven auf die Jesuitenmissionen in Spanisch-Amerika*, Stuttgart: Kohlhammer.

Schmuck 2004: Heiko Schmuck, *Philipp Segesser SJ (1689–1762): exemplarische Biographie eines mitteleuropäischen Missionars in Nueva España*, Frankfurt/Main: Lang.

Schnabel E. J. 2018: Eckhard J. Schnabel, *Die urchristliche Mission*, zweite, berichtigte Aufl., Holzgerlingen: SCM R. Brockhaus.

Schnabel W. W. 2006: Werner Wilhelm Schnabel, «Justinian oder Wie man zum Schwärmer wird. Genese, Programmatik und Scheitern des Welzschen Missionsprojekts», in: Hartmut Laufhütte (Hrsg.), *Heterodoxie in der Frühen Neuzeit*, Tübingen: Niemeyer, 337–412.

Schöntube u. Holze-Stäblein 2011: Ulrich Schöntube und Oda-Gebbine Holze-Stäblein (Hrsg.), *Herzenssache Mission: 175 Jahre Missionsgeschichte – die Gossner Mission in Porträts*, Neuendettelsau: Erlanger Verlag für Mission und Ökumene.

Schouten 2020: Jan P. Schouten, *The European Encounter with Hinduism in India*, Leiden: Brill.

Schrimpf 2000: Monika Schrimpf, *Zur Begegnung des japanischen Buddhismus mit dem Christentum in der Meiji-Zeit: 1868–1912*, Wiesbaden: Harrassowitz.

Schrimpf 2005: Monika Schrimpf, «Selbst- und Fremdwahrnehmung in der Auseinandersetzung japanischer Reformbuddhisten mit dem Christentum in der Meiji-Zeit (1868–1912)», in: U. Berner, C. Bochinger und K. Hock (Hrsg.), *Das Christentum aus der Sicht der Anderen*, Frankfurt/Main: Lembeck, 105–132.

Schrimpf 2018: Monika Schrimpf, «Religious Responses to Secularization in Meiji Japan: the case of Inoue Enryō», in: M. Wachutka, M. Schrimpf und B. Staemmler (Hrsg.), *Religion, Politik und Ideologie*, München: Iudicium, 59–70.

Schröder 2009: Ulrike Schröder, *Religion, Kaste und Ritual: christliche Mission und tamilischer Hinduismus in Südindien im 19. Jahrhundert am Beispiel des Missionars Robert Caldwell*, Halle: Verlag der Franckeschen Stiftungen.

Schulzer 2019: Rainer Schulzer, «Inoue Enryō's Philosophy of Buddhism», in:

Gereon Kopf (Hrsg.), *The Dao Companion to Japanese Buddhist Philosophy*, Dordrecht: Springer, 565–574.

Schwade 2005: Arcadio Schwade, «Die Frühgeschichte des Christentums in Japan im Überblick», in: Hsia A. u. Wimmer 2005, 289–354.

Schwarz 2016: Manuel Schwarz, «‹Die Tüchtigsten und Wissenschaftlichsten nach Japan senden›: der Missionar Wilfried Spinner unter dem großherzoglichen Protektorat Carl Alexanders», in: F. Bomski, H. Th. Seemann und T. Valk (Hrsg.), *Mens et manus: Kunst und Wissenschaft an den Höfen der Ernestiner*, Göttingen: Wallstein, 151–167.

Sedra 2011: Paul Sedra, *From mission to modernity: evangelicals, reformers and education in nineteenth-century Egypt*, London: Tauris.

Sengupta 2011: Parna Sengupta, *Pedagogy for Religion: missionary education and the fashioning of Hindus and Muslims in Bengal*, Berkeley: University of California Press.

Sharkey 2008: Heather J. Sharkey, *American Evangelicals in Egypt: missionary encounters in an age of empire*, Princeton: Princeton University Press.

Sharma 2011: Arvind Sharma, *Hinduism as a Missionary Religion*, Albany, NY: State University of New York Press.

Shibuya u. Chiba 2013: Shibuya Hiroshi und Chiba Shin (Hrsg.), *Living for Jesus and Japan: the social and theological thought of Uchimura Kanzō*, Grand Rapids, Mich.: Eerdmans.

Shoemaker 2006: Nancy Shoemaker, «Kateri Tekakwitha's Tortuous Path to Sainthood», in: Mary-Ellen Kelm und Lorna Townsend (Hrsg.), *In the Days of our Grandmothers: a reader in aboriginal women's history in Canada*, Toronto: University of Toronto Press, 93–116.

Sidarus 2011: Adel Y. Sidarus, «A Western mirror for princes for an Eastern potentate: the ‹Adab al saltanat› by Jerome Xavier SJ for the Mogul Emperor», *Journal of Eastern Christian Studies* 63, 73–98.

Siddiqi 2018: Bulbul Siddiqi, *Becoming ‹Good Muslim›: the Tablighi Jamaat in the UK and Bangladesh*, Singapore: Springer.

Siefkes 2013: Martin Siefkes, *Sprache, Glaube und Macht: die Aufzeichnungen des Johannes Spiecker in Deutsch-Südwestafrika zur Zeit des Herero-Nama-Aufstands*, Würzburg: Königshausen & Neumann.

Sievernich u. a. 1992: Michael Sievernich, Arnulf Camps, Andreas Müller und Walter Senner (Hrsg.), *Conquista und Evangelisation: 500 Jahre Orden in Lateinamerika*, Mainz: Matthias-Grünewald-Verlag.

Sievernich 2006: Michael Sievernich (Hrsg.), *Franz Xaver: Briefe und Dokumente, 1535–1552*, Regensburg: Schnell & Steiner.

Sievernich 2014: Michael Sievernich, «*Hispanicus hispanice, Indus indice*. Sprachenpolitik in der Missionierung der andinen Welt», in: Oesterreicher u. Schmidt-Riese 2014, 121–144.

Sievernich 2015: Michael Sievernich, «Comparing Ancient and Native Customs: Joseph-François Lafitau and the ‹sauvages amériquains›», in: Becker 2015b, 195–216.

Silverman 2005: David J. Silverman, *Faith and Boundaries: colonists, Christianity, and community among the Wampanoag Indians of Martha's Vineyard, 1600–1871*, New York: Cambridge University Press.

Sim u. McLaren 2013: David C. Sim und James S. McLaren (Hrsg.), *Attitudes to Gentiles in Ancient Judaism and Early Christianity*, London: Bloomsbury T & T Clark.

Simpfendörfer 2009: Tove Simpfendörfer, *Fremde treffen auf Fremde: lutherische Missionare und australische Aborigines im 19. Jahrhundert*, Neuendettelsau: Erlanger Verlag für Mission und Ökumene.

Simpson 2000: Lesley Byrd Simpson (Hrsg.), *The San Sabá papers: a documentary account of the founding and destruction of San Sabá Mission*, translated by Paul D. Nathan, Dallas: Southern Methodist University Press (Nachdruck der Erstausgabe San Francisco 1959).

Singh B. 1999: Brijraj Singh, *The First Protestant Missionary to India: Bartholomäus Ziegenbalg, 1683–1719*, New Delhi: Oxford University Press.

Singh T. 1994: Trilochan Singh, *Ernest Trumpp and W. H. McLeod as scholars of Sikh history, religion and culture*, Chandigarh: International Centre of Sikh Studies.

Slimani-Direche 2004: Karina Slimani-Direche, *Chrétiens de Kabylie (1873–1954): une action missionnaire dans l'Algérie colonial*, Saint-Denis: Bouchene.

Sliwinski 2006: Sharon Sliwinski, «The Childhood of Human Rights: the Kodak on the Congo», *Journal of Visual Culture* 5, 333–363.

Smalley 2012: Martha Lund Smalley, «Missionary Museums in China», *Material Religion* 8, 105–107.

Snodgrass 1998: Judith Snodgrass, «*Budda no fukuin*: the deployment of Paul Carus's *Gospel of Buddha* in Meiji Japan», *Japanese Journal of Religious Studies* 25, 319–344.

Snodgrass 2003: Judith Snodgrass, *Presenting Japanese Buddhism to the West: Orientalism, Occidentalism, and the Columbian Exposition*, Chapel Hill: University of North Carolina Press.

Snodgrass 2012: Judith Snodgrass, «Japan's contribution to modern global

Buddhism: the World's Parliament of Religions revisited», *The Eastern Buddhist* 43, 81–102.

Solari 2019: Amara Solari, *Idolizing Mary: Maya-Catholic Icons in Yucatán, Mexico*, University Park: Pennsylvania State University Press.

Song B. A. 2015: Baiyu Andrew Song, *Training laborers for his harvest: a historical study of William Milne's mentorship of Liang Fa*, Eugene, Oregon: Wipf & Stock Publishers.

Song G. 2019: Gang Song, *Giulio Aleni, Kouduo richao, and Christian-Confucian dialogism in late Ming Fujian*, Sankt Augustin: Institut Monumenta Serica.

Souza u. Turley 2016: George Bryan Souza und Jeffrey Scott Turley (Hrsg.), *The Boxer Codex: transcription and translation of an illustrated late sixteenth-century Spanish manuscript concerning the geography, history and ethnography of the Pacific*, Leiden: Brill.

Stadelmann 2002: Karl-Heinz Stadelmann (Hrsg.), *P. Dominicus Mayr S. J.: Terra Amazonum oder Landschafft der streitbahren Weiber*, Konstanz: Edition Isele.

Stadelmann 2008: Karl-Heinz Stadelmann (Hrsg.), *P. Franz Xaver Dirrhaim S. J.: Biennium Itineris oder Reisebericht in die Missionen des Vizekönigreichs Peru im Jahre 1718*, Konstanz: Edition Isele.

Standaert 2001: Nicolas Standaert (Hrsg.), *Handbook of Christianity in China- Volume One: 635–1800*, Leiden: Brill.

Standaert 2012: Nicolas Standaert, *Chinese Voices in the Rites Controversy: travelling books, community networks, intercultural arguments*, Roma: Institutum Historicum Societatis Iesu.

Stanley 2009: Brian Stanley, *The World Missionary Conference, Edinburgh 1910*, Grand Rapids, Mich.: Eerdmans.

Stanley 2020: Brian Stanley, «From James Legge to Evangeline Edwards: the role of Scottish and other missionaries in the formation of Sinology in Britain», *Scottish Church History* 49, 83–99.

Starkloff 2002: Carl F. Starkloff, *Common Testimony: ethnology and theology in the Customs of Joseph Lafitau*, St. Louis, Mo.: Institute of Jesuit Sources.

Steckley 2004: John Steckley (Hrsg.), *De Religione: telling the seventeenth-century Jesuit story in Huron to the Iroquois*, Norman: University of Oklahoma Press.

Steckley 2017: John Steckley, «Inventing new words: Father Jean de Brébeuf's Wendat catechism», in: Flüchter u. Wirbser 2017, 129–169.

Steiner 2012: Niccolo Steiner, «Globales Bewusstsein und Heiligenverehrung – Spuren eines weltweiten Kults der japanischen Märtyrer von 1597», in: Koschorke 2012, 135–156.

Steltenkamp 2009: Michael F. Steltenkamp, *Nicholas Black Elk: medicine man, missionary, mystic*, Norman: University of Oklahoma Press.

Stephan 2000: Jörg Stephan, *Jesuiten am Amazonas: spanische Herrschaft und Mission in der Grenzprovinz Maynas 1619–1768*, Stuttgart: Heinz.

Stephen 2008: S. Jeyaseela Stephen, *Caste, Catholic Christianity and the Language of Conversion: social change and cultural translation in Tamil country, 1519–1774*, Delhi: Kalpaz Publications.

Sterba 2020: Carmen Sterba, *Modest Niijima Jo: samurai to pastor to chancellor*, Bloomington: WestBow Press.

Stiegemann u. Ruhmann 2013: Christoph Stiegemann und Christiane Ruhmann (Hrsg.), *Credo: Christianisierung Europas im Mittelalter*, drei Bände, Petersberg: Imhof.

Stiening 2014: Gideon Stiening, «Sind die ‹Indier› Häretiker? Francisco de Vitoria zur Konversion der Eingeborenen in der Neuen Welt», in: Oesterreicher u. Schmidt-Riese 2014, 99–120.

Stopp 2009: Marianne P. Stopp, «Eighteenth Century Labrador Inuit in England», *Arctic* 62, 45–64.

Stuckenbruck u. a. 2019: Loren T. Stuckenbruck, B. Langstaff und Michael Tilly (Hrsg.), *«Make disciples of all nations»: the appeal and authority of Christian faith in Hellenistic-Roman times*, Tübingen: Mohr Siebeck.

Stüber 2009: Gabriele Stüber, «Liberalismus und Mission am Beispiel der Ostasienmission: 1884–1900», *Blätter für pfälzische Kirchengeschichte und religiöse Volkskunde* 76, 151–171.

Stuiber 2012: Maria Stuiber, *Zwischen Rom und dem Erdkreis: die gelehrte Korrespondenz des Kardinals Stefano Borgia (1731–1804)*, Berlin: Akademie-Verlag.

Sun 2002: Lixin Sun, *Das Chinabild der deutschen protestantischen Missionare des 19. Jahrhunderts*, Marburg: Tectum-Verlag.

Takenaka 2005: Masahiro Takenaka, «Jesuit Plays on Japan in the Baroque Age», in: Hsia A. 2005, 379–410.

Tamcke u. Merten 2006: Martin Tamcke und Michael Merten (Hrsg.), *Christian Witness Between Continuity and New Beginnings: modern historical missions in the Middle East*, Münster: LIT.

Tamcke u. Manukyan 2009: Martin Tamcke und Arthur Manukyan (Hrsg.), *Protestanten im Orient*, Würzburg: Ergon.

Tavárez 2017: David Tavárez (Hrsg.), *Words and Worlds Turned Around: indi-*

genous Christianities in colonial Latin America, Boulder: University Press of Colorado.

Taylor W. B. 2010: William B. Taylor, *Shrines and Miraculous Images: religious life in Mexico before the Reforma*, Albuquerque: University of New Mexico Press.

Teissier 1991: Henri Teissier (Hrsg.), *Histoire des chrétiens d'Afrique du Nord: Libye, Tunisie, Algérie, Maroc*, Paris: Desclée.

Thomas J. B. 2019: Jolyon Baraka Thomas, *Faking Liberties: religious freedom in American-Occupied Japan*, Chicago: Chicago University Press.

Thomas N. E. 2003: Norman E. Thomas (Hrsg.), *International Mission Bibliography, 1960–2000*, Lanham, Md.: Scarecrow Press.

Thompson L. C. 2009: Larry Clinton Thompson, *William Scott Ament and the Boxer Rebellion: heroism, hubris and the ‹ideal missionary›*, Jefferson: McFarland & Co.

Thompson R. 2007: Roger Thompson, «Reporting the Taiyuan Massacre: culture and politics in the China war of 1900», in: Bickers u. Tiedemann 2007, 65–92.

Thompson R. H. 2014: Raymond H. Thompson (Hrsg.), *A Jesuit Missionary in Eighteenth-Century Sonora: the family correspondence of Philipp Segesser*, Albuquerque: University of New Mexico Press.

Thompson T. J. 2012: T. Jack Thompson, *Light on Darkness? Missionary photography of Africa in the nineteenth and early twentieth centuries*, Grand Rapids, Mich.: Eerdmans.

Thorne 1999: Susan Thorne, *Congregational missions and the making of an imperial culture in 19th-century England*, Stanford, Calif.: Stanford University Press.

Thornton 2013: John K. Thornton, «The Kingdom of Kongo and the Counter Reformation», *Social Sciences and Missions* 26, 40–58.

Tiedemann 2009: R. Gary Tiedemann (Hrsg.), *Handbook of Christianity in China. Volume Two: 1800–present*, Leiden: Brill.

Tiletschke 2020: Frigga Tiletschke, *«Afrika müssen wir auch haben!» Die Bethel-Mission in Ostafrika 1885–1970*, Bielefeld: Universität Bielefeld (E-Dissertation).

Treutier 2017: Helen-Kathrin Treutier, *Christliches Missionsverständnis und nationalsozialistische Weltanschauung: die Bethel-Mission zwischen 1933 und 1945*, Bielefeld: Luther-Verlag.

Troeger 2020: Eberhard Troeger, *Kirche und Mission in Syrien im 19. und 20. Jahrhundert*, Gießen: Brunnen Verlag.

Trompf 1990: G. W. Trompf (Hrsg.), *Cargo Cults and Millenarian Movements: transoceanic comparisons of new religious movements*, Berlin: Mouton de Gruyter.

True 2015: Micah True, *Masters and Students: Jesuit mission ethnography in seventeenth-century New France*, Montreal: McGill-Queen's University Press.

True 2019: Micah True (Übers.), *The Jesuit Pierre-François-Xavier de Charlevoix's (1682–1761) «Journal of a voyage in North America»*, Leiden: Brill.

Trüper 2000: Ursula Trüper, *Die Hottentottin: das kurze Leben der Zara Schmelen (ca. 1703–1831), Missionsgehilfin und Sprachpionierin in Südafrika*, Köln: Köppe.

Turley 2014: Steven E. Turley, *Franciscan Spirituality and Mission in New Spain, 1524–1599: conflict beneath the sycamore tree (Luke 19:1–10)*, Farnham: Ashgate.

Twells 2009: Alison Twells, *The Civilizing Mission and the English Middle Class, 1792–1850: the «heathen» at home and overseas*, Basingstoke: Palgrave Macmillan.

Üçerler 2009: M. Antoni J. Üçerler (Hrsg.), *Christianity and Cultures: Japan and China in comparison, 1543–1644*, Roma: Institutum Historicum Societatis Iesu.

Üçerler 2018: M. Antoni J. Üçerler, «The Christian Missions in Japan in the Early Modern Period», in: Hsia R. P. 2018a, 303–341.

Unno 2020: Mark Unno, «Modern Pure Land Thinkers: Kiyozawa Manshi and Soga Ryōjin», in: Bret W. Davis (Hrsg.), *The Oxford Handbook of Japanese Philosophy*, Oxford: Oxford University Press, 181–200.

Vaghi 2019: Massimiliano Vaghi, «The French Encounter with India in the Late Eighteenth Century: Anquetil-Duperron and Coeurdoux», *Nuova Rivista Storica* 103, 55–74.

Vélez Cipriano 2018: Iván Vélez Cipriano, *Sobre la Leyenda Negra*, Madrid: Ediciones Encuentro.

Viaene u. a. 2020: Vincent Viaene, Bram Cleys und Jan de Maeyer (Hrsg.), *Religion, colonization and decolonization in Congo, 1885–1960*, Leuven: Leuven University Press.

Vissière 2004: Isabelle und Jean-Louis Vissière (Hrsg.), *Lettres édifiantes et curieuses des missionaires jésuites de Chine: 1702–1776*, Paris: Desjonquères.

Vogel 2005: Claus Vogel, «The Jesuit missionary Heinrich Roth (1620–1688) and his burial place at Agra», in: Lars Göhler (Hrsg.), *Indische Kultur im Kontext*, Wiesbaden: Harrassowitz, 407–412.

Voss 2009: Julia Voss, *Darwins Jim Knopf*, Frankfurt/Main: Fischer.

Vu Thanh 2016: Hélène Vu Thanh, *Devenir japonais: la mission Jésuite au Japon (1549–1614)*, Paris: Presses de l'Université Paris-Sorbonne.

Walravens 2008: Hartmut Walravens (Hrsg.), *Richard Wilhelm (1873–1930): Missionar in China und Vermittler chinesischen Geistesguts*, Nettetal: Steyler Verlag.

Wang H. 2008: Hui Wang, *Translating Chinese classics in a colonial context: James Legge and his two versions of the Zhongyong*, Bern: Lang.

Wang L. 2020: Lianming Wang, *Jesuitenerbe in Peking: Sakralbauten und transkulturelle Räume, 1600–1800*, Heidelberg: Winter.

Wang Y. 2014: Yan Wang, *Jincheng shu xiang (1640): ein Leben Jesu mit Bildern für den chinesischen Kaiser, verfasst von Johann Adam Schall von Bell S. J. (1592–1666)*, Frankfurt: Lang.

Ward 2009: Haruko Nawata Ward, *Women Religious Leaders in Japan's Christian Century, 1549–1650*, Aldershot: Ashgate.

Weber 1999: David J. Weber (Hrsg.), *What caused the Pueblo Revolt of 1680? Readings selected and introduced*, Boston, Mass.: Bedford/St. Martin's.

Wei 2020: Sophie Ling-chia Wei, *Chinese Theology and Translation: the Christianity of the Jesuit figurists and their Christianized Yijing*, New York: Routledge.

Weiß 2011: Wolfgang Weiß (Hrsg.), *Franken und die Weltmission im 19. und 20. Jahrhundert*, Würzburg: Schöningh.

Wellenreuther u. Wessel 1995: Hermann Wellenreuther und Carola Wessel (Hrsg.), *Herrnhuter Indianermission in der Amerikanischen Revolution: die Tagebücher von David Zeisberger 1772 bis 1781*, Berlin: Akademie Verlag.

Wendt H. 2013: Helge Wendt, «The *Lettres édifiantes et curieuses*: the politics of history in different nineteenth-century editions», in: Jensz u. Acke 2013, 97–112.

Wendt R. 2006: Reinhard Wendt (Hrsg.), *An Indian to the Indians? On the initial failure and posthumous success of the missionary Ferdinand Kittel (1832–1903)*, Wiesbaden: Harrassowitz.

Wertheimer 1999: Eric Wertheimer, *Imagined Empires: Incas, Aztecs, and the New Wold of American Literature, 1771–1876*, New York: Cambridge University Press.

Wessel 1999: Carola Wessel, *Delaware-Indianer und Herrnhuter Missionare im Upper Ohio Valley, 1772–1781*, Tübingen: Niemeyer.

Wessels 1997: Cornelius Wessels, *Early Jesuit Travellers in Central Asia 1603–*

1721, New Delhi: Asian Educational Services (Nachdruck der Erstausgabe von 1924).

Weston 2013: Victoria Weston (Hrsg.), *Portugal, Jesuits and Japan: spiritual beliefs and earthly gods*, Chestnut Hill, Mass.: McMullen Museum of Art.

Wetjen 2013: Karolin Wetjen, *Das Globale im Lokalen: die Unterstützung der äußeren Mission im ländlichen lutherischen Protestantismus um 1900*, Göttingen: Universitäts-Verlag Göttingen.

Wetzel 2019: Klaus Wetzel, *Die Geschichte der christlichen Mission: von der Antike bis zur Gegenwart*, Gießen: Brunnen Verlag.

Wheeler 2013: Rachel Wheeler, *To Live Upon Hope: Mohicans and missionaries in the eighteenth-century Northeast*, Ithaca: Cornell University Press.

Whitaker 2019: Alexander Whitaker, «The problem of Bernard Jean Bettelheim, first Anglican missionary to Japan», *Anglican & Episcopal History* 88, 241–366.

Widmaier 2006: Rita Widmaier (Hrsg.), *Gottfried Wilhelm Leibniz. Der Briefwechsel mit den Jesuiten in China (1689–1714)*, Hamburg: Meiner.

Widmaier u. Babin 2017: Rita Widmaier und Malte-Ludolf Babin (Hrsg.), *Gottfried Wilhelm Leibniz: Briefe über China (1694–1716)*, Hamburg: Meiner.

Widmer 2012: Paul Widmer (Hrsg.), *Europe in China – China in Europe: mission as a vehicle to intercultural dialogue*, Stuttgart: Steiner.

Wilcox 2009: Michael V. Wilcox, *The Pueblo Revolt and the Mythology of Conquest: an indigenous archaeology of contact*, Berkeley: University of California Press.

Wilde 2018: Guillermo Wilde, «The Missions of Paraguay: Rise, Expansion and Fall», in: Hsia R. P. 2018a, 73–101.

Wilhjelm 2013: Henrik Wilhjelm, *Grönländer aus Leidenschaft: das Leben und Werk von Samuel Kleinschmidt*, Neuendettelsau: Erlanger Verlag für Mission und Ökumene.

Willcock 2008: Hiroko Willcock, *The Japanese Political Thought of Uchimura Kanzō (1861–1930)*, Lewiston: Mellen.

Wills 2011: John E. Wills (Hrsg.), *China and Maritime Europe, 1500–1800: trade, settlement, diplomacy, and missions*, Cambridge: Cambridge University Press.

Willumsen 2019: Liv Helene Willumsen, «Isaac Olsen – the first missionary among the Sami people in Finnmark?», *Nordlit* 43, 142–160.

Wimmer 2005: Ruprecht Wimmer, «Japan und China auf den Jesuitenbühnen des deutschen Sprachgebietes», in: Hsia A. u. Wimmer 2005, 17–58.

Wingfield 2017: Chris Wingfield, «‹Scarcely more than a Christian trophy case›? The global collections of the London Missionary Society museum (1814–1910)», *Journal of the History of Collections* 29, 109–128.

Winnerling 2014: Tobias Winnerling, *Vernunft und Imperium: die Societas Jesu in Indien und Japan, 1542–1574*, Göttingen: Vandenhoeck & Ruprecht.

Winroth 2012: Anders Winroth, *The Conversion of Scandinavia: Vikings, merchants, and missionaries in the remaking of Northern Europe*, New Haven: Yale University Press.

Wippermann u. a. 2007: Dorothea Wippermann, Klaus Hirsch und Georg Ebertshäuser (Hrsg.), *Interkulturalität im frühen 20. Jahrhundert: Richard Wilhelm – Theologe, Missionar und Sinologe*, Frankfurt/Main: Verlag für Interkulturelle Kommunikation.

Wippermann 2020: Dorothea Wippermann, *Richard Wilhelm: der Sinologe und seine Kulturmission in China und Frankfurt*, Frankfurt: Societäts-Verlag.

Witek 1994: John W. Witek (Hrsg.), *Ferdinand Verbiest (1623–1688): Jesuit missionary, scientist, engineer and diplomat*, Nettetal: Steyler Verlag.

Witek 2001: John W. Witek (Hrsg.), *Dicionário Português-Chinês. Pu Han ci dian. Portuguese-Chinese dictionary by Michele Ruggieri, Matteo Ricci*, Lisboa: Biblioteca Nacional Macau.

Womack 2019: Deanna Ferree Womack, *Protestants, Gender and the Arab Renaissance in late Ottoman Syria*, Edinburgh: Edinburgh University Press.

Wu 2016: Albert Monshan Wu, *From Christ to Confucius: German missionaries, Chinese Christians, and the globalization of Christianity 1860–1950*, New Haven: Yale University Press.

Xu 2011: Guangqiu Xu, *American Doctors in Canton: modernization in China, 1835–1935*, New Brunswick: Transaction Publ.

Yamada 2001: Shōji Yamada, «The Myth of Zen in the Art of Archery», *Japanese Journal of Religious Studies* 28, 1–30.

Yamada 2009: Shōji Yamada, *Shots in the Dark: Japan, Zen, and the West*, Chicago: University of Chicago Press.

Yang 2014: Huiling Yang, «The Making of the First Chinese-English Dictionary: Robert Morrison's Dictionary of the Chinese Language in Three Parts (1815–1823)», *Historiographia Linguistica* 41, 299–322.

Yelle 2013: Robert A. Yelle, *The language of disenchantment: Protestant literalism and colonial discourse in British India*, Oxford: Oxford University Press.

Zachs 2005: Fruma Zachs, «From the Mission to the Missionary: The Bliss Family and the Syrian Protestant College (1866–1920)», *Die Welt des Islams*, New Series 45, 255–291.

Zdanowski 2018: Jerzy Zdanowski, *Saving Sinners, even Moslems: the Arabian mission (1889–1973) and its intellectual roots*, Newcastle upon Tyne: Cambridge Scholars Publishing.

Zeller 2015: Gabriele Zeller, «‹… ist den Orientalia gänzlich abtrünnig geworden›: Ernst Trumpp, ein früher Schüler von Rudolf Roth», in: Anna Aurelia Esposito u. a. (Hrsg.), *«In ihrer rechten Hand hielt sie ein silbernes Messer mit Glöckchen …»: Studien zur indischen Kultur und Literatur*, Wiesbaden: Harrassowitz, 369–378.

Zetzsche 1999: Jost Oliver Zetzsche, *The Bible in China: the history of the union version or the culmination of Protestant missionary Bible translation in China*, Nettetal: Steyler Verlag.

Zeuge-Buberl 2016: Uta Zeuge-Buberl, *Die Mission des «American Board» in Syrien im 19. Jahrhundert: Implikationen eines transkulturellen Dialogs*, Stuttgart: Steiner.

Zhang 2015: Qiong Zhang, *Making the New World Their Own: Chinese encounters with Jesuit science in the Age of Discovery*, Leiden: Brill.

Zhao 2012: Huaqing Zhao, *Die Missionsgeschichte Chinas unter besonderer Berücksichtigung der Bedeutung der Laien bei der Missionierungsarbeit (ca. 16.–19. Jh.)*, Sankt Augustin: Steyler Verlag.

Ziya Us Salam 2020: Ziya Us Salam, *Inside the Tablighi Jamaat*, Noida, Uttar Pradesh: HarperCollins Publishers India.

Znamenski 1999: Andrei A. Znamenski, *Shamanism and Christianity: native encounters with Russian Orthodox missions in Siberia and Alaska, 1820–1917*, Westport, Conn.: Greenwood Press.

Znamenski 2003: Andrei A. Znamenski, *Through Orthodox Eyes: Russian missionary narratives of travels to the Dena'ina and Ahtna, 1850s–1930s*, Fairbanks, Alaska: University of Alaska Press.

Zotz 2017: Volker Zotz, «Zum Verhältnis von Buddhismus und Nationalsozialismus», *Zeitschrift für Religionswissenschaft* 25, 6–29.

Zou 2011: Hui Zou, *A Jesuit Garden in Beijing and Early Modern Chinese Culture*, West Lafayette, Indiana: Purdue University Press.

Zürcher 2007: Erik Zürcher (Hrsg.), *Kouduo richao: Li Jiubiao's Diary of Oral Admonitions. A Late Ming Christian Journal*, 2 Bände, Nettetal: Steyler Verlag.

Županov 1999: Ines G. Županov, *Disputed Mission: Jesuit experiments and brahmanical knowledge in seventeenth-century India*, New Delhi: Oxford University Press.

Županov 2005: Ines G. Županov, *Missionary Tropics: the Catholic frontier in India (16th–17th centuries)*, Ann Arbor: University of Michigan Press.

Županov 2018: Ines G. Županov, «South Asia», in: Hsia R. P. 2018a, 237–268.

Županov u. Fabre 2018: Ines G. Županov und Pierre-Antoine Fabre (Hrsg.), *The Rites Controversies in the Early Modern World*, Leiden: Brill.

Zwilling 2010: Leonard Zwilling (Hrsg.), *Mission to Tibet: the extraordinary eighteenth-century account of Father Ippolito Desideri, S. J.*, translated by Michael J. Sweet, Somerville, Mass.: Wisdom Publications.

Zwilling 2017: Leonard Zwilling (Hrsg.), *«More than the promised land»: letters and relations from Tibet by the Jesuit missionary António de Andrade (1580–1634)*, translated and introduced by Michael J. Sweet, Chestnut Hill: Institute of Jesuit Sources, Boston College.

Bildnachweis

S. 26: © akg-images
S. 31: © akg-images/De Agostini Picture Library/G. Dagli Orti
S. 48: © akg-images
S. 55: © akg-images/Gilles Mermet
S. 69: © akg-images/De Agostini Picture Library/G. Dagli Orti
S. 92: © akg-images
S. 95: © akg-images
S. 113: © akg-images/Pictures From History
S. 120: © Roland and Sabrina Michaud/akg-images
S. 150: © akg-images/UIG/Godong
S. 164: © akg-images/Pictures From History
S. 181: © akg-images/Album/Prisma
S. 197: © akg-images
S. 208: © akg-images/arkivi
S. 227: © akg-images/De Agostini/Biblioteca Ambrosiana
S. 237: © akg-images
S. 249: © akg-images/Peter Weiss
S. 271: © akg-images
S. 280: © akg-images/UIG/Universal History Archive
S. 315: © akg-images/Pictures From History
S. 320: © akg-images/British Library/Science Source
S. 323: © akg-images/UIG/Universal History Archive
S. 333: © akg-images/Pictures From History
S. 346: © akg-images/Album/Ai Film/Fabrica De Ci
S. 349: © akg-images/British Library

Register

Das Register beschränkt sich auf Ereignisse, Organisationen und Personen, die für die neuzeitliche Missionsgeschichte von unmittelbarer Bedeutung sind.